공기업
법학개론

공기업 법학개론

개정1판 발행		2022년 3월 11일
개정2판 발행		2025년 3월 7일

편 저 자 | 취업적성연구소

발 행 처 | ㈜서원각

등록번호 | 1999-1A-107호

주   소 | 경기도 고양시 일산서구 덕산로 88-45(가좌동)

교재주문 | 031-923-2051

팩   스 | 031-923-3815

교재문의 | 카카오톡 플러스 친구[서원각]

홈페이지 | goseowon.com

Preface

청년 실업이 국가적으로 커다란 문제가 되고 있습니다. 정부의 공식 통계를 넘어 실제로 체감되는 청년 실업률은 25% 내외로 최악인 수준이라는 분석도 나옵니다. 이러한 현실 등으로 인해 구직자들에게 '신의 직장'으로 불리는 공기업에는 해를 거듭할수록 많은 지원자들이 몰리고 있습니다.

많은 공기업에서 신입사원 채용 시 필기시험을 실시합니다. 일반 대기업의 필기시험이 인적성만으로 구성된 것과는 다르게 공기업의 필기시험에는 전공시험이 포함되어 있다는 특징이 있습니다.

본서는 공기업 전공시험 과목 중 법학개론에 대비하기 위한 수험서로, 법학개론의 핵심이론을 단기간에 파악하고 효율적으로 채용시험에 대비할 수 있도록 구성되어 있습니다. 또한 주요 핵심이론과 빈출되는 키워드를 중심으로 엄선한 예상문제와 수험생의 시험 후기를 바탕으로 복원한 기출문제를 수록하여 출제경향 파악 및 실전 대비가 가능하도록 하였습니다.

수험생 여러분의 합격을 기원합니다.

1 핵심이론정리

법학개론의 빈출되는 내용만을 선별하였습니다. 반드시 알아야 할 핵심적인 내용들을 깔끔하게 정리하여 학습의 길을 잡아드립니다. 중요한 내용을 확실히 짚고 넘어가 효율적인 학습이 가능하도록 합니다.

2 학습의 point

핵심이론 중 좀 더 확실한 대비를 위해 꼭 알아두어야 할 내용을 한눈에 파악할 수 있도록 구성하였습니다. 이론학습과 문제풀이에 플러스가 되는 팁을 통해 실력을 향상시켜 드립니다.

Chapter.
01 법의 이해

❶ 법학

(1) 법학이란 무엇인가

① 법을 연구대상으로 하는 학문 : 법학(法學)은 사회를 구성하는 모든 현상과 관계 중에서도 법과 관련된 것만을 연구대상으로 한다. 법적 현상과 법적 사실관계를 이론적으로 고찰하여 보편적인 법의 원리를 찾아내는 데 목표를 둔다. 또한, 객관적으로 법을 해석하여 체계화하는 것도 법학의 연구대상에 포함된다.

② 포괄적 학문 : 법학은 법해석학(실정법의 해석), 법철학(법의 근본문제 및 본질을 탐구), 법사학(법을 역사적으로 고찰), 법사회학(법과 사회의 상호 작용), 비교법학(법질서의 비교), 법정책학(법의 정책적 정립) 등 다양한 분야를 연구대상으로 한다.

③ 사회과학의 한 분야 : 법이 적용되는 영역도 결국은 사회의 일부분이므로 이를 연구하는 법학역시 사회과학의 한 분야이다. 즉, 법이 사회에 적용되는 현상에 착안하여 그 배경과 효과를 객관적으로 고찰한다.

(2) 법학의 분류

① 좁은 의미의 법학 : 법학을 좁은 의미로 이해하면 법을 연구 대상으로 하는 과학 중에서도 실정법의 객관적 의미를 탐구하고 해석하는 학문으로 지칭된다. 이때는 특히 법해석학을 중심으로 논의된다.

② 넓은 의미의 법학 : 법학을 넓은 의미로 이해하면 법을 이론적으로 이해하려는 과학 및 사회현상으로써의 법을 탐구하는 학문의 총체가 된다. 이때는 법해석학은 물론 법철학, 법사학, 법정책학, 법사회학 등을 모두 포괄한다.

개념

❶ 법학

(1) 법학이란 무엇인가

① 법을 연구대상으로 하는 학문 : 법학(法學)은 사회를 구성하… 연구대상으로 한다. 법적 현상과 법적 사실관계를 이론적… 목표를 둔다. 또한, 객관적으로 법을 해석하여 체계화하는…

③ 포괄적 학문 : 법학은 법해석학(실정법의 해석), 법철학(법의… 로 고찰), 법사회학(법과 사회의 상호 작용), 비교법학(법질… 분야를 연구대상으로 한다.

③ 사회과학의 한 분야 : 법이 적용되는 영역도 결국은 사회… 한 분야이다. 즉, 법이 사회에 적용되는 현상에 착안…

(2) 법학의 분류

…의미의 법학 : 법학을 좁은 의미…

…표적인 언급으로 다양한 견해가 존재한다.

…지이다(라렌츠, Larenz).

…응신이다(헨켈, Henkel).

…미를 지니는 현실이다(라드부르흐, Radbruch).

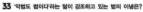

33 '악법도 법이다'라는 말이 강조하고 있는 법의 이념은?

① 법적 타당성
② 법
③ 법적 형평성
④ 법

> TIP 악법도 법이라는 말은 옳지 않은 법이라도 해당 법을 존중하

34 다음의 헌법 규정은 어떠한 원칙을 선언한 것인가?

> 모든 국민은 행위 시의 법률에 의하여 범죄를 구성하지

① 신법우선의 원칙
③ 상위법우선의 원칙

> TIP ① 신법우선의 원칙은 동일 사안에

핵심예상

1 다음 중 법에 대한 특징으로 바람직하지 않은 것은?

① 당위성을 특징으로 한다.
② 사회규범은 상대성과 다양성, 보편성을 특징으로 한다.
③ 위반 시 처벌을 받는데 법의 특징이 있다.
④ 자연현상과 마찬가지로 사실법칙이 지배한다.

> TIP 사실법칙 또는 자연법칙이란 인과관계에 따른 객관적 법칙을 의미한다.
> 법은 이와는 구별되는 당위성을 근거로 하는 당위법칙에 의해 규율된다.

2 다음 법과 도덕의 구별에 대한 표에서 옳은 것을 고르면?

구분	법(法)	도덕(道德)
목적	① 정의 실현(정의사회 구현)	선(착하고 바른 삶)의 실현
규율대상	② 내면적 양심과 동기 고려	인간의 외면적 행위
성격	③ 자율성(비강제성), 위반 시 비난	강제성, 타율성, 위반 시 처벌
	④ 일면성(의무 중심의 규율)	양면성(권리와 의무 규율)

> TIP 법의 목적은 정의를 실현하는 데 있으며 인간의 외면적 행위를 규율하고 강제성과 타율성, 위반 시 처벌을 받는 데 특징
> 을 갖게 된다. 또한 권리와 의무를 동시에 규율하는 양면성을 갖는다.

3 법과 도덕의 관계에 대한 설명으로 틀린 것을 고르면?

① 엘리네크는 법은 도덕의 최소한이라 하여 도덕 중에서
야 함을 강조하였다.
② 슈몰러는 법을 도덕의 최대한이라 주장하였다.
③ 착한 사마리아인의 법을 통해 법과 윤리의 분리
④ 도덕은 선을 실현하고자 하며, 법은 정의를

> TIP 착한 사마리아인의 사례를 통해 처벌
> 적으로도 처벌하는 법의 윤리와 현실을 보

Answer 1.④ 2.① 3.③

기출복원문제

※ 실제 수험생의 필기시험 후기를 바탕으로 복원한 문제입니다.

국민연금공단

1 국민연금법에 따른 조기노령연금 수급이 가능한 연령은?

① 55세 이상
② 56세 이상
③ 57세 이상
④ 58세 이상

> TIP 「국민연금법 제61조(노령연금 수급 권자) 제2항」 … 가입기간이
> 인 자가 대통령령으로 정하는 소득이 있는 업무에 종사
> 되기 전이라도 본인이 청구한 때부터 그가 생존하

핵심예상문제 및 기출복원문제 **3**

그동안 실시된 기출문제의 유형을 파악하고 출제가 예상되는 핵심영역에 대하여 다양한 유형의 문제로 재구성하였습니다. 문제풀이를 통해 이론을 복습하고 출제 유형을 파악할 수 있습니다.

상세한 해설 **4**

정·오답에 대한 이유를 이해하기 쉽도록 상세하게 기술하여 실전에 충분히 대비할 수 있도록 하였습니다. 매 문제 꼼꼼한 해설을 통해 수험생의 문제해결능력을 높이며, 정답을 확인하면서 동시에 이론을 복습하여 학습 효율을 높일 수 있도록 구성하였습니다.

Contents

PART 01 **총론**

01 법의 이해 10
02 법의 적용 24
　핵심예상문제 32

PART 02 **헌법**

01 헌법과 기본권 48
02 국가 조직과 헌법의 보장 81
　핵심예상문제 100

PART 03 **민법 · 상법 · 민사소송법**

01 민법 124
02 재산법 · 가족법 137
03 상법 · 민사소송법 158
　핵심예상문제 168

PART 04 **형법 · 형사소송법**

01 형법 190
02 형사소송법 208
　핵심예상문제 217

PART 05 행정법

01 행정법의 이해 ·· 234
02 행정구제법 ·· 246
  핵심예상문제 ··· 254

PART 06 사회법 · 경제법 · 국제사법 · 국제법

01 사회법 · 경제법 ·· 272
02 국제사법 · 국제법 ··· 282
  핵심예상문제 ··· 286

PART 07 기출복원문제

기출복원문제 ·· 298

PART

01

총론

01 법의 이해
02 법의 적용

01 법의 이해

❶ 법학

(1) 법학이란 무엇인가

① **법을 연구대상으로 하는 학문** : 법학(法學)은 사회를 구성하는 모든 현상과 관계 중에서도 법과 관련된 것만을 연구대상으로 한다. 법적 현상과 법적 사실관계를 이론적으로 고찰하여 보편적인 법의 원리를 찾아내는 데 목표를 둔다. 또한, 객관적으로 법을 해석하여 체계화하는 것도 법학의 연구대상에 포함된다.

② **포괄적 학문** : 법학은 법해석학(실정법의 해석), 법철학(법의 근본문제 및 본질을 탐구), 법사학(법을 역사적으로 고찰), 법사회학(법과 사회의 상호 작용), 비교법학(법질서의 비교), 법정책학(법의 정책적 정립) 등 다양한 분야를 연구대상으로 한다.

③ **사회과학의 한 분야** : 법이 적용되는 영역도 결국은 사회의 일부분이므로 이를 연구하는 법학역시 사회과학의 한 분야다. 즉, 법이 사회에 적용되는 현상에 착안하여 그 배경과 효과를 객관적으로 고찰한다.

(2) 법학의 분류

① **좁은 의미의 법학** : 법학을 좁은 의미로 이해하면 법을 연구 대상으로 하는 과학 중에서도 실정법의 객관적 의미를 탐구하고 해석하는 학문으로 지칭된다. 이때는 특히 법해석학을 중심으로 논의된다.

② **넓은 의미의 법학** : 법학을 넓은 의미로 이해하면 법을 이론적으로 이해하려는 과학 및 사회현상으로써의 법을 탐구하는 학문의 총체가 된다. 이때는 법해석학은 물론 법철학, 법사학, 법정책학, 법사회학 등을 모두 포괄한다.

❷ 법의 개념

(1) 개요

"법이란 무엇인가"에 관한 대표적인 언급으로 다양한 견해가 존재한다.

① 법은 공동체의 살아있는 의지이다(라렌츠, Larenz).

② 법은 사회적 공동체의 공동정신이다(헨켈, Henkel).

③ 법은 법이념에 봉사한다는 의미를 지니는 현실이다(라드부르흐, Radbruch).

④ 법은 도덕의 최소한이다(옐리네크, Jellinek).

⑤ 법은 도덕의 최대한이다(슈몰러, Schmoller).

⑥ 법은 주권자가 그에게 복종하는 국민에게 내린 명이다(오스틴, Austin).

⑦ 법은 일정한 제약적 조건과 피제약적 조건으로서의 강제효과를 결합시키는 강제규범이다(켈젠, Kelsen).

⑧ 법은 사회족 조직체의 공동정신이다(몽테스키외, Montesquieu)

(2) 법의 개념적 요소

법의 정의와 관련된 법학자들의 언급을 종합하면 다음과 같은 요소를 추출할 수 있다.

① **사회 규범** : 개인 규범은 자신의 사생활을 위하여 정한 것으로서 그 개인에게만 적용되는 규범이다. 법은 개인 규범이 아닌 사회규범으로서 사회가 유지되기 위하여 사회 일반에게 적용된다.

② **당위 규범** : 당위란 "무엇은 마땅히 어떻게 되어야 한다."는 것으로 법은 있는 그대로의 사실을 나타내는 자연법칙과 달리 사람이 해야 할 것(작위)과 하지 말아야 할 것(부작위)을 명하는 당위 규범이다.

③ **강제 규범** : 법은 국가권력에 의하여 승인되고 그 위반행위에 대하여 일정한 제재를 가하여 집행한다.

(3) 법과 도덕

① **개요** : 도덕은 인간이 사회생활을 함에 있어 마땅히 지켜야 할 행위나 그 도리가 되는 규범으로서 비강제 규범에 해당한다. 법과 도덕은 긴밀히 결합되어 내용과 효력면에서도 밀접한 관련을 맺고 있다.

② **"법은 도덕의 최소한이다"**(Jellinek) : 법의 내용은 도덕에서부터 비롯되는 것이고, 법은 도덕을 그 기본으로 하여야 한다는 것을 나타낸다.

③ **"법은 도덕의 최대한이다"**(Schmoller) : 도덕의 내용 중 중요한 것을 법에 의하여 강제함으로서 실제적인 효력을 갖게 된다는 것을 나타낸다.

④ 법과 도덕의 비교

목적	정의 실현(정의사회 구현)	선의 실현(착하고 바른 삶)
강제성	국가 권력의 개입으로 강제성 있음	비강제성(개인의 양심에 구속)
규율대상	외면성(인간의 외면적 행위)	내면성(양심과 동기 고려)
성격	타율성, 양면성(권리의 의무 규율)	자율성, 일면성(의무 중심 규율)
성립	경험적 사실로 성립	선험적 이성으로 성립
처벌	위반 시 처벌	위반 시 비난

⑤ 법의 윤리화 현상[착한 사마리아인 법(조항)] : 누가복음 10장 30절-33절에는 착한 사마리아인의 사례가 나오는데, 이 사례는 위험에 처해 있는 사람을 구하지 않는 구조불이행을 윤리적으로 비난하는 것은 물론 법적으로도 처벌하는 법의 윤리화 현상을 보여주고 있다.

(4) 법의 구조

① 개요 : 법은 일반적으로 사람에게 어떠한 행위를 명하는 행위규범으로서 존재하는 외에 강제규범 또는 재판규범으로서 존재하며, 조직규범으로서의 의미를 갖는 3중 구조로 나타난다.

② 행위 규범 : 법은 작위 또는 부작위를 명하는 행위규범으로서의 구조를 갖는다.
> 예 채무를 이행하라(작위), 사람을 살해해서는 안된다(부작위)

③ 강제 규범(재판 규범) : 법은 행위규범을 위반한 자에 대하여 재판을 통해서 일정한 제재를 명하는 규범으로서의 성격을 띤다.

④ 조직 규범 : 법은 행위 규범과 재판 규범의 2중 구조로 되어 있는 것이 일반적이지만 국가 및 공공단체 또는 사적 단체의 설치 · 조직, 권한 등을 정하는 규범이 있는데, 이를 조직규범이라고 한다.
> 예 국가의 통치 조직을 정하는 헌법, 국회조직을 정하는 국회법, 정부조직을 정하는 정부조직법 등

❸ 법의 이념

(1) 서론

법의 이념은 법이 추구하는 궁극적인 목적이 무엇인지를 알아가는 과정으로 정의, 합목적성, 법적 안정성을 중심으로 논의된다.

(2) 정의

① 의의 : 정의는 법이 추구하는 궁극적인 이념으로 시대와 상황에 따라 다르게 표현되고 있을 만큼 다양한 개념이 존재한다.

② 상이한 개념
> ㉠ 고대 로마의 법학자 울피아누스의 정의 : "각자에게 그의 몫을 돌려주는 항구적인 의지"를 정의라고 하여 각자의 몫에 대한 공평한 배분을 정의라고 하였다.
> ㉡ 아리스토텔레스의 정의 : 그리스의 철학자 아리스토텔레스는 정의의 개념을 평등이라는 단어로 풀어간다. 즉, 아리스토텔레스에게 있어 정의란 곧 평등인 것이다. 모든 인간을 동등하게 취급하는 "평균적 정의"(절대적 평등)와 능력과 공헌도에 따라 차등 대우하는 "배분적 정의"(상대적 평등)로 구분하여 설명했다는 데 특징이 있다.

구분	평균적 정의(시정적 정의)	배분적(분배적) 정의
격언	"같은 것은 같게"	"같은 것은 같게, 다른 것은 다르게"
의미	상호 간의 줄 것과 받을 것을 명확히 하고, 평등한 대가를 치름으로써 정의 달성	업적에 따른 분배로 균등하게 배분될지, 불균등하게 분배될지는 일률적으로 결정되지 않음
적용영역	매매, 불법행위 등 사인 간의 관계	명예, 관직, 공공재의 분배
합리적 차별 여부		
현대 사회는 다른 것은 다르게 취급하는 배분적 정의에 입각한 상대적 평등이 보편화되어 여성의 생리휴가, 출산 휴가, 노인 복지금과 같은 합리적 차별을 허용하고 있음		

ⓒ 실체적 정의와 절차적 정의 : 실체적 정의란 법적 분쟁을 해결하는 과정에서 진실에 따른 바른 결정을 내릴 때 적용되는 정의를 의미하고, 절차적 정의란 이러한 분쟁해결 또는 진실한 사실의 발견 과정에서 지켜져야 할 정의를 의미한다.

(3) 합목적성(合目的性)

① 의의 : 법이 그 사회가 추구하는 목적을 달성하는 데 합치 또는 기여해야 함을 의미한다.

② 상대성과 적용 : 시대가 추구하는 목적 자체가 동일할 수 없기 때문에 상대성이 있으며 그 사회의 목적에 기여하도록 적용된다는 특징이 있다.

③ 현대의 합목적성 : 근대 사회는 자유를 보장하는 데 법의 목적이 있었다면, 현대 사회는 실질적 평등을 실현하고, 공익을 증진시키며, 인간다운 생활을 보장하는 데 있다. 따라서 법의 합목적성은 이러한 맥락에서 고려되어야 한다. 곧, 현시대에 합목적성이란 법이 사회적 약자를 보호하는 데 기여해야 함을 의미한다.

(4) 법적 안정성

① 의의 : 법에 규정된 개개의 내용이 안정적으로, 동요됨이 없이 잘 시행되고 있어 법에 의한 안전한 보호가 보장되고 있다는 것을 의미한다.

② 요건 : 법적 안정성이 높다는 것은 법이 쉽게 변하지 않아 사회 구성원 간 법에 대한 인식이 확고하다는 것을 의미한다. 법적 안정성이 유지되려면 법의 내용이 명확해야 하고(내용의 명확성), 실현 가능해야 하며(실현가능성), 국민의 법의식과 합치(국민에 대한 법의식 합치성)하여 잦은 법 개정이 없어야 한다. 이와 반대로 법적 안정성이 낮다는 것은 법제도 운영이 불안하고 자주 개정되며 국민들에게 명확하게 인식이 되지 않는다는 것으로 그러한 법은 폐지되거나 개정되어야 한다.

(5) 법이념 상호 간의 관계

① **보완 관계** : 정의는 보편적으로 적용되지만 또한 추상적인 개념이라 할 수 있다. 이러한 정의를 실현하기 위해서는 구체적인 기준이 필요한데, 그 기준은 합목적성이 제공한다.

② **충돌 관계** : 예를 들어 조선시대에 양반중심의 신분질서를 규범화한 것은 그 시대의 목적에 부합할 수는 있지만 정의롭지는 못하다 할 수 있다. 또한 독재 정권 유지를 위한 형식적 법치주의는 법적 안정성이 있다고 할 수는 있지만, 정의로운 법이라 할 수 없다. 이처럼 법의 이념은 충돌할 수 있으며 법이념 상호 간 충돌 시 우리 헌법 제37조 제2항을 통해 다음과 같은 결론을 도출할 수 있다.

> **헌법 제37조** ② 국민의 모든 자유와 권리는 국가안전보장, 질서유지 또는 공공복리를 위하여 필요한 경우에 한하여 법률로써 제한할 수 있으며, 제한하는 경우에도 자유와 권리의 본질적 내용을 침해할 수 없다.

"국가 안전보장, 질서유지, 공공복리를 위하여"라는 의미는 합목적성을 강조한 것이고, 필요한 경우에 한하여 법률로써 제한할 수 있다는 것은 법적 안정성을 강조한 것이다. 자유와 권리의 본질적 내용을 침해할 수 없다는 것은 결국 정의를 최고의 이념으로 한다는 것이다.

④ 법의 효력

(1) 의의

효력이라는 의미는 특정한 규칙이나 규범, 사실 상태가 작용을 하고 있다는 것을 의미한다면, 법의 효력이 있다라는 것은 그러한 법의 내용대로 실생활에 적용되고 있다는 것을 의미한다. 이때 법의 효력은 시간적 효력, 인적 효력, 장소적 효력으로 살펴볼 수 있다.

(2) 때에 관한 효력(시간적 효력)

① 법은 일반적으로 시행일부터 폐지일까지 효력을 갖는데, 특별한 규정이 없는 한 법률은 공포한 때로부터 20일이 경과하면 효력이 발생한다. 폐지의 경우 법이 처음부터 미리 시행기간을 정하여 두고 해당 기간의 만료로 법이 소멸하는 한시법(명시적 폐지), 신법과 구법이 서로 충돌하는 경우, 신법우선의 원칙에 따라 구법이 폐지되는 경우(묵시적 폐지)가 있다.

② **법률불소급의 원칙**

　㉠ 법률은 원칙적으로 그 효력이 과거로 거슬러 올라가서는 적용되지 않고 장래를 향하여 적용되는데, 이를 법률불소급의 원칙이라고 한다.

ⓛ 법률불소급의 원칙은 법의 안정성, 기득권존중, 인권보장 등을 위하여 인정되는 법리인데 구체적인 모습은 법률(대표적으로 민법과 형법)마다 달리하고 있다.

③ 민법에서의 법률불소급의 원칙

　　㉠ "본법은 특별한 규정이 있는 경우 외에는 본법 시행일 전의 사항에 대하여도 이를 적용한다"(민법 부칙 제2조)라고 규정하여 소급효를 인정하고 있다. 따라서 법률불소급의 원칙은 법의 시행에 있어서 절대적 원칙은 아니다.

　　ⓛ 민법의 경우는 신법을 소급하여 적용하는 것이 민사관계와 관련된 사회현실의 요구에 적합하다는 취지에 다루어지는 것이다.

④ 형법에서의 법률불소급의 원칙

　　㉠ 형법은 그 시행 이후의 행위에만 적용되고, 시행 이전의 행위에까지 소급하여 적용되지 않는다. 그러나 이 원칙도 행위자에게 불리한 소급효를 금지하며, 피고인에게 유리한 경우에는 소급적용이 허용된다.

　　ⓛ 형법은 "범죄 후 법률이 변경되어 그 행위가 범죄를 구성하지 아니하게 되거나 형이 구법보다 가벼워진 경우에는 신법에 따른다(형법 제1조 제2항)"고 규정하고 있고, "재판이 확정된 후 법률이 변경되어 그 행위가 범죄를 구성하지 아니하게 된 경우에는 형의 집행을 면제한다"고 규정하고 있다(형법 제1조 제3항).

(3) 장소에 관한 효력(장소적 효력)

① 원칙 : 법은 일반적으로 그 나라의 육지적 범위인 영토뿐만 아니라 영공과 영해 등 대한민국의 모든 영역에 그 효력이 미친다.

② 예외

　　㉠ 국제법상의 예외 : 자국의 군함·선박·항공기가 공해 또는 타국에 있을 때에는 자국영토의 연장으로서, 이고생 대하여서도 대한민국 법의 효력이 미친다. 또한 외교사절의 공관·주한미군의 주둔지에는 치외법권에 따라 대한민국 법의 효력이 제한된다.

　　ⓛ 국내법상의 예외 : 지방의회 및 지방자치단체의 장이 제정하는 자치법규인 조례와 규칙은 해당 지방자치단체에만 적용되고, 다른 지역에는 적용되지 않는다.

(4) 사람에 관한 효력(인적 효력)

① 속인주의와 속지주의

　　㉠ 법은 속인주의의 효과로 국민이 자국 안에 있거나 타국에 있거나를 불문하고 모든 한국인에게 적용된다.

　　ⓛ 법은 속지주의의 효과로 대한민국의 영토 안에 있는 모든 사람, 즉 한국인은 물론이고 외국인에게도 적용되는 것을 원칙으로 한다.

② 원칙의 예외

　　㉠ 대통령은 재직 중에 내란 또는 외환의 죄를 범한 경우를 제외하고는 형사상의 소추를 받지 않는다(헌법
　　　　제84조).

　　㉡ 국회의원은 현행범인인 경우를 제외하고는 회기 중에는 국회의 동의 없이 체포 또는 구금되지 않는다(헌법
　　　　제44조).

　　㉢ 외국의 원수나 외교사절 및 그의 가족 등의 일정한 신분을 가진 자는 국제법상 현재 체류하는 나라의 재판
　　　　권·경찰권·과세권에 복종하지 않는 외교상의 특권인 치외법권에 따라 대한민국 법의 효력이 제한된다.

　　㉣ 주한미군의 경우 주둔군지위협정에 의하여 제한적으로만 대한민국의 법적 효력이 미친다.

❺ 법의 원천(존재 형태)

(1) 서론

법의 원천을 다른 말로 법의 연원(淵源)이라고도 하고, 줄여서 법원(法源)이라고도 한다. 법원이란, 법이 타당성
을 찾을 수 있는 근거는 무엇인지를 인식하는 과정으로, 그러한 인식 근거를 크게 성문법과 불문법으로 구분하여
살펴볼 수 있다.

(2) 성문법

① **구별의 기준** : 성문법과 불문법을 구별하는 기준은 일정한 형식 구비 여부에 있다.

② **개념** : 성문법이란 국회(입법부)의 입법절차를 거쳐 법전의 형태인 조문으로 제정된 법으로 헌법, 법률, 명령,
규칙, 조례, 조약이 있다.

③ **헌법** : 국가의 요소인 영토, 국민, 주권을 규정한 최상위의 법으로 국가의 통치구조(행정부, 입법부, 사법부, 헌법
재판소, 감사원, 선거관리 위원회 등), 기본권, 국민의 의무를 규정하고 있다. 헌법은 1948.7.17 제정되었고, 개
정할 경우는 국민투표라는 엄격한 절차를 거쳐야 한다.

④ **법률**

　　㉠ **개념** : 법률은 입법기관인 국회가 제정한 성문법이다. 민법, 형법, 상법, 소송법 등 수많은 종류가 있다.

　　㉡ 대통령의 긴급재정·경제명령과 긴급명령은 명령이지만 법률과 같은 효력을 갖는다.

> **헌법 제76조** 제1항 대통령은 내우·외환·천재·지변 또는 중대한 재정·경제상의 위기에 있어서 국가의 안전보장 또는 공
> 공의 안녕질서를 유지하기 위하여 긴급한 조치가 필요하고 국회의 집회를 기다릴 여유가 없을 때에 한하여 최소한으로
> 필요한 재정·경제상의 처분을 하거나 이에 관하여 법률의 효력을 가지는 명령인 긴급재정·경제명령을 발할 수 있다.

③ **명령** : 명령은 주체에 따라 대통령령, 총리령, 부령으로 구분되며 대통령은 시행령, 총리령과 부령은 시행규칙으로 성문화된다.

④ **규칙** : 행정기관의 내부규율과 사무처리에 관하여 자율권을 위하여 인정되는 것으로서, 국회규칙, 대법원규칙, 중앙선거관리위원회규칙, 헌법재판소규칙 등이 있다.

⑤ **자치법규(조례, 규칙)** : 조례는 지방자치단체의 의결기구가 제정하는 것으로 해당 지역에만 미치는 면에서 법률과 구별된다. 자치법규로서 규칙은 지방자치단체의 장이 제정한 규정으로 법령 또는 조례가 위임한 범위 안에서 그 권한에 속하는 사무에 관하여 제정한 것이다.

⑥ **조약** : 조약은 문서에 의한 국가와 국가 사이의 말하며, 그 명칭이 조약은 물론이고 헌장, 협약, 의정서, 협정, 약정 등의 어떠한 명칭에 의하든지 국가 사이의 합의는 조약이다. 헌법에 의하여 체결·공포된 조약은 국내법(법률)과 동일한 효력을 갖는다.

(3) 불문법

① **개념** : 불문법은 성문화되지 않은 법으로, 성문화가 되지 않았다는 것은 국회의 입법절차를 거치지 않고 법조문의 형식으로 존재하지 않는 것을 의미한다. 불문법에는 관습법, 조리, 판례가 있다.

② **특징** : 영국·미국 및 이들 국가의 법문화에 영향을 받은 국가에서 나타나므로 영미법주의라고도 한다. 사회현실의 변화에 능동적으로 적응하게 되어 법이 경화하지 않는다는 장점을 가지고 있다. 단만 법이 문자로 표시되어 있지 않기 때문에 법의 존재가 명확하지 못하고 그 통일정비가 용이하지 않아 법적 안정성이 유동적이라는 단점을 내포한다.

③ **관습법**

ㄱ **개념** : 일정한 관행이 오래도록 계속되어 단순히 의례적으로 끝나는 게 아니라, 대다수의 사람들이 이를 지켜나감으로써 법적인 확신이 자연스럽게 들어 확립된 경우이며, 법원의 판결을 통해서 관습법이 성립할 수 있다.

ㄴ **민사관계와 관습법의 법원성** : 민법 제1조에서는 "민사에 관하여 법률에 규정이 없으면 관습법에 의하고"라는 규정을 둠으로써 성문법에 규정에 없는 때에 한하여 보충적으로 효력이 언정된다고 보는 '보충적 효력설'을 취하고 있다.

ㄷ **형사관계와 관습법의 법원성** : 형법에서는 죄형법정주의의 파생원칙으로 관습형법을 금지하므로 관습법은 형법의 법원으로서 인정되지 않는다.

④ 조리

　㉠ 개념 : 사람의 일반적이고 건전한 상식으로 판단할 수 있는 본질적인 원리라고 할 수 있는데 조리를 정의, 신의성실, 이성, 합리성 등과 같은 뜻으로 표현하기도 한다. 즉 성문법은 존재하지 않지만 어떠한 사안에서 이러한 존재하지 않는 법을 메우기 위해 인간의 이성적이고 합리적인 판단으로 법이 없는 공백을 메울 수 있다.

　㉡ 민사관계와 조리의 법원성 : 민법 제1조의 "민사에 관하여 법률에 규정이 없으면 관습법에 의하고, 관습법이 없으면 조리에 의한다"라는 규정에 따라 성문법과 관습법이 존재하지 않는 경우에 이를 보충하기 위한 법원으로서 그 효력을 인정한다.

　㉢ 형사관계와 조리의 법원성 : 형법 법규는 그 구성요건과 법적 효과를 누구나 알 수 있도록 사전에 성문법에 의하여 명확하게 알 수 있도록 하는 명확성의 원칙(죄형법정주의 파생원칙)이 적용되므로 조리의 법원성이 부정된다.

⑤ 판례(판례법)

　㉠ 개념 : 판례는 법원의 판결을 통해 형성되는 불문의 규범으로 법원이 동일 또는 유사한 사건에 대하여 동일한 판견을 계속하여 선례가 반복되어 법원성을 가지게 되는 경우 판례법이라고 한다. 영미법계 국가에서는 판례법이 법원으로 인정되나, 우리나라를 포함한 대륙법계 국가에서는 법원성을 인정하지 않는다.

　㉡ 재판의 기속력 : 법원조직법 제8조는 "상급법원의 재판에 있어서의 판단은 해당 사건에 관하여 하급심을 기속한다"는 규정을 두고 있다. 판례의 법원성이 인정되지는 않더라도 현실적으로 분쟁의 당사자는 법원에서 선례의 태도가 어떠한 입장인가의 여부는 중요하게 고려된다.

(4) 법계의 분류

① 대륙법계 문화

로마법계 법문화의 형성
기원전 753년 로마 초기부터 기원 후 6세기 중엽 유스티니아누스 동로마황제가 로마법대전을 완성하기까지 1300여년에 걸쳐 생성됨

　㉠ 특징 : 독일, 프랑스를 대표적으로 유럽대륙에서 발달한 법계이다. 원칙적으로 관습법과 같은 불문법은 인정하지 않고 성문법 중심으로 발달되어 있다. 또한, 논리성이 우수하고 공법과 사법의 구분이 명확하다.

　㉡ 대륙법의 유형

구분	내용
로마법계	도시법, 상인법(도시민, 상인 권리 중심)적 요소 강함 성문법주의, 공법과 사법의 구분, 개인주의 사상 강조
게르만법계	지방법(어촌, 농민의 권리 중심)적 요소 강함 관습법인정, 공법과 사법의 융합, 단체주의 사상 강조

② 영·미법계 문화

    ㉠ 특징 : 영국과 미국을 중심으로 하여 발전한 법문화이다. 성문법도 존재하지만 불문법 중심으로 운영되며 그 중에서도 특히 판례법이 주류를 이루고 있는 점이 특징이다. 즉 사법부가 내린 판례가 자연스럽게 불문법을 이루어 나가 법적 효력을 갖게 된다.

    ㉡ 영·미법의 유형

구분	내용
영국법	성문법보다는 판례를 통해 성립되는 보통법(common law court)중심 입법부 우위의 권력 구조
미국법	판례를 중시하는 보통법 문화는 영국과 공통 사법부 우위의 권력 구조

③ 이슬람법계

    ㉠ 특징 : 법과 종교가 철저하게 융합되어 분리할 수 없다는 특징이 있다. 이슬람교는 알라신의 뜻에 법적 효력을 부여하기 때문에 현실세계는 종교적 계율이 법적 근거가 된다. 또한 이슬람교를 신봉하는 국가마다 약간씩 차이를 보이기 때문에 일부 국가에서는 성문법이 확대되어 가기도 한다.

    ㉡ 구성

구분	내용
코란	마호메트의 어록이자 이슬람교의 경전
순나(sunna)	예언자들의 생활에 대한 기록으로 코란을 해석하고 구체화하는 기능
이그마(igma)	이슬람민족의 합의 사항에 대한 기록
유추해석	코란, 순나, 이그마에서 확립된 법규범을 유사한 사안에 적용

④ 사회주의법계 문화

    ㉠ 공산주의 문화 : 마르크스주의를 이념으로 하는 공산주의 국가의 법문화이다. 즉, 자본주의사회에서 국가는 지배계급이 피지배계급을 착취하기 위하여 만든 권력기관이며 법 역시 이를 규범화한 도구라는 입장이다.

    ㉡ 성문법중심 : 외형상으로는 대륙법계와 같은 성문법을 중심으로 하지만, 법의 이념은 마르크스의 사상이 깊숙이 자리 잡고 있다는 특징이 있다.

⑤ 우리나라의 법문화

    ㉠ 대륙법적 요소 : 우리나라의 법문화는 일본의 영향을 많이 받았다. 일본은 대륙법계 문화를 기반으로 하기 때문에 우리나라 역시 대륙법계통의 법문화가 자리를 잡았다. 따라서, 성문법의 비중이 상당히 높다.

    ㉡ 영·미법적 요소 : 광복 후 미군정의 영향에 따라 영·미법계통의 법문화가 아울러 존재하는 혼합형태의 법문화를 갖고 있다. 불문법으로 판례의 중요성이 부각되고 관습법을 인정하며, 인권보장을 위한 적법절차에 비중을 두고 있는 점은 영·미법적 요소라 할 수 있다.

❻ 법의 체계

(1) 법체계와 법질서

① **의의** : 헌법, 형법, 민법, 상법, 소송법 등 수많은 법률들을 일일이 나열할 수는 없는 것이 분명하다. 즉, 법은 제각각 제정된 목적이 다르고, 내용이 천차만별이지만, 국가의 전체적인 법질서라는 테두리 내에서 일정한 체계를 이루고 있다. 이를 법체계 또는 법질서라고 한다.

② **법체계** : 법은 크게 자연법과 실정법으로 구분할 수 있고, 실정법은 국내법과 국제법으로 구분할 수 있다. 이것을 구체화시키면 다음과 같다.

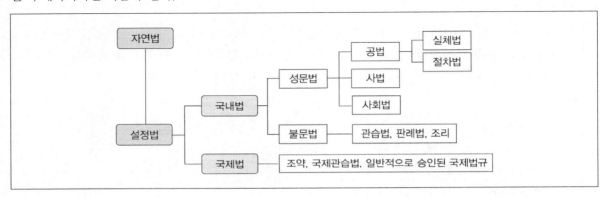

(2) 자연법과 실정법

① **구별의 기준** : 현재 시행되고 있는 실정법 이전의 철학적이고 보편적인 규범이 있다는 전제 하에 자연법 개념이 도출된다.

② **실정법** : 성문법은 물론이고 불문법까지도 포함하여 현실적으로 시행되어지고 있는 모든 법을 의미한다. 이러한 실정법이 아무리 바르게 제정되어졌다고 하더라도 해당 법이 얼마나 옳은지 그른지에 대한 평가는 그 법을 초월하여 존재하는 영원한 보편적 질서에 의해서 평가되어야 하는데 이러한 보편적인 측면을 자연법의 영역에서 살펴볼 수 있다.

③ **자연법** : 인간이 태어나기 이전의 자연 상태를 상정하여 자연 상태에서의 질서 또는 인간의 이성에 바탕한 보편적이고 항구적인 법을 자연법이라 한다. 다시 말하면, 시대와 민족, 국가와 사회를 초월하여 타당하게 적용되는 객관적인 질서를 상정하고 있다. 예를 들자면 사람을 살해해서는 안 된다는 내용, 인간의 생명권을 보호해야 한다는 내용, 최소한의 인간다운 생활을 할 수 있는 권리, 재산을 강제적으로 침탈당하지 않을 자유 등은 꼭 인간이 태어나서 법으로 제정되어야지만 보호받을 수 있는 실정법적 권리 이전에 자연상태에서 인간으로 태어난 이상 당연히 누릴 수 있는 보편적 권리라 할 수 있다.

④ 실정법과 자연법의 사상 대립

    ㉠ **법실증주의** : 19세기 근대국가가 확립되면서 법실증주의는 법의 이론이나 해석·적용에 있어서 어떠한 정치적·사회적·윤리적 요소도 고려하지 않고, 오직 법 자체만을 형식 논리적으로 파악하려 하였다. 따라서 실정법을 초월하는 자연법의 존재를 인정하지 않는다는 점에서 자연법사상과 대립하였다. 실정법체계의 완전무결성에 대한 확신을 바탕으로 법관에 의한 법창조 내지 자의적 판단을 배제한다.

    ㉡ **자연법론** : 인간이 태어나기 이전의 자연 상태를 상정하여 자연 상태에서의 질서 또는 인간의 이성에 바탕한 보편적이고 항구적인 법을 인정하고 있다.

⑤ **자연법과 실정법의 관계** : 자연법은 실정법을 제정하는 기준이 되는 동시에 부당한 실정법을 개정하는 기준이 된다. 결국 자연법과 실정법은 상호 보완관계에 있는 관계로 자연법은 실정법을 통해서 그 이념과 정신이 구체화되며, 실정법의 내용은 자연법에 근거하여 그 타당성을 인정받을 수 있다.

(3) 국내법과 국제법

① **국내법** : 한 국가 안에서 인정되고 적용되는 법으로서, 국가·공공단체와 국민, 또는 개인 상호간의 권리·의무를 규율하는 법이다. 헌법·법률·명령·조례·규칙 등의 성문법과 관습법·판례법·조리 등의 불문법의 형식으로 존재한다.

② **국제법** : 국제사회에서 국가·국제조직·개인 상호간의 권리·의무를 규율하는 법이다. 이는 문서에 의한 명시적 합의인 조약과 일반적으로 승인된 국제법규, 국제사회의 관행에 대하여 법적 확신이 부여된 국제관습법의 형식으로 존재한다.

(4) 사법(私法), 공법(公法), 사회법(社會法)

① **사법**

    ㉠ **개념과 성질** : 자연인(인간), 사법인(법으로 규율되는 사적 조직체) 등의 사인(私人)을 주체로 하여 사적인 생활 관계를 규율하는 법으로 개인 간의 대등한 관계를 다루는 법을 통틀어 사법이라고 한다.

    ㉡ **종류** : 민법은 대표적인 사법으로 총칙, 물권, 채권, 친족, 상속으로 구성되어 있다. 물권편에서는 부동산과 동산을 중심으로 규정하고 있으며 채권은 계약을 통한 금전관계를, 친족, 상속은 결혼, 이혼, 입양, 상속 등의 가족관계를 중심으로 규율하고 있다. 상법은 상업의 주체인 상인, 회사, 어음, 수표, 보험 등을 다루고 있는데 이처럼 사법은 개인의 사적 생활 관계를 규율하는 법이라 할 수 있다.

② **공법**

    ㉠ **개념과 성질** : 국가 또는 공공단체가 한쪽 또는 양쪽 당사자가 되어, 공적인 생활관계를 형성하는 법을 의미한다. 공법관계는 국가 기관 상호 간에도 성립하지만 국가와 국민 간에도 성립한다. 투표를 하고, 세금을 내고, 죄를 지으면 처벌 받고, 국가에 민원을 신청하는 행위 모두 국가의 질서를 형성하는 공법 관계에 속한다. 공권력을 중심으로 규율되므로 국가 대 개인의 측면에서 상하의 수직적인 관계가 성립하는 경향이 강하다.

ⓛ **종류** : 헌법, 행정법, 형법, 형사소송법, 민사소송법이 대표적인 공법이라 할 수 있다. 행정법은 정부조직의 구성, 작용, 구제를 포괄적으로 담고 있는 일체의 법을 의미하며, 형법은 범죄의 구성요건과 처벌의 기준이 되는 대표적인 공법이다. 이러한 형법상 규정된 범죄자를 처벌하기 위해서는 경찰의 수사, 검사의 기소, 법관의 판결 등의 절차가 필요한데 형법에 규정된 내용을 실현하기 위한 절차를 규정한 법이 형사소송법이다. 민법은 사적 생활관계를 규율함에는 틀림없지만(사법이지만), 토지 분쟁, 금전 문제 등으로 분쟁이 생길 경우 누군가 개인이 개입하여 해결해 줄 수는 없다. 이에 국가는 사법권(司法權)이라는 공권력을 바탕으로 강제적으로 사인 간의 분쟁을 해결하게 된다. 국가의 공권력 관계를 수반하기 때문에 민사소송법도 공법이다.

③ **사회법**

ㄱ **대두 배경** : 자본주의 사회의 폐단을 시정하기 위해 국가가 개인 또는 집단관계에 적극적으로 개입하여 국민의 생활과 기업의 노사 관계를 규제하고 조정하는 일련의 작용을 법에 규정하게 되었는데 이러한 법을 사회법이라 한다. 사회법은 국가의 적극적 개입을 통한 사회적 약자를 보호하는 법의 총체라 할 수 있다. 사적 영역에 국가가 개입하는 공법과 사법의 융합현상이며, 공법도 사법도 아닌 제3의 영역으로 표현하기도 한다.

ㄴ **종류** : 노동법, 경제법, 사회보장기본법이 대표적인 사회법이다. 노동법은 근로자와 노동조합과 관련된 내용을 규율하는 일체의 법률을 의미하고 경제법이란 국민 경제의 활성화, 건전한 경제 행위, 불공정 거래 행위 규제 등 경제와 관련된 법률의 총체를 의미한다. 사회보장기본법은 인간의 최소한의 건전한 생활을 유지하기 위한 국가의 지원과 관련된 내용을 규정하고 있다.

(5) 실체법(實體法)과 절차법(節次法)

① **실체법** : 권리·의무의 실체인 법률관계 그 자체를 규율하는 법을 실체법이라 한다. 권리·의무의 내용·발생·변경·소멸 등에 관해 규정한 것으로, 대표적으로 민법·상법·형법 등이 여기에 속한다. 즉 법조문에 규정된 권리나 혹은 의무 등의 관계가 어떻게 성립되고 어떻게 소멸하며 어떻게 변경되는 등에 대해 규정하고 있는 법을 실체법이라 한다.

② **절차법** : 절차법이란 실체법에 의해 규정된 권리와 의무를 실현하기 위한 수단과 방법을 규율하기 위한 법으로, 대표적으로 민사 "소송법", 형사 "소송법", 행정 "소송법", 부동산등기법 등이 속한다.

(6) 일반법(一般法)과 특별법(特別法)

① **구별의 기준** : 일반법과 특별법은 규율대상과 효력이 미치는 속성을 기준으로 한다.

② **일반법** : 사람, 장소, 사물에 대하여 특정영역, 혹은 특정인에게만 적용되는 것이 아니라 보편적으로 적용되는 법으로, 대표적으로 민법, 형법 등이 이에 해당한다. 즉 모든 사람에게 적용되고 모든 장소에 적용되며 모든 사물에 적용되는 법이라 할 수 있다.

③ **특별법** : 일반법과는 달리, 특정한 사람, 장소, 사물, 영역 등에 대해 제한적으로 적용되는 법으로, 상법, 국가공무원법, 교육공무원법, 선원법, 군형법 등이 이에 해당한다.

④ **일반법과 특별법의 구별 이유** : 일반법과 특별법의 구별은 상대적이나, 특별법은 일반법에 우선하여 적용된다는 '특별법 우선의 원칙'에 구별의 의의가 있다.

(7) 강행법과 임의법

① **개념** : 강행법은 당사자의 의사를 불문하고 적용되는 법이고, 임의법은 당사자가 법의 규정과 다른 의사표시를 한 경우에 그 법의 규정을 배제할 수 있는 법이다.

② **강행법과 임의법의 구별**

　㉠ 일반적으로 법조문에 "…하여야 한다", "…하지 않으면 …하지 못한다" 등으로 규정하고 있으면 강행법이고, 법조문에 "…다른 의사표시가 없으면…," "…달리 정한 바가 있으면 그에 의한다" 등으로 규정하고 있으면 임의법이다.

　㉡ 법조문에 위와 같은 표현이 없는 경우에는 각 조문의 입법취지, 규정의 성질과 내용 등을 종합적으로 검토하여 "선량한 풍속 기타 사회질서에 관계있는 규정"은 강행법이고, "선량한 풍속 기타 사회질서에 관계없는 규정"은 임의법으로 판단한다.

③ **강행법과 임의법 구별의 실익** : 임의법은 당사자가 법의 규정과 다른 의사표시(특약)를 했을 때에 유효하나, 강행법은 당사자가 법의 규정과 다른 의사표시를 하였을 때에는 효력이 발생하지 않고 무효 또는 취소의 대상이 되거나 일정한 제재가 가해진다.

법의 적용

① 법의 해석과 적용

(1) 법의 해석

법을 구체적 사실에 적용하려면 법의 의미와 내용을 밝히고 확정하는 것이 선행되어야 한다. 법의 해석은 법조문을 문리적으로, 기계적으로 의미를 밝혀 보는 것은 물론, 법이 제정된 목적을 파악하고 그 이념까지 파고들어가 밝혀 보려는 것까지 포함한다. 때문에 자의적으로 해석해서는 안 되는 것이며 법이 지닌 이념과 가치에 타당하게 해석해야 하는 것이다.

(2) 유권해석(공권 해석)

① 개념 : 유권해석이란 국가 기관에 의한 해석을 말하며 강제적인 구속력이 부여되는 데 특징이 있다. 국가 기관에 따라 입법해석, 행정해석, 사법해석으로 분류할 수 있다.

② 유형 : 입법해석이란 국회가 관련 문제 또는 쟁점에 대해 법 제정의 형태로 해석하는 경우다. 법을 제정할 때, 보통은 "~라 함은 ~이다."와 같은 형태로 용어에 대한 정의를 내리는 조문을 두는 경우가 많은데 전형적인 예로 볼 수 있다. 행정해석이란 정부가 법 또는 정책을 집행하는 과정에서 내리는 해석을 의미한다. 주무장관의 명령, 지침, 내규의 형태로 문서화하게 된다. 사법해석이란 문제된 사안에 법원이 판결의 형식으로 행하는 해석을 의미한다.

(3) 무권해석(학리해석)

① 개념 : 학리해석은 대학, 연구소 등 학자에 의한 해석으로 그러한 해석에 따라야 할 강제적인 구속력은 없으며 법조문의 문언에 대해 그 의미를 밝혀 법 적용의 기준을 제공하는데 의의가 있다. 학리해석에는 문리해석과 논리해석의 두 가지가 있다.

② 문리 해석 : 법조문의 용어나 문자가 가지는 의의에 따라 법규적 의미를 해석하는 방법이다.

③ 논리 해석 : 법조문에 나타난 문자나 표현 그대로 해석하는 것에서 더 나아가 법질서 및 법전 전체와의 유기적 관련 하에 입법의 목적, 제정 당시의 사회사정 및 현실의 요구 등을 참작하여 해석하는 것이다. 논리 해석은 어떻게 논리적인 타당성을 도모하여 해석할 것인가에 따라 여러 가지 방법으로 구분된다.

확장 해석	법조문의 언어적 표현의 의미를 보다 넓게 해석
	예 형법의 재물손괴죄는 물건의 형태를 파괴하는 것뿐만 아니라 밥그릇에 방뇨하는 것도 포함
축소 해석	법조문의 언어적 표현의 의미를 보통의 뜻보다 축소하여 해석
	예 타인의 재물을 절취함으로써 성립되는 절도죄에 부동산은 재물로 보지 않는다고 해석하는 경우
반대 해석	서로 반대되는 두 개의 사실 중 한 개의 사실에 관하여서만 규정이 있는 경우 나머지 한 개는 반대의 결과를 인정하는 해석방법
	예 민법에 소멸시효의 이익은 미리 포기하지 못한다고 규정한 것에 대해 시효완성 후의 포기는 허용된다고 해석하는 경우
당연(물론) 해석	어떠한 사항에 대하여 법률에 명문으로 규정되어 있지 않더라도 성질상 당연히 해당 규정을 적용
	예 자동차 통행금지라는 푯말이 있을 때 지게차, 트럭 등의 통행도 당연히 금지한다고 해석하는 경우
유추 해석	법령에 규정이 없는 사항에 대하여 그와 유사한 사항을 찾아 적용
	예 애완견 출입금지의 경우 애완견뿐만 아니라 고양이 등의 다른 동물도 출입할 수 없다고 해석하는 경우
연혁 해석	입법 과정에서 기록된 의사록, 외국의 사례 등 입법 당시의 여러 사정을 두루 참작하여 법규의 의미를 보충하여 해석
변경(보정) 해석	법문의 용어에 명백한 착오나 잘못이 있는 경우, 법문의 자구를 변경 또는 보정하여 본래의 뜻에 합당하도록 해석
	예 민법에서 미성년자가 아직 법률행위를 하기 전에는 법정대리인은 동의와 허락을 취소할 수 있다고 규정하고 있는데, 우리 민법은 취소와 철회를 구별하고 있음을 고려해서 이때의 취소를 소급효가 없는 철회로 해석하는 경우

(3) 법의 적용

① 개념 : 법의 적용은 법이 일단 존재하고, 법의 테두리 내에서 어떠한 사건이 발생했을 때, 그러한 추상적인 법을 해석하여 해당사건에 적용시키는 과정이다.

② 법 적용 과정

1단계(사실 문제)	구체적 사건의 내용을 확정
2단계(법률 문제)	해당 사건에 관한 법규를 발견하여 그 의미나 내용을 명확히 밝힘
3단계(법의 적용)	일반적·추상적 법규를 대전제로 하고 구체적 사실을 소전제로 하여 법적 판단을 내림

③ 분쟁 발생 시 사실의 확정 방법

㉠ 개념 : 사실의 확정이란 무수한 사건을 있는 그대로 인식하는 것이 아니라, 법적으로 판단해 볼 때 가치가 있는 사실만을 확정하는 법적 인식 작용을 의미한다. 사실의 확정은 일정한 분쟁이 생길 경우 당사자의 주장 또는 법원의 판단 하에 진행되며 입증, 추정, 간주를 살펴볼 수 있다.

ⓛ 입증 : 입증이란 어떠한 분쟁이나 재판에 있어서, 관련 사실의 존재나 부존재에 관하여 자료나 증거에 의해 명확하게 증명하는 것을 말한다. 입증은 증거가 명백한 경우로 사실 확정에 어려움이 없는 경우임에 비해 증거도 불충분하고 사실 확정이 곤란한 경우 어떤 식으로든지 사실에 대한 확정을 해야 할 필요가 있다. 이러한 이유로 추정과 간주라는 것이 있다.

ⓒ 추정 : 입증처럼 명백하고 확실하게 증명하는 것이 아니라 확실하지 않은 사실을 그 반대 증거가 제시될 때까지는 진실한 것으로 인정하여 법적 효과를 발생시키는 것을 말한다. 예로서 민법 제153조 제1항에는 "2인 이상이 동일한 위난으로 사망했을 때에는 동시에 사망한 것으로 추정된다."라는 규정이 있고, 민법 제830조 제2항에서는 "부부의 누구에게 속한 것인지 분명하지 아니한 재산은 부부의 공유로 추정한다."는 규정이 있다. 또한, 민법 제844조에는 혼인 중에 포태한 자는 부의 자로 추정한다는 규정을 두고 있으며 가족관계의 등록 등에 관한 법률 제87조에 따라 수해, 화재나 그 밖의 재난으로 인하여 사망한 사람이 있는 경우에는 이를 조사한 관공서는 지체 없이 사망지의 시 · 읍 · 면의 장에게 통보하게 되면 같은 법 제16조에 따라 등록부에 사망의 기재를 하는 인정사망이라는 제도가 있다. 이런 규정들이 추정의 예다. 추정은 반대의 증거가 제시된다면 번복되는 데 특징이 있다.

ⓔ 간주 : 간주란 사실 여하를 불문하고 법에 의해 일정한 사실관계를 확정하는 것으로, 다른 말로 의제(擬制)라고도 한다. 법조문을 보면 "~은 ~으로 본다(간주한다)."라는 규정이 있다. 예로서 민법 제20조에 따라 행방불명자에게 법원의 실종 선고가 내려지면 사망으로 간주되며 간주제도는 추정처럼 다른 증거를 통해 번복할 수 없는 데 특징이 있다. 간주되는 사실을 번복하기 위해서는 법원의 취소 절차라는 엄격한 요건이 충족되어야 한다.

ⓜ 준용 : 입법 기술상의 방법으로 중복을 피하고 법문을 간소화하기 위하여 어떤 특정한 규정과 유사한 사항을 생략하고 해당 법규를 적용한다고 규정하는 것이다. 예) 전조의 규정은 고소 또는 고발의 취소에 관하여 준용한다(형사소송법 제239조).

(4) 법 적용의 원칙

① 특별법 우선의 원칙과 상위법 우선의 원칙

ⓖ 특별법 우선의 원칙 : 특별법 우선의 원칙이란 동일한 사건 또는 분쟁에 적용할 법이 일반법과 특별법에 동시에 규정되어 있다면 특별법을 우선 적용시키는 것이다. 예로서 폭행사건의 경우 형법에도 폭행관련 규정이 있지만, 이를 더욱 구체화시킨 특별법으로서 폭력행위 등 처벌에 관한 법률이 먼저 적용된다. 군부대 내에서 사건이 발생한 경우 형법에도 관련 규정이 있지만 군형법을 먼저 적용한다. 상행위와 관련하여 분쟁이 생길 경우 민법에도 관련 규정이 있지만 상법을 먼저 적용한다.

ⓛ 상위법 우선의 원칙 : 실정법상 상위의 법규는 하위의 법규에 우월하며, 상위의 법규에 위배되는 하위의 법규는 정상적인 효력을 발생하지 않는다. 즉 민법, 형법, 상법 등의 일반 법률보다는 헌법이 더 상위의 법규이기 때문에 일반 법률들이 헌법에 위배되는 조항을 담고 있다면 그 조항은 제대로 효력이 발생하지 않는 것이다. 상위법 우선의 원칙은 하위 효력을 갖는 법이 상위법에 위배될 때 문제가 될 수 있다.

② **신법 우선의 원칙** : 법이 새로 제정 또는 개정되어 법령 내용이 개정 전과 개정 후에 충돌될 경우 개정된 신법이 구법(개정전의 법)에 우선적으로 적용되는 원칙을 말한다. 다만, 신법과 구법 간 규정 내용에 모순과 충돌이 없고 서로 동등한 효력을 가졌을 때의 문제이다.

③ **법률 불소급의 원칙** : 새롭게 제정 또는 개정된 법률은 그 법률이 효력을 가지기 이전에 발생한 사실에 소급(거슬러 올라가는 것)하여 적용할 수 없다는 원칙을 말한다. 기득권의 존중 또는 법적 안정성을 반영한 원칙으로 처벌문제를 다루고 있는 형법에서 중요하나 혜택을 부여하는 경우에도 문제가 될 수 있다. 범죄 행위 시에 벌금으로 처벌되었던 법 규정이 개정되어 징역, 금고 등 자유형으로 바뀌었다고 소급하여 적용할 수 없다. 하지만 유리하게 형이 변경되었다면 피고인 인권보장 차원에서 소급효를 인정한다.

② 권리와 의무

(1) 법률관계

① **법률관계의 개념** : 법으로 규율하고 있는 생활관계를 법률관계라고 한다. 가장 흔한 예로서 부동산 매매 계약이나 임대차 계약(월세 계약)은 법률관계의 대표적인 사례이다. 즉 부동산 매도인과 매수인의 생활관계는 법이 개입하지 않으면 자칫 사기 등으로 한쪽이 피해를 볼 우려가 있어 민법이 규율하는 것과 같이 이러한 관계가 바로 법률관계라 할 수 있다. 슈퍼에서 물건을 사는 경우만 하더라도 물건을 집어서 돈을 지불하지 않고 그냥 가져가면 형법이 적용되어 절도죄가 된다.

② **권리 · 의무와의 관계** : 앞서 슈퍼의 사례에서 손님이 돈을 지불한다는 의무를 이행하면 물건을 가져갈 수 있는 권리가 있듯 사회생활 대부분은 계약관계로 구성되어 있다. 법률관계와 계약관계가 동일어는 아니지만 법률관계에서 계약관계가 차지하는 비중이 절대적이다. 계약관계는 권리와 의무로 구성되어 있기 때문에 법률관계 역시 권리와 의무가 무엇인지를 이해하는 데서부터 출발한다.

(2) 권리

① **개념** : 권리란 특정인에게 일정한 이익을 주장할 수 있는 법적 힘을 말한다. 법을 공법, 사법, 사회법으로 분류할 수 있다면, 이에 상응하여 권리도 공권, 사권, 사회권으로 나눌 수 있다.

② **구별개념**

　　㉠ 권한 : 대표이사는 회사를 대표할 수 있는 권한이 있듯, 타인을 위해 어떠한 행위를 할 수 있는 지위나 자격을 권한이라 한다.

　　㉡ 권능 : 소유권이라는 권리 안에는 물건을 사용하고, 수익하고, 처분하는 등 많은 내용으로 구성되어져 있음을 알 수 있다. 이처럼 권리의 내용을 이루고 있는 개개의 법률상 힘을 권능이라 한다.

ⓒ 권원 : 건물에 거주하고 있다는 것은 그 사람이 토지의 소유자라든가, 임대차를 했다던가 하는 정당화 사유가 있을 것이다. 이처럼, 어떠한 행위를 정당화시켜 주는 원인 또는 근거를 권원이라 한다.

ⓔ 반사적 이익 : 자신이 사는 지역에 대형백화점이 들어서고, 여러 상가가 밀집되고, 공원이 조성될 경우 본인이 만든 것은 아니지만, 일정한 이익을 누리게 된다. 이처럼 법률상으로 직접 보호받을 수는 없지만 상황이 조성됨에 따라 결과적으로 누리는 이익을 반사적 이익이라 한다.

② 공권, 사권, 사회권

ㄱ) 공권 : 공법관계에서 당사자가 갖는 권리로서 국가적 공권과 개인적 공권으로 구분할 수 있다.

국가적 공권	개인적 공권
국가나 공공단체가 법률의 규정에 따라 국민에 대하여 가지는 권리 예 집행권, 입법권, 사법권, 경찰권, 형벌권 등	국민 개개인이 공법관계에서 국가에 대하여 가지는 권리 예 자유권, 평등권, 참정권, 청구권 등

ㄴ) 사권 : 사인 간의 관계, 즉 사법상 인정된 권리를 사권이라고 한다. 사권은 크게 재산권, 인격권, 가족권, 사원권으로 나눌 수 있다.

재산권	금전으로 가치를 평가할 수 있는 각종의 재산적 이익의 향유를 내용으로 하는 권리 예 물권, 채권, 지식재산권 등
인격권	권리주체인 사람과 운명을 같이 하는 생명 · 성명 · 명예 · 초상 · 신용 등 각종의 인격적 이익의 향유를 내용으로 하는 권리 → 거래의 객체가 될 수 없고, 그 침해시 불법행위를 구성
가족권	부부 · 친자 · 형제자매 등 가족관계에 있는 자들 사에서 그 지위에 따르는 이익을 향유하는 것을 내용으로 하는 권리 예 부양청구권, 재산분할청구권, 상속권 등
사원권	단체의 구성원인 사원의 지위에 기인하여 가지는 권리 예 사무집행권, 이익배당청구권 등

ㄷ) 사회권 : 사회적 약자를 보호하고, 사회적 불평등을 해소하기 위해 노동법, 경제법, 사회보장기본법, 장애인 고용 촉진법 등의 사회법이 등장하였다면, 사회적 약자가 보호받을 수 있는 권리가 사회권이다. 장애인, 여성의 고용평등, 노인, 아동, 소비자, 근로자의 권리를 의미한다.

③ 작용을 기준으로 분류

ㄱ) 지배권 : 권리자가 권리객체를 직접 지배하고 타인의 침해를 배제하는 것을 통하여 이익을 향유하는 권리이다.
예 물권, 인격권, 지식재산권 등

ㄴ) 청구권 : 권리자가 다른 특정인에게 일정한 행위(작위 또는 부작위)를 청구하는 권리이다.
예 채권, 상속회복청구권, 유아인도청구권 등

ㄷ) 형성권 : 권리자의 일방적 의사표시로 법률관계를 변동(발생 · 변경 · 소멸)시킬 수 있는 권리이다.
예 취소권, 해제권, 추인권, 상계권, 최고권 등

  ② 항변권 : 상대방의 청구권 행사에 대하여 그 작용을 저지할 수 있는 효력을 가지는 권리이다. 타인의 공격을 방어하는 데 그친다는 점에서 반대권이라고도 한다. 상대방의 권리 행사를 일시적으로만 저지할 수 있는 연기적 항변권(보증인의 최고 · 검색의 항변권, 동시이행의 항변권)과 영구적으로 저지할 수 있는 영구적 항변권(상속인의 한정승인항변권)이 있다.

④ **효력 범위를 기준으로 분류**

  ㉠ 절대권 : 권리자가 객체에 대한 배타적 지배를 내용으로 누구에게나 주장할 수 있는 권리이다.

   예 소유권, 무체재산권 등

  ㉡ 상대권 : 특정인만을 의무자로 하여 그 특정인에 대해서만 주장할 수 있는 권리이다.

   예 채권

⑤ **이전성을 기준으로 분류**

  ㉠ 일신전속권 : 권리자 본인만이 행사할 수 있고 양도하거나 상속 등으로 타인에게 이전할 수 없는 권리이다.

   예 친권, 부양청구권, 성명권, 초상권, 저작인격권 등

  ㉡ 비전속권 : 양도 · 상속 등으로 타인에게 이전할 수 있는 권리이다.

   예 재산권

⑥ **독립성을 기준으로 분류**

  ㉠ 주된 권리 : 다른 권리에 대하여 종속관계에 있지 않고 완전히 독립된 권리이다.

  ㉡ 종된 권리 : 다른 권리의 효력을 담보하거나 증가시키기 위하여 그 권리에 종속하는 권리이다.

   예 이자채권

(3) 의무

① **개념** : 의무란 행위자가 자신의 개인적 의사와 관계없이 일정한 행위를 하여야 할 법적 구속(강제)을 의미한다. 권리와 의무는 서로 대응하는 게 일반적이나 권리만 있고 의무는 없는 경우도 있고(취소권 · 해제권 등의 형성권) 반대로 권리는 없고 의무만 있는 경우도 있다(책임무능력자의 불법행위와 관련하여 감독자의 감독의무).

② **공의무와 사의무**

  ㉠ 공의무 : 국가적 공의무란 국가가 국민에 대하여 지는 의무로서 자유권 보장, 평등권 보장 등이 해당한다. 개인적 공의무란 개인(국민)이 일정한 한도 안에서 국가의 통제를 받고 국가가 합법적으로 명령강제하는 데 대하여 복종해야 하는 의무로 근로의 의무, 납세의 의무, 국방의 의무 등이 해당한다.

  ㉡ 사의무 : 공의무와 대응되는 개념으로 사법상의 의무를 의미한다. 채무자의 채권자에 대한 채무이행의무나 친권에 대한 복종 의무 등이 있다.

③ **작위의무와 부작위의무**

  ㉠ 작위 의무 : 어떤 행위를 할 것을 내용으로 하는 의무로 적극적 의무라고도 하며 물건을 산 매수인이 물건값을 주어야 할 대금 지급 의무 등이 대표적이다.

ⓛ **부작위 의무** : 어떤 행위를 하지 않을 것으로 내용으로 하는 의무로 소극적 의무라고도 하며 의료인이 태아의 성감별을 목적으로 임산부를 진찰 또는 검사를 하지 않아야 할 태아성감별 금지의무는 부작위 의무다.

④ **주된 의무(본체적 의무)와 부수적 의무** : 목적 달성에 필수불가결한 의무를 주된 의무라 하고, 필수불가결하지 않은 의무를 부수적 의무라고 한다. 매매에 있어서 매도인의 재산권이전 의무와 매수인의 대금지급 의무는 주된 의무이나 매도인이 목적물을 인도할 때까지 부담하는 선량한 관리자의 주의로서 보존하여야 할 의무는 부수적 의무다.

⑤ **간접의무(책무, 부담)** : 의무를 불이행 하는 등 관련 규정에 위반하면 행위자에게 일정한 불이익이 발생하지만 그 상대방이 소를 제기하여 강제집행을 할 수 없고 의무위반을 이유로 손해배상을 청구할 수 없는 것을 말한다. 예컨대, 민법 제599조에 의하면 증여자가 수증자에게 하자가 있음을 알고도 고지하지 않으면 증여에 대해 담보책임을 지지만, 수증자가 증여자에게 하자 고지를 청구하거나 하자 불고지를 이유로 손해배상을 청구할 수는 없다.

(4) 권리의 주체와 객체

① **권리의 주체** : 권리의 주체란 권리를 보유할 수 있는 당사자를 의미한다. 법률상 권리와 의무의 주체가 될 수 있는 당사자는 원칙적으로 자연인(사람)과 법인(법 자격을 부여한 단체)에 한해서만 가능하다. 자연인은 출생하면서부터 누구나 권리의 주체가 될 수 있지만(사망으로써 소멸), 법인은 관청의 허가를 얻고 설립 등기를 하여 법인격을 가질 때에 비로소 권리의 주체가 될 수 있다.

② **법인**

  ㉠ **개념** : 법인이란 사람 또는 재화의 결합체에 법인격이 부여된 것을 의미한다.

  ㉡ **종류** : 사단법인이란 사람의 단체인 인적 결합체에 법인격이 부여된 것이다. 대표적으로 변호사협회, 약사협회, 의사협회 등 모두 사람이 모여서 만든 단체로 사단 법인이다. 재단 법인이란 재화(금전을 포함)로서의 물적 결합체에 법인격이 부여된 것을 의미한다.

③ **권리 · 의무의 객체**

  ㉠ **개념** : 권리행사의 대상을 권리의 객체라고 한다. 권리를 가진 주체가 어디에다가 또는 누구에게 권리를 주장하고 행사할 수 있는가의 문제로 설명된다.

  ㉡ **물권의 객체** : 물권이란 물건을 지배할 수 있는 권리라 할 수 있는데, 이러한 물건을 지배할 수 있으려면 지배할 물건이 있어야 한다. 여기서 물건이 바로 물권의 객체가 된다.

  ㉢ **채권의 객체** : 채권이란 채무자에게 일정한 행위를 청구할 수 있는 권리라면, 이러한 채권의 주체가 자기 자신이라고 예를 들자면 채권의 객체는 상대방인 채무자의 일정한 행위가 된다.

  ㉣ **가족권의 객체** : 가족권의 주체가 역시 예로서 자기 자신이라고 생각한다면 이것의 객체는 친족 관계에 있는 사람, 상속의 경우는 상속 재산이 되는 것이다.

ⓜ 지적재산권의 객체 : 저작권, 특허권, 상표권, 실용신안권 등의 지적재산권의 주체 역시 예로서 자기 자신이라고 생각한다면 이러한 지적재산권을 행사할 수 있는 객체는 정신적 산물이 된다. 이때, 지적재산권을 다른 말로 무체재산권이라고도 한다. 특허권을 예로 들면 재산권이라고 하기에는 딱히 얼마짜리 돈으로 환산하기도 어렵고 손으로 만져서 거래대상으로 하여 주고 받기도 모호하지만 지적 창작물로서 재산적인 가치로 환산이 가능하기 때문에 이것을 무체재산권이라고 한다.

(5) 권리와 의무의 비중에 대한 변화

① 중세 : 중세까지는 권리보다는 의무, 특히 신에 대한 맹목적 의무가 강조되었다. 국가는 구성원에게 권리를 부여하기보다는 구속하고 통제하는 비중이 높았다는 것을 의미한다.

② 근대 : 근대 이후 인간의 기본권을 중시하는 자유 민주주의 사상이 발전하면서 스스로의 권리에 대한 의식이 확산되었다. 법률관계에서도 "신분에서 계약으로"라는 법언이 강조하듯 권리를 더욱 강조하게 되었다. 즉 자신의 신분이 미천하더라도 스스로의 권리를 찾아 신분상승을 하면 된다는 의식개혁이 있었다고 볼 수 있는 것이다.

③ 현대 : 20세기 이후의 현대사회는 자본주의의 폐단에 따른 사회적 약자와 불평등의 발생으로 복지사회 이념을 최고의 원리로 하고 있다. 이에 자유에 수반되는 책임을 강조하게 되었고 권리와 의무가 함께 중시되고 있다.

핵심예상문제

1 다음 중 법에 대한 특징으로 바람직하지 않은 것은?

① 당위성을 특징으로 한다.
② 사회규범은 상대성과 다양성, 보편성을 특징으로 한다.
③ 위반 시 처벌을 받는데 법의 특징이 있다.
④ 자연현상과 마찬가지로 사실법칙이 지배한다.

> **TIP** 사실법칙 또는 자연법칙이란 인과관계에 따른 객관적 법칙을 의미한다.
> 법은 이와는 구별되는 당위성을 근거로 하는 당위법칙에 의해 규율된다.

2 다음 법과 도덕의 구별에 대한 표에서 옳은 것을 고르면?

구분	법(法)	도덕(道德)
목적	① 정의 실현(정의사회 구현)	선(착하고 바른 삶)의 실현
규율대상	② 내면적 양심과 동기 고려	인간의 외면적 행위
성격	③ 자율성(비강제성), 위반 시 비난	강제성, 타율성, 위반 시 처벌
	④ 일면성(의무 중심의 규율)	양면성(권리와 의무 규율)

> **TIP** 법의 목적은 정의를 실현하는 데 있으며 인간의 외면적 행위를 규율하고 강제성과 타율성, 위반 시 처벌을 받는 데 특징을 갖게 된다. 또한 권리와 의무를 동시에 규율하는 양면성을 갖는다.

3 법과 도덕의 관계에 대한 설명으로 틀린 것을 고르면?

① 옐리네크는 법은 도덕의 최소한이라 하여 도덕 중에서 강제적으로 지켜야 할 것만을 법으로 규정해야 함을 강조하였다.
② 슈몰러는 법은 도덕의 최대한이라 주장하였다.
③ 착한 사마리아인 법을 통해 법과 윤리의 분리 현상을 알 수 있다.
④ 도덕은 선을 실현하고자 하며, 법은 정의를 실현하고자 한다.

> **TIP** 착한 사마리아인의 사례를 통해 위험에 처해 있는 사람을 구하지 않는 구조불이행을 윤리적으로 비난하는 것은 물론 법적으로도 처벌하는 법의 윤리화 현상을 보여주고 있다.

Answer 1.④ 2.① 3.③

4 실정법에 대한 설명으로 옳지 않은 것은?

① 자연법과 구별되는 개념이다.
② 불문법은 실정법에 포함되지 않는다.
③ 법을 초월하여 존재하는 영원한 보편적 질서를 부정한다.
④ 법실증주의자들에 의하여 강조되었다.

> **TIP** 실정법이란 성문법은 물론이고 불문법까지 포함하여 현실적으로 시행되고 있는 모든 법을 의미한다.

5 자연법에 대한 설명으로 바람직하지 않은 것은?

① 법실증주의와 맥락을 함께 한다.
② 인간이 태어나기 이전의 자연상태를 상정한다.
③ 이성에 바탕을 둔 보편적이고 항구적인 법을 인정한다.
④ 자연법론자들에 의해 체계화되었다.

> **TIP** 법실증주의는 자연법론자에 대비되는 사상을 전개하였다.

6 다음 중 정의에 대한 설명으로 바른 것을 고르면?

① 정의란 시대의 목적에 적합해야 함을 의미한다.
② 아리스토텔레스는 각자에게 그의 몫을 돌려주는 항구적인 의지라 하였다.
③ 평균적 정의는 곧 상대적 평등을 의미한다.
④ 능력과 공헌도에 따라 차등 대우하는 것은 배분적 정의이다.

> **TIP** ① 시대의 목적에 적합해야 한다는 것은 합목적성에 대한 설명이다.
> ② 각자에게 그의 몫을 돌려주는 항구적인 의지라고 한 것은 울피아누스이다.
> ③ 평균적 정의는 곧 절대적 평등을 의미한다.

7 평균적 정의와 배분적 정의에 대한 설명으로 틀린 것을 고르면?

① 평균적 정의란 같은 것은 같게 처우하는 것이다.

② 배분적 정의란 같은 것은 같게, 다른 것은 다르게 처우하는 것을 의미한다.

③ 평균적 정의는 명예, 관직, 공공재의 분배에 주로 적용된다.

④ 현대의 정의 개념은 합리적 차별은 허용하는 상대적 평등이 받아들여진다.

> **TIP** 평균적 정의는 매매, 불법행위 등 사인 간의 관계에 주로 적용된다면, 배분적 정의는 명예, 관직, 공공재의 분배에 주로 적용된다.

8 다음은 법의 이념 중 무엇을 설명하는지 고르시오.

> "법이 추구하는 목적을 달성하는 데 기여해야 한다."

① 정의   ② 합목적성

③ 평등   ④ 법적 안정성

> **TIP** 합목적성이란 법이 그 사회가 추구하는 목적을 달성하는 데 합치 또는 기여해야 한다는 것으로 상대성을 갖고 있다.

9 법적 안정성이 지켜지기 위한 요건으로 보기 어려운 것은?

① 법 내용이 실현 가능해야 한다.

② 법의 내용이 명확해야 한다.

③ 국민의 법의식과 합치되어야 한다.

④ 잦은 개정으로 시대적 변화에 대처해야 한다.

> **TIP** 법이 자주 개정된다면 국민은 법의 존재에 대한 인식을 할 수 없기 때문에, 법적 안정성에 역행하는 결과를 초래할 수 있다.

Answer   7.③ 8.② 9.④

10 다음 헌법 조항을 통해 알 수 있는 법의 이념은?

> 헌법 제37조 ② 국민의 모든 자유와 권리는 국가안전보장, 질서유지 또는 공공복리를 위하여 필요한 경우에 한하여 법률로써 제한할 수 있으며, 제한하는 경우에도 자유와 권리의 본질적 내용을 침해할 수 없다.

① 우리나라는 법의 이념 중에서 법적 안정성을 최고의 이념으로 삼는다.
② 자유와 권리의 본질적 내용을 침해할 수 없다고 규정한 것은 합목적성을 나타낸 것이다.
③ 우리나라는 법의 이념 중 정의를 최고의 가치로 보고 있다.
④ 법 이념 상호 간에 동등함을 강조하고 있다.

> **TIP** "국가 안전보장, 질서유지, 공공복리를 위하여"라는 의미는 합목적성을 강조한 것이고, 필요한 경우에 한하여 법률로써 제한할 수 있다는 것은 법적 안정성을 강조한 것이다. 또한 자유와 권리의 본질적 내용을 침해할 수 없다는 것은 정의를 최고의 이념으로 한다는 것이다.

11 법의 형식적 효력에 포함되지 않는 것을 고르면?

① 시간적 효력
② 소급효의 원칙적 인정
③ 장소적 효력
④ 대인적 효력

> **TIP** 법은 시행일부터 폐지일까지 효력이 있으며 시행 후에 발생한 사항에 관해서만 적용되고 법 시행 이전에 발생한 사항에 대해서 적용해서는 안 되는 법률불소급의 원칙을 포함한다.

12 법의 타당성을 찾을 수 있는 근거가 무엇인지를 인식하는 과정으로써 (　　　)을(를) 살펴볼 수 있다. 다음 중 괄호 안에 들어갈 적절한 말은?

① 조리
② 법의 연원
③ 실정법
④ 판례

> **TIP** 제시문은 법의 연원 또는 법원에 대한 설명이다.

13 다음 중 판례의 법원성을 바르게 표현한 것은?

① 법적 효력
② 사실상의 효력
③ 성문법과 동등한 효력
④ 법률에 대한 보충적 효력

> **TIP** 판례는 법적 구속력은 없으나 사실상의 구속을 하게 된다.

14 다음 성문법에 대한 설명으로 틀린 것을 고르면?

① 대한민국 헌법은 1948.7.17 제정되었고, 개정할 경우는 국민투표를 거쳐야 한다.
② 법률은 헌법보다 하위의 효력을 갖는다.
③ 자치법규로 조례와 규칙이 있다.
④ 국회에서 조약을 승인하면 헌법과 동등한 효력이 부여된다.

> **TIP** 조약이란 국가 간 합의한 내용을 문서로 명시하고 체결권자가 승인한 것으로, 국회에서 조약을 승인하면 법률과 동일한 효력을 갖는다.

15 다음 중 관습법에 대한 바른 설명을 고르면?

① 일정한 관행만으로 관습법이 성립된다.
② 사람의 일반적이고 건전한 상식을 의미한다.
③ 일정한 관행이 오래도록 계속되어 대다수의 사람들에게 법적 확신이 생길 때 성립한다.
④ 신의성실, 이성, 합리성 등으로 표현할 수 있다.

> **TIP** 사람의 일반적이고 건전한 상식을 의미하고 신의성실, 이성, 합리성으로 표현할 수 있는 것은 조리이다.

16 다음의 괄호 안에 들어갈 말을 바르게 나열한 것은?

> (　　)란 국적을 기준으로 자국민에 대해서는 어느 국가에 소재하느냐를 불문하고 자국법을 적용한다는 원칙을 의미한다. (　　)란 국가의 영토를 기준으로 영토 내의 사람에게는 국적 여하를 불문하고 자국법을 적용한다는 원칙을 의미한다.

① 상호주의, 평등주의
② 속인주의, 속지주의
③ 기국주의, 상호주의
④ 속지주의, 속인주의

　TIP　국적을 기준으로 자국민에 대해 적용하는 것을 속인주의라 하고, 국가의 영토를 기준으로 영토 내의 사람에게 적용되는 것을 속지주의라 한다.

17 다음은 어떤 유형의 법계에 대한 설명인가?

> "원칙적으로 관습법과 불문법은 인정하지 않고 성문법 중심으로 발달되어 있다."

① 대륙법계
② 영미법계
③ 이슬람법계
④ 사회주의법계

　TIP　제시문은 대륙법계 문화에 대한 설명으로 대륙법계는 논리성이 우수하고 공법과 사법의 구분이 명확한 특징을 아울러 갖는다.

18 우리나라의 법계에 대하여 바른 설명을 고르면?

① 우리나라는 대륙법적 요소만을 갖고 있다.
② 우리나라는 영미법적 요소만을 갖고 있다.
③ 우리나라는 불문법의 비중이 높은 편이다.
④ 우리나라는 대륙법적 요소와 영미법적 요소를 아울러 갖고 있다.

> **TIP** 우리나라는 일본의 영향에 따라 대륙법계 문화를 기반으로 하고 있으며 광복 후 미군정의 영향에 따라 영미법계의 요소도 아울러 갖고 있다.

19 다음 설명 중 틀리게 서술된 것을 고르면?

① 사법(私法)이란 사인을 주체로 하여 사적인 생활관계를 규율한다.
② 민법, 상법은 대표적인 사법(私法)이다.
③ 민사소송법은 개인 간의 사적 생활관계에서 발생한 분쟁을 해결하기 때문에 사법(私法)에 속한다.
④ 사법(私法)은 대체적으로 대등한 관계를 규율하며 공법(公法)은 비교적 상하 간의 수직적 관계를 규율한다.

> **TIP** ③ 민사소송법은 사법권(司法權)이라는 공권력을 바탕으로 강제적으로 국가가 사인 간의 분쟁을 해결하기 때문에 공법에 속한다.

20 다음과 같은 배경 하에서 등장하게 된 법을 설명한 것으로 바른 것은?

> 자본주의 사회의 폐단을 시정하기 위해 국가가 개인 또는 집단관계에 적극적으로 개입하여 국민의 생활과 기업의 노사관계를 규제한다.

① 개인 간의 대등한 관계를 규율한다.
② 형법, 행정법이 대표적이다.
③ 분쟁 해결에 대한 각종 절차를 규율한다.
④ 사적 영역에 국가가 개입하는 공법과 사법의 융합현상을 보인다.

> **TIP** 제시문은 사회법의 등장배경에 대한 설명으로 사회법은 자본주의 사회의 폐단과 사회적 약자 보호를 배경으로 등장하였고, 공법과 사법의 융합현상 또는 공법도 사법도 아닌 제3의 영역으로 불리기도 한다.

Answer   18.④ 19.③ 20.④

21 다음 괄호 안에 들어갈 말이 차례대로 나열된 것은?

> (   )(이)란 권리와 의무의 발생, 변경, 소멸 등에 관해 규정한 것으로 민법, 상법, 형법 등이 해당한다. (   )(이)란 권리와 의무를 실현하기 위한 수단과 방법을 규율하기 위한 법으로 민사 소송법과 형사 소송법이 대표적이다.

① 절차법, 실체법　　　　　　　　　② 실체법, 절차법
③ 실체법, 공법(私法)　　　　　　　④ 사법(私法), 절차법

> **TIP**　실체법이란 권리와 의무의 발생, 변경, 소멸에 관해 규정한 법을 의미하고, 절차법은 이러한 실체법의 내용을 실현하는 절차를 규율하고 있다.

22 유권해석에 대한 바른 설명은?

① 학술단체에서 하는 해석을 의미한다.
② 해석은 강제력이 없는 것이 보통이다.
③ 행정해석, 입법해석, 사법해석으로 구분할 수 있다.
④ 법조문의 형태로 제정하는 경우 사법해석이라 한다.

> **TIP**　유권해석은 국가기관에 의한 해석을 의미하며 강제적인 구속력이 부여되는데 특징이 있다. 국가 기관에 따라 입법해석, 행정해석, 사법해석으로 분류할 수 있다.

23 다음 중 입증과 추정에 대한 설명으로 틀린 것을 고르면?

① 입증이란 어떠한 분쟁이나 재판에 있어서, 관련 사실의 존재나 부존재에 관하여 자료나 증거에 의해 명확하게 증명하는 것을 의미한다.
② 추정이란 반대 증거가 제시될 때까지는 진실한 것으로 인정하여 법적 효과를 발생시키는 것을 의미한다.
③ 간주되는 사실을 번복하기 위해서는 다른 증거의 제출이 있으면 가능하다.
④ 추정의 대표적인 예로 동시사망, 인정사망이 있다.

> **TIP**　간주란 사실 여하를 불문하고 법에 의해 일정한 사실관계를 확정하는 것으로, 의제라고도 하며, 간주되는 사실을 번복하기 위해서는 법원의 취소 절차를 필요로 한다.

※ 다음 해석은 어떤 경우인지 고르시오. 【24~26】

24 "형법상의 재물손괴죄는 물건의 형태를 파괴하는 것뿐만 아니라 밥그릇에 방뇨하는 것도 포함한다."

① 확장해석
② 축소해석
③ 유추해석
④ 반대해석

> **TIP** 확장해석이란 법조문의 언어적 표현의 의미를 보다 넓게 해석하는 것을 말한다.

25 "자동차 통행금지라는 푯말이 있을 때 트럭, 지게차, 탱크 등의 통행도 금지한다고 해석하는 경우"

① 축소해석
② 당연해석
③ 반대해석
④ 확장해석

> **TIP** 당연해석은 어떤 사항에 대해 법 규정이 없을 때, 그 입법취지로 보아 당연한 해당 규정을 적용하는 것을 말한다.

26 "절도죄에 부동산은 재물로 보지 않는 경우"

① 확장해석
② 당연해석
③ 축소해석
④ 유추해석

> **TIP** 축소해석이란 법조문을 문리 해석하였을 때, 그 뜻이 막연하다든지 법의 운용상 불필요한 혼란을 초래할 경우에 내리는 해석으로 제한해석이라고도 한다.

Answer   24.① 25.② 26.③

27 법률 불소급의 원칙에 대한 설명으로 바른 것을 고르면?

① 법이 새로 제정 또는 개정되어 법령 내용이 개정 전과 개정 후에 충돌될 경우 개정된 신법이 구법에 우선적으로 적용된다는 원칙이다.

② 법적 안정성을 반영한 원칙으로 예외적으로 피고인에게 유리한 소급효는 인정된다.

③ 민법과 상법의 관계는 법률 불소급의 원칙과 관련이 있다.

④ 실정법상 상위의 법규는 하위 법규보다 우월한 효력을 갖는다.

> **TIP** ① 신법 우선의 원칙
> ③ 민법과 상법의 관계는 일반법과 특별법의 관계로 특별법 우선의 원칙과 관련 있다.
> ④ 상위법 우선의 원칙

28 다음에서 설명하는 법해석의 원칙은?

형법보다 폭력행위 등 처벌에 관한 법률이 우선 적용

---

① 상위법 우선의 원칙　　　　　　　　② 특별법 우선의 원칙

③ 신법 우선의 원칙　　　　　　　　　④ 법률 불소급의 원칙

> **TIP** 특별법 우선의 원칙이란 동일한 사건 또는 분쟁에 적용할 법이 일반법과 특별법에 동시에 규정되어 있다면 특별법을 우선 적용시키는 원칙이다.

29 권리와 의무에 대한 설명으로 바른 것은?

① 우리 법은 권리의 주체로 자연인과 법인을 규정한다.

② 사단법인이란 재화로서 물적 결합체에 법인격이 부여된 것을 의미한다.

③ 물권의 객체는 채무자의 행위이다.

④ 현대에는 권리보다 의무를 강조하는 경향이 강하다.

> **TIP** ② 사단법인이란 인적 결합체에 법인격이 부여된 것을 의미한다.
> ③ 물권의 객체는 물건이며, 채권의 객체는 채무자의 행위이다.
> ④ 중세에는 의무의 비중이 높았고, 근대에는 권리에 비중이 있었다면 현대에는 권리와 의무 모두 강조되고 있다.

Answer　　27.② 28.② 29.①

30 법의 개념에 대한 견해와 학자가 바르게 연결된 것은?

① 법은 도덕의 최대한이다. – 슈몰러(Schmoller)
② 법은 법이념에 봉사한다는 의미를 지니는 현실이다. – 라렌츠(Larenz)
③ 법은 도덕의 최소한이다. – 라드부르흐(Radbruch)
④ 법은 사회적 조직체의 공동정신이다. – 키케로(Cicero)

> **TIP** ② 법은 법이념에 봉사한다는 의미를 지니는 현실이다. – 라드부르흐(Radbruch)
> ③ 법은 도덕의 최소한이다. – 옐리네크(Jellinek)
> ④ 법은 사회적 조직체의 공동정신이다. – 몽테스키외(Montesquieu)

31 "사람을 살해한 자는 사형·무기 또는 5년 이상의 징역에 처한다."라는 형법의 규정이 지니는 규범적 성격이 아닌 것은?

① 조직 규범
② 행위 규범
③ 강제 규범
④ 재판 규범

> **TIP** 제시된 형법 조문은 범죄와 형벌을 규정하는 것으로 행위규범, 강제규범, 재판규범에 해당하나, 국가나 지방자치단체의 조직과 작용을 규정하고 있지 않으므로 조직규범은 해당이 없다.

32 법과 도덕에 관한 설명으로 옳지 않은 것은?

① 법은 행위의 외면성을, 도덕은 행위의 내면성을 다룬다.
② 법은 강제성을, 도덕은 비강제성을 갖는다.
③ 법은 타율성을, 도덕은 자율성을 갖는다.
④ 권리 및 의무의 측면에서 법은 일면적이나, 도덕은 양면적이다.

> **TIP** 권리 및 의무의 측면에서 법은 권리와 의무를 모두 규율하므로 양면적이다. 반면 도덕은 의무 중심으로 규율하므로 일면적이다.

33 '악법도 법이다'라는 말이 강조하고 있는 법의 이념은?

① 법적 타당성   ② 법적 안정성

③ 법적 형평성   ④ 법적 효율성

> **TIP** 악법도 법이라는 말은 옳지 않은 법이라도 해당 법을 존중하겠다는 의미로, 법의 이념 중 법적 안정성을 강조하고 있다.

34 다음의 헌법 규정은 어떠한 원칙을 선언한 것인가?

> 모든 국민은 행위 시의 법률에 의하여 범죄를 구성하지 아니하는 행위로 소추되지 아니한다.

① 신법우선의 원칙   ② 특별법우선의 원칙

③ 상위법우선의 원칙   ④ 법률불소급의 원칙

> **TIP** ① 신법우선의 원칙은 동일 사안에 대하여 신법과 구법이 서로 어긋나는 경우 신법을 우선적으로 적용한다는 원칙이다.
> ② 특별법우선의 원칙은 특별법을 일반법보다 우선하여 적용한다는 원칙이다.
> ③ 상위법우선의 원칙은 성문법 체계에서 상위법과 하위법이 충돌하는 경우 상위법에 위반하는 하위법은 효력이 없다는 원칙이다.

35 일본인이 독일 내 공원에서 대한민국 국민을 살해한 경우, 대한민국 형법을 적용할 수 있는 근거는?

① 속인주의   ② 속지주의

③ 보호주의   ④ 기국주의

> **TIP** 제시문은 자국이나 자국민의 법익을 침해하는 범죄에 대해서는 범인이 외국인이고 범죄지가 외국 영역이더라도 자국 형법을 적용한 것으로 보호주의에 해당한다.

36 민법 제3조는 "사람은 생존한 동안 권리와 의무의 주체가 된다."라고 규정하고 있으므로 '원칙적으로 태아에게는 권리능력이 인정되지 않는다.'라고 하는 해석은?

① 축소해석   ② 반대해석

③ 물론해석   ④ 유추해석

> **TIP** 사례는 사람과 태아를 반대되는 개념으로 보고 해석한 반대해석이다. 어떤 사항에 관한 규정의 취지에 비추어 그와 반대되는 사항을 해당 규정과 반대로 해석하는 방법이다.

Answer   33.②   34.④   35.③   36.②

37 법원(法源)에 관한 설명으로 옳은 것은?

① 성문법은 불문법에 비해 사회변화에 따른 필요에 신속히 대응할수 있다는 장점이 있다.

② 명령은 국회의 의결을 거쳐 제정되는 법령이다.

③ 민사에 관하여 법률에 규정이 없으면 관습법에 의하여 관습법이 없으면 조리에 의한다.

④ 상관습법은 상법의 법원이 될 수 없다.

> **TIP** ① 성문법은 입법 절차를 필요로 하므로 사회 변화에 신속히 대응할 수 없는 단점이 있다.
> ② 법률은 국회의 의결을 거쳐 제정되는 법령이다.
> ④ 상사에 관하여 법률에 규정이 없으면 상관습법에 의하여 상관습법에도 규정이 없다면 민법의 규정에 의하므로 상관습법은 상법의 법원이 될 수 있다.

38 우리나라 법의 체계에 관한 설명으로 옳은 것은?

① 대법원규칙은 법률과 동등한 효력을 가진다.

② 대통령령과 총리령은 동등한 효력을 가진다.

③ 헌법에 의하여 체결 · 공포된 조약은 국내법에 우선한다.

④ 대통령은 법률의 효력을 가지는 긴급명령을 발할 수 있다.

> **TIP** ① 대법원규칙은 법률의 범위 내에서 제정되므로 법률보다 하위의 효력을 갖는다.
> ② 총리령은 대통령령보다 하위의 효력을 갖는다.
> ③ 헌법에 의하여 체결 · 공포된 조약은 국내법과 같은 효력을 갖는다.

39 법의 효력에 관한 설명으로 옳지 않은 것은?

① 제정법의 유효기간은 시행일로부터 폐지 일까지이다.

② 경과법이란 법령의 제정이나 개폐가 있을 때, 진행 중인 사항에 관하여 적용될 법령을 규정하고 있는 법을 말한다.

③ 신법과 구법의 규정이 상반되는 경우 항상 신법이 우선한다.

④ 일반법과 특별법의 규정이 상반되는 경우 항상 특별법이 우선한다.

> **TIP** 신법과 구법의 규정이 상반되는 경우 효력이 동등하다면 신법이 우선한다. 그러나 예외적으로 상위법이나 특별법이 하위법이나 일반법과 상반될 경우에는 신법우선의 원칙이 적용되지 않으므로 항상 신법이 우선한 것은 아니다.

Answer　　37.③　38.④　39.③

40 사회법에 관한 설명으로 옳지 않은 것은?

① 공법영역에 사법적 요소를 가미하는 제3의 법영역이다.
② 노동법, 경제법, 사회보장법은 사회법에 속한다.
③ 자본주의의 부분적 모순을 수정하기 위한 법이다.
④ 사회적 · 경제적 약자의 이익 보호를 목적으로 한다.

> **TIP** 사회법은 사법적 영역에 공법적 요소를 가미하는 제3의 법영역이다.

41 추정과 간주에 관한 설명으로 옳은 것은?

① 추정은 입증 부담을 완화하기 위하여 불명확한 사실에 대하여 일정한 법적 효과를 부여하는 것이다.
② 추정은 반증으로 그 효과를 번복할 수 없다.
③ 2인 이상이 동일한 위난으로 사망한 경우에는 동시에 사망한 것으로 간주한다.
④ 가정법원의 선고에 의해 사망한 것으로 간주되는 사법상의 효과는 반증에 의해 번복될 수 있다.

> **TIP** ② 추정은 반증으로 그 효과를 번복할 수 있다.
> ③ 2인 이상이 동일한 위난으로 사망한 경우에는 동시에 사망한 것으로 추정한다.
> ④ 가정법원의 선고에 의해 사망한 것으로 간주되는 사법상의 효과는 반증에 의해 번복할 수 없다.

42 권리와 관련된 설명으로 옳지 않은 것은?

① 사권은 권리의 작용에 의해 지배권, 청구권, 형성권, 항변권으로 구분된다.
② 사권은 권리의 이전성에 따라 절대권과 상대권으로 구분한다.
③ 권능은 권리의 내용을 이루는 개개의 법률상의 힘을 말한다.
④ 권한은 본인 또는 권리자를 위하여 일정한 법률효과를 발생케 하는 행위를 할 수 있는 법률상의 자격을 말한다.

> **TIP** 사권은 권리의 이전성에 따라 일신전속권과 비전속권으로 구분한다. 절대권과 상대권은 권리의 효력 범위에 따른 구분이다.

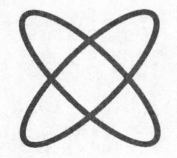

PART

02

헌법

01 헌법과 기본권

02 국가 조직과 헌법의 보장

01 헌법과 기본권

① 서설

(1) 헌법의 개념

헌법은 국가의 기본법으로서 국가의 통치조직과 통치작용의 원칙을 정하고, 국민의 기본권을 보장하는 국내 최고법이다. 헌법은 국가의 통치질서를 정하는 공법영역에 속하는 것으로서 개인 상호 관계를 규율하는 사법과는 영역을 달리한다. 또한 한 국가 내에서 효력을 갖는 국내법이라는 점에서 다수의 국가들 사이에 효력을 가지는 국제법과는 다르다.

(2) 헌법의 특성

① 사실성
  ㉠ 정치성 : 헌법은 역사적으로 볼 때 정치권력을 잡은 세력들이 지배체제를 형성하고 규정한 것으로 정치성을 띠고 있다. 독일의 법학자 칼 슈미트(Carl Schmitt)는 헌법제정을 '제정자의 정치적 결단'이라고 하여 정치성을 강조하였다.
  ㉡ 역사성 : 헌법은 그 이념과 가치질서가 정치 · 경제 · 사상 등 역사적 여건과 지배 상황을 반영하는 역사성을 갖는다. 근대입헌주의적 헌법이 전제군주의 압제에 대항하여 탄생한 것과 자본주의의 모순을 해결하기 위해 현대복지국가적 헌법이 대두된 것은 역사성을 나타내고 있다.
  ㉢ 이념성 : 헌법은 한 국가가 추구하는 시대정신을 반영하는 이념과 가치질서의 산물이다. 근대입헌주의적 헌법은 자유를 시대적 이념으로 삼고, 현대복지국가적 헌법은 실질적 평등과 사회적 약자 보호를 이념으로 하고 있다.
② 법규성(규범성)
  ㉠ 최고 규범성 : 헌법은 실정법 내에서는 그 이상의 상위규범이 없는 최상위 법규범이다. 법률, 명령, 규칙 등의 항위법령을 제정하는 기준이 되며, 하위 법령의 효력근거가 된다.
  ㉡ 기본권보장 규범성 : 헌법은 기본권 보장을 규정하여 국민의 자유와 권리를 확보를 선언하고 있다. 현행헌법 제10조는 "모든 국민은 인간으로서의 존엄과 가치를 가지며, … 국가는 개인이 가지는 불가침의 기본적 인권을 확인하고 이를 보장할 의무를 진다"라고 규정하여 국민의 기본적 인권보장을 명시하고 있다.
  ㉢ 조직 규범성 : 모든 국가 기구는 헌법이 규정한 통치에 관한 기본구조에 따라 조직되고 작용한다. 현행헌법은 입법권은 국회가, 행정권은 대통령을 수반으로 하는 정부가, 사법권은 법관으로 구성된 법안이 행사하도록 규정하고 있다.

ⓔ **수권 규범성** : 모든 국가기관은 헌법이 위임한 권한만을 행사하여야 하며, 국가권력이 이를 초월하여 권력을 행사하는 것을 인정하지 않는다.

ⓜ **권력제한 규범성** : 일반적으로 헌법은 구각권력을 입법권·집행권·사법권으로 분립하여 이를 국가기관에 분담시키고 이들 상호간에는 견제와 균형을 유지하게 함으로써 국가권력의 자의적 행사를 미연에 방지하고자 한다.

ⓑ **자기보장 규범성** : 헌법은 다른 하위규범과는 달리 그 실효성을 확보하거나 그 내용을 직접 강제할 수 있는 기관이나 수단을 구비하고 있지 않고 헌법 자체에 스스로를 보장하는 수단을 규정하고 있다.

(3) 헌법의 분류

① 존재 형식에 의한 분류

ⓖ **형식적 의미의 헌법** : 형식적 의미의 헌법이란 법의 존재형식이라는 외형에 따라 정의된 헌법 개념으로 헌법전에 성문화된 법규범들을 의미한다.

ⓛ **실질적 의미의 헌법** : 실질적 의미의 헌법이란 그 형식과 상관없이 국민의 기본권, 통치조직과 통치작용 등 헌법적 내용을 담고 있는 모든 법규범을 의미한다. 따라서 헌법전의 형태로 존재하는 성문헌법과 헌법관행 및 헌법판례 등으로 구성된 불문헌법을 포함하게 된다.

ⓒ **"영국에는 헌법이 없다."** : 영국에는 헌법이 없다는 의미는 실질적 의미의 헌법이 성문헌법의 형태로 존재하지 않는다는 것을 강조한 것이다.

② 개정방법에 의한 분류

ⓖ **경성헌법** : 개정방법이 쉬운가, 어려운가에 따른 분류로 경성헌법이란 헌법이 통상의 법률개정절차보다 어려운 방법으로 개정할 수 있는 헌법을 의미한다. 대부분의 성문헌법 국가에서는 최고법규범으로서 헌법의 안정적인 운영을 위해 경성헌법을 채택하고 있다.

ⓛ **연성헌법** : 연성헌법이란 통상의 법률과 같은 절차와 방법으로 개정할 수 있는 헌법을 의미한다.

③ 제정주체에 따른 분류

ⓖ **흠정헌법** : 군주국가에서 군주 한 사람의 의사로 제정된 헌법이다.

ⓛ **협약헌법** : 군주의 권력이 약화되어 군주와 국민 또는 국민의 대표기간과의 협의에 의해 제정된 헌법이다.

ⓒ **민정헌법** : 민약헌법이라고도 하며 국민주권사상에 입각하여 국민 또는 국민의 대표자가 제정한 헌법이다. 오늘날 대다수 민주주의 국가의 헌법은 민정헌법에 해당한다.

④ 뢰벤슈타인(Loevenstein)의 분류 : 뢰벤슈타인은 헌법규범과 헌법현실이 일치하는지에 대한 여부에 따라 규범적 헌법, 명목적 헌법, 장식적 헌법으로 분류한다.

ⓖ **규범적 헌법** : 헌법규범과 헌법현실이 일치하는 헌법을 의미한다.

ⓒ **명목적 헌법** : 헌법규범과 헌법현실이 일치하지 않는 헌법을 의미한다. 다시 말하면, 헌법은 제정되었지만, 헌법내용을 실현하기 위해 필요한 사회적, 경제적 조건들이 갖춰지지 않았기 때문에 헌법이 기능을 하지 못하는 경우이다.

ⓒ **장식적 헌법** : 권위주의 국가 또는 독재국가에서 볼 수 있는 유형으로 권력을 장악하고 있는 독재자 또는 집단의 지배를 정당화하기 위한 수단으로 헌법을 이용하는 경우이다.

(4) 헌법의 제정 · 개정과 변동

① 헌법의 제정

ⓐ **헌법 제정의 주체** : 헌법을 누가 만들었냐와 관련하여, 오늘날에는 국민주권사상의 확립에 따라 국민에게 헌법 제정 권력이 귀속된다.

ⓑ **헌법 제정 권력의 특성** : 헌법 제정 권력은 헌법이라는 최고의 법규범을 시원적으로 창조하는 힘으로서 규범성을 갖게 된다. 또한 누구에게도 양도할 수 없는 불가양성과 항구성을 아울러 갖게 된다.

ⓒ **헌법 제정의 유형** : 헌법 제정 권력을 행사하는 방법으로서 헌법 제정의 유형으로는 헌법제정의회에서 의결하는 방법, 국민투표에 의한 방법, 양자를 절충하는 방법이 있다.

② 헌법의 개정

ⓐ **개념** : 헌법의 개정이란 헌법에 규정된 개정 절차에 따라 헌법의 기본적 동일성을 유지하면서 의식적으로 수정, 삭제, 증보함으로써 헌법에 변경을 가하는 작용이다.

ⓑ 대한민국 헌법의 개정 절차

구분	헌법 조항	내용
제안	제128조 제1항	국회 재적 의원 과반수 또는 대통령의 발의로 제안된다. 대통령이 헌법개정안을 제안하기 위해서는 국무회의 심의를 거쳐야 한다. 대통령의 임기연장 또는 중임변경을 위한 헌법개정은 그 헌법개정 제안 당시의 대통령에 대하여는 효력이 없다.
공고	제129조	제안된 헌법 개정안은 대통령이 20일 이상의 기간 동안 이를 공고하여야 한다.
의결	제130조 제1항	국회는 헌법 개정안이 공고된 날로부터 60일 이내에 의결하여야 하며, 국회의 의결은 재적의원 3분의 2 이상의 찬성을 얻어야 한다.
국민투표	제130조 제2항	국회가 의결한 후 30일 이내에 국민투표에 붙여 국회의원 선거권자 과반수의 투표와 투표자 과반수의 찬성을 얻어야 한다.
공포	제130조 제3항	국민투표에 의하여 찬성을 얻은 때에는 헌법개정은 확정되며, 대통령은 즉시 공포하여야 한다.

(5) 헌법의 변천

① 개념 : 헌법의 변천이란 헌법규범이 외형상으로는 고쳐지지 않은 채 시대의 상황과 역사 발전에 맞추어 헌법 제정 당시와는 다르게 헌법의 의미와 내용이 변화하는 것을 의미한다.

② 헌법 변천의 요건

    ㉠ 헌법의 유권해석기관에 의한 상당시간 반복된 헌법적 관례가 있어야 한다.

    ㉡ 이러한 관례에 대한 국민의 승인이 있어야 한다.

③ 헌법 변천의 구체적 사례

    ㉠ 입법부가 헌법에 위반되는 법률을 제정하고 상당시간 문제없이 집행이 된 경우

    ㉡ 정부가 헌법으로부터 위임받지 아니한 사항에 관하여 동일한 권한행사를 반복한 경우

    ㉢ 사법부가 헌법의 내용과 상이한 판결을 반복하는 경우

    ㉣ 성문헌법규정과 상이한 관행 또는 선례가 누적되어 자연스럽게 받아들여진 경우

❷ 한국헌법의 기본질서

(1) 대한민국 헌법의 특색

구분		특징
제1공화국	제헌 헌법 (1948.7.17)	① 정부형태 : 대통령제 ② 대통령 선출 : 임기 4년으로 국회의 간접선거, 1차에 한하여 중임 허용 ③ 대통령 유고시를 대비하여 부통령제 실시 ④ 국무원 설치 : 국무총리제 설치, 대통령·국무총리·국무위원으로 조직되며 의결기관으로써 역할 행사 ⑤ 국회 : 단원제 ⑥ 지방자치에 관한 규정 있음 ⑦ 위헌법률심사권을 가진 헌법위원회와 탄핵심판을 담당하는 탄핵재판소를 규정 ⑧ 자연자원의 원칙적인 국유화, 공기업의 국공영제, 공공필요에 의한 사기업의 국공유화, 경자유전의 원칙에 입각한 농지개혁 단행
	제1차 개헌 (1952.7.7 발췌개헌)	① 대통령과 부통령의 직선제 ② 국회의 양원제(민의원, 참의원) : 양원제를 규정했으나 참의원을 두지 않아 단원제로 운영됨 ③ 국무총리와 국무위원은 일반국무에 대해서는 연대책임을 지며, 각자의 행위에 대해서는 개별책임을 부담 ④ 국회의 국무원 불신임제 채택 : 민의원에서 국무원 불신임결의를 하면 국무원은 총사직을 해야 함

구분		특징
제1공화국	제2차 개헌 (1954.11.27 사사오입개헌)	① 초대대통령에 한해 3선제한 철폐 ② 국민투표제 최초 도입 : 주권의 제약 또는 영토변경의 경우에는 국민투표 실시 ③ 헌법개정의 한계에 관한 명문규정 신설(민주공화국가, 국민주권, 국민투표에 관한 규정) ④ 국무총리제 폐지 ⑤ 국무위원에 대한 개별적 불신임제 채택 ⑥ 대통령 궐위 시 부통령이 지위를 승계하도록 규정 ⑦ 특별법원(군법회의)의 헌법적 근거 신설 ⑧ 자유시장경제체제 규정 명문화
제2공화국	제3차 개헌 (1960.6.15)	① 정부형태 : 의원내각제 ② 대법원장 및 대법관을 선거인단에서 선출 ③ 헌법재판소 신설 ④ 헌법기관으로서 중앙선거관리위원회를 신설 ⑤ 정당조항 신설 및 위헌정당 해산제도 채택 ⑥ 지방자치단체장의 직선제 규정 ⑦ 직업공무원제 채택 : 공무원의 신분 및 정치적 중립성 보장 ⑧ 선거권 연령을 헌법에서 직접 규정
	제4차 개헌 (1960.11.29)	부칙개정으로 부정선거관련자 처벌법, 반민주행위자 공민권 제한법, 부정축재특별처리법 등 소급특별법이 제정되었다.
제3공화국	제5차 개헌 (1962.12.26)	① 정부형태 : 대통령제 ② 국회 : 단원제 ③ 헌법재판소 폐지, 법원에 위헌법률심사권 부여 ④ 대법원장과 대법원 판사의 임명시 법관추천회의의 제청에 의하도록 함 ⑤ 정당 정치 제도 강화 : 대통령과 국회의원 입후보에 소속 정당의 추천을 받도록 하고, 국회의원의 당적이탈, 변경 또는 정당해산 시 의원직을 상실하도록 규정 ⑥ 헌법개정에 필수적 국민투표제 도입 ⑦ 경제과학 심의회의와 국가안전보장회의를 신설
	제6차 개헌 (1969.10.21. 삼선 개헌)	① 대통령의 연임을 3기까지 허용 ② 대통령에 대한 탄핵소추의 발의와 의결을 더욱 엄격히 규정 ③ 국회의원이 각료를 겸임할 수 있도록 법률로 위임
제4공화국	제7차 개헌 (1972.12.27)	① 대통령에게 막강한 권한 부여 : 긴급조치권, 국회해산권, 국회의원 정수 3분의 1 추천권, 중요정책에 대한 국민투표부의권, 법관의 임명 등에 관한 권한 부여 ② 통일주체국민회의 설치 : 대통령을 간접선거하고, 국회의원 정수의 3분의 1을 선출하며, 국회가 제안한 헌법개정안 확정 ③ 국회의 국정감사권 폐지, 국회 회기의 단축 ④ 대법원장을 비롯한 모든 법관을 대통령이 임명, 인사조치 가능 ⑤ 지방의회구성을 통일까지 유보

구분		특징
제5공화국	제8차 개헌 (1980.10.27)	① 대통령 : 임기 7년의 단임, 대통령선거인단에 의해 간접선거로 선출, 임기연장이나 중임변경을 위한 헌법개정은 개정 제안 당시의 대통령에 대해서는 적용될 수 없도록 규정함과 아울러 긴급조치권을 폐지 ② 통일 주체 국민회의 폐지 ③ 국회의 국정조사권 인정 ④ 일반법관의 임명권을 대법원장에게 부여하고, 위헌법률심판 제청권을 법원에 부여 ⑤ 정당운영자금의 국고보조 조항 신설 ⑥ 자유시장경제질서를 골간으로 하면서도 경제에 관한 규제와 조정을 할 수 있게 하여 사회적 시장경제질서 지향
제6공화국	제9차 개헌 (1987.10.29)	① 헌법 전문 : 대한민국 임시정부의 법통 계승을 추가하고, 불의에 항거한 4.19민주이념의 계승과 고국의 민주개혁의 사명을 명시 ② 대통령 : 임기 5년의 직선제, 국회해산권 폐지 ③ 국회의 국정감사권 부활, 국무총리와 국무위원에 대한 해임의결권을 해임건의권으로 대체 ④ 헌법재판소 설치 ⑤ 판사를 대법관과 법관으로 구분하고, 대법관이 아닌 법관은 대법관회의의 동의를 얻어 대법원장이 임명

(2) 대한민국의 국가 형태

① 헌법 제1조 제1항의 의미 : "대한민국은 민주공화국이다."라는 의미에 대해 국호는 대한민국임을, 국가형태는 민주공화국임을 선언하고 있다.

② 민주공화국의 법적 의미 : 모든 형태의 독재 및 전제국가를 부정하고, 국민을 위한 민주적인 공화국이 되어야 한다는 것을 의미한다. 따라서 의례적 권한만을 가진 군주제를 도입할지라도 우리헌법상 허용될 수 없다.

(3) 국가의 구성요소

① 국민 : 국가적 공동체를 전제로 한 개념으로, 국가의 구성원으로서 국적을 가진 모든 사람을 말한다. 헌법 제2조 제1항에 따라 대한민국의 국민이 되는 요건은 법률로 정한다.

② 영역 : 국가법이 적용되는 공간적 범위를 말하며 영역에 대한 국가권력을 영역권 또는 영토고권이라고 한다. 영역은 영토, 영해, 영공으로 나뉘며, 영토와 관련하여 헌법 제3조에서는 "대한민국의 영토는 한반도와 그 부속도서로 한다"라고 규정한다.

③ 주권 : 국가의사를 전반적·최종적으로 결정하는 국내 최고의 권력이자, 국외적으로는 독립된 권력을 뜻한다. 헌법 제1조 2항에 따라 대한민국의 주권은 국민에게 있고, 모든 권력은 국민으로부터 나온다고 규정함으로써 주권이 국민에게 있음을 명확히 하고 있다.

(4) 대한민국의 기본 질서(기본원리)

① **국민주권 원리** : 국가의 최고의사를 결정할 수 있는 주권이 국민에게 있다는 것으로 모든 국가 권력의 정당성의 근거가 국민에게 있다는 원리를 의미한다.

② **자유민주주의 원리** : 국가권력의 간섭을 배제하고 개인의 자유와 자율을 존중할 것을 요구하는 자유주의와 국민에 의한 지배 또는 국가권력이 국민에게 귀속되는 것을 내용으로 하는 민주주의가 결합된 원리다.

③ **법치주의 원리** : 폭력적이고 자의적인 사람의 지배를 배제한 법에 의한 지배를 의미한다. 법치주의를 법의 외형에만 중점을 두는 형식적 법치주의와 법의 외형뿐만 아니라 내용과 목적까지도 고려하는 실질적 법치주의로 구분할 수 있으나, 오늘날 법치주의라 함은 실질적 법치주의를 의미한다.

④ **사회국가 원리** : 국가가 국민의 최소한의 인간다운 생활 보장을 위한 생활수요를 충족시켜 줄 수 있도록 국민의 생활여건을 적극적으로 조성하는 것을 국가의 의무로 하는 원리이다.

⑤ **문화국가 원리** : 국가로부터 문화의 자유가 보장되고 국가가 문화의 발전을 도모해야 한다는 원리를 의미한다.

⑥ **국제평화주의** : 국제 사회에 있어서의 평화공존을 도모하고, 국제분쟁을 평화적으로 해결하며, 세계평화와 인류 공영에 이바지하기 위한 국가의 노력을 의미한다. 또한 침략적 전쟁을 부인하며, 국제법질서를 존중하는 것을 말한다.

⑦ **사회적 시장경제 주의** : 자본주의적 자유시장경제를 근간으로 하면서 경제정의와 경제민주화를 위하여 국가의 시장경제에 대한 일정부분의 개입을 허용하는 사회적 시장경제 주의를 지향하고 있다. 이러한 시장경제에 대한 국가의 간섭은 필요최소한에 그쳐야 하고, 사회주의적 계획경제 내지 전면적 사회화는 허용되지 않는다.

⑧ **평화통일주의** : 우리 헌법은 전문에 조국의 평화적 통일의 사명을, 제4조에서는 평화적 통일정책의 수립과 추진을, 제66조 제2항에는 대통령의 조국의 평화적 통일을 위한 성실한 의무를 규정하고 있다. 또한 제69조의 대통령취임선서에서 조국의 평화적 통일에 관한 노력과 제92조 제1항에서 민주평화통일자문회의 등 평화통일의 책무를 헌법에 규정하고 있다.

(4) 헌법의 기본 제도

① 정당 제도

　㉠ **정당의 개념** : 정당이란 공공의 이익을 위하여 정치적 주장과 정책을 제시하고 공직 선거에 후보자를 추천 또는 지지하여 대표자를 배출하는 등 국민의 정치적 의사 형성에 참여함을 목적으로 하는 자발적 결사체를 의미한다.

　㉡ **정당의 설립과 목적** : 정당의 목적·조직과 활동은 민주적이어야 하며 국민의 정치적 의사형성에 참여하는 데 필요한 조직을 가져야 한다. 또한 정당의 설립은 자유며, 복수정당제는 보장된다.

　㉢ **정당의 해산** : 정당의 목적이나 활동이 민주적 기본질서에 위배될 때에 정부는 헌법재판소에 해산을 제소할 수 있고, 헌법재판소의 심판에 의하여 해산된다.

② 선거제도

    ㉠ 의의 : 선거제도란 국민의 의사를 반영하는 대의민주정치를 실현하기 위해 주권자인 국민이 대표자를 선출하는 제도이다.

    ㉡ 민주 선거의 원칙

구분	내용	반대 개념
보통선거	사회적 지위, 신분, 재산, 성별에 관계없이 일정 연령이 되면 선거권 및 피선거권을 부여하는 원칙으로 우리나라는 19세가 되면 투표할 자격이 주어짐	제한선거
평등선거	투표의 등가성을 확보하기 위한 원칙으로 선거인의 투표가치가 평등하게 취급됨	차등선거
직접선거	선거인이 대표자를 직접 선출하는 선거 원칙	간접선거
비밀선거	선거인이 누구에게 투표하였였는지를 모르게 하는 선거 원칙	공개선거
자유선거	법에 규정은 없지만, 해석상 당연히 인정되는 선거 원칙으로 선거를 강제하지 않는 원칙	강제선거

③ 지방자치제도

    ㉠ 의의 : 지역의 고유 사무를 지역주민의 의사에 따라 스스로 처리하는 원칙으로, 민주주의 이념과 권력분립의 원리를 실현하며 풀뿌리 민주주의를 도모하기 위한 원칙을 의미한다.

    ㉡ 지방자치단체의 권한 : 지방자치단체는 자치 입법권으로 조례와 규칙을 제정할 수 있는 권한이 있고, 자치조직권, 자치행정권, 자치재정권을 보유한다.

④ 공무원 제도

    ㉠ 의의 : 공무원이란 국가 또는 공공단체와 공법상의 근무관계를 맺고 있는 자로, 국민에 대한 봉사자로서의 역할을 다하기 위해 공무원의 신분 보장과 정치적 중립을 보장하는 데 중점이 있다.

    ㉡ 직업공무원 제도 : 공무원이 정치적 상황에 따라 좌우되는 것을 방지하기 위해 정치적 중립과 신분을 보장하고 국가의 계속적, 안정적인 정책집행을 보장하기 위해 도입한 제도이다.

③ 기본권론(기본권 일반이론)

(1) 기본권 보장의 역사적 변천

① 기본권의 의의 : 인간이 태어나면서부터 당연히 누릴 있는 헌법상의 권리를 기본권이라 한다.

② 기본권 보장의 역사

    ㉠ 의의 : 기본권을 보장하기 시작한 것은 영국이라고 할 수 있으나 영국의 기본권보장은 기존의 권리를 재확인하거나 적법 절차에 중점을 둔 것으로 천부적 인권을 규정했다고 볼 수 없기 때문에 불완전하다고 할 수 있다.

ⓛ 영국의 기본권 보장 내용

대헌장 (마그나카르타, 1215)	군주와 귀족(등족) 간의 약정서 형태로 귀족의 자유와 권리를 보호하는 데 중점을 두었으나 이후 국민의 자유보장에 대한 과정으로서의 역할을 함
권리청원(1628)	인신의 자유를 비롯한 의회의 승인 없는 과세를 금지함
인신보호법(1679)	영장제도 도입을 통해 인신의 자유를 보장
권리장전(1689)	청원권과 언론의 자유, 적법한 형사절차 규정

③ 기본권 보장의 변천과정

　ⓐ 의의 : 국민의 불완전한 기본권이 본격적으로 개인적인 권리로 인정된 것은 18세기 후반에나 가서 이루어지기 시작했다. 1776년 미국의 버지니아 주 권리장전 및 미국의 독립선언, 1789년에 프랑스의 인간과 시민의 권리선언 등이 해당한다.

　ⓑ 기본권 보장 내용 : 인간은 태어날 때부터 하늘에서 부여한 생명, 자유, 재산 등에 대한 권리를 가지고 있으며 국가는 이러한 인간으로서 조건 없이 누릴 수 있는 권리를 보장해야 한다는 천부인권 사상에 토대를 두고 있는 것이 가장 큰 특징이다. 이러한 생명, 자유, 재산 등에 대한 권리는 오늘날에도 중요시되는 기본권이다.

　ⓒ 미국과 프랑스의 기본권 보장

미국	버지니아 권리장전(1776.6)	생명권, 자유권, 재산권, 종교의 자유, 신체의 자유, 언론·출판의 자유, 저항권을 규정
	독립선언(1776.7)	생명, 자유, 행복추구권을 천부적 권리로 선언
프랑스	인간과 시민의 권리선언(1789)	유럽 최초의 근대적 인권 선언, 인권의 불가침성과 불가양성을 강조

　ⓓ 기본권 보장의 현대적 양상 : 과거에는 국가로부터 자유로울 수 있는 자유권적 기본권에 중점이 있었다면, 현대적양상은 인간존엄성에 상응한 인간다운 생활을 할 수 있는 생활권적(생존권적) 기본권을 강조하게 되는 추세이다.

④ 헌법의 기본권 보장 성격 : 헌법에서 규정하는 기본권의 규정은 원칙적으로 개인과 개인을 규정하기보다는 국가와 국민 간의 관계를 직접적으로 규정하고 있다. 개인과 개인의 문제는 헌법이 간접적으로만 규정하고 민법 등 다른 법률이 직접적으로 규정하고 있다. 그러나 근로3권과 같은 사회법의 영역은 헌법이 직접 집단 또는 개인 간의 관계를 규율하고 있다.

(2) 기본권의 효력

① 의의 : 기본권은 일정한 효력을 갖는다. 국가 권력을 직접 구속하는가 하면, 개인 간의 사적관계도 구속할 수 있는 효력이 있다.

② 유형

　　㉠ 대국가적 효력: 기본권의 대국가적 효력이란 국가권력을 직접 구속하는 힘을 의미하며 헌법 제10조 국가는 개인이 가지는 불가침의 기본적 인권을 확인하고 이를 보장할 의무를 진다라는 규정을 통해 국가권력이 기본권에 구속되고 있음을 보여주고 있다.

　　㉡ 대사인적 효력: 기본권의 효력이 사적 생활 영역까지도 구속함에 따라 개인에게 적용되는 것을 기본권의 대사인적 효력이라 한다.

(3) 기본권의 경합

① 개념: 개인이 둘 또는 그 이상의 기본권 침해를 주장하는 경우이다. 예로서, 종교단체의 간행물 발간에 대해 국가가 검열의 형태로 방해하는 경우, 헌법 제20조의 종교의 자유와, 헌법 제21조의 출판의 자유를 동시에 주장하는 경우를 볼 수 있다.

② 기본권 경합 시 해결방안

　　㉠ 특별법 우선 적용: 침해되는 기본권이 일반법과 특별법에 동시에 규정되어 있는 경우 특별법 규정을 우선 적용하여 해결한다.

　　㉡ 직접 관련되는 기본권 우선 적용: 침해된 사건과 가장 밀접한 관계에 있는 기본권을 우선 적용하여 해결을 도모한다.

(4) 기본권의 충돌

① 개념: 개인 간의 기본권 관계에서 서로 상충되는 기본권 관계가 발생하는 현상을 의미한다. 즉 어떠한 기본권이 법에서 보호하는 범위 안에서 행사됨에도 불구하고 타인의 기본권을 침해하는 형태이다.

② 구체적 양상

　　㉠ 방송보도가 개인의 사생활을 침해하는 경우: 방송보도는 표현의 자유에 따라 보장되지만 개인의 사생활의 비밀 또한 보장된다.

　　㉡ 집회나 시위로 인근 상점에서 피해를 입은 경우: 집회의 자유도 보장되지만 직업의 자유 또한 보장된다.

③ 기본권 충돌 시 해결방안

　　㉠ 의의: 가능하면 충돌하는 기본권 모두를 보장해야 하지만 여의치 않을 경우 보다 우월한 기본권을 우선시하게 된다. 따라서 명확히 떨어지는 방법이 있지 않으면 문제가 된 사건을 개별적으로 검토하여 해결하게 된다.

　　㉡ 이익형량(비교형량): 이익형량은 비교적 가치의 서열을 정할 수 있을 때 활용되며 종합적으로 비교하여 더욱 중요한 기본권을 먼저 보장하는 방법이다.

　　㉢ 규범조화적 해석: 이익형량이 불가능한 경우 충돌된 모든 기본권을 헌법규정에 맞게 최대한 효력을 부여할 수 있도록 조화적인 해석을 도모한다.

(5) 기본권의 제한

① 의의 : 일정한 경우 헌법에 정해진 기본권이라고 하더라도 제한이 따를 수 있다. 예로서 신체의 자유권이 있다고 하더라도 병역의 의무는 이행해야 한다.

② 개념 : 기본권의 제한이란 헌법상 규정된 기본권 실현을 불가능하게 하거나 어렵게 하는 모든 행위를 의미한다.

③ 기본권 제한의 목적과 방법

ㄱ 헌법규정 : 우리나라 헌법 제37조 제2항에서 규정하길 "국민의 모든 자유와 권리는 국가안전보장, 질서유지 또는 공공복리를 위하여 필요한 경우에 한하여 법률로써 제한할 수 있으며 제한하는 경우에도 자유와 권리의 본질적인 내용을 침해할 수 없다."라고 규정하고 있다.

ㄴ 기본권 제한의 목적 : 기본권 제한의 목적은 국가안전보장(전쟁 등), 질서유지(폭동진압 등), 공공복리(공공의 이익)를 위해서만 가능하다.

ㄷ 기본권 제한의 방법 : 법률로써만 가능하다는 법률유보의 원칙이 적용된다. 이때의 법률은 관습법, 조리 같은 불문법으로는 불가능하며 무엇이 금지되고 제한되는지 국민이 명확히 인식할 수 있어야 한다. 제한하는 경우에도 과잉금지 원칙을 준수해야 한다. 과잉금지 원칙이란 침해가 적절한 수준에서 이루어져야 한다는 것으로 침해하는 목적의 정당성, 수단의 적합성, 피해의 최소성, 법익의 균형성을 심사하여 결정하게 된다.

ㄹ 기본권 제한의 한계 : 기본권을 제한하는 경우에도 자유와 권리의 본질적인 내용을 침해할 수는 없다. 본질적 내용을 침해할 수 없다는 것은 침해로 인해 법규정 자체가 유명무실해지는 경우를 의미한다.

(6) 기본권의 보호

① 의의 : 기본권이 침해될 경우 구제받을 수 있는 절차가 필요하다. 기본권 침해의 대부분은 정부의 법 집행 과정에서 국민에 대한 피해로 나타날 확률이 높기 때문에, 기본권 구제는 정부에 대한 통제에 초점이 맞춰져 있으며 국회, 법원 또는 헌법재판소가 중대한 영향력을 행사하게 된다.

② 위헌법률심판

ㄱ 개념 : 입법부에 의해 제정된 법률로 기본권이 침해되고 해당 법률이 재판의 전제가 된 경우 위헌법률심판을 제기할 수 있다.

ㄴ 헌법규정 : 헌법 제107조 제1항에 따라 "법률이 헌법에 위반되는 여부가 재판의 전제가 된 경우에는 법원은 헌법재판소에 제청하여 그 심판에 의하여 재판한다."는 규정을 두고 있다.

ⓒ 요건과 효과

요건	개념요소
심판의 대상	법률이 헌법에 위반되는 여부
제청권자	국민이 아닌 법원이 헌법재판소에 제청함
재판의 전제성	침해하고 있는 법률이 재판 중에 적용되는 법률이어야 하고, 그러한 법률 때문에 다른 내용의 재판을 하게 될 수 있는 경우
결정유형	

결정유형		
	각하결정	청구의 요건을 갖추지 못하여 심사를 하지 않는 경우
	합헌결정	헌법재판소 재판관의 위헌의견이 6인을 넘지 못하는 경우
	위헌결정	헌법재판소 재판관 6인 이상이 위헌이라고 판단한 경우
	헌법 불합치결정	국회의 입법권을 존중하고 법적 공백상태를 방지하기 위해 특정 시기까지만 효력이 있고 이후에 새로운 법을 제정 또는 개정하라는 입법촉구결정을 함께 함
위헌결정 효력		헌법재판소법 제47조에 따라 위헌으로 결정된 법률 또는 법률조항은 결정이 있는 날로부터 효력을 상실함

③ 헌법소원 심판

ⓐ 개념 : 공권력의 행사 또는 불행사로 헌법상 보장된 기본권이 침해된 경우 헌법재판소에 기본권 침해 여부에 대한 심사를 청구하여 구제받는 제도이다.

ⓑ 헌법소원 심판의 종류

구분	개념(헌법재판소법 제68조)	특징
권리구제형 헌법소원	공권력의 행사 또는 불행사로 헌법상 보장된 기본권을 침해당한 자가 청구하는 헌법소원	전형적인 경우
위헌심사형 헌법소원	위헌법률심판의 제청신청이 법원에 기각된 경우 제청신청을 한 당사자가 청구하는 헌법소원	위헌법률 심판과 밀접

ⓒ 헌법소원 심판 청구의 요건 : 자신의 기본권이 침해당한 경우이어야 하고(직접성), 현재 침해되고 있어야 하며(현재성), 다른 법률에 정한 절차가 있다면 그 절차를 모두 거친 후에만 가능하다(보충성). 또한 변호사를 반드시 선임해야 하는 변호사 강제주의가 적용된다.

ⓓ 결정유형

구분	내용
각하결정	헌법소원의 형식적, 절차적 요건에 위배된 경우 내용 심사 거부
심판절차종료선언	청구인이 사망하였거나, 청구를 취하는 경우 종료를 선언
기각결정	내용을 심사했지만 청구인의 주장이 받아들여지지 않은 경우
인용결정	청구인의 기본권이 침해되었음을 인정하는 경우

ⓜ 인용결정의 효력 : 공권력의 행사로 인한 침해에 대해 인용결정이 있는 경우 공권력 행사를 중지하여야 하고, 공권력의 불행사로 인한 침해에 대해 인용결정이 있는 경우 새로운 처분을 해야 한다.

④ 국가인권위원회의 시정 권고 : 국가인권위원회는 인권침해행위, 차별행위에 대한 조사와 구제의 업무를 수행하는 기관으로 기본권을 침해하는 국회의 입법에 대해서도 시정 권고가 가능하다.

❹ 기본권론(개별 기본권)

(1) 기본권의 체계

구분		세부내용	
인간의 존엄과 가치, 행복추구권	인간의 존엄과 가치		
	행복추구권	자기결정권, 일반적 행동 자유권, 개성의 자유발현권, 평화적 생존권, 휴식권, 수면권, 일조권	
평등권	차별을 받지 않을 권리, 사회적 특수계급 제도 부인, 영전일대의 원칙, 근로영역에서의 여성의 차별 금지, 혼인과 가족생활에 있어서의 양성 평등, 교육의 기회 균등, 평등선거, 경제질서에 있어서의 균형성		
자유권적 기본권 (자유권)	정신적 자유	양심의 자유, 종교의 자유, 언론·출판의 자유, 집회·결사의 자유, 학문과 예술의 자유	
	신체적 자유	생명권, 신체를 훼손당하지 않을 권리, 신체의 자유	
	사회·경제적 자유	사생활의 자유	사생활의 비밀과 자유, 주거의 자유, 거주·이전의 자유, 통신의 비밀과 자유
		경제적 자유	재산권, 직업의 자유
정치적 기본권	정치적 기본권		
	참정권	선거권	
		국민투표권	
		공무담임권	피선거권, 공직취임권
청구권적 기본권 (청구권)	청원권	국회에 대한 청원, 국가기관에 대한 청원	
	재판청구권	법관에 의한 재판, 법률에 의한 재판, 신속한 재판, 공개재판, 공정한 재판, 외국의 배심제와 참심제, 우리나라의 국민참여 재판	
	국가배상 청구권	직무상 불법행위로 인한 손해배상청구권(헌법규정) 영조물의 설치나 관리상의 하자로 인한 국가배상(국가배상법 규정)	
	형사보상 청구권		
	범죄피해자구조 청구권		

(2) 인간의 존엄과 가치 및 행복추구권

① 헌법규정

> 헌법 제10조 모든 국민은 인간으로서의 존엄과 가치를 가지며, 행복을 추구할 권리를 가진다. 국가는 개인이 가지는 불가침의 기본적인 인권을 확인하고 이를 보장할 의무를 진다.

헌법 제10조에서는 인간의 존엄과 가치 및 행복추구권에 대해 규정하고 있다. 즉, 인간의 존엄과 가치, 행복추구권 두 가지를 동시에 규정하고 있다. 이때, 두 기본권을 분리해서 별도로 검토가 가능하다.

② 인간의 존엄과 가치

　㉠ 헌법규정 : "모든 국민은 인간으로서의 존엄과 가치를 가지며"라고 규정하고 있다. 모든 국민은 사회 공동체의 구성원으로서 고유한 인격 또는 개성 신장을 통하여 자주적인 인격체로 살아갈 수 있음을 의미하며 인간으로 태어난 이상 그 자체로서 존중되어야 한다는 것을 의미한다.

　㉡ 개념
　　ⓐ 인간 : 이때의 인간은 모든 생물학적 존재를 의미한다.
　　ⓑ 존엄과 가치 : 이성적 존재로서 존엄한 인격권을 의미한다.

③ 행복추구권

　㉠ 헌법규정 : 모든 국민은 행복을 추구할 권리를 가진다고 규정하고 있다. 따라서 모든 국민은 안락하고 만족스러운 행복한 삶을 추구할 수 있는 권리가 있다.

　㉡ 행복추구권의 내용
　　ⓐ 자기결정권 : 자기결정권이란 국가로부터 간섭을 받지 않고 사적 영역을 스스로 결정할 수 있는 권리를 의미한다.
　　ⓑ 일반적 행동 자유권 : 일반적 행동 자유권이란 자신이 선택한 모든 행위를 할 자유와 하지 않을 자유를 의미한다. 특징적인 판례로 좌석 안전띠를 하지 않는 것도 행복추구권에서 말하는 일반적 행동 자유권으로 보호가 된다. 다만, 공익상의 이유로 범칙금을 부과하여 처벌하고 있을 뿐이다.
　　ⓒ 개성의 자유 발현권, 평화적 생존권, 휴식권, 수면권, 일조권 등이 있다.

④ 헌법 제10조의 법적 성격 : 인간은 그 자체로서 존엄하고 가치를 가지기 때문에 포괄적으로 행복을 추구할 수 있는 권리를 갖는다는 결론이 도출된다. 즉 헌법 제10조의 인간의 존엄성과 행복추구권은 다른 모든 기본권(평등권, 자유권, 사회권, 참정권, 청구권 등)의 전제가 되며 불가침의 기본적 인권이라고 표현한 것은 천부인권적 성격을 규정한 것이라 해석할 수 있다.

(3) 평등권

① 의의

㉠ 헌법 규정

> **헌법 제11조** ① 모든 국민은 법 앞에 평등하다. 누구든지 성별·종교 또는 사회적 신분에 의하여 정치적, 경제적, 사회적, 문화적 생활의 모든 영역에 있어서 차별을 받지 아니한다. ② 사회적 특수계급의 제도는 인정되지 아니하며, 어떠한 형태로도 이를 창설할 수 없다. ③ 훈장 등의 영전은 이를 받은 자에게만 효력이 있고, 어떠한 특권도 이에 따르지 아니한다.

㉡ 평등권의 구현

ⓐ **차별을 받지 않을 권리**: 헌법 제11조 제1항에 따라 모든 국민은 법 앞에 평등하기 때문에 합리적 이유없이 불평등한 대우를 받지 않는 평등원칙을 규정하고 있다.

ⓑ **사회적 특수계급 제도의 부인**: 헌법 제11조 제2항의 사회적 특수계급 등은 다른 나라의 세습 귀족, 노예 등의 특수계층을 의미하며 우리나라에서는 인정되지 않는다.

ⓒ **영전일대의 원칙**: 국가로부터 받은 훈장 등을 받은 영예는 본인 이외의 사람에게는 장식품에 불과한 것으로 국가로부터 공로로 훈장을 받고 일정한 혜택을 부여받았다 하더라도 그 자손이 영예를 물려받을 수는 없음을 규정하고 있다.

ⓓ 근로영역에서의 여성의 차별 금지(헌법 제32조 제4항)

ⓔ 혼인과 가족생활에 있어서의 양성 평등(헌법 제36조 제1항)

ⓕ 교육의 기회균등(헌법 제31조 제1항)

ⓖ 평등선거(헌법 제41조 제1항, 헌법 제67조 제1항)

ⓗ 경제 질서에 있어서의 균형성(헌법 제119조 제2항, 헌법 제123조 제2항)

② 평등권의 법적성질

㉠ **대국가적 기본권**: 국가에 대한 공권(대국가적 기본권)이기 때문에 입법부는 법률로 불평등한 법을 제정하면 안 되고 행정부나 사법부 역시 평등권에 위배되는 집행을 하거나 재판을 하여서는 안 되는 구속이 따른다.

㉡ **자연권적 기본권**: 사람으로 태어난 이상 보편적으로 부여받는 권리이다.

③ 법 앞에 평등의 의미

> **헌법 제11조 제1항** 모든 국민은 법 앞에 평등하다. 누구든지 성별·종교 또는 사회적 신분에 의하여 정치적, 경제적, 사회적, 문화적 생활의 모든 영역에 있어서 차별을 받지 아니한다.

㉠ **법 앞에의 의미**: 행정부나 사법부는 물론 입법권자도 정의와 형평의 원칙에 합당하게 헌법의 기본권 보호 정신에 합치하도록 법률을 제정하도록 구속하는 기능을 한다.

ⓛ 평등의 의미

    ⓐ **상대적 평등** : 일체의 차별적 대우를 부정하는 절대적 평등이 아닌 합리적 근거가 있는 차별은 허용하는 상대적 평등을 의미한다. 따라서 여성에게만 생리휴가를 주는 것과 같은 경우는 합리적 차별로 평등권 침해가 아니다.

    ⓑ **상향적 평등** : 불균등의 제거만을 목적으로 하는 하향적 평등이 아닌 개인의 기본권 신장이나 제도의 개혁까지도 도모하는 상향적 평등을 의미한다.

    ⓒ **차별금지 사유** : 성별, 종교, 사회적 신분에 의하여 차별받지 않는다.

④ **평등권 위반 심사 기준**

    ㉠ **의의** : 평등권이 침해됐다고 주장하는 경우 국가도 일정한 기준을 두고 심사를 하게 된다. 이러한 기준으로 자의금지 원칙과 비례의 원칙이 있다.

    ㉡ **자의금지 원칙** : 평등권이 침해됐다고 주장하는 경우 원칙적으로 자의금지 원칙에 의한다. 심사요건은 차별 취급이 있었는지만을 심사하는 것으로 차별취급이 있는 경우 합리적 근거가 없는 자의적 처리였다면 평등권 침해로 보게 되고, 합리적 근거가 있다면 평등권 침해가 아닌 것으로 평가된다.

    ㉢ **비례의 원칙**

        ⓐ **적용범위** : 평등권 위반 심사 기준은 원칙적으로 자의금지 원칙을 적용하지만 강한 통제가 필요한 성별, 종교, 사회적 신분, 근로영역에서의 성별, 혼인과 가족생활에서의 성별, 병역의무의 이행으로 인한 차별은 엄격한 비례의 원칙을 적용한다.

        ⓑ **비례원칙에 의한 심사요건** : 보다 엄격하게 심사하기 때문에 차별목적이 정당해야 하고, 차별취급이 적합해야 하며, 차별취급이 불가피해야 하고, 목적과 차별취급 간 균형관계가 이루어져야 한다. 그렇지 않을 경우는 평등권을 침해한 것으로 평가된다.

⑤ **적극적 평등실현 조치**

    ㉠ **개념** : 잠정적 우대조치 또는 우선적 처우라고도 한다. 미국에서 발달한 제도로 과거 사회로부터 차별받아 온 일정 집단(예로서 흑인)의 불이익을 보상해 주기 위하여 취업이나 학교 입학 등에 있어서 혜택을 부여하는 제도를 의미한다.

    ㉡ **우리나라의 적극적 평등실현 조치** : 과거로부터 소외됐었던 여성의 활발한 사회 진출을 위해 여성과 장애인에 대한 고용할당제를 규정한 것이 대표적인 사례라 할 수 있다.

    ㉢ **쟁점** : 적극적 평등실현 조치가 과도할 경우 역차별 논란을 불러올 수 있는 만큼 사회에서 받아들일 수 있는 분위기를 고려하여 점진적으로 실시해야 한다.

(4) 자유권적 기본권(자유권)

① 자유권의 개념: 국민이 자유로운 생활을 영위할 권리이며 소극적이고 방어적인 공권을 의미한다. 이때, 소극적이고 방어적인 공권이라는 의미는 개인이 국가권력의 간섭이나 침해를 받지 아니하는 권리라는 의미이다.

② 자유권의 성격: 절대 군주주권에 항의하여 최초로 획득한 권리가 바로 자유권적 기본권인 만큼 천부인권성이 강한 권리라 할 수 있다.

③ 자유권의 종류: 헌법에서는 여러 가지 자유권에 대해 규정하고 있는데 헌법 제37조 제1항에서는 "국민의 자유와 권리는 헌법에 열거되지 아니한 이유로 경시되지 아니한다."라는 규정을 둠으로써 자유권의 다양성과 포괄성을 규정하고 있다.

자유권체계		유형	세부 사항
정신적 자유		양심의 자유	양심 형성의 자유, 양심실현의 자유
		종교의 자유	신앙의 자유, 종교 행사의 자유, 종교교육의 자유, 선교의 자유, 종교적 집회·결사의 자유
		언론·출판의 자유	의사표현의 자유, 알 권리, 언론기관의 자유, 액세스권
		집회·결사의 자유	집회의 자유, 결사의 자유
		학문과 예술의 자유	• 학문의 자유 : 연구의 자유, 교수의 자유, 대학의 자치 • 예술의 자유 : 예술창작의 자유, 예술표현의 자유, 예술 집회·결사의 자유, 지적 재산권의 보호
신체적 자유		생명권	헌법에 규정은 없으나 당연히 인정
		심신의 안정	신체의 완전성 유지, 정신의 온전성 유지
		신체의 자유	죄형법정주의, 이중처벌금지 원칙, 연좌제 금지, 적법절차의 원칙, 영장주의, 체포·구속 적부 심사제도, 구속이유 고지제도, 무죄추정의 원칙, 진술거부권, 변호인의 조력을 받을 권리, 자백의 증거능력 및 증명력 제한, 고문을 당하지 않을 권리, 형벌불소급과 일사부재리 원칙
사회·경제적 자유	사생활의 자유	사생활의 비밀과 자유	사생활의 비밀과 자유의 불가침, 개인정보자기 결정권
		주거의 자유	주거의 불가침, 영장주의
		거주·이전의 자유	국내 거주 이전의 자유, 국외 거주 이전의 자유, 국적변경의 자유
		통신의 비밀과 자유	통신 비밀의 불가침, 통신비밀보호법에 의한 보호
	경제적 자유	재산권	재산권의 보장
		직업의 자유	직업선택의 자유, 직업행사의 자유, 직업이탈의 자유

㉠ 정신적 자유

ⓐ 의의 : 헌법에서는 정신적 자유권으로서 양심의 자유, 종교의 자유, 언론·출판·집회·결사의 자유, 학문과 예술의 자유를 규정하고 있다.

ⓑ 양심의 자유
- 개념 : 양심의 자유란 자신이 형성한 양심이나 사상을 외부에 공표하도록 강제당하지 않거나(침묵), 자신의 양심에 반하는 행위를 강제당하지 아니할 자유를 의미한다.
- 헌법규정 : 헌법 제19조에 "모든 국민은 양심의 자유를 가진다."라는 규정을 두고 있다.
- 양심의 자유의 내용

구분	내용	특징
양심 형성의 자유	외부로부터의 부당한 간섭이나 강제를 받지 않고 개인의 내심영역에서의 양심을 형성하고 양심상의 결정을 내리는 자유	내심의 자유
양심 실현의 자유	형성된 양심을 외부로 표명할 수 있는 자유로 구체적으로는 양심을 표명하거나 표명하도록 강요받지 아니할 자유, 양심에 반하는 행동을 강요받지 아니할 자유, 양심에 따른 행동을 할 자유를 포함	외부표현 행위

ⓒ 종교의 자유
- 개념 : 인간을 초월한 절대자(신)를 믿고 종교단체에 가입하며 종교 행위를 할 수 있는 자유를 의미한다.
- 헌법 규정

> 헌법 제20조 제1항 모든 국민은 종교의 자유를 가진다.
> 헌법 제20조 제2항 국교는 인정되지 아니하며, 종교와 정치는 분리된다.

- 종교적 자유의 내용

구분	내용	특징
신앙의 자유	특정 종교를 믿을 자유, 종교를 믿지 않을 무교의 자유	내심의 영역
종교 행위의 자유	예배, 의식 등을 임의로 할 수 있는 종교행사의 자유, 종교교육의 자유, 선교의 자유, 종교적 집회·결사의 자유	외부표현 행위
국교부인, 정교분리	국가의 특정 종교 지정, 특혜 부여 금지, 종교단체의 정치적 중립	

ⓓ 언론·출판의 자유
- 개념 : 언론이란 말로 표현하는 것을, 출판이란 문자나 이를 형상화한 매체로 표현한 것을 의미한다. 따라서 언론·출판의 자유란 지식이나 사상, 경험을 말 또는 문서, 도서, 영상매체 등의 형태로 표현할 수 있는 자유이다.

• 헌법규정

> **헌법 제21조 제1항** 모든 국민은 언론·출판의 자유와 집회·결사의 자유를 가진다.
> **헌법 제21조 제2항** 언론·출판에 대한 허가나 검열과 집회·결사에 대한 허가는 인정되지 아니한다.
> **헌법 제21조 제3항** 통신·방송의 시설기준과 신문의 기능을 보장하기 위하여 필요한 사항은 법률로 정한다.
> **헌법 제21조 제4항** 언론·출판은 타인의 명예나 권리 또는 공중도덕이나 사회윤리를 침해하여서는 아니 된다. 언론·출판이 타인의 명예나 권리를 침해한 때에는 피해자는 이에 대한 피해의 배상을 청구할 수 있다.

• 언론·출판의 자유의 내용

구분	내용
의사표현의 자유	불특정 다수인에게 의사와 사상을 표현하고 전달할 자유
알 권리	정보원으로부터 정보를 수집하고, 국가나 기업, 언론상 등에 정보를 공개해줄 것을 요구할 수 있는 권리(타인의 순수한 사생활, 기밀문서 등은 제외)
액세스권 (Access)	언론매체에 접근하여 이용할 수 있는 권리는 물론 자신과 관계되는 보도에 대하여 반론, 해명을 하고, 정정보도를 요구할 수 있는 권리

• 언론·출판의 자유의 쟁점 : 상업적 광고라 하더라도 공익적인 내용을 조금이라도 포함하는 경우는 헌법적으로 보호되며, 음란표현이라도 헌법상 보호받을 수 있음을 헌법재판소는 인정하고 있다.

ⓔ 집회·결사의 자유

• 개념 : 집회란 다수인이 공동의 목적을 갖고 일정한 장소에서 평화적으로 화합하는 행위를 의미하고, 결사란 다수인이 공동의 목적을 갖고 자발적으로 계속적인 조직체를 결성하는 것을 의미한다.
• 헌법규정 : 헌법 제21조 제1항에 따라 헌법상의 권리로 보호받는다.
• 집회·결사의 자유의 내용

구분	내용
집회의 자유	집회를 개최 및 진행할 자유, 집회에 참가할 자유, 집회를 개최하지 않고, 참가하지 않을 자유
결사의 자유	단체결성의 자유, 단체 활동의 자유, 결사의 가입 자유, 결사로부터 탈퇴할 자유, 가입하지 않을 자유

ⓕ 언론·출판·집회·결사의 자유에 대한 제한

• 의의 : 언론·출판의 자유는 외부로 표명됨으로써 타인의 명예를 훼손할 우려를 내포하고 있고, 집회·결사의 자유는 폭력으로 변질될 수 있다. 헌법규정에서 보듯, 타인의 명예나 권리, 공중도덕이나 사회윤리를 침해하면서까지 보호받을 수는 없다.
• 제한 : 기본권의 제한에서도 보았듯, 국가 안전보장, 사회질서, 공공복리를 위해서는 본질적인 부분을 제외하고는 법률로써 제한 가능하며, 현행법상 옥외(집 밖에서)집회나 시위에 대하여는 사전에 신고(사전신고제)를 해야 하며, 일출 전이나 일몰 후의 집회(야간 옥외 집회), 교통에 방해가 되는 집회, 타인의 주거지역에서의 집회는 국가에서 금지할 수 있도록 하고 있다. 한편, 2009년 9월 야간 옥외 집회를 금지하는 집회 및 시위에 관한 법률 규정 제10조에 대하여 헌법불합치 결정이 남에 따라 입법시

한인 2010년 6월 30일 경과로 효력이 상실되었다. 이에 따라 야간 옥외 집회가 전면 허용되었으며 주거 지역이라 하더라고 집회 금지 장소 및 주요도로에 해당되지 않으면 집회가 가능하게 되었다.

ⓖ 학문과 예술의 자유

- 개념 : 학문의 자유란 학문적 활동에 대하여 국가의 간섭이나 방해를 받지 않을 자유를 의미하고, 예술의 자유란 예술가의 창작 및 일체의 자유로운 활동을 보장하는 것을 말한다.

- 헌법 규정

> 헌법 제22조 제1항 모든 국민은 학문과 예술의 자유를 가진다.
> 헌법 제22조 제2항 저작자 · 발명가 · 과학기술자와 예술가의 권리는 법률로써 보호한다.

- 학문과 예술의 자유의 내용

구분	내용
학문의 자유	연구의 자유, 교수의 자유(강학의 자유), 학문적 집회 · 결사의 자유, 대학의 자치
예술의 자유	예술 창작의 자유, 예술 표현의 자유, 예술가의 집회 · 결사의 자유

ⓛ 신체적 자유

ⓐ 의의 : 신체적 자유란 신체의 보전과 활동의 자유로운 상태를 의미한다. 즉 고문을 당한다던가, 물리적인 힘이나 위협으로부터 강제로 의사를 제압당하는 경우는 특히 수사 또는 형사절차에서 두드러지게 나타나기 때문에 헌법 제12조와 제13조를 중심으로 논의하게 된다.

ⓑ 생명권

- 개념 : 생명이라는 인간 최고의 가치를 보장하는 권리로 모든 인권보장의 전제가 된다.

- 쟁점 : 생명이라는 절대적, 보편적 가치를 내용으로 하기 때문에 자살도 권리인지, 또한 타인의 생명을 앗아가는 형벌인 사형에 대한 찬반론, 인공임신 중절 수술에 대한 찬반론, 안락사 논쟁, 인간복제 등이 쟁점으로 부각된다.

ⓒ 신체를 훼손당하지 않을 권리 : 신체의 안정성이 외부로부터의 물리적인 힘이나 정신적인 위험으로부터 침해당하지 않을 자유를 의미한다.

ⓓ 신체의 자유에 대한 헌법 규정

- 헌법 제12조, 제13조의 구성

구분	내용
헌법 제12조	죄형법정주의와 적법절차의 원리(제1항), 고문의 금지와 묵비권(제2항), 영장제도(제3항), 변호인의 조력을 받을 권리(제4항), 체포 · 구속의 이유와 변호인의 조력을 받을 권리를 통지받을 권리(제5항), 체포 · 구속 적부 심사제(제6항), 자백의 증거 능력과 증명력의 제한(제7항)
헌법 제13조	형벌 불소급의 원칙(제13조 제1항)과 일사부재리의 원칙(제2항), 연좌제 금지(제3항)

• 헌법 규정

ⓔ 죄형법정주의(罪刑法定主義) : 법률이 없으면 범죄도 없고 형벌도 없다는 것으로 처벌하고자 하는 행위가 무엇이고, 어떤 형벌이 가해지는지 누구나 예견할 수 있도록 명확히 법에 규정되어 있어야 하는 것을 의미한다.

ⓕ 적법절차(適法節次)의 원리
• 개념 : 국가의 작용은 절차상의 적법성을 갖추어야 한다는 것을 의미한다.
• 적용범위 : 헌법 제12조 제1항에는 처벌, 보안처분만 예시를 했지만 형사절차뿐만 아니라, 행정절차, 입법절차 등 모든 국가 작용에 적용된다.

ⓖ 고문금지와 진술거부권(묵비권)

ⓗ 영장제도
• 개념 : 범죄 수사로 인한 인권 침해를 방지하기 위하여 헌법 제12조 제3항이 규정하고 있는 것으로 체포, 구속, 압수, 수색에는 적법한 절차에 따라 검사가 신청하고 법관이 발부한 영장을 첨부해야 한다.
• 영장의 종류 : 영장에는 체포 영장, 구속 영장, 압수·수색 영장이 있다.
• 영장실질심사제도 : 형사소송법에 규정된 피의자의 권리로 구속영장의 청구가 있으면 판사는 지체없이 피의자를 심문하여 적부를 결정해야 한다.
• 영장주의의 예외

구분	내용	특징
현행범인	범죄의 실행 중이거나 실행 직후인 자	사후영장 가능, 누구든지 체포 가능
준 현행범인	실행 후 시간이 얼마 지나지 않은 것이 명백히 인정되는 자로서 범죄로 인한 흉기 등을 몸에 숨기고 있거나, 신체 또는 의류에 피 등의 범죄의 흔적이 묻어있거나, 누구냐는 물음에 대하여 도망하려는 등의 자	
긴급체포	사형, 무기 또는 장기 3년 이상의 징역이나 금고에 해당하는 죄를 범하였다고 의심할 만한 사유 또는 증거인멸, 도주의 우려가 있는 경우	체포한 때부터 48시간 이내 영장 청구해야 함

ⓘ 변호인의 조력을 받을 권리와 국선변호인 제도
 • 개념 : 체포 또는 구속을 당한 당사자는 변호인의 조력을 받음으로써 부당한 형사절차로부터 보호받을 수 있도록 하고 있다.
 • 내용

구분	내용
변호인 선임권	변호인의 조력을 받을 권리의 가장 기초적인 구성부분으로 법률로도 제한할 수 없음
변호인 접견 교통권	국가안전보장, 질서유지, 공공복리 등 어떠한 명분으로도 제한할 수 없음
국선 변호인 제도	형사 피고인뿐만 아니라 형사피의자도 국선변호인을 선임할 수 있음. 다만 형사피의자의 국선변호인 선임은 헌법상의 권리가 아닌 형사소송법(법률)상의 권리임

피의자는 아직 검사가 법원에 공소제기를 하기 전으로서 범죄혐의를 조사받고 있는 주체다. 검사가 공소를 제기하여 법원의 재판절차로 넘어오면 그때부터 피고인이 된다.

ⓙ 체포 · 구속의 이유와 변호인의 조력을 통지받을 권리(미란다 원칙)
 • 체포와 구속 : 체포란 피의자의 신체와 행동의 자유를 박탈하는 권력기관의 처분행위이며, 구인과 구금을 합쳐서 구속이라 한다. 구인이란 피의자를 법원이나 일정한 기관에 인치시키는 것이고, 구금이란 교도소, 구치소 등에 감금하는 것을 의미한다.
 • 미란다 원칙 : 체포나 구속을 당하는 자는 체포나 구속의 이유와 변호인의 조력을 받을 권리가 있음을 고지 받아야 하며 이러한 절차상의 원칙을 미란다 원칙이라고 한다.

ⓚ 체포 · 구속적부심사제
 • 개념 : 체포 또는 구속의 이유가 부당하거나 적법하지 못할 경우 법관이 심사하여 체포 또는 구속된 자를 석방하는 제도이다.
 • 주체 : 체포 또는 구속된 피의자에게 인정되며 공소가 제기된 피고인에게는 인정되지 않는다.

ⓛ 자백의 증거능력과 증명력의 제한
 • 자백의 증거능력 제한 : 헌법 제12조 제7항이 규정하는 바와 같이 피고인의 자백이 고문, 폭행, 협박, 구속의 부당한 장기화, 기망, 그 밖의 방법에 의하여 자의로 진술된 것이 아니라고 인정되는 경우 이를 유죄의 증거로 삼거나 이것을 이유로 처벌할 수 없다.
 • 자백의 증명력 제한 : 정식재판에 있어서 피고인의 자백이 그에게 불리한 유일한 증거일 때에는 유죄의 증거로 할 수 없거나 이를 이유로 처벌할 수 없다고 규정되어 있다.

ⓜ 형벌불소급의 원칙과 이중처벌금지(일사부재리)의 원칙
　• 형벌불소급의 원칙 : 사후에 법을 만들어 처벌하는 폐단으로 법적 안정성이 침해될 수 있다. 이에 행위
　　당시에 법이 없다면 사후에 법을 만들어 처벌하는 것을 금지하고 있다.
　• 이중처벌금지(일사부재리)의 원칙 : 이중처벌금지란 동일한 범죄로 인하여 거듭 처벌할 수 없다는 것
　　으로 일사부재리의 원칙을 헌법에서 선언한 것이다.
ⓝ 연좌제의 금지 : 자기의 행위가 아닌 친족 등 타인의 행위로 불이익한 처우를 받는 것을 금지한다.
ⓞ 무죄추정의 원칙 : 헌법 제27조 제4항에 따라 형사피고인은 유죄의 판결이 확정될 때까지는 무죄로 추정
　된다. 따라서 검사가 유죄를 입증해야 한다.

ⓒ 사회(社會) · 경제적(經濟的) 자유
　ⓐ 의의 : 사회 · 경제적 자유는 사생활영역과 경제적인 생활영역에서의 자유를 의미한다. 사생활영역의 자
　　유로는 거주 · 이전의 자유, 주거의 자유, 사생활의 비밀과 자유, 통신의 자유가 있고 경제적 생활영역에
　　서의 자유로 직업 선택의 자유, 재산권의 보장이 있다.
　ⓑ 헌법규정

> 헌법 제14조 모든 국민은 거주 · 이전의 자유를 가진다.
> 헌법 제15조 모든 국민은 직업선택의 자유를 가진다.
> 헌법 제16조 모든 국민은 주거의 자유를 침해받지 아니한다. 주거에 대한 압수나 수색을 할 때에는 검사의 신청에
> 　　　　　　의하여 법관이 발부한 영장을 제시하여야 한다.
> 헌법 제17조 모든 국민은 사생활의 비밀과 자유를 침해받지 아니한다.
> 헌법 제18조 모든 국민은 통신의 비밀을 침해받지 아니한다.
> 헌법 제23조 제1항 모든 국민의 재산권은 보장된다. 그 내용과 한계는 법률로 정한다.
> 　　　　　　제2항 재산권의 행사는 공공복리에 적합하도록 하여야 한다.
> 　　　　　　제3항 공공필요에 의한 재산권의 수용 · 사용 또는 제한 및 그에 대한 보상은 법률로써 하되, 정당한
> 　　　　　　　　　보상을 지급하여야 한다.

　ⓒ 거주 · 이전의 자유
　　• 개념 : 공권력의 간섭을 받지 않고 자신이 원하는 곳에 주소 또는 일시 거처를 설정하거나 이전하며 자
　　　신의 의사에 반하여 주거지를 옮기지 아니할 자유를 의미한다.
　　• 내용

구분	내용
국내 거주 · 이전의 자유	대한민국 내에서 체류지와 거주지를 자유롭게 설정하고 변경할 수 있는 자유로 북한지역은 포함되지 않음
국외 거주 · 이전의 자유	출국의 자유, 해외여행의 자유, 국외이주의 자유(신고사항), 입국의 자유
국적선택권, 국적변경의 자유	이중 국적자가 국적을 선택할 수 있는 권리는 있지만, 국적을 마음대로 변경할 수 있는 국적변경의 자유에 대해 판례는 헌법상 당연히 인정되지 않는다고 판시함

　　• 제한 : 국가안전보장, 질서유지, 공공복리를 위하여 제한될 수 있으며 본질적 내용은 제한할 수 없으므
　　　로 국가에서 거주 · 이전에 대한 허가제를 도입한다고 하는 것은 명백한 위헌이라 할 수 있다.

ⓓ 직업의 자유

- 헌법상 직업의 개념 : 생활의 기본적 수요를 충족시키기 위한 계속적인 소득활동을 의미하며 그 종류나 성질은 불문한다.
- 내용

구분	내용
직업결정(선택)의 자유	원하는 직업 또는 직종을 자유롭게 선택할 수 있는 자유와 자신이 하기 싫은 일을 선택하지 않을 자유
직업수행(행사)의 자유	선택한 직업을 영위하면서 경제생활을 형성하는 자유로운 영업의 자유, 경쟁의 자유, 직장선택의 자유를 포함함
직업이탈의 자유	현재 수행하고 있는 직업을 자유롭게 포기하고 이직할 수 있는 자유

ⓔ 주거의 자유

- 개념 : 자신의 주거를 공권력이나 제삼자로부터 침해당하지 않을 권리이다.
- 내용

구분	내용
주거의 불가침	주거란 거주와 활동을 위한 장소로 만들어져 누구에게나 출입할 수 있도록 개방되지 않은 모든 사적 공간을 의미함. 따라서 살림집만을 의미하는 것이 아니라 사무실, 연구실, 회사 등의 일정한 생활공간 전체를 의미함
영장주의	주거에 대한 압수나 수색을 하기 위해서는 정당한 이유가 있어야 하며 적법절차에 의해 발부된 영장이 필요함

ⓕ 사생활의 자유(프라이버시)

- 배경 : 정보화 사회의 진전에 따라 각종 통신매체와 도청장치로부터 사생활이 침해될 가능성이 농후하게 되었다. 이에, 국민의 사생활에 대한 헌법적 보호가 더욱 중요하다고 할 수 있다.
- 개념 : 사생활의 자유란 일반인에게 알려지지 않은 사적 생활을 공개당하지 않음은 물론, 사생활을 자유롭게 형성하고 전개할 수 있는 권리이다.
- 내용

구분	내용
사생활의 비밀에 관한 불가침	자신의 의사에 반하여 도청, 감시, 비밀 녹음을 당하지 않으며, 초상, 성명 등을 강제로 공개당하지 않을 권리
사생활 자유의 불가침	성생활, 의복, 자녀 양육, 교육 등의 사생활의 자율을 침해받지 않을 권리
개인(자기) 정보관리 통제권	자신에 관한 정보의 공개와 유통을 본인이 결정하고 통제할 수 있는 권리로 본인에 관한 정보를 열람, 정정, 사용 중지, 삭제 등을 요구할 수 있음

> **자기정보관리통제권 구체화 법률**
>
> 자기정보관리통제권을 구체화하는 법률로 공공기관에서는 공공기관의 개인정보보호에 관한 법률이 있고, 민간부문에 적용되는 정보통신망 이용촉진 및 정보보호에 관한 법률, 신용정보의 이용 및 보호에 관한 법률이 시행되고 있음

ⓖ 통신의 비밀과 자유
- 개념 : 공간적으로 이격된 당사자 사이에 우편 등의 통신매체를 이용하여 의사와 정보를 자유롭게 전달하고 교환하며 그 내용이 본인의 의사에 반하여 공개되지 않을 권리를 의미한다.
- 내용

구분	내용
통신비밀의 불가침	통신공무원도 예외 없이 열람금지, 공개금지, 도청금지, 누설금지
통신비밀보호법	통신 및 대화비밀의 보호, 불법검열에 의한 우편물의 내용과 불법감청에 의한 전기통신내용의 증거사용 금지, 타인의 대화비밀 침해금지

- 제한 : 특정한 경우 통신제한 조치가 취해질 수 있다. 즉, 범죄수사, 국가안보를 위해 법에 정한 절차에 따라 일정한 기간 동안 우편물의 검열 또는 전기통신의 감청이 허용되는 경우가 있다.

ⓗ 재산권의 보장
- 헌법상 재산권의 개념 : 헌법 재판소 판례에 따라 재산권이란 사적 유용성 및 그에 대한 원칙적 처분권을 포함하는 모든 재산가치 있는 구체적 권리를 의미한다.
- 개념 요소 : 사적 유용성이란 재산적 이익이 재산권을 보유한 사람에게 귀속되고 개인적 이익이 되는 것을 의미한다. 처분권이란 재산권의 대상이 되는 객체를 변경하고, 양도하며, 포기하는 일체의 권능을 의미한다. 재산가치 있는 구체적 권리란 이익이 되는 모든 공법상, 사법상의 권리를 의미한다. 이러한 개념에 따라 금전은 물론, 주식, 어업권, 영업권, 공무원의 퇴직급여청구권 등 포괄적으로 귀속대상이 인정된다.
- 재산권의 제한 : 헌법 제23조 제2항 재산권의 행사는 공공복리에 적합하도록 하여야 한다는 규정을 둠으로써, 공공복리를 위해 개인의 재산권이 제한될 수 있음을 규정하고 있다.
- 재산권의 공용침해와 보상 : 헌법 제23조 제3항에서는 공공필요에 의한 재산권의 수용·사용 또는 제한 및 그에 대한 보상은 법률로써 하되, 정당한 보상을 지급해야 한다는 규정을 둠으로써 공용침해와 보상의무를 명시하고 있다.

구분	내용
공용수용	공공의 필요를 위하여 개인의 재산권을 강제로 취득하는 국가의 행위
공용사용	공공의 필요를 위하여 개인의 재산권을 일시적, 강제적 사용
공용제한	공공의 필요를 위하여 개인의 토지나 재산권 이용에 제한을 가하는 행위
보상기준	정당한 보상 : 피수용재산의 객관적인 재산가치를 완전하게 보상

(5) 사회적(생활권적 = 생존권적) 기본권

① 의의

    ㉠ 사회적 기본권의 특징

        ⓐ **자유권과 대비** : 자유권이 국가의 개입이나 간섭을 받지 않을 권리라면 사회권은 국가의 적극적인 개입(입법, 정책)과 적극적인 배려를 통해 실현된다.

        ⓑ **국가의 예산능력 고려** : 국가의 적극적인 배려나 정책을 통해 실현되는 권리이기 때문에 국가의 경제적 요건이나 재정능력에 따라 실현여부와 정도가 결정되게 된다.

    ㉡ **사회적 기본권의 종류** : 사회적 기본권에는 인간다운 생활을 할 권리, 교육을 받을 권리, 근로의 권리와 근로3권, 환경권, 혼인과 가족생활의 보장, 모성의 보호와 보건권이 있다.

② 인간다운 생활을 할 권리

    ㉠ **개념** : 인간의 존엄성에 상응하는 최저한도의 건강하고 문화적인 생활을 영위하도록 국가에 요구할 수 있는 권리이다.

    ㉡ **헌법규정**

> **헌법 제34조 제1항** 모든 국민은 인간다운 생활을 할 권리를 가진다.
> **제2항** 국가는 사회보장·사회복지의 증진에 노력할 의무를 진다.
> **제3항** 국가는 여자의 복지와 권익의 향상을 위하여 노력하여야 한다.
> **제4항** 국가는 노인과 청소년의 복지향상을 위한 정책을 실시할 의무를 진다.
> **제5항** 신체장애자 및 질병·노령 기타의 사유로 생활능력이 없는 국민은 법률이 정하는 바에 의하여 국가의 보호를 받는다.

    ㉢ **관련 법률** : 헌법 규정 외에도 헌법상의 인간다운 생활을 할 권리를 더욱 구체적으로 구현하기 위해 직업안정법, 국민기초생활보장법, 재해 구호법, 장애인 고용 촉진 및 직업 재활법, 노인 복지법, 모자 보건법 등의 개별 법률의 규정을 두고 있다.

    ㉣ **내용**

        ⓐ **사회보장권(사회보장 수급권)** : 인간의 존엄에 상응하는 최소한의 인간다운 생활을 영위하기 위해 장애, 질병, 노령 등 사회적 위험으로부터 국가에 적극적 구제를 요구할 수 있는 권리를 의미한다. 이러한 사회보장권에는 사회보험, 공적부조, 사회복지가 포함된다.

ⓑ 사회보장권의 유형

구분	내용
사회보험 (공적보험)	질병, 실직, 장애 등 일정한 사고가 발생한 경우 국가의 개입을 통한 금전적 위험분산을 통해 안정을 도모하기 위한 제도로 국민건강보험, 연금보험, 산업재해보상보험, 고용보험이 있음
공적부조	노령, 질병 등으로 생활이 불가능하거나 생계유지가 곤란한 사람에게 국가가 최저생활에 필요한 급여를 제공하는 제도로 대표적 법률은 국민기초생활보장법이 있음
사회복지	정신적, 물질적 자립이 곤란한 보호대상자에게 현금이나 현물이 아닌 국가의 공적 서비스(시설 이용 등)를 제공하여 보호대상자를 지원하는 제도로 대표적인 법률은 노인복지법, 장애인복지법이 있음

③ 교육을 받을 권리

㉠ 개념 : 교육을 받는 데 있어서 국가로부터 방해받지 않을 뿐만 아니라 교육을 받을 수 있도록 국가에 적극적으로 요구할 수 있는 권리이다.

㉡ 헌법조항

> **헌법 제31조 제1항** 모든 국민은 능력에 따라 균등하게 교육을 받을 권리를 가진다.
> **제2항** 모든 국민은 그 보호하는 자녀에게 적어도 초등교육과 법률이 정하는 교육을 받게 할 의무를 진다.
> **제3항** 의무교육은 무상으로 한다.
> **제4항** 교육의 자주성, 전문성, 정치적 중립성 및 대학의 자율성은 법률이 정하는 바에 의하여 보장된다.
> **제5항** 국가는 평생교육을 진흥하여야 한다.
> **제6항** 학교교육 및 평생교육을 포함한 교육제도와 그 운영, 교육재정 및 교원의 지위에 관한 기본적인 사항은 법률로 정한다.

㉢ 내용

구분	내용
능력에 따른 균등한 교육을 받을 권리	차별 없이 균등하게 교육을 받을 기회 보장
국가의 평생교육 진흥 의무	정규교육 이외 성인교육, 직업교육, 청소년 교육 등의 진흥 의무
무상의 의무교육	교육기본법은 6년의 초등교육과 3년의 중등교육을 합하여 9년의 의무교육을 명시하고 있음
교육제도 보장	• 교육의 자주성 : 교육내용과 교육기구에 대한 국가의 최소한의 간섭 • 교육의 전문성 : 교육정책과 집행은 최대한 교육 전문가가 담당 • 교육의 정치적 중립성 : 국가권력이나 정치권에 대한 교육의 중립 • 대학의 자율성 : 대학의 자치 • 교육 법정주의 : 교육제도, 교육재정, 교원지위에 대한 법적 보장

④ 근로의 권리

　　㉠ 의의 : 사람은 일하지 않고서는 풍족한 삶을 살 수가 없다. 이에 국민에 대한 근로기회의 제공과 인간다운 근로 조건의 확보는 인간다운 생활을 보장하기 위한 중요한 조건이 된다. 또한 근로자는 사용자에 대하여 사회적 약자로서 강력한 법의 보호가 필요한 지위에 있는 존재이다.

　　㉡ 헌법규정

> **헌법 제32조 제1항** 모든 국민은 근로의 권리를 가진다. 국가는 사회적·경제적 방법으로 근로자의 고용의 증진과 적정임금의 보장에 노력하여야 하며, 법률이 정하는 바에 의하여 최저임금제를 시행하여야 한다.
> **제2항** 모든 국민은 근로의 의무를 진다. 국가는 근로의 의무의 내용과 조건을 민주주의 원칙에 따라 법률로 정한다.
> **제3항** 근로조건의 기준은 인간의 존엄성을 보장하도록 법률로 정한다.
> **제4항** 여자의 근로는 특별한 보호를 받으며, 고용·임금 및 근로조건에 있어서 부당한 차별을 받지 아니한다.
> **제5항** 연소자의 근로는 특별한 보호를 받는다.
> **제6항** 국가유공자·상이군경 및 전몰군경의 유가족은 법률이 정하는 바에 의하여 우선적으로 근로의 기회를 부여받는다.

⑤ 혼인과 가족생활의 보장

　　㉠ 개념 : 혼인에 있어서의 남성평등과 민주적 가족제도를 국가가 보장하는 것을 의미한다.

　　㉡ 헌법규정 : 헌법 제36조 제1항에서 혼인과 가족생활은 개인의 존엄과 양성의 평등을 기초로 성립되고 유지되어야 하며, 국가는 이를 보장한다는 규정을 두고 있다.

　　㉢ 내용

　　　　ⓐ 자유로운 혼인관계 형성 : 헌법의 이념을 구현하기 위해 민법에서 더욱 세부적으로 규정하고 있다. 또한, 결혼퇴직제, 혼인자 퇴교처분, 동성동본금혼제는 헌법에 위반되는 제도라 할 수 있다.

　　　　ⓑ 가족생활에서의 자유 : 국가의 간섭이나 방해를 받지 않고 스스로 가족생활을 형성하고 유지할 수 있는 자유가 있다.

　　　　ⓒ 혼인과 가족제도 보장 : 일부일처제를 원칙으로 하며, 개인의 존엄과 양성의 평등을 기초로 하는 가족제도를 보장한다. 2015년 2월 헌재가 간통죄에 대하여 위헌 판결을 내림에 따라 형법 제241조 간통죄는 폐지되었다.

⑥ 보건권

　　㉠ 개념 : 인간다운 생활을 위해 필수적인 건강한 삶을 위하여 국가에 적극적인 배려를 요구할 수 있는 권리를 의미한다.

　　㉡ 헌법규정 : 헌법 제36조 제3항에 모든 국민은 보건에 관하여 국가의 보호를 받는다는 규정을 두고 있다.

(6) 정치적 기본권

① 정치적 기본권

ㄱ. 의의

ⓐ **정치적 기본권과 참정권** : 정치적 기본권이란 국민이 직접 또는 간접적으로 정치에 참여하고, 국가 기관을 구성하는 권리는 물론, 정당을 설립하고 활동하며 정치를 위한 언론, 출판, 집회, 결사 활동을 하는 포괄적인 권리이다. 참정권이란 좁은 의미의 정치적 기본권으로 국민이 정치적 의사형성이나 정책결정에 참여하는 자유, 공무원을 선출할 수 있는 권리와 자신이 선임될 수 있는 권리를 의미한다.

ⓑ **참정권의 종류** : 헌법 제24조의 선거권, 제25조의 공무담임권, 제72조와 제130조 제2항의 국민투표권이 있다.

② 국민투표권

ㄱ. **개념** : 국민투표권이란 국민이 국가 의사 결정에 직접 참여하여 주권을 행사할 수 있는 권리이다.

ㄴ. **헌법규정**

> **헌법 제72조** 대통령은 필요하다고 인정할 때에는 외교 · 국방 · 통일 기타 국가안위에 관한 중요정책을 국민투표에 붙일 수 있다.
> **헌법 제130조 제2항** 헌법개정안은 국회가 의결한 후 30일 이내에 국민투표에 붙여 국회의원선거권자 과반수의 투표와 투표자 과반수의 찬성을 얻어야 한다.

ㄷ. **국민투표의 유형** : 국민투표는 헌법 제72조에 규정되어 있는 국가 중요 정책에 대한 국민투표와 헌법 제130조 제2항에 규정되어 있는 헌법 개정안에 대한 국민투표가 있다.

ㄹ. **국민투표의 절차**(국민투표법)

ⓐ **대통령의 공고** : 대통령은 늦어도 국민투표일 전 18일까지 국민투표일과 국민투표안을 공고한다.

ⓑ **중앙선거관리위원회의 게시**

ⓒ **국민투표에 관한 운동** : 국민투표에 관하여 찬성하게 하거나, 반대하게 하는 행동으로 투표일 전일까지 가능하다.

ⓓ **중앙선거관리위원회의 집계 · 공표 · 통보** : 집계결과를 공표하고 대통령과 국회의장에게 통보한다.

ⓔ **대통령의 확정공포**

③ 선거권

ㄱ. **헌법규정**

> **헌법 제24조** 모든 국민은 법률이 정하는 바에 의하여 선거권을 가진다.
> **헌법 제41조** 국회의원은 국민의 보통, 평등, 직접, 비밀선거에 의하여 선출한다.
> **헌법 제67조** 대통령은 국민의 보통, 평등, 직접, 비밀선거에 의하여 선출한다.

ⓛ 선거권의 종류 : 대통령 선거권, 국회의원 선거권, 지방의회의원 선거권, 지방자치단체장의 선거권이 있다.
선거권은 선거일 현재 만 19세 이상의 국민이면 행사할 수 있다.

④ 공무담임권

㉠ 개념 : 각종 선거직 공무원을 포함한 모든 국가기관의 공직에 취임할 수 있는 권리를 의미한다. 공무담임권은 피선거권과 공직취임권이 있으며, 피선거권은 선거직 공무원, 공직취임권은 비선거직 공무원이 될 수 있는 권리를 의미한다.

㉡ 헌법규정 : 헌법 제25조를 보면 모든 국민은 법률이 정하는 바에 의하여 공무담임권을 가진다는 규정을 두고 있다.

㉢ 피선거권

ⓐ 개념 : 선거에 출마하여 당선되는 선거직 공무원이 될 수 있는 권리이다.

ⓑ 내용 : 대통령 피선거권, 국회의원 피선거권, 지방의회의원 피선거권, 지방자치단체장 피선거권이 있다.

ⓒ 피선거권 허용 연령 : 대통령의 피선거권은 만 40세 이상이어야 하고 나머지 피선거권은 만 25세 이상이어야 한다.

ⓓ 피선거권의 제한 : 금치산 선고를 받은 자, 선거 사범으로서(선거와 관련된 범죄) 법이 정한 시한이 지나지 않은 자, 법원의 판결에 의해 선거권이 정지 또는 상실된 자, 금고이상의 형의 선고를 받고 그 형이 실효되지 아니한 자, 법원의 판결 또는 다른 법률에 의하여 피선거권이 정지되거나 상실된 자는 피선거권이 없다.

㉣ 공직취임권(공무원 피임명권)

ⓐ 개념 : 모든 국민에게 능력과 적성에 따라 공직에 취임할 수 있는 균등한 기회가 보장된다는 것을 의미한다.

ⓑ 능력주의 원칙 구현 : 공직자를 선발하는 데 있어서 능력주의를 원칙으로 해야 하며 직무수행능력과 무관한 성별, 종교, 사회적 신분, 출신지역 등을 이유로 하는 차별은 허용되지 않는다.

(7) 청구권적 기본권(청구권)

① 의의

㉠ 개념 : 국민이 국가에 대해 일정한 행위를 적극적으로 청구할 수 있는 권리이다.

㉡ 청구권의 성격

ⓐ 적극적 권리 : 국가로부터 간섭이나 방해를 배제할 수 있는 소극적 권리가 아닌, 특정한 행위를 요구할 수 있는 적극적 권리이다.

ⓑ 수단적, 절차적 권리(기본권 보장을 위한 권리) : 청구권은 다른 기본권이 침해되었을 때 또는 침해될 우려가 있을 때 이를 구제 또는 보상받을 수 있는 권리이기 때문에 기본권 보장을 위한 기본권 또는 절차적 기본권으로서 수단적 성격이 강하다.

ⓒ 청구권의 종류 : 헌법에서는 청원권, 재판청구권, 국가배상청구권, 형사보상청구권, 범죄피해자구조 청구
권, 손실보상청구권을 규정하고 있다.

② 청구권적 기본권

㉠ 청원권

ⓐ 개념 : 국민이 문서로 국가기관에 자신의 의사나 희망을 진술할 수 있는 권리이다.

ⓑ 헌법 및 법률규정

> **헌법 제26조 제1항** 모든 국민은 법률이 정하는 바에 의하여 국가기관에 문서로 청원할 권리를 가진다. **제2항** 국
> 가는 청원에 대하여 심사할 의무를 진다.

> **국회법 제123조 제1항** 국회에 청원을 하려고 하는 자는 의원의 소개를 얻어 청원서를 제출하여야 한다.
> **국회법 제123조 제3항** 재판에 간섭하거나 국가기관을 모독하는 내용의 청원은 이를 접수하지 아니한다.
> **지방자치법 제73조 제1항** 지방의회에 청원을 하려는 자는 지방의회 의원의 소개를 받아 청원서를 제출하여야 한다.
> **청원법 제4조** 청원은 다음 각 호의 어느 하나에 해당하는 경우에 한하여 할 수 있다.
> 　　1. 피해의 구제
> 　　2. 공무원의 위법·부당한 행위에 대한 시정이나 징계의 요구
> 　　3. 법률·명령·조례·규칙 등의 제정·개정 또는 폐지
> 　　4. 공공의 제도 또는 시설의 운영
> 　　5. 그 밖에 국가기관 등의 권한에 속하는 사항
> **청원법 제11조** 누구든지 타인을 모해할 목적으로 허위의 사실을 적시한 청원을 하여서는 아니된다.

ⓒ 청원권의 기능 : 민주적 정치의사 형성과정에 참여한다는 측면과 아울러, 국가기관을 통제하는 기능을
수행한다. 또한 청원이 수리되고 변화가 나타남으로써 국민에 대한 국가의 신뢰도를 향상시킬 수 있다.

ⓓ 청원의 요건 : 청원은 반드시 문서(전자문서 가능)로 해야 하며 청원인의 서명이 있어야 한다. 또한 구체
적 요구사항을 담고 있어야 한다.

㉡ 재판청구권

ⓐ 개념 : 국민의 권리가 침해된 경우 재판을 통해 구제받을 수 있는 권리이다.

ⓑ 헌법규정

> **헌법 제27조 제1항** 모든 국민은 헌법과 법률이 정한 법관에 의하여 법률에 의한 재판을 받을 권리를 가진다. **제3
> 항** 모든 국민은 신속한 재판을 받을 권리를 가진다. 형사 피고인은 상당한 이유가 없는 한 지체없이 공개재판
> 을 받을 권리를 가진다.
> **헌법 제109조** 재판의 심리와 판결은 공개한다.

ⓒ 내용

구분	내용
법관에 의한 재판	헌법과 법률이 정한 자격과 절차에 의해 임명되고, 독립성이 보장된 법관에 의한 재판을 받을 권리
법률에 의한 재판	법관의 자의를 배제하고 실체법 및 절차법에 정한 법적절차에 따라 재판을 받을 권리
신속한 재판	소송 당사자의 신속한 권리구제를 위해 분쟁 해결의 시간적 단축과 효율적인 절차를 운영
공개재판	국민의 감시 아래 재판의 공정성을 확보하고 소송당사자의 인권침해를 방지하며 재판에 대한 신뢰 확보
공정한 재판	헌법재판소는 공정한 재판을 받을 권리에 대해 비록 명문의 규정은 없으나, 헌법이 국민의 기본권으로 보장하고 있음을 판시함

ⓓ 배심제와 참심제

구분	배심제	참심제
공통점	법률비전문가인 시민 또는 국민이 재판에 참여	
특징	시민이 사실문제에 관한 결정을 하며 법관이 법률판단을 담당	시민과 법관이 합동하여 재판부를 구성하고 사실문제, 법률문제를 함께 판단
운영국가	미국, 영국, 캐나다 등 영미법계	프랑스, 독일 등 대륙법계

ⓔ 우리나라의 국민참여재판 : 우리나라는 2008.1.1부터 국민의 형사재판 참여에 관한 법률이 제정되어 시행되고 있다. 주요 내용은 다음과 같다.

구분	내용
용어의 정의	배심원이란 형사재판에 참여하도록 선정된 사람을 의미하며, 이러한 배심원이 참여하는 재판을 국민참여 재판이라 함
국민참여재판 대상 사건	특수 공무집행 방해 치사, 뇌물, 특수강도강간, 살인사건 등
강제성 여부	피고인이 원하지 않을 경우 또는 법원이 배제결정을 할 경우는 국민참여재판을 하지 않음
배심원의 권한과 의무	사실 인정, 법령 적용 및 형의 양정에 관한 의견 제시
배심원의 수	법정형이 사형·무기징역 또는 무기금고에 해당하는 대상사건은 9인, 그 외에는 7인, 이러한 인원이 결격될 경우를 대비하여 5인 이내의 예비배심원을 둠
배심원 자격	만 19세 이상의 대한민국 국민
평결의 기속 여부	배심원의 평결과 의견은 법원을 기속하지 않음

ⓒ 형사보상청구권

ⓐ 개념 : 국가의 형사절차상의 과오로 형사피의자 또는 형사피고인이 입은 정신적, 물질적 피해를 국가가 보상하는 제도를 의미한다.

ⓑ 헌법규정

> 헌법 제28조 형사피의자 또는 형사피고인으로 구금되었던 자가 법률이 정하는 불기소 처분을 받거나 무죄판결을 받은 때에는 법률이 정하는 바에 의하여 국가에 정당한 보상을 청구할 수 있다.

ⓒ 내용 : 불기소처분이란 사건이 죄가 될 성질이 아니거나, 범죄의 증명이 없는 경우 공소를 제기하지 않는 처분을 의미한다.

ⓔ 국가배상청구권

ⓐ 개념 : 국민이 공무원의 직무상 불법 행위로 피해를 입었을 때에 국가 또는 공공 단체에 그 피해에 대한 배상을 청구할 수 있는 권리를 말한다.

ⓑ 헌법 및 법률규정

> 국가배상법 제2조 제1항 국가 또는 지방자치단체는 공무원이 그 직무를 집행함에 당하여 고의 또는 과실로 법령에 위반하여 타인에게 손해를 가하는 경우 그 손해를 배상하여야 한다.
> 국가배상법 제5조 제1항 도로·하천 기타 공공의 영조물의 설치 또는 관리에 하자가 있기 때문에 타인에게 손해를 발생하게 하였을 때에는 국가 또는 지방자치단체는 그 손해를 배상하여야 한다.

ⓒ 내용 : 헌법은 공무원의 직무상 불법행위로 인한 손해배상만을 규정하고 있지만, 국가배상법은 영조물의 설치나 관리상의 하자로 인한 국가배상까지도 규정하고 있다.

ⓜ 범죄피해자 구조 청구권

ⓐ 개념 : 타인의 범죄행위로 생명·신체에 피해를 받은 국민이 국가로부터 구조를 받을 수 있는 권리이다.

ⓑ 헌법 및 법률규정

> 헌법 제30조 타인의 범죄행위로 인하여 생명·신체에 대한 피해를 받은 국민은 법률이 정하는 바에 의하여 국가로부터 구조를 받을 수 있다.
> 범죄피해자 보호법 제4조 국가는 범죄피해자 보호·지원을 위하여 다음 각 호의 조치를 취하고 이에 필요한 재원을 조달할 책무를 진다.
> 1. 범죄피해자 보호·지원 체제의 구축 및 운영
> 2. 범죄피해자 보호·지원을 위한 실태조사, 연구, 교육, 홍보
> 3. 범죄피해자 보호·지원을 위한 관계 법령의 정비 및 각종 정책의 수립·시행
> 범죄피해자 보호법 제7조 제1항 국가 및 지방자치단체는 범죄피해자의 피해정도 및 보호·지원의 필요성 등에 따라 상담, 의료제공(치료비 지원을 포함), 구조금 지급, 법률구조, 취업 관련 지원, 주거지원, 그 밖에 범죄피해자의 보호에 필요한 대책을 마련하여야 한다.
> 범죄피해자 보호법 제15조 제1항 범죄피해자 보호·지원에 관한 기본계획 및 주요 사항 등을 심의하기 위하여 법무부장관 소속으로 범죄피해자보호위원회를 둔다.

ⓒ 내용 : 이상의 법규정을 종합해 보면 타인의 범죄행위로 피해를 받은 국민에 대한 보호·지원 정책을 수립하고 그것을 실행하기 위한 재원을 조달하여 범죄피해자를 구조하는 제도이다.

① 정부형태

(1) 대통령제

① 의의 : 미국은 영국으로부터 독립한 이후 강력한 중앙 정부의 필요에 따라 대통령을 중심으로 하는 국정을 운영하는 형태가 필요했다. 대통령제는 미국을 대표로 하여 엄격한 3권 분립 하에 견제와 균형을 충실히 구현하는 원리를 의미한다. 즉, 입법부와 행정부, 사법부를 분리하여 대등한 관계를 유지시키며 이를 통해 권력의 남용을 억제하고자 한다.

② 특징

   ㉠ 정부의 구성 : 국민이 대통령을 선출하고 대통령이 행정부를 구성한다.

   ㉡ 대통령의 지위 : 대통령은 행정부 수반이면서 국가 원수로서의 지위를 갖는다. 따라서 대통령의 힘이 막강하다는 특징을 갖는다.

   ㉢ 운영 : 정부는 의회에 법률안을 제출할 수 없으며 국회의원과 각료(장관)는 겸직이 불가하다. 대통령은 법률안 거부권을 보유하며 의회는 법률안을 재의결할 수 있고, 정부 정책에 동의나 거부할 수 있으며 탄핵 소추권을 보유한다. 사법부는 의회와 행정부에 대한 위헌 심사권을 통해 3권이 견제 및 균형을 유지한다.

   ㉣ 장점 : 대통령 임기 동안 정국 안정되어 정책의 지속적인 추천이 가능하다. 또한 의회에서 과반수의 의석을 보유한 다수당이 횡포를 부리더라도 강력한 대통령의 권한으로 견제가 가능하게 된다.

   ㉤ 단점 : 대통령의 권한이 지나치게 비대화해 질 경우 독재화의 위험을 내포하고 있으며 행정부와 입법부의 대립 시 해결이 곤란하여 정국이 불안해 질 수 있다. 또한 정치적 책임과 국민적 요구에 민감하지 못하게 되어 자칫 일방적인 정부 중심의 독단적 국정운영이 나타날 수 있다.

(2) 의원내각제(내각책임제)

① 의의 : "왕은 군림하나 통치하지 않는다."는 영국 권리장전을 통해 명시하듯, 의회의 다수당 대표가 수상(총리)이 되어 내각을 구성하는 원리를 말한다. 입헌군주제를 기반으로 했던 영국역사와 밀접한 관련을 갖고 있으며 절대 군주의 권력을 제한하는 과정에서 성립이 되었다. 이는, 입법부와 행정부가 밀접한 관계를 갖게 되는 권력의 융합형태이면서도 국회의 내각불신임권과 내각의 국회해산권을 통해 분립을 실현하는 원리라 할 수 있다.

② 특징

　　㉠ 정부의 구성 : 국민의 선거를 통해 의회의원을 선출하고 의회 내 과반수 의석을 차지한 정당 대표가 수상이 되어 내각(행정부)을 구성한다. 이때 내각은 의회에 대해 정치적 책임을 지며 반대로 의회도 내각에 대해 정치적 책임을 지는 연대관계가 나타난다.

　　㉡ 수상(총리)의 지위 : 수상은 행정부 수반의 지위를 갖지만 국가 원수의 지위는 보유하지 않는다. 이때, 왕 또는 대통령은 국가 원수의 지위를 통해 대외적으로 국가를 대표하는 상징적 의미로 존재한다.

　　㉢ 운영 : 정부는 법률안 제출권을 보유하며 수상과 각료는 의원 겸직이 가능하다는 특징이 있다. 행정부의 입법부에 대한 견제 수단으로 내각은 의회 해산권을 갖고 있으며 반대로 입법부의 행정부에 대한 견제수단 으로 의회는 내각 불신임권을 보유한다.

　　㉣ 장점 : 의회와 내각의 긴밀한 협조를 통해 능률적이고 적극적인 정책 수행이 가능하다. 또한, 내각과 의회가 책임을 지기 때문에 정치적 책임과 국민적 요구에 민감하게 반응한다.

　　㉤ 단점 : 다수당이 없을 경우는 여러 정당이 연립하여 내각을 구성하게 되므로 정당 간 이해관계가 복잡해진 다. 즉, 군소 정당의 난립 시 정국이 불안해지는 점이 의원내각제의 한계라 할 수 있다. 또한, 대통령제에 서 대통령의 독재의 위험성이 내포되어 있듯이 의원내각제에서는 다수당의 횡포가 나타날 수 있다.

③ 대통령제와 의원내각제의 비교

구분	대통령제(미국)	의원내각제(영국, 일본)
형태	대통령을 중심으로 정국이 운영	내각을 중심으로 정국이 운영
배경	영국으로부터의 독립, 강력한 중앙 정부 요청	절대 군주의 권력을 제한
권력관계	엄격한 권력분립	권력 융합에 부분적 권력 분립
정부구성	• 대통령은 국민에 의해 선출 • 대통령이 행정부를 구성 • 대통령과 행정부는 국민에게 정치적 책임을 짐	• 국민이 선거를 통해 의회구성 • 의회 내 과반수 의석 정당대표가 수상이 되어 내 각 구성
지위	대통령은 행정부수반 + 국가원수	• 총리 : 행정부 수반(실질적) • 왕, 대통령 : 국가 원수(상징적)
특징	• 정부의 법률안 제출권 없음 • 국회 의원의 각료 겸직 불가 • 대통령의 법률안 거부권 있음 • 의회의 법률안 재의결권, 정부 정책에 대한 동의 및 거부권, 탄핵소추권 있음 • 사법부의 의회와 행정부에 대한 위헌 심사권 보유	• 정부는 법률안 제출권을 보유 • 수상과 각료는 의원 겸직 가능 • 내각의 의회 해산권 보유 • 의회의 내각 불신임권 보유
장점	• 대통령 임기동안 정국 안정 • 의회 다수당의 횡포 견제	• 정치적 책임과 국민적 요구에 민감 • 의회와 내각의 협조로 능률적 행정 가능
단점	• 정치적 책임과 국민적 요구에 민감하지 못함 • 행정부와 입법부 대립 시 해결 곤란 • 대통령의 독재가능성 있음	• 군소정당 난립 시 정국 불안 • 의회 다수당의 횡포

(3) 이원집정부제(이원정부제)와 신대통령제

① 이원집정부제

ⓐ 개념 : 대통령제와 의원 내각제적 요소를 혼합한 정부형태로 현대적 의미에서는 프랑스의 5공화국 정부형태를 예로 들 수 있다.

ⓑ 운영상의 특징

구분	내용
선출	대통령과 의회 의원을 국민이 직접 선출
국정운영	• 대통령과 총리의 권한이 법적으로 구분되어 두 개의 중심부가 존재 • 평상시 : 수사(총리) 중심으로 운영되며 대통령은 외교, 국방문제 등 대외적 상징성을 표상 • 비상시 : 대통령의 비상 권한에 따라 실질적 영향력 행사 • 대통령은 수상임명권과 의회 해산권을 보유하고 의회는 내각불신임권은 있지만 대통령에 대한 불신임은 불인정

② 신대통령제

ⓐ 의의 : 미국을 중심으로 발전한 대통령 중심제는 19세기 초 독립국가가 된 중남미의 여러나라들이 모방하였다. 외관상으로는 미국의 정부형태와 유사하나 현실적인 제도는 상이하였다. 이를 뢰벤슈타인은 신대통령제라 하고 미국의 대통령제와 구분한다.

ⓑ 운영상의 특징

ⓐ **대통령의 월등한 권한** : 뢰벤슈타인은 어떤 특수한 입헌적 조치를 통해 행정수반인 대통령이 국가의 모든 기관보다 우월한 정치권력을 갖고 있는 정치체제라 하였다.

ⓑ **군사력에 의한 권력보장** : 의회의 다수파의 충성을 군사력을 통해 보장받는 체제로 총선거 및 대통령 선거는 정부에 의해서 통제되며 군대에 의해 감시된다.

ⓒ **쿠데타에 의한 정권교체** : 프랑스의 뒤베르제는 에스파니아를 비롯한 중남미의 연이은 쿠데타를 지적하였다.

(4) 우리나라의 정부형태

① 정부형태의 변화과정

구분		특징
제1공화국	제헌 헌법 (1948.7.17)	① 정부형태 : 대통령제 ② 대통령 선출 : 임기 4년으로 국회의 간접선거, 1차에 한하여 중임 허용 ③ 대통령 유고 시를 대비하여 부통령제 실시 ④ 국무원 설치 : 국무총리제 설치, 대통령·국무총리·국무위원으로 조직되며 의결기관으로써 역할 행사 ⑤ 국회 : 단원제 ⑥ 지방자치에 관한 규정 있음 ⑦ 위헌법률심사권을 가진 헌법위원회와 탄핵심판을 담당하는 탄핵재판소를 규정 ⑧ 자연자원의 원칙적인 국유화, 공기업의 국공영제, 공공필요에 의한 사기업의 국공유화, 경자유전의 원칙에 입각한 농지개혁 단행
	제1차 개헌 (1952.7.7 발췌개헌)	① 대통령과 부통령의 직선제 ② 국회의 양원제(민의원, 참의원) : 양원제를 규정했으나 참의원원을 두지 않아 단원제로 운영됨 ③ 국무총리와 국무위원은 일반국무에 대해서는 연대책임을 지며, 각자의 행위에 대해서는 개별책임을 부담 ④ 국회의 국무원 불신임제 채택 : 민의원에서 국무원불신임결의를 하면 국무원은 총사직을 해야 함
제2공화국	제2차 개헌 (1954.11.27 사사오입개헌)	① 초대대통령에 한해 3선제한 철폐 ② 국민투표제 최초 도입 : 주권의 제약 또는 영토변경의 경우에는 국민투표 실시 ③ 헌법개정의 한계에 관한 명문규정 신설(민주공화국가, 국민주권, 국민투표에 관한 규정) ④ 국무총리제 폐지 ⑤ 국무위원에 대한 개별적 불신임제 채택 ⑥ 대통령 궐위 시 부통령이 지위를 승계하도록 규정 ⑦ 특별법원(군법회의)의 헌법적 근거 신설 ⑧ 자유시장경제체제 규정 명문화
제2공화국	제3차 개헌 (1960.6.15)	① 정부형태 : 의원내각제 ② 대법원장 및 대법관을 선거인단에서 선출 ③ 헌법재판소 신설 ④ 헌법기관으로서 중앙선거관리위원회를 신설 ⑤ 정당조항 신설 및 위헌정당해산제도 채택 ⑥ 지방자치단체장의 직선제 규정 ⑦ 직업공무원제 채택 : 공무원의 신분 및 정치적 중립성 보장 ⑧ 선거권 연령을 헌법에서 직접 규정
	제4차 개헌 (1960.11.29)	부칙개정으로 부정선거관련자 처벌법, 반민주행위자 공민권 제한법, 부정축재특별처리법 등 소급 특별법이 제정되었다.

구분		특징
제 3 공 화 국	제5차 개헌 (1962.12.26)	① 정부형태 : 대통령제 ② 국회 : 단원제 ③ 헌법재판소 폐지, 법원에 위헌법률심사권 부여 ④ 대법원장과 대법원 판사의 임명 시 법관추천회의의 제청에 의하도록 함 ⑤ 정당 정치 제도 강화 : 대통령과 국회의원 입후보에 소속 정당의 추천을 받도록 하고, 국회의원의 당적이탈, 변경 또는 정당해산 시 의원직을 상실하도록 규정 ⑥ 헌법개정에 필수적 국민투표제 도입 ⑦ 경제과학 심의회의와 국가안전보장회의를 신설
	제6차 개헌 (1969.10.21 삼선 개헌)	① 대통령의 연임을 3기까지 허용 ② 대통령에 대한 탄핵소추의 발의와 의결을 더욱 엄격히 규정 ③ 국회의원이 각료를 겸임할 수 있도록 법률로 위임
제 4 공 화 국	제7차 개헌 (1972.12.27)	① 대통령에게 막강한 권한 부여 : 긴급조치권, 국회해산권, 국회의원 정수 3분의 1 추천권, 중요정책에 대한 국민투표부의권, 법관의 임명 등에 관한 권한 부여 ② 통일주체국민회의 설치 : 대통령을 간접선거하고, 국회의원 정수의 3분의 1을 선출하며, 국회가 제안한 헌법개정안 확정 ③ 국회의 국정감사권 폐지, 국회 회기의 단축 ④ 대법원장을 비롯한 모든 법관을 대통령이 임명, 인사조치 가능 ⑤ 지방의회구성을 통일까지 유보
제 5 공 화 국	제8차 개헌 (1980.10.27)	① 대통령 : 임기 7년의 단임, 대통령선거인단에 의해 간접선거로 선출, 임기연장이나 중임변경을 위한 헌법개정은 개정제안 당시의 대통령에 대해서는 적용될 수 없도록 규정함과 아울러 긴급조치권을 폐지 ② 통일 주체 국민회의 폐지 ③ 국회의 국정조사권 인정 ④ 일반법관의 임명권을 대법원장에게 부여하고, 위헌법률심판제청권을 법원에 부여 ⑤ 정당운영자금의 국고보조 조항 신설 ⑥ 자유시장경제질서를 골간으로 하면서도 경제에 관한 규제와 정을 할 수 있게 하여 사회적 시장경제질서 지향
제 6 공 화 국	제9차 개헌 (1987.10.29)	① 헌법 전문 : 대한민국 임시정부의 법통 계승을 추가하고, 불의에 항거한 4.19민주이념의 계승과 고국의 민주개혁의 사명을 명시 ② 대통령 : 임기 5년의 직선제, 국회해산권 폐지 ③ 국회의 국정감사권 부활, 국무총리와 국무위원에 대한 해임의결권을 해임건의권으로 대체 ④ 헌법재판소 설치 ⑤ 판사를 대법관과 법관으로 구분하고, 대법관이 아닌 법관은 대법관회의의 동의를 얻어 대법원장이 임명

② 우리나라 정부형태의 특징

　　㉠ **특징** : 우리나라의 경우는 대통령제를 원칙으로 하되, 의원내각제적인 요소를 가미하고 있다.

　　㉡ **대통령제적 요소** : 입법부와 행정부가 독립되어 있으며 대통령은 국가의 원수이자 행정부 수반이라는 지위를 갖고 있고, 국민에 의해 직선된다. 또한, 최고 통치권자로서 국가긴급권과 헌법개정안 발의권, 국민투표부의권, 법률안 거부권을 갖는다.

　　㉢ **의원내각제적 요소** : 국무총리를 두고 있고, 국무회의가 헌법기관인 점, 정부가 법률안을 제안할 수 있는 점, 국회는 대통령의 국무총리임명에 대한 동의권을 갖고, 국무총리와 국무위원에 대한 해임건의를 할 수 있으며, 정부위원이 국회에 출석하여 발언할 수 있는 점은 의원내각제적 요소라 할 수 있다.

② 통치 기구

(1) 통치의 원리

① **의의** : 입법부, 행정부, 사법부 등 국가의 통치 기관이 국가를 이끌어감에 있어 적용되는 일정한 원리가 있는데, 권력분립의 원리와 대의제의 원리를 볼 수 있다.

② 권력분립의 원리

　　㉠ **개념** : 권력분립이란 국민의 자유와 권리를 보장하고, 권력의 남용을 방지하기 위하여 국가 간의 권력을 분할하고 분할된 권력 간 견제를 할 수 있는 장치를 만듦으로써, 개인이나 특정의 기관에 권력이 집중됨을 방지하고 권력 간의 균형을 유지하기 위한 원리를 의미한다.

　　㉡ **로크의 권력분립론** : 권력분립은 로크에 의해 처음으로 주장되었는데, 2권분립론으로 입법권과 집행권의 분리를 주장하였다.

　　㉢ **몽테스키외의 권력분립론** : 몽테스키외는 입법권, 집행권, 사법권의 3권분립론을 주장하였다. 로크와는 다르게 엄격한 3권분립론에 입각하여 기관의 분리와 견제와 균형을 강조했다는 데 특징이 있다.

　　㉣ **현행 헌법상의 규정** : 헌법 제40조에 따라 입법권은 국회에, 헌법 제66조 제4항에 따라 행정권은 대통령을 수반으로 하는 정부에, 헌법 제101조 제1항에 따라 사법권은 법관으로 구성되는 법원에 부여하고 있다.

③ 대의제의 원리

　　㉠ **개념** : 국민 누구나 정치에 직접 참여할 수 있는 직접민주제는 오늘날, 광활한 영토와 복잡한 정치 상황 속에서 사실상 불가능하게 되었다. 이에 국민을 대표할 대표자를 선출하여 기관을 구성하고 책임정치를 실현하는 것이 대의제의 원리이다.

　　㉡ **대의제의 위기** : 대의제는 보통 선거를 통해 구현되나, 정치권의 무능과 부패, 투표율의 저조, 국민 참여의 다양한 양상 속에서 본연의 기능을 수행하지 못하고 있다. 이에 대의제를 보완할 직접민주제적인 요소로, 국민투표, 국민발안, 국민소환 등이 논의되고 있다. 우리나라의 경우 국민투표는 헌법상으로 보장되고 있다.

(2) 통치 작용과 통치 기구

① 국회

㉠ 국회 구성의 원리

구분	세부내용	장점	단점
양원제	의회가 두 개의 합의체로 구성되며 각각 독립하여 결정한 의사가 일치한 경우 의회 의사로 간주	심의를 두 기관에서 하기 때문에 신중을 기할 수 있으며 양원이 상이하게 운영됨으로써 단원제에 나타날 수 있는 갈등과 부패를 방지할 수 있음	중복된 절차로 의결이 지연되고 양원의 구성으로 비용이 증대되며 상호 간의 책임전가를 하게 되면 책임소재가 불분명해짐
단원제	국회의 구성이 하나의 합의체로 구성되는 국회제도	신속한 국정처리와 의회 운영상의 경비를 절약할 수 있으며 책임소재가 명백해짐	한 개의 기관에서 심의하기 때문에 경솔해질 수 있고, 국회와 정부 간 충돌 시 중재할 기관이 없음

㉡ 현행 헌법상의 국회관련 규정 : 단원제로 하고 있으며 국민의 보통, 평등, 직접, 비밀선거에 의하여 선출된 국회의원들로 구성된다. 또한 비례대표제가 가미될 수 있음을 규정하고 있고, 정수는 법률로 정하되 200인 이상으로 규정하고 있다.

㉢ 국회의 헌법상 지위

구분	세부내용
입법기관	국회의 본질적인 지위로 위임입법의 증가와 행정부의 권한강화로 역할에 변화가 나타나게 됨
국정 통제 기관	• 집행부 통제 : 국무총리, 감사원장 임명에 대한 동의권, 탄핵소추권, 국정감사·국정 조사권, 국무총리·국무위원에 대한 국회출석요구 및 질문권, 계엄해제 요구권, 국군의 해외 파견 등에 대한 동의권 • 사법부 통제 : 대법원장·대법관의 임명에 대한 동의권, 탄핵소추권, 국정감사·조사권 • 헌법재판소 통제 : 헌법재판소장 임명에 대한 동의권, 헌법재판소 재판관 3인의 선출권, 탄핵소추권
국민의 대표기관	국민에 의해 선출된 대의 기관으로서의 역할
예산·결산심의기관	국가의 살림이 되는 예산안과 결산안에 관한 심의기관으로서의 역할

② 국회의 조직

구분	세부내용
의장단	국회는 의장 1인과 부의장 2인을 선출
위원회 제도	그 소관사항에 관한 입법 기타 의안을 예비적으로 심의하기 위하여 16개의 상임위원회 설치
특별위원회	예산결산특별위원회, 여성특별위원회, 윤리특별위원회, 인사청문 특별위원회
연석회의	둘 이상의 위원회가 연석하여 개최하는 회의로 의견진술과 토론만 가능하며, 표결은 할 수 없음
교섭단체	원칙적으로는 동일 정당의 소속의원들로 구성된 원내정당으로 20인 이상의 소속의원을 가진 정당은 하나의 교섭단체가 됨. 다른 교섭단체에 속하지 아니하는 20인 이상의 의원으로도 교섭단체 구성이 가능하고 교섭단체에는 의원총회와 대표의원을 두게 되며, 이때 대표의원은 원내총무(원내대표)가 됨

⑩ 국회의 운영

구분	세부내용
국회의 회기	정기회(매년 9월 1일), 임시회(수시)
운영 원칙	• 일사부재의 원칙 : 회기 중에 의결한 문제에 대해서 동일 회기에 다시 의안을 제출할 수 없음 • 의사공개의 원칙 : 의사의 진행을 공개하여 국민의 비판과 감시가 가능하도록 하고 알권리를 보장 • 회기계속의 원칙 : 국회에 제출된 법률안이나 기타 의안은 회기 중에 의결되지 못한 이유로 폐기되지 아니함

ⓑ 국회의 권한

구분	세부내용
입법에 관한 권한	• 헌법 개정에 관한 권한 : 국회는 헌법개정에 관하여 발의권과 의결권 행사. 국회의원 재적 과반수로 헌법 개정안이 발의되며 대통령도 헌법 개정안 발의가 가능. 헌법 개정안이 공고되면 60일 이내에 국회의 의결을 거쳐야 하고, 이때, 국회의 의결에는 재적의원 3분의 2 이상의 찬성을 얻어야 함 • 법률 제정에 관한 권한 : 통상의 입법절차는 국회 또는 정부에서 법률안을 제안하여 심의·의결하면 정부에 이송되어 15일 이내에 대통령이 공포함으로써 효력이 발생(특별한 규정이 없으면 공포한 날로부터 20일 경과)함 • 국회의 재의 : 정부에 이송된 법률안에 대해 대통령은 15일 이내에 이의서를 붙여 환부하고 재의를 요구할 수 있음. 재의에는 국회 제적의원 과반수 출석과 출석의원 2/3 이상의 찬성으로 재의결 및 확정됨 • 국회의장의 공포 : 정부에 이송된 법률안을 15일 이내에 공포하지 않고, 재의 요구도 하지 않을 경우, 또는 재의결 된 법률안을 5일 이내에 공포하지 않을 경우는 국회의장이 공포함
국정 통제에 관한 권한	• 탄핵 소추권 : 탄핵이란 일반적인 사법절차에 의하여는 책임을 추궁하기 어려운 고위공무원을 의회가 소추하는 제도로 탄핵대상자는 대통령, 국무총리, 행정각부의 장, 헌법재판소 재판관, 법관, 중앙선거관리위원회위원, 감사원장, 감사위원 기타 법률이 정하는 공무원임 • 국정감사·조사권 • 국무총리·국무위원의 해임건의권 • 국무총리 등의 국회출석요구 및 질문권
헌법 기관 구성에 관한 권한	• 대통령선거에서 최고득표자가 2인 이상인 때 대통령 선출권 • 국무총리, 대법원장, 대법관, 감사원장, 헌법재판소장 임명에 대한 동의권 • 헌법재판소 재판관 3인과 중앙선거관리위원회 위원 3인 선출권
재정에 관한 권한	• 예산 심의 확정권 • 정부의 재정행위에 대한 권한 : 예비비 지출에 대한 승인권, 기채동의권, 예산 외의 국가의 부담이 될 계약체결에 대한 동의권, 재정적 부담을 지우는 조약의 체결·비준에 대한 동의권 • 결산심사권
특권	• 면책특권 : 국회의원은 국회에서 직무상 행한 발언과 표결에 고나하여 국회 외에서 책임을 지지 않음 • 불체포특권 : 국회의원은 현행범인인 경우를 제외하고는 회기중 국회의 동의없이 체포 또는 구금되지 않으며 국회의원이 회기 전에 체포 또는 구금된 때에는 현행범인이 아닌 한 국회의 요구가 있으면 회기중 석방됨

※ 국정감사와 국정조사

구분	국정감사	국정조사
실시요건	법정(매년 1회)	국회재적의원 4분의 1 이상의 요구
주체	상임위원회	의장이 교섭단체대표의원과 협의하여 특별위원회 또는 상임위원회로 하여금 조사토록 함
구성	상임위원회 위원	특별위원회는 교섭단체위원수의 비율에 따라 구성, 다만 조사에 참여를 거부하는 교섭단체 의원은 제외 가능
대상	국정전반	조사계획서상 조사사안의 범위에 한함
감사조사의 시행	국회운영위원회와 협의한 감사계획서에 의한다만 본회의 승인 대상기관은 본회의 승인 필료	본회의 승인을 얻은 조사계획서에 의함
감사 조사기간	매년 9월 10일부터 20일간, 다만 본회의 의결에 의하여 시기 변경가능	조사계획서에서 정한 조사에 필요한 기간
기타	지방자치단체에 대한 감사는 2이상의 위원회가 합동감사를 할 수 있음	증인신문을 위해 대부분 청문회를 개회하여 예비조사제도 및 관계 행정기관에 대한 지원 요청제도가 있음

ⓐ 법률의 제 · 개정 절차

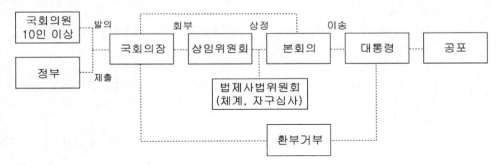

ⓐ 제안 : 제안권자는 국회의원 · 정부, 국회의원은 10인 이상의 찬성 필요, 정부는 국무회의 심의를 거쳐 대통령이 서명하고, 국무총리 · 관계 국무위원이 부서

ⓑ 회부 : 국회의장은 법률안이 제출되면 이를 인쇄하여 의원에게 배부하고 본회의에 보고한 후 소관 상임 위원회에 회부하여 심사

ⓒ 상임위원회 심사

ⓓ 법제사법위원회의 체계 · 자구 심사

ⓔ 전원위원회 심사

ⓕ 본회의 심의 · 의결

ⓖ 정부이송 : 국회에서 의결된 법률안은 정부에 이송되어 15일 이내에 대통령이 공포

ⓗ 대통령의 거부권 행사 : 법률안에 이의가 있을 때에는 대통령은 정부 이송 후 15일 이내에 이의서를 붙여 국회로 환부하고, 그 재의를 요구할 수 있음. 재의 요구된 법률안에 대하여 국회가 재적의원 과반수의 출석과 출석 의원 3분의 2이상의 찬성으로 전과 같은 의결을 하면 그 법률안은 법률로서 확정. 정부이 송 후 15일 이내에 대통령이 공포하지 않거나 재의요구를 하지 않은 경우 그 법률안은 법률로서 확정
ⓘ 공포 : 대통령은 법률안이 정부에 이송된 지 15일 이내에 공포하여야 함. 재의결에 의해 법률로 확정된 후 5일 이내에 대통령이 이를 공포하지 않을 경우 국회의장이 공포. 법률은 특별한규정이 없으면 공포 한 날로부터 20일을 경과함으로써 효력 발생

② 정부

㉠ 대통령

ⓐ 대통령의 헌법상 지위

구분	내용
대통령 선거	5년 단임의 직선제로 다수표를 획득한 후보가 대통령에 당선되며, 예외적으로 후보 자가 1인일 때에는 선거권자 총수의 3분의 1 이상이 득표해야 당선됨. 만약 최고득 표자가 2인 이상인 경우에는 국회 재적의원 과반수의 공개회의에서 다수표를 얻은 자가 당선
대통령의 임기	5년 단임으로 하되, 대통령의 임기연장 또는 중임변경을 위한 헌법개정은 헌법개정 제안 당시의 대통령에 대해서는 효력이 없음
대통령의 형사상 특권	내란(內亂) 또는 외환(外患)의 죄를 범한 경우를 제외하고는 재직 중 형사상의 소추 (訴追)를 받지 아니하며, 탄핵결정에 의하지 아니하고는 공직으로부터 파면되지 아 니함
대통령의 의무	헌법준수 · 국가보위 · 조국의 평화적 통일 · 민족문화의 창달 등의 직무를 성실히 수 행할 의무와 선서의무를 지며, 공 · 사의 직을 겸할 수 없음
권한 대행	대통령이 궐위되거나 사고로 인하여 직무를 수행할 수 없을 때에는 1차적으로 국무 총리가 그 권한을 대행하고, 2차적으로는 법률이 정한 국무위원의 순서에 따라 그 권한을 대행

ⓑ 대통령의 권한

구분	내용
일반적 권한	국회의 입법과정에서 법률안제출권, 법률안거부권과 행정부 수반으로서 행정입법 권, 공무원 임명권, 국군통수권과 사법부에 관하여 재판관 등의 임명권, 사면권 등 을 갖는다.
비상적 권한	긴급재정 · 경제처분 및 명령권과 긴급명령권, 계엄선포권 등이 있음
전직 대통령의 예우	전직대통령의 신분과 예우에 관하여는 법률로써 정함

ⓛ 대통령의 자문기관

국가안전보장회의	헌법상의 필수자문기관으로 국가안전보장에 관련되는 대외정책·군사정책과 국내정책의 수립에 관하여 국무회의의 심의에 앞서 대통령의 자문에 응하기 위하여 둔다.
국가원로자문회의	국정의 중요한 사항에 관한 대통령의 자문에 응하기 위하여 둘 수 있다.
민주평화통일자문회의	평화통일정책의 수립에 관한 대통령에 자문에 응하기 위하여 둘 수 있다.
국민경제자문회의	국민경제의 발전을 위한 중요정책의 수립에 관하여 대통령의 자문에 응하기 위하여 둘 수 있다.
국가과학기술자문회의	과학기술의 혁신과 정보 및 인력 개발의 목적을 달성하기 위하여 둘 수 있다.

ⓒ 행정부 조직과 권한

ⓐ **국무회의** : 국무회의는 정부의 권한에 속하는 중요한 정책을 심의하는 헌법상 필수적 최고행정정책 심의기관으로 대통령·국무총리와 15인 이상 30인 이하의 국무위원으로 구성되며, 대통령은 국무회의의 의장이 되고 국무총리는 대통령을 보좌하고 국무회의의 부의장이 된다.

ⓑ **국무총리**
- **임명** : 국무총리는 대통령이 국회의 동의를 얻어 임명하고 군인은 현역을 면한 후가 아니면 국무총리로 임명될 수 없다.
- 국무총리는 대통령을 보좌하고 국무회의의 부의장이 되며 행정에 관하여 대통령의 명을 받아 행정각부를 통할하는 행정부의 제 2인자로서, 대통령의 유고 시 대통령의 권한 대행자이며, 법률이나 대통령령의 위임 또는 직권으로 총리령을 발할 수 있다.
- 대통령의 국법상 행위에 대해서 부서의 의무가 있으며, 국무위원의 임명에 대한 제청권과 국무위원해임건의권을 가진다.
- 국회는 국무총리의 해임을 건의할 수 있다.

ⓒ **국무위원**
- 국무위원은 국무회의의 구성원이며 국무총리의 제청에 의하여 대통령이 임명한다.
- 15인 이상 30인 이하이며 군인은 현역을 면한 후가 아니면 임명될 수 없다.
- 국무위원은 국무회의의 구성원으로서 국무회의에 안건을 제출할 수 있으며, 출석하여 발언하고 심의에 참가하는 권한을 가진다.
- 대통령이 문서로써 하는 국법상 행위에 대하여는 부서할 권한과 책임이 있다.

ⓒ **행정각부** : 행정각부는 대통령을 수반으로 하는 정부의 구성단위로서 대통령 또는 국무총리의 지휘·통할 하에 법률이 정하는 소관사무를 담당하는 중앙행정기관이다. 행정각부의 장은 법률이 정하는 바에 따라서 소관사무를 결정·집행할 수 있는 권한을 가지며, 또한 부령도 제정·공포하는 권한을 가진다. 행정각부의 장은 국무위원 중에서 국무총리의 제청에 의하여 대통령이 임명하며 국무위원이 아닌 자는 행정각부의 장이 될 수 없다.

③ 감사원 : 감사원은 원장을 포함한 5인 이상 11인 이하의 감사위원(임기 4년)으로 구성되는 독립된 합의제기관으로 1차에 한하여 중임이 가능하고, 국가의 세입·세출의 결산, 국가 및 법률이 정한 단체의 회계검사와 행정기관 및 직무에 관한 감찰을 하기 위하여 대통령의 소속하에 설치된 헌법상 필수기관이다.

④ 사법부

　㉠ 법원의 헌법상 지위

　　ⓐ 사법기관으로서의 지위 : 헌법 제101조 제1항은 사법권은 법관으로 구성된 법원에 속한다고 규정하여 사법에 관한 권한은 원칙적으로 법원이 행사함을 의미하고 있다.

　　ⓑ 중립적 권력으로서의 지위 : 행정권에 의한 권리 침해와 의회의 다수파에 의한 부당한 입법으로부터 국민의 자유와 권리를 보장하기 위해서는 사법권의 독립이 엄격히 확보되어야 한다.

　　ⓒ 기본권과 헌법보장기관으로서의 지위 : 사법부는 국민의 기본권이 침해된 경우에는 그 사법적 보장을 위한 기관이다. 또한 행정재판과 헌법재판을 통하여 원내다수파의 횡포와 그 자의적인 입법으로부터 헌법을 수호하는 기능을 담당한다.

　㉡ 사법권의 독립

　　ⓐ 개념 : 사법권의 독립이란 법관이 어떠한 외부적 간섭을 받음이 없이 헌법과 법률, 양심에 따라 독립하여 심판하는 재판상 독립과 법원의 독립, 법관의 신분상 독립을 포함한다.

　　ⓑ 사법권 독립의 목적 : 권력분립의 원리를 실천하고 법치국가에 부합한 안정적 법질서를 유지하며 국민의 자유와 권리를 보장하기 위함에 있다.

　　ⓒ 법원의 독립

　　　• 개념 : 권력분립의 원리에 따라 법원이 조직, 운영, 기능면에서 입법부와 행정부 등의 국가권력기관으로부터 독립하여야 한다는 것을 의미한다.

　　　• 헌법규정

> 헌법 제101조 제3항 법관의 자격은 법률로 정한다.
> 헌법 제102조 제3항 대법원과 각급 법원의 조직은 법률로 정한다.
> 헌법 제108조 대법원은 법률에서 저촉되지 아니한 범위 안에서 소송에 관한 절차, 법원의 내부규율과 사무 처리에 관한 규칙을 제정할 수 있다.

　　ⓓ 법관의 독립

　　　• 개념 : 법관이 재판을 행함에 있어 자의가 아닌 헌법과 법률, 양심에 따라야 하며 여타의 국가기관이나 정치권으로부터 영향을 받지 않아야 함을 의미한다.

• 내용

구분		내용
법관의 재판상 독립	개념	헌법과 법률, 양심에 근거한 재판
	헌법규정	헌법 제103조 법관은 헌법과 법률에 의하여 그 양심에 따라 독립하여 심판한다.
법관의 신분상 독립	개념	법관 인사를 독립시키고 자격과 임기를 법률로 규정함으로써 법관의 신분을 보장
	헌법규정	헌법 제104조 제4항 대법원장과 대법관이 아닌 법관은 대법관회의의 동의를 얻어 대법원장이 임명한다. 헌법 제106조 제1항 법관은 탄핵 또는 금고 이상의 형의 선고에 의하지 아니하고는 파면되지 아니하며, 징계처분에 의하지 아니하고는 정직 · 감봉 기타 불리한 처분을 받지 아니한다.
	법률규정	법원조직법 제44조 제1항 판사의 보직은 대법원장이 행한다. 법원조직법 제49조 법관은 재직 중 다음의 행위를 할 수 없다. 1. 국회 또는 지방의회 의원이 되는 일 2. 행정부서의 공무원이 되는 일 3. 정치운동에 관여하는 일 4. 대법원장의 허가없이 보수있는 직무에 종사하는 일 5. 금전상의 이익을 목적으로 하는 업무에 종사하는 일 6. 대법원장의 허가없이 보수의 유무를 불문하고 국가기관외의 법인 · 단체 등의 고문, 임원, 직원 등의 직위에 취임하는 일 7. 그 밖에 대법원규칙으로 정하는 일

ⓒ 사법제도의 운영

ⓐ 재판의 형태

• 판결 : 당사자를 심문하고, 변론을 하며, 증거를 조사하여 주문과 이유라는 완성된 절차를 거치는 재판을 의미한다.

• 결정, 명령 : 재판은 판결에 의하는 게 원칙이지만, 모든 사건에 대해 판결을 하게 되면, 법원의 업무량이 과도해지며, 그만큼 소송이 지연될 수 있다. 따라서 법에 정한 일정한 경우는 결정과 명령이라는 비교적 간단한 절차로 해결하게 된다.

ⓑ 재판의 심급제도

• 의의 : 헌법 제101조 제2항에서 법원은 최고법원인 대법원과 각급 법원으로 조직된다는 규정을 두고 있다. 심급제도는 재판을 몇 번까지 받을 수 있느냐의 문제로 헌법에서는 몇 개 심급으로 한다는 직접적인 규정은 두고 있지 않다.

• 3심제의 원칙 : 비록 직접적 규정은 없더라도 법원조직법과 각종의 소송법에서는 1심(원심)에 대한 항소와 상고(대법원)를 규정함으로써 3심제를 기본으로 하고 있다.

▶ **판결의 주문과 이유**

피고는 원고에게 금 5,000만 원을 지급하라는 식으로 결론부분이 주문이고, 그러한 결론에 이르게 된 경위를 밝히는 부분을 이유라 함

▶ **3심제는 재판을 3번까지 받는다?**

1심-2심-3심(대법원)으로 진행되지만, 대법원에서 불복하는 데에 이유가 있다고 판단하면 다시 돌려보내기 때문에(파기환송) 3번이 넘어갈 수 있다는 데 주의

▶ **계엄**

국가비상사태 때 군병력으로써,

- 3심제의 운영

구분	민사 · 형사사건		행정사건	군사법원
	합의부관할	단독판사관할		
1심	지방법원 합의부	지방법원(지원) 단독부	행정법원	보통군사 법원
2심	고등법원	지방법원 합의부 / 고등 법원	고등법원	고등군사 법원
3심	대법원			

비상계엄 하에서의 군사재판과 대통령, 국회의원, 시 · 도지사의 선거 재판의 경우 신속한 판결이 요구되므로 단심제로 운영되고 있다.

ⓒ 상소제도 : 제1심(원심−최초의 재판)에 불복하여 제기하는 2심의 소를 항소(抗訴)라고 하며, 항소에 불복하여 제기하는 3심의 소를 상고라고 한다. 상고는 대법원에서 관할하게 된다. 항고(抗告)란 법원의 판결이 아닌 결정이나 명령에 불복하여 이의를 제기하는 불복절차이며 재항고란 항고에 불복하는 경우와, 항소법원의 결정 및 명령에 대한 불복절차로 대법원에서 재판한다.

ⓓ 공개재판주의
- 개념 : 재판의 심리와 판결을 공개하는 재판 원칙을 의미한다.
- 목적 : 국민과 여론의 감시를 통해 재판의 공정성을 확보하고 소송당사자의 인권을 보장하며 재판에 대한 국민의 신뢰도를 확보하려는 데 있다.
- 헌법 및 법률규정

> 헌법 제27조 제3항 모든 국민은 신속한 재판을 받을 권리를 가진다. 형사피고인은 상당한 이유가 없는 한 지체 없이 공개재판을 받을 권리를 가진다.
> 헌법 제109조 재판의 심리와 판결은 공개한다. 다만 심리는 국가의 안전보장 또는 안녕질서를 방해하거나 선량한 풍속을 해할 염려가 있을 때에는 법원의 결정으로 공개하지 아니할 수 있다.

- 내용 : 재판의 심리와 판결은 원칙적으로 공개하되, 심리는 일정한 경우 공개에 대한 예외가 있을 수 있다. 하지만, 판결은 반드시 공개해야 한다.

ⓔ 증거재판주의
- 개념 : 재판에서 사실을 확정하고 인정하는 것은 모두 증거에 의해야 한다는 원칙이다.
- 적용영역 : 민사, 형사, 행정 재판 등 광범위하게 적용되나 특히 중요한 것은 피고의 인권보호의 중요성으로 형사소송에서 강조되고 있다. 형사소송법 제307조에서 사실의 인정은 증거에 의하여야 한다는 규정을 두고 있다. 신체의 자유에서 언급되었던 헌법 제12조 제7항의 "정식재판에 있어서 피고인의 자백이 그에게 불리한 유일한 증거일 때에는 이를 유죄의 증거로 삼거나 이를 이유로 처벌할 수 없다."는 규정과도 밀접히 관련되어 있다.

개인의 기본권의 일부에 대하여 예외조치를 할 수 있는 법제도로 경비계엄과 비상계엄이 있음
1. 경비계엄
   전시, 사변 또는 이에 준하는 비상사태로 사회 질서가 교란되어 일반 행정 기관만으로 치안을 확보할 수 없는 경우에 선포하는 계엄으로 선포된 지역의 행정에 관한 사무는 군에서 장악하지만 일반 국민에 대한 재판은 변화 없음
2. 비상계엄
   전시나 사변 또는 이에 준하는 국가 비상사태가 발생하여 사회 질서가 극도로 교란되어 행정 및 사법 기능의 수행이 곤란할 때 대통령이 선포하는 계엄으로 선포와 동시에 계엄사령관은 계엄 지역 안의 모든 행정 사무와 사법 사무를 맡아서 관리함

ⓕ 법관의 임기와 신분보장
- 법관의 자격과 임명 : 대법원장은 국회의 동의를 얻어 대통령이 임명하고, 대법관은 대법원장의 제청으로 국회의 동의를 얻어 대통령이 임명하게 되어 있다. 이러한 대법관은 대법원의 중추 역할을 담당하는 사법부의 최고 수뇌부로서 대법원장을 포함한 14인으로 구성된다. 대법관이 아닌 판사는 대법관 회의의 동의를 얻어 대법원장이 임명하게 되어 있다.
- 법관의 임기 : 대법원장과 대법관의 임기는 6년이고, 판사의 임기는 10년이다. 대법원장은 중임할 수 없으나 대법관과 판사는 연임이 가능하다.
- 법관의 신분보장
  - 파면의 제한 : 법관은 탄핵 또는 금고 이상의 형의 선고 이외에는 파면되지 않는다.
  - 불리한 처분의 제한 : 법관은 징계처분에 의하지 않고는 정직, 감봉되거나 불리한 처분을 받지 않는다.
  - 강제퇴직의 제한 : 법관은 중대한 심신상의 장해로 직무를 수행할 수 없을 때에만 강제퇴직할 수 있다.
  - 강제휴직의 제한 : 병역의무, 법률연수 등의 특정한 경우를 제외하고 법관은 강제로 휴직을 당하지 않는다.
ⓖ 법관의 의무 : 법관은 국회 또는 지방의회의 의원이 될 수 없고, 정부 공무원이 될 수 없으며, 정치운동에 관여할 수 없다. 또한 사적인 업무, 기타 단체와 겸임해서는 안 되는 겸직금지 의무가 있다.

㉣ 배심제도
ⓐ 의의 : 일반 시민도 재판의 구성원이 되어 사법절차에 참여할 수 있는 제도를 의미하며 영국에서 일찍이 시작되었고, 독일, 프랑스 등의 유럽 국가는 참심제를 시행했으며 현재는 미국에서 가장 발달한 제도이다.
ⓑ 미국의 배심제도
- 배심원의 특징 : 배심원은 법률문제는 관여하지 않으며 사실문제만을 심리한다. 배심재판은 미국 헌법상의 강력한 권리이자 기본권 보호 제도로 인식되고 있다.
- 소배심 : 최대 12인의 배심원으로 구성되고 민사사건 및 형사사건에 있어서 사실문제에 관한 심리를 담당하며 원칙적으로 전원일치로 평결한다.
- 대배심 : 기소배심이라고도 하는 대배심은 최대 23인으로 구성되며 사형을 선고하는 경우와 같은 형사 중죄 사건에서 기소여부를 결정하기 위한 배심을 의미한다.
- 배심원의 자격 : 18세 이상의 미국 시민권자를 대상으로 무작위 추출한다.
- 우리나라의 배심제도(국민참여재판) : 우리나라는 2008.1.1부터 국민의 형사재판 참여에 관한 법률이 제정되어 시행되고 있다. 미국과 비교하여 가장 큰 특징은 강력한 헌법상의 제도로 볼 수 없고, 형사사건에만 적용되며, 피고인이 원하지 않을 경우 또는 법원이 배제결정을 하는 경우는 열지 않아도 되는 특징이 있다.

⑤ 헌법재판소
㉠ 헌법재판소의 지위 : 헌법재판소는 여러 가지 지위를 갖는다고 볼 수 있다. 구체적으로 보면, 헌법에 규정된 헌법재판 기관이자, 정치적 사법기관이다. 또한, 기본권을 보장하는 역할을 하고, 권력을 통제하는 위치에 있다.

ⓛ 헌법재판소의 구성 : 헌법재판소는 법관의 자격을 가진 9인의 재판관으로 구성하며, 국회에서 선출하는 3인과 대통령이 지명하는 3인, 대법원장이 지명하는 3인을 포함하여 9인의 재판관은 대통령이 임명한다. 헌법재판소의 장은 국회의 동의를 얻어 재판관 중에서 대통령이 임명하며, 재판관의 임기는 6년으로 연임할 수 있다.

ⓒ 헌법재판소의 권한 : 위헌법률심판권 · 탄핵심판권 · 위헌정당해산심판권 · 권한쟁의 심판권 · 헌법소원심판권을 보유하는 바, 중요한 것은 다음과 같다.

ⓐ 위헌법률심판
- 개념 : 입법부에 의해 제정된 법률로 기본권이 침해되고 해당 법률이 재판의 전제가 된 경우 위헌법률심판을 제기할 수 있다.
- 헌법규정 : 헌법 제107조 제1항에 따라 "법률이 헌법에 위반되는 여부가 재판의 전제가 된 경우에는 법원은 헌법재판소에 제청하여 그 심판에 의하여 재판한다."는 규정을 두고 있다.
- 요건과 효과

요건		개념요소
심판의 대상		법률이 헌법에 위반되는 여부
제청권자		국민이 아닌 법원이 헌법재판소에 제청함
재판의 전제성		침해하고 있는 법률이 재판 중에 적용되는 법률이어야 하고, 그러한 법률 때문에 다른 내용의 재판을 하게 될 수 있는 경우
결정유형	각하결정	청구의 요건을 갖추지 못하여 심사를 하지 않는 경우
	합헌결정	헌법재판소 재판관의 위헌의견이 6인을 넘지 못하는 경우
	위헌결정	헌법재판소 재판관 6인 이상이 위헌이라고 판단한 경우
	헌법 불합치결정	국회의 입법권을 존중하고 법적 공백상태를 방지하기 위해 특정 시기까지만 효력이 있고 이후에 새로운 법을 제정 또는 개정하라는 입법촉구결정을 함께 함
위헌결정 효력		헌법재판소법 제47조에 따라 위헌으로 결정된 법률 또는 법률조항은 결정이 있는 날로부터 효력을 상실함

ⓑ 탄핵심판 : 고위공무원의(대통령, 장관, 차관 등) 직무상 비리 등을 이유로 국회의 의결을 거쳐 헌법재판소의 결정으로 공직에서 파면시키는 제도이다.

ⓒ 헌법소원 심판
- 개념 : 공권력의 행사 또는 불행사로 헌법상 보장된 기본권이 침해된 경우 헌법재판소에 기본권 침해 여부에 대한 심사를 청구하여 구제받는 제도이다.

• 헌법소원 심판의 종류

구분	개념(헌법재판소법 제68조)	특징
권리구제형 헌법소원	공권력의 행사 또는 불행사로 헌법상 보장된 기본권을 침해당한 자가 청구하는 헌법소원	전형적인 경우
위헌심사형 헌법소원	위헌법률심판의 제청신청이 법원에 기각된 경우 제청신청을 한 당사자가 청구하는 헌법소원	위헌법률 심판과 밀접

• 헌법소원 심판 청구의 요건 : 자신의 기본권이 침해당한 경우이어야 하고(직접성), 현재 침해되고 있어야 하며(현재성), 다른 법률에 정한 절차가 있다면 그 절차를 모두 거친 후에만 가능하다(보충성). 또한 변호사를 반드시 선임해야 하는 변호사 강제주의가 적용된다.

• 결정유형

구분	내용
각하결정	헌법소원의 형식적, 절차적 요건에 위배된 경우 내용 심사 거부
심판절차종료선언	청구인이 사망하였거나, 청구를 취하는 경우 종료를 선언
기각결정	내용을 심사했지만 청구인의 주장이 받아들여지지 않은 경우
인용결정	청구인의 기본권이 침해되었음을 인정하는 경우

• 인용결정의 효력 : 공권력의 행사로 인한 침해에 대해 인용결정이 있는 경우 공권력 행사를 중지하여야 하고, 공권력의 불행사로 인한 침해에 대해 인용결정이 있는 경우 새로운 처분을 해야 한다.

⑥ 선거관리위원회

㉠ 헌법상 지위 : 헌법상 필수기관이며, 합의제기관이다.

㉡ 구성 : 대통령이 임명하는 3인, 국회에서 선출하는 3인, 대법원장이 지명하는 3인의 위원으로 구성하며 위원장은 위원 중에서 호선(互選)한다.

㉢ 임기와 신분보장 : 위원의 임기는 6년이며, 연임이 가능하나, 정당에 가입하거나 정치에 관여할 수 없다. 위원은 탄핵 또는 형벌에 의하지 아니하고는 파면되지 아니한다.

㉣ 권한 : 중앙선거관리위원회는 법령의 범위 내에서 선거관리ㆍ국민투표관리 또는 정당사무에 관한 규칙을 제정할 수 있으며 선거사무와 국민투표사무에 관하여 관계 행정기관에 필요한 지시를 할 수 있다.

❸ 헌법의 보장

(1) 의의

헌법의 보장은 헌법의 수호 내지 보호라고도 하며 헌법의 기본적 제도와 질서에 대한 침해행위를 사전에 예방하거나 사후에 배제하는 것을 의미한다. 이러한 헌법보장의 수단을 유형화하는 데는 학자마다 상이한 견해를 갖고 있다.

(2) 헌법보장의 수단

학자마다 상이한 분류방식을 취하나, 보통은 합리적인 정당정치 구현, 권력분립, 헌법개정의 곤란성, 공무원의 정치적 중립성 보장, 위헌법률심사, 탄핵제도, 헌법소원, 국정감사 및 조사 등이 거론되고 있다.

(3) 저항권

① 개념 : 저항권이란 자유민주적 헌법질서를 유지하고 회복하기 위한 목적으로 헌법의 기본질서를 파괴하려는 개인 또는 단체에 대하여, 다른 구제수단이 없는 예외적이고 최후의 수단으로 저항할 수 있는 권리를 의미한다.

② 저항권 사항에 관한 입법례

　　㉠ 영국 : 영국은 사회계약론과 자연권 사상에 근거하여 저항권을 인정하였다. 특히 1215년 대헌장, 1628년의 권리청원, 1679년의 인신보호법, 1689년의 권리장전 등에 언급되어 있다.

　　㉡ 미국 : 1776년 버지니아 주 권리장전과 1776년의 독립선언에 명시되어 있다.

　　㉢ 프랑스 : 1789년 인간과 시민의 권리선언(인권선언), 1791년, 1946년, 1958년 헌법에 명시되어 있다.

　　㉣ 우리 헌법상 저항권 인정 여부 : 우리 헌법에는 저항권이라는 명문의 규정이 없기 때문에 논란이 있다. 관련 대법원 판례를 보면, "현대 자유민주주의 국가의 헌법이론 상 자연법에서 우러나온 자연권으로서의 소위 저항권이 헌법 기타 실정법에 규정되어 있든 없든 간에 엄존하는 권리로 인정되어야 한다는 논지가 시인된다 하더라도 그 저항권이 실정법에 근거를 두지 못하고 오직 자연법에만 근거하고 있는 한 법관은 이를 재판규범으로 원용할 수 없다고 할 것인바 …… 중략 …… 우리나라의 현단계에서는 저항권이론을 재판의 근거규범으로 채용·적용할 수 없다."[1]는 판결을 한바 있고, 헌법 재판소의 경우는 "저항권은 국가 권력에 의하여 헌법의 기본원리에 대한 중대한 침해가 행하여지고 그 침해가 헌법의 존재 자체를 부인하는 것으로서 다른 합법적인 구제수단으로는 목적을 달성할 수 없을 때에 국민이 자기의 권리와 자유를 지키기 위하여 실력으로 저항하는 권리이기 때문이다."[2]라고 함으로써 저항권을 이론적으로는 인정하나 실정법상 행사할 수 있는 권리인가에 대하여는 명확한 결론을 내리지 못하고 있다.

　　㉣ 저항권의 행사 요건 : 저항권이 실정법상의 권리인지에 대해서는 논란이 있더라도, 저항권을 행사하기 위한 최소한의 요건은 존재한다. 저항권을 행사하기 위해서는 민주적, 법치국가를 위협하는 중대한 헌법침해 상황이 존재해야 하고 객관적으로 명백해야 하며 헌법이나 법률이 규정하는 모든 구제수단에 의해서도 목적을 달성할 수 없는 경우 최후적으로 행사할 수 있는 권리로 보충성이 요구된다.

---

1) 대판 1980.5.20. 80도306

2) 1994.6.30. 92헌가18

핵심예상문제

1 다음은 헌법 분류에 대한 설명이다. 옳지 않은 것은?

① 헌법은 존재 형식이나 개정 방법 등으로 분류할 수 있다.
② 뢰벤슈타인은 규범적, 명목적, 장식적 헌법으로 분류하였다.
③ 개정 방법에 따르면 경성헌법과 연성헌법으로 분류할 수 있다.
④ '영국에 헌법이 없다.'는 의미는 실정의 헌법이 존재하지 않는다는 것을 의미한다.

> **TIP** 영국에 헌법이 없다는 의미는 헌법이 성문헌법의 형태로 존재하지 않는다는 것을 의미한다.

2 다음은 헌법의 제정에 관련된 사항이다. 옳은 것은?

① 헌법 제정의 주체는 현대 사회에서는 중요한 문제가 아니다.
② 현대 사회에서는 불가양성과 항구성을 제한하며 규범성을 강조한다.
③ 헌법 제정의 유형으로 제정의회에서 의결하는 방법과 국민투표에 의한 방법만 있다.
④ 헌법 제정 권력은 국민 주권 사상에 따라 국민에게 귀속된다.

> **TIP** 헌법 제정 권력은 규범성, 불가양성, 항구성을 아울러 강조한다.

3 헌법 개정의 절차 중 옳지 않은 것은?

① 국회 재적의원 과반수 또는 대통령의 발의로 제안된다.
② 제안된 헌법 개정안은 대통령이 15일 이내의 기간 동안 공고하여야 한다.
③ 국회는 헌법 개정안이 공고된 날로부터 60일 이내에 의결해야 한다.
④ 국회가 의결한 후 30일 이내에 국민투표에 붙여 국민 과반수의 찬성을 얻어야 한다.

> **TIP** 헌법 개정안은 대통령이 20일 이상의 기간 동안 공고해야 한다.

4 다음 중 헌법 변천의 최종적인 요건은?

① 국민의 승인   ② 헌법적 관례
③ 사법부의 판결 번복   ④ 관행 및 선례의 누적

> **TIP** 헌법 변천은 유권해석기관에 의한 상당시간 반복된 헌법적 관례가 있어야 하고, 최종적으로 관례에 대한 국민의 승인이 있어야 한다.

5 다음이 나타내는 우리 헌법의 기본원리는?

> 국가가 국민의 최소한의 인간다운 생활 보장을 위한 생활수요를 충족시켜 줄 수 있도록 국민의 생활여건을 적극적으로 조성하는 것을 국가의 의무로 하는 원리이다.

① 국민주권의 원리
② 민주주의 원리
③ 법치주의 원리
④ 사회국가의 원리

> **TIP** ④ 국가가 국민의 최소한의 인간다운 생활 보장을 위해 적극적인 활동을 할 것을 규정하고 있는 것은 사회국가의 원리를 의미한다.

6 아래의 내용을 특징으로 한 헌법은 몇 차 개헌안인가?

> 대한민국 임시정부의 법통을 계승하며, 불의에 항거한 4.19 이념의 계승과 고국의 민주개혁의 사명을 명시하였다.

① 7차 개헌   ② 8차 개헌
③ 9차 개헌   ④ 10차 개헌

> **TIP** 87년 6.10항쟁을 통해 직선제 민주 헌법이 마련되었다.

Answer   4.①   5.④   6.③

7 다음은 대한민국 헌법 개정의 역사이다. 옳지 않은 것은?

① 국민투표제를 최초로 도입한 것은 2차 개헌 때이다.

② 의원내각제를 도입하고 직업공무원제를 채택한 것은 3차 개헌이다.

③ 대통령 연임을 3기까지 허용한 것은 7차 개헌이다.

④ 대통령에게 긴급조치권과 국회해산권을 부여한 것은 8차 개헌이다.

> **TIP** 박정희의 유신 정권(제4공화국)은 7차 개헌을 통해 탄생하였다.

8 헌법을 통해 알 수 있는 대한민국의 기본 원리를 바르게 짝지은 것은?

㉠ 국민주권 원리	㉡ 민주주의 원리
㉢ 시민주권 원리	㉣ 문화국가 원리

① ㉠, ㉡　　　　　　　　　　② ㉠, ㉢

③ ㉠, ㉡, ㉢　　　　　　　　④ ㉠, ㉡, ㉣

> **TIP** 대한민국의 기본 질서는 국민주권, 민주주의, 법치주의, 사회국가, 문화국가, 국제 평화주의 등으로 이루어져 있다.

9 다음의 괄호 안에 들어갈 바른 말은?

(㉠)이란 공공의 이익을 위하여 정치적 주장과 정책을 제시하고 공직 선거에 후보자를 추천 또는 지지하여 대표자를 배출하는 등 국민의 정치적 의사 형성에 참여함을 목적으로 하는 (㉡)를 의미한다.

① ㉠ - 정당, ㉡ - 자발적 결사체

② ㉠ - 정당, ㉡ - 시민 단체

③ ㉠ - 국회, ㉡ - 시민 단체

④ ㉠ - 국회, ㉡ - 자발적 결사체

> **TIP** 헌법의 정당 제도를 규정하고 있다.

10 다음 중 선거 제도의 설명 중 옳지 않은 것은?

① 사회적 지위, 재산, 성별에 관계없이 일정 연령이 되면 선거권을 부여하는 원칙을 평등선거라고 한다.

② 우리나라는 만 19세 이상이 되면 투표할 자격을 준다.

③ 선거인이 대표자를 직접 선출하는 원칙을 직접선거라고 한다.

④ 선거인이 누구에게 투표하였는지를 모르게 하는 선거 원칙을 비밀선거라고 한다.

> **TIP** 평등 선거는 투표의 등가성과 관련된 개념이다.

11 다음의 괄호 안에 들어갈 바른 말은?

> 지방자치단체는 자치 입법권으로 (   )와 (   )을 제정할 수 있는 권한이 있고, 자치조직권, 자치행정권, 자치재정권을 보유한다.

① 조례, 명령
② 조례, 규칙
③ 규칙, 명령
④ 규칙, 조약

> **TIP** 지방자치제도는 지역의 고유 사무를 지역주민의 의사에 따라 스스로 처리하는 원칙으로, 지방자치단체는 자치 입법권으로 조례와 규칙을 제정할 수 있는 권한이 있다.

12 다음은 영국의 기본권 보장의 역사이다. 설명 중 옳지 않은 것은?

①	대헌장(1215)	군주와 귀족 간의 약정서로 이후 국민의 자유 보장에 원천 근거가 됨
②	권리청원(1628)	의회의 승인 없는 과세를 금함
③	인신보호법(1679)	영장제도 도입을 통해 인신의 자유를 보장
④	권리장전(1689)	청원권과 언론의 자유 보장, 유럽 최초의 근대적 인권 규정

> **TIP** 유럽 최초의 근대적 인권 규정은 프랑스 인권선언이다. 권리장전은 청원권과 언론의 자유 보장, 적법한 형사절차를 규정하였다.

13 다음은 기본권 보장에 관한 내용이다. 옳은 것은?

① 기본권이 본격적으로 개인적인 권리로 인정된 것은 19세기 후반에나 가서 이루어졌다.

② 미국은 버지니아 권리장전을 통해 생명, 자유, 행복추구권을 천부적 권리로 선언하였다.

③ 프랑스는 독립선언을 통해 인권의 불가침성과 불가양성을 강조하였다.

④ 현대의 기본권은 생활권적(생존권적) 기본권을 강조하고 있다.

> **TIP** 기본권이 본격적으로 개인적 권리로 인정된 것은 18세기 후반이며 생명, 자유, 행복추구권을 천부적 권리로 선언한 것은 1776년의 독립선언이다. 독립선언은 미국과 관련이며 프랑스는 인권선언과 관련이 있다. 강조되는 기본권이다.

14 기본권과 관련된 여러 내용들이다. 잘못된 것은?

① 기본권은 국가권력을 직접 구속하며 개인 간의 사적 관계로 구속할 수 있는 효력이 있다.

② 기본권이 경합할 경우 특별법을 우선해서 적용하거나 침해 사건과 밀접한 기본권을 우선 적용하여 해결한다.

③ 기본권 충돌을 해결할 수 있는 방안으로 이익형량과 규범조화적 해석 등을 고려할 수 있다.

④ 기본권 충돌은 법률상의 논리적인 문제이고 현실에서는 발생하지 않는다.

> **TIP** 기본권의 충돌이란 개인 간의 기본권 관계에서 서로 상충되는 기본권 관계가 발생하는 현상을 의미한다. 즉 어떠한 기본권이 법에서 보호하는 범위 안에서 행사됨에도 불구하고 타인의 기본권을 침해하는 형태이다.

15 다음은 기본권 제한과 관련된 사항이다. 옳지 않은 것은?

① 기본권은 어떠한 형태로든 제한할 수 없다.

② 국가 안전 보장, 질서유지, 공공복리 등을 이유로 필요에 따라 제한할 수 있다.

③ 기본권은 법률로써만 제한이 가능하다.

④ 기본권을 제한하는 경우에도 자유와 권리의 본질적인 내용을 침해할 수 없다.

> **TIP** 기본권은 일정한 경우 제한할 수 있으나 그런 경우에도 본질적인 면을 침해할 수는 없다.

16 '입법부에 의해 제정된 법률로 기본권이 침해되고 해당 법률이 재판의 전제가 된 경우 (   )을/를 제기할 수 있다.' 다음 중 괄호 안에 들어갈 적절한 말은?

① 헌법소원
② 위헌법률심판
③ 청원권
④ 행정심판

> **TIP** ① 헌법소원이란 공권력의 행사 또는 불행사로 헌법상 보장된 기본권이 침해된 경우 헌법재판소에 기본권 침해 여부에 대한 심사를 청구하여 구제받는 제도이다.
> ③ 청원권은 국민이 문서로 국가기관에 자신의 의사나 희망을 진술할 수 있는 권리를 말한다.
> ④ 행정심판은 행정청의 부당한 처분이나 공권력의 행사 또는 불행사 등으로 인한 국민의 권리 또는 이익을 침해받는 경우 행정기관에 제기하는 제도를 말한다.

17 다음 중 위헌법률심판의 결정유형 중 올바른 것을 짝지은 것은?

㉠ 각하결정	㉡ 합헌결정
㉢ 위헌결정	㉣ 헌법불합치결정

① ㉠
② ㉠, ㉡
③ ㉠, ㉡, ㉢
④ ㉠, ㉡, ㉢, ㉣

> **TIP** 위헌법률심판의 결정유형에는 각하결정, 합헌결정, 위헌결정, 헌법불합치결정이 있다.

18 "공권력의 행사 또는 불행사로 헌법상 보장된 기본권이 침해된 경우 (㉠)에서 기본권 침해 여부를 심사 청구하여 구제 받는 제도를 (㉡)라 한다." 다음 중 괄호 안에 들어갈 적절한 말은?

① 대법원 – 위헌법률심판
② 헌법재판소 – 헌법소원
③ 대법원 – 헌법소원
④ 헌법재판소 – 위헌법률심판

> **TIP** 헌법재판소는 헌법소원 심판을 담당한다.

19 다음 중 헌법소원 심판의 결정 유형 중 올바른 것을 짝지은 것은?

> ㉠ 각하결정　　　　　　　　　㉡ 심판절차종료선언
> ㉢ 기각결정　　　　　　　　　㉣ 사정결정

① ㉠　　　　　　　　　　　② ㉡, ㉢

③ ㉠, ㉡, ㉢　　　　　　　　④ ㉠, ㉡, ㉢, ㉣

TIP 헌법소원 심판의 결정유형에는 각하결정, 심판절차종료선언, 기각결정, 인용결정이 있다.

20 인권 침해 행위, 차별 행위에 대한 조사와 구제의 업무를 담당하는 기관은?

① 국민고충처리위원회　　　　　② 국민권익위원회

③ 국가인권위원회　　　　　　　④ 국회상임위원회

TIP 국가인권위원회는 기본권을 침해하는 국회의 입법에 대해서도 시정 권고가 가능하다.

21 다음 중 자유권적 기본권이 아닌 것은?

① 정신적 자유　　　　　　　　② 신체적 자유

③ 사회 · 경제적 자유　　　　　④ 행복추구권

TIP 자유권적 기본권에는 정신적 자유, 사회 · 경제적 자유가 있다.
행복추구권은 자유권과 별도로 헌법 제10조에서 규정하고 있다.

22 사회적 특수계급을 부정하며 근로 영역에서 여성의 차별을 금지하며 가족생활에서 양성 평등을 지향하는 기본권을 무엇이라 하는가?

① 평등권　　　　　　　　　　② 참정권

③ 청구권　　　　　　　　　　④ 자유권

TIP 평등권은 교육의 기회 균등, 경제 질서에 있어서의 균형성 등도 추구한다.

Answer 19.③ 20.③ 21.④ 22.①

23 다음 중 청구권이 아닌 것은?

① 청원권   ② 공무담임권
③ 재판청구권   ④ 범죄피해자구조청구권

> **TIP** 청구권은 국민이 국가에 대해 일정한 행위를 적극적으로 청구할 수 있는 권리로 청원권, 재판청구권, 국가배상청구권, 형사보상청구권, 범죄피해자구조청구권, 손실보상청구권을 규정하고 있으며 공무담임권은 정치적 기본권(참정권)의 영역이다.

24 다음은 평등권의 구현 방법 중 하나이다. 정확한 용어를 구분하시오.

> 국가로부터 공로로 훈장을 받고 일정한 혜택을 부여받았다 하더라도 그 자손이 영예를 물려받을 수 없음을 규정한 원칙

① 사회적 특수계급 제도 부인   ② 영전일대의 원칙
③ 양성 평등의 원칙   ④ 경제 질서에 있어서의 균형성

> **TIP** 평등권의 구현에는 차별을 받지 않을 권리, 사회적 특수계급 제도의 부인, 영전일대의 원칙, 근로영역에서의 여성의 차별 금지, 혼인과 가족생활에 있어서의 양성평등, 교육의 기회균등, 평등선거, 경제 질서에 있어서의 균형성 등이 있다.

25 다음과 같은 내용을 무슨 권리라고 하는가?

> 언론매체에 접근하여 이용할 수 있는 권리는 물론 자신과 관계되는 보도에 대하여 반론, 해명을 하고, 정정 보도를 요구할 수 있는 권리

① 의사 표현의 자유   ② 알 권리
③ 액세스권   ④ 언론출판의 자유

> **TIP** 언론 출판의 자유는 의사표현의 자유, 알 권리, 액세스(Access)권으로 분류될 수 있다.

26 법률이 없으면 범죄도 없고 형벌도 없다는 원칙을 무엇이라 하는가?

① 적법절차의 원리
② 영장제도
③ 진술거부권
④ 죄형법정주의

> **TIP** 죄형법정주의는 법률이 없으면 범죄도 형벌도 없다는 것으로 처벌하고자 하는 행위가 무엇이고, 어떤 형벌이 가해지는지 누구나 예견할 수 있도록 명확히 법에 규정되어 있어야 하는 것을 의미한다.

27 "형사소송법에 규정된 피의자의 권리로 구속영장의 청구가 있으면 판사는 지체 없이 피의자를 심문하여 적부를 결정해야 하는 제도"를 무엇이라 하는가?

① 구속적부심사제도
② 미란다 원칙
③ 영장실질심사제도
④ 보석제도

> **TIP** 구속적부심사제도는 체포 또는 구속의 이유가 부당하거나 적법하지 못할 경우 법관이 심사하여 체포 또는 구속된 자를 석방하는 제도로 형사피의자를 대상으로 하며, 보석은 형사피고인까지를 대상으로 한다. 미란다 원칙은 체포 또는 구속의 이유와 변호인의 조력을 통지받을 권리를 말한다.

28 "동일한 범죄로 인해 거듭 처벌할 수 없다."는 원칙은?

① 이중처벌금지의 원칙
② 연좌제 금지
③ 무죄추정의 원칙
④ 형벌불소급의 원칙

> **TIP** 일사부재리의 원칙과 이중처벌금지의 원칙은 같은 말이다.

29 다음의 내용 중 잘못된 것은?

① 국가가 거주이전에 대해 허가제를 도입하는 것은 명백한 위헌이다.
② 주거에 대한 압수나 수색을 하기 위해서는 정당한 이유와 적법 절차에 의해 발부된 영장이 필요하다.
③ 개인(자기) 정보 관리 통제권은 통신비밀보호법에 의해 자유롭게 제한받을 수 있다.
④ 통신 및 대화비밀을 보호, 불법 검열에 의한 우편물 내용 등의 증거 사용 금지 등을 위해 통신비밀보호법이 제정되었다.

> **TIP** 통신비밀보호법은 통신 및 대화비밀의 보호, 불법검열에 의한 우편물의 내용과 불법감청에 의한 전기통신내용의 증거 사용 금지, 타인의 대화비밀 침해금지를 규정하고 있다.

Answer   26.④ 27.③ 28.① 29.③

30 다음 중 '사회 보장 수급권'만을 구분하시오.

㉠ 사회보험	㉡ 공적부조
㉢ 사회복지서비스	㉣ 의무교육

① ㉠   ② ㉠, ㉡

③ ㉠, ㉡, ㉢   ④ ㉠, ㉡, ㉢, ㉣

> **TIP** 사회보장권은 최소한의 인간다운 생활을 영위하기 위해 장애, 질병, 노령 등 사회적 위험으로부터 국가에 적극적 구제를 요구하는 권리이다.

31 다음에 설명된 '교육을 받을 권리' 중에 잘못된 것은?

① 능력에 따른 균등한 교육을 받을 권리 – 차별 없이 균등하게 교육을 받을 기회 보장
② 국가의 평생 교육 진흥 의무 – 정규 교육을 통한 청소년 교육 진흥 의무
③ 무상의 의무 교육 – 교육기본법은 초·중등 9년의 의무 교육을 명시
④ 교육 제도 보상 – 교육의 자주성, 전문성, 정치적 중립성, 대학 자율성, 교육 법정 주의 등

> **TIP** 평생 교육은 정규교육 이외 성인교육, 직업교육 등의 의무를 포괄한다

32 다음은 정치적 기본권에 관한 설명이다. 옳지 않은 것을 고르시오.

㉠ 대통령은 늦어도 국민투표일 전 30일까지 국민투표일과 국민투표안을 공고한다.
㉡ 중앙선거관리위원회는 집계 결과를 공표하고 대통령과 국회의장에게 통보한다.
㉢ 대통령의 피선거권은 만 40세 이상이어야 하고 나머지 피선거권은 만 25세 이상이어야 한다.
㉣ 공직취임권은 평등권의 영향 하에 능력주의 원칙을 배격한다.

① ㉠, ㉡   ② ㉠, ㉢

③ ㉠, ㉣   ④ ㉡, ㉣

> **TIP** 대통령은 늦어도 국민투표일 전 18일까지 공고해야 한다. 공직취임권(공무원 피임명권)은 능력주의를 원칙으로 한다.

33 다음은 재판청구권에 관한 설명이다. 올바른 것은?

① 법관에 의한 재판 – 독립성이 보장된 법관에 의한 재판을 받을 권리

② 법률에 의한 재판 – 실체법 및 절차법이 정한 법적 절차와 법관의 자의가 결합된 운영 원리

③ 공개재판 – 재판의 공정성을 확보하되 소송당사자의 인권 침해와는 무관한 원리

④ 공정한 재판 – 법률을 통해 국민의 기본권으로 보장하고 있음

> **TIP** 법관의 자의가 재판에 결합되면 안되며 공개재판은 인권 침해를 방지하기 위한 원리이다. 또한 공정한 재판은 헌법이 보장한 권리이다.

34 다음은 '국민참여재판'에 관한 설명이다. 잘못된 것은?

① 우리나라에서는 2008.1.1일부터 형사재판 참여에 관한 법률이 제정되어 시행되고 있다.

② 피고인이 원하지 않을 경우나 법원이 배제결정을 할 경우에는 하지 않는다.

③ 배심제와 참심제를 바탕으로 마련된 제도이다.

④ 배심원 자격은 사회적 위치를 가진 40세 이상의 성인으로 규정하고 있다.

> **TIP** 만 20세 이상의 대한민국 국민은 누구나 배심원 자격을 갖고 있다.

35 다음은 '통치의 원리'에 관한 내용이다. 옳은 것은?

① 권력분립은 국민의 자유와 권리를 보장하고 권력 남용을 방지하기 위한 원리이다.

② 로크는 입법권, 집행권, 사법권의 3권분립을 주장하였다.

③ 몽테스키외는 2권분립론을 최초로 주장하였다.

④ 현대에는 대의제의 원리보다는 직접 민주주의 적용이 용이하다.

> **TIP** 로크는 입법권과 집행권의 2권분립론을 주장하였고 몽테스키외는 3권분립을 주장하였다. 현대사회에는 현실적인 제약으로 직접 민주주의를 적용하기 힘들기 때문에 대의제를 보완하는 원리로 운영된다.

Answer   33.④ 34.④ 35.①

36 대의제를 보완하기 위한 방안이 아닌 것은?

① 국민 투표   ② 국민 발안

③ 국민 소환   ④ 간접 민주주의

TIP 간접민주주의와 대의제는 동의어이다.

37 다음은 대통령제에 관한 설명이다. 잘못된 것은?

①	대통령과 의회의 상호 독립	입법부와 행정부의 조직과 활동이 독립성의 원리에 의해 지배됨
②	집행부의 이원화	대통령은 국가 원수, 국무총리는 행정수반의 지위를 가짐
③	견제와 균형	입법부와 집행부가 상호 견제함으로써 균형을 유지
④	기타	정부는 의회 해산권이 없음

TIP 대통령은 국가 원수와 행정수반을 겸직한다.

38 다음이 설명하는 통치 체제는 무엇인가?

> 입법부와 행정부가 상호 의존하는 형태의 내각중심의 통치 체제

① 대통령제   ② 신대통령제

③ 이원집정부제   ④ 의원내각제

TIP 입법부와 행정부가 상호 의존하는 형태를 의원내각제 또는 내각책임제를 한다.

Answer   36.④   37.②   38.④

39 대통령제의 특징과 장·단점에 대해 틀리게 서술한 것은?

① 정부의 법률안 제출권이 없지만 정부각료와 국회의원은 겸직이 가능하다.

② 국무회의는 심의기관의 성격을 갖는다.

③ 집행부의 안정성을 유지할 수 있으며 법률안거부권을 행사하며 의회 다수파를 견제할 수 있다.

④ 대통령 독재가 발생할 가능성이 있다.

> **TIP** 대통령제는 의회로부터 독립되고 의회에 대해서 정치적 책임을 지지 않는 대통령 중심으로 국정이 운영되는 원리를 의미한다. 정부의 법률안 제출권이 없으며 정부각료와 국회의원의 겸직이 불가능하다.

40 다음은 의원내각제의 특징이다. 잘못된 것은?

① 수상이 의회에서 선출되며 의회가 정치적 책임을 지님

② 내각은 국회 해산권을 갖고 있으며 집행부는 법률안 제출권이 있음

③ 정부 각료와 국회의원은 겸직이 가능함

④ 내각이 의회에 대해 연대책임을 질 수 없어서 책임정치를 구현할 수 없음

> **TIP** 의원내각제는 내각이 의회에 대해 연대책임을 지기 때문에 책임정치를 구현할 수 있다.

41 다음은 우리나라의 정부 형태이다. 이 중 의원내각제적 요소를 고르시오.

> ㉠ 대통령은 최고통치권자로서 국가긴급권과 헌법개정안 발의권, 국민투표 회부권을 갖는다.
> ㉡ 국무 총리제를 두고 국무회의가 헌법기관이다.
> ㉢ 정부가 법률안을 제안할 수 있으며 국회는 국무총리임명에 대한 동의권을 갖는다.
> ㉣ 국회는 국무총리와 국무위원에 대한 해임건의를 할 수 있으며 정부위원이 국회에 출석하여 발언할 수 있다.

① ㉠, ㉡, ㉢   ② ㉡, ㉢, ㉣

③ ㉠, ㉢, ㉣   ④ ㉠, ㉡, ㉣

> **TIP** 대통령이 최고통치권자로서 국가긴급권과 헌법개정안 발의권, 국민투표 회부권을 갖는 것은 대통령제적 요소이다.

42 다음은 국회에 관한 설명이다. 잘못된 것은?

① 국회는 구성 원리에 따라 단원제, 양원제로 분류될 수 있다.

② 국회는 헌법상 입법기관, 국정 통제기관, 국민의 대표 기관 및 예산, 결산 심의 기관의 지위를 갖고 있다.

③ 국회는 의장단, 위원회제도, 특별위원회, 연석회의, 교섭단체 등으로 구성되어 있다.

④ 국회는 정기적인 회기를 두고 있지 않으며 임시회기를 통해 수시로 운영된다.

> **TIP** 국회는 매년 9월 1일 정기회와 수시로 진행하는 임시회로 운영된다.

43 다음 중 국회 의사 원칙이 아닌 것은?

① 일사부재의 원칙

② 일사부재리의 원칙

③ 의사공개의 원칙

④ 회기 계속의 원칙

> **TIP** 일사부재리의 원칙은 형법상의 원칙이다.

44 다음은 국회의 입법 권한에 관한 설명이다. 올바른 것을 고르시오.

① 국회는 헌법개정에 관해 발의권과 의결권을 행사할 수 있다.

② 헌법 개정안이 공고되면 30일 이내에 국회의 의결을 거쳐야 한다.

③ 국회가 법률안을 제안하여 심의, 의결하면 정부에 이송되어 20일 이내에 대통령이 공포함으로 효력이 발생한다.

④ 국회가 재의를 할 경우에는 2/3 이상의 출석과 2/3 이상의 찬성이 필요하다.

> **TIP** 헌법 개정안은 60일 이내에 의결을 거쳐야 하고, 대통령은 15일 이내에 공포해야 한다. 국회가 재의를 할 경우에는 1/2 이상 출석하면 된다.

Answer   42.④ 43.② 44.①

45 다음은 대통령의 헌법상 지위에 관한 설명이다. 틀린 것은?

①	대통령선거	5년 단임의 직선제
②	대통령의 임기	대통령 임기 연장 또는 중임변경을 위한 헌법개정은 헌법개정 제안 당시의 대통령부터 적용됨
③	대통령의 형사상 특권	내란 또는 외환의 죄를 범한 경우를 제외하고 재직 중 형사상 소추를 받지 아니함
④	대통령의 의무	헌법 준수, 국가 보위, 조국의 평화적 통일, 민족문화의 창달 등

> **TIP** 대통령 임기 연장과 관련해서 헌법 개정이 될 경우에는 제안 당시 대통령은 제외된다.

46 "헌법상 필수적 최고행정정책 심의기관으로 대통령, 국무총리 및 국무위원으로 구성되는 기관"은 무엇인가?

① 국무회의　　　　　　　　　　　　② 행정각부
③ 감사원　　　　　　　　　　　　　④ 사법부

> **TIP** 행정각부는 대통령을 수반으로 하는 정부의 구성단위로서 대통령 또는 국무총리의 지휘 · 통할하에 법률이 정하는 소관사무를 담당하는 중앙행정기관이다.
> 감사원은 원장을 포함한 5인 이상 11인 이하의 감사위원으로 구성되는 독립된 합의제기관이다.
> 사법부는 국민의 기본권이 침해된 경우 그 사법적 보장을 위한 기관이다.

47 다음은 사법부에 관한 설명이다. 잘못된 것은?

① 사법부는 헌법이 아닌 법률에 의해 지위를 보장받는다.
② 행정부와 의회의 다수파에 의한 영향으로부터 사법권의 독립은 확보되어야 한다.
③ 권력분립의 원리에 따라 법원은 입법부와 행정부 등의 국가권력기관으로부터 독립하여야 한다.
④ 법관 역시 국가기관이나 정치권으로부터 영향을 받아서는 안 된다.

> **TIP** 헌법 제101조 제1항은 법원의 헌법상 지위를 명문화하고 있다.

48 다음은 사법제도의 운영에 관한 내용이다. 올바른 것을 고르시오.

> ㉠ 당사자를 심문하고 변론을 하는 등 재판의 요소를 모두 갖춘 형태를 결정이라고 한다.
> ㉡ 결정과 명령 등 비교적 간단한 절차를 통해 법원의 업무량을 해소할 수 있다.
> ㉢ 재판은 3심제의 원칙을 기본으로 한다.
> ㉣ 원칙적으로 3심은 대법원에서 담당한다.

① ㉠
② ㉠, ㉡
③ ㉡, ㉢, ㉣
④ ㉠, ㉡, ㉢, ㉣

TIP 결정과 명령에 비교하여 당사자를 심문하고 변론을 하는 등 재판의 요소를 모두 갖춘 형태를 판결이라고 한다.

49 "재판에서 사실을 확정하고 인정하는 것은 모두 증거에 의해야 한다."는 재판원칙은?

① 상소제도
② 공개재판주의
③ 증거재판주의
④ 배심제도

TIP ① 제1심에 불복하여 제기하는 2심의 소인 항소와, 항소에 불복하여 제기하는 3심의 소인 상고를 통틀어 상소제도라고 한다.
② 공개재판주의는 재판의 심리와 판결을 공개하는 재판 원칙을 의미한다.
④ 배심제도는 일반 시민도 재판의 구성원이 되어 사법절차에 참여할 수 있는 제도를 말한다.

50 다음은 선거관리위원회에 관한 설명이다. 잘못된 것은?

①	헌법상 지위	헌법상 필수기관이며, 합의제기관
②	구성	대통령이 임명하는 3인, 국회에서 선출하는 3인, 대법원장이 지명하는 3인으로 구성
③	임기와 신분보장	위원의 임기는 9년, 연임이 가능하나 정당에 가입하거나 정치에 관여할 수 없음
④	권한	법령의 범위 내에서 선거관리, 국민투표관리 또는 정당사무에 관한 규칙을 제정할 수 있음

TIP 선거관리위원회 위원의 임기는 6년이며 연임이 가능하다.

Answer 48.③ 49.③ 50.③

51 국가의 전통적 구성요소가 아닌 것은?

① 국민

② 주권

③ 영토

④ 헌법재판소

> **TIP** 헌법재판소는 헌법기관이나 국가의 구성요소와는 무관하다.

52 헌법개정절차에 관한 설명으로 옳지 않은 것은?

① 헌법개정은 국회 재적의원 과반수 또는 대통령의 발의로 제안된다.

② 헌법개정안은 발의된 날부터 30일 이내에 국회 재적의원 3분의 2 이상이 찬성해야 의결된다.

③ 대통령의 임기연장을 위한 헌법개정은 그 제안 당시의 대통령에 대하여는 효력이 없다.

④ 헌법개정안은 국회가 의결한 후 30일 이내에 국민투표에 붙여야 한다.

> **TIP** 헌법개정안은 공고된 날로부터 60일 이내에 의결하여야 하며, 국회의 의결은 재적의원 3분의 2이상의 찬성을 얻어야 한다.

53 헌법의 규정과 관련 법률의 연결이 옳지 않은 것은?

① 국가는 법률이 정하는 바에 의하여 최저임금제를 시행하여야 한다. – 사회보장기본법

② 연소자의 근로는 특별한 보호를 받는다. – 근로기준법

③ 국가유공자의 유가족은 우선적으로 근로의 기회를 부여받는다. – 국가유공자 등 예우 및 지원에 관한 법률

④ 근로자는 근로조건의 향상을 위하여 자주적인 노동 3권을 갖는다. – 노동조합 및 노동관계조정법

> **TIP** "국가는 법률이 정하는 바에 의하여 최저임금제를 시행하여야 한다."라는 헌법 제32조 제1항의 근거 규정에 입각하여 최저임금법이 공포되어 시행되고 있다.

54 현행 헌법상 정당설립과 활동의 자유에 관한 설명으로 옳지 않은 것은?

① 정당의 설립은 자유이며, 복수정당제는 보장된다.
② 정당은 그 목적, 조직과 활동이 민주적이어야 한다.
③ 정당의 목적과 활동이 민주적 기본질서에 위배될 때에는 국회는 헌법재판소에 그 해산을 제소할 수 있다.
④ 국가는 법률이 정하는 바에 의하여 정당의 운영에 필요한 자금을 보조할 수 있다.

> **TIP** 정당의 목적이나 활동이 민주적 기본질서에 위배될 때 국회가 아닌 정부는 헌법재판소에 그 해산을 제소할 수 있고, 정당은 헌법재판소의 심판에 의하여 해산된다.

55 기본권의 주체에 관한 설명으로 옳은 것을 모두 고른 것은?

> 가. 외국인은 대한민국에 입국할 자유를 보장받는다.
> 나. 태아는 제한적으로 기본권의 주체가 될 수 있다.
> 다. 사법인(私法人)은 언론·출판의 자유, 재산권의 주체가 된다.

① 가, 나
② 가, 다
③ 나, 다
④ 가, 나, 다

> **TIP** 거주·이전의 자유와 관련하여 국민은 출국과 입국의 자유가 보장되나 외국인은 입국의 자유를 보장하는 것은 아니다.

56 현행 헌법에서 명문으로 규정하고 있는 기본권은?

① 생명권
② 인간다운 생활을 할 권리
③ 주민투표권
④ 흡연권

> **TIP** ①④ 생명권과 흡연권은 헌법에는 규정되어 있지 않으나, 헌법재판소가 해석상 인정한 기본권이다.
> ③ 주민투표권은 헌법이 아닌 법률상의 권리라는 것이 헌법재판소의 입장이다.

Answer 54.③ 55.③ 56.②

57 신체의 자유에 관한 설명으로 옳지 않은 것은?

① 누구든지 법률에 의하지 아니하고는 체포 · 구속 · 압수 · 수색 또는 심문을 받지 아니한다.
② 체포 · 구속 · 압수 · 수색에는 적법한 절차에 따라 법관의 신청에 의하여 검사가 발부한 영장을 제시하여야 한다.
③ 사법경찰관은 현행범을 발견하였을 경우 영장 없이 체포를 할 수 있다.
④ 모든 국민은 고문을 받지 아니하며, 형사상 자기에게 불리한 진술을 강요당하지 아니한다.

> **TIP** 체포 · 구속 · 압수 · 수색에는 적법한 절차에 따라 검사의 신청에 의하여 판사가 발부한 영장을 제시하여야 한다.

58 헌법상 기본권에 관한 설명으로 옳지 않은 것은?

① 모든 국민은 능력에 따라 균등하게 교육을 받을 권리를 가진다.
② 모든 국민은 근로의 권리를 가지며, 국가는 법률이 정하는 바에 의하여 최저임금제를 시행하여야 한다.
③ 국가유공자 · 상이군경 및 전몰군경의 유가족은 법률이 정하는 바에 의하여 우선적으로 근로의 기회를 부여받는다.
④ 법률이 정하는 주요방위산업체에 종사하는 근로자의 단결권 · 단체교섭권은 법률이 정하는 바에 의하여 이를 제한하거나 인정하지 아니할 수 있다.

> **TIP** 법률이 정하는 주요방위산업체에 종사하는 근로자의 단결권 · 단체교섭권이 아닌 단체행동권은 법률이 정하는 바에 의하여 이를 제한하거나 인정하지 아니할 수 있다.

59 헌법상 통치기구에 관한 설명으로 옳지 않은 것은?

① 입법권은 국회에 속하고, 국회의원의 임기는 4년으로 한다.
② 대통령은 국가의 원수이며, 행정권은 대통령을 수반으로 하는 정부에 속한다.
③ 헌법재판소는 법관의 자격을 가진 9인의 재판관으로 구성하며, 재판관은 대통령이 임명한다.
④ 법원은 명령 · 규칙심사권, 위헌법률심판권, 탄핵심판권 등의 권한을 갖는다.

> **TIP** 명령 · 규칙 심사권은 법원의 권한이고 위헌법률심판권, 탄핵심판권은 헌법재판소의 권한이다.

60 헌법상 국회의원에 관한 설명으로 옳지 않은 것은?

① 국회의원의 수는 법률로 정하되, 200인 이상으로 한다.
② 국회의원은 현행범인인 경우를 제외하고는 회기 중 국회의 동의없이 체포 또는 구금되지 아니한다.
③ 국회의원이 회기 전에 체포 또는 구금된 때에는 현행범인이 아닌 한 국회의 요구가 있으면 회기 중 석방된다.
④ 국회의원은 국회에서 직무상 행한 발언과 표결에 관하여 국회 내·외에서 책임을 지지 아니한다.

TIP 국회의원은 면책특권에 따라 국회에서 직무상 행한 발언과 표결에 관하여 국회 외에서 책임을 지지 아니한다.

61 국회와 행정부 간의 관계를 설명한 것으로 옳지 않은 것은?

① 국회는 국무총리 또는 국무위원의 해임을 대통령에게 건의할 수 있다.
② 대통령은 국회에 출석하여 발언하거나 서한으로 의견을 표시할 수 있다.
③ 국회는 국정을 감사하거나 특정한 국정사안에 대하여 조사를 할 수 있다.
④ 대통령은 국회에서 의결된 법률안의 일부에 대하여 재의를 요구할 수 있다.

TIP 대통령은 법률안의 일부에 대하여 또는 법률안을 수정하여 재의를 요구할 수 없다.

62 탄핵소추에 관한 설명으로 옳지 않은 것은?

① 대통령이 그 직무집행에 있어서 헌법이나 법률을 위배한 때에는 탄핵소추의 대상이 된다.
② 대통령에 대한 탄핵소추는 국회 재적의원 3분의 2이상의 찬성이 있어야 의결된다.
③ 대통령이 탄핵소추의 의결을 받은 때에는 국무총리, 법률이 정한 국무위원의 순서로 그 권한을 대행한다.
④ 탄핵결정으로 공직으로부터 파면되면 민사상의 책임은 져야 하나, 형사상의 책임은 면제된다.

TIP 헌법 제65조 제4항에 따라 탄핵결정은 공직으로부터 파면함에 그친다. 이로 인해 민사상이나 형사상의 책임이 면제되지는 아니한다.

Answer   60.④ 61.④ 62.④

63 국무위원 및 국무회의에 관한 설명으로 옳지 않은 것은?

① 국무회의는 정부의 권한에 속하는 중요한 정책을 심의한다.
② 국무총리는 국무위원의 해임을 대통령에게 건의할 수 있다.
③ 행정 각부의 장은 국무위원 중에서 국무총리의 제청으로 대통령이 임명한다.
④ 국무총리는 국무회의의 의장이 된다.

> **TIP** 대통령은 국무회의의 의장이 되고, 국무총리는 부의장이 된다.

64 헌법의 내용에 관한 설명으로 옳은 것은?

① 국회 외의 국가기관이 법규를 제정하는 것은 위헌이다.
② 국회는 정부의 동의 없이 정부가 제출한 지출예산 각 항의 금액을 증가할 수 있다.
③ 국방부장관은 현역군인의 신분을 유지할 수 있다.
④ 대법원장과 대법관의 임명권자는 대통령이다.

> **TIP** 대법원장은 국회의 동의를 얻어 대통령이 임명하고, 대법관은 대법원장의 제청으로 국회의 동의를 얻어 대통령이 임명한다.

65 감사원에 관한 설명으로 옳지 않은 것은?

① 감사원은 원장을 포함한 5인 이상 11인 이하의 감사위원으로 구성한다.
② 감사위원은 국회의 동의를 얻어 대통령이 임명한다.
③ 감사원장과 감사위원의 임기는 4년으로 하며, 1차에 한하여 중임할 수 있다.
④ 감사원은 대통령 소속하에 둔다.

> **TIP** 감사위원은 원장의 제청으로 대통령이 임명한다. 감사원장은 국회의 동의를 얻어 대통령이 임명한다.

66 헌법기관의 구성원의 임기가 다른 하나는?

① 감사위원

② 헌법재판소 재판관

③ 중앙선거관리위원회 위원

④ 대법관

> **TIP** 감사위원의 임기는 4년이고 헌법재판소 재판관, 중앙선거관리위원회 위원, 대법관의 임기는 6년이다.

67 우리 헌법재판소가 목적의 정당성, 방법의 적절성, 피해의 최소송, 법익의 균형성 등으로 기본권의 침해 여부를 심사하는 위헌판단원칙은?

① 과잉금지원칙

② 헌법유보원칙

③ 의회유보원칙

④ 포괄위임입법금지원칙

> **TIP** ② 헌법유보원칙은 기본권이 헌법에 의해 직접 제한된다는 원칙이다.
> ③ 의회유보원칙은 기본권을 제한할 때 그 제한의 중요하고도 본질적인 사항은 하위규범에 위임해서는 안되고 법률로 정한다는 원칙이다.
> ④ 포괄위임입법금지원칙은 법률이 위임하는 사항과 범위를 구체적으로 한정하지 않고 일반적 · 포괄적으로 위임하는 것을 금지한다는 원칙이다.

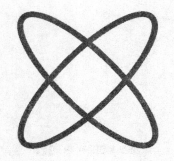

PART

03

민법 · 상법 · 민사소송법

01 민법

02 재산법 · 가족법

03 상법 · 민사소송법

Chapter. 01 민법

① 민법 총칙

(1) 민법의 의의

① 서설 : 끊임없이 발생하는 금전문제, 토지분쟁, 물건 거래와 관련된 법적 문제 등 개인 상호 간의 사적 생활관계를 규율하는 사법을 실질적 의미의 민법이라 하고, 1958년 법률 제471호로 제정된 민법이라는 성문법전을 형식적 의미의 민법이라 한다.

② 민법의 성격 : 민법은 선거, 병역문제, 기본권 등을 규율하는 공법과는 대응되는 사법이며, 특정한 사람, 특정한 장소에만 적용되는 특별법에 대응되는 일반법이며, 권리의무의 발생과 변경, 소멸 및 요건과 효과를 규율하는 실체법으로서의 성격을 갖는다.

③ 민법의 구성 : 민법은 총칙, 물권법, 채권법, 친족법, 상속법으로 구성되어 있는데, 물권법과 채권법을 재산법이라 하고, 친족법, 상속법을 가족법이라 한다.

  ㉠ 총칙 : 민법 전반에 대한 통칙으로 권리변동, 법률행위와 의사표시, 법률행위의 유효 요건, 법률행위의 당사자, 법률행위의 목적, 법률행위의 대리, 효력, 소멸시효 등을 규정하고 있다.

  ㉡ 물권법 : 물권의 종류와 효력, 변동, 점유권과 소유권, 용익물권, 담보물권에 대해 규정하고 있다.

  ㉢ 채권법 : 채권의 특징과 목적, 효력, 다수당사자의 채권관계, 채권양도와 채무인수, 채권의 소멸, 계약, 사무관리, 부당이득, 불법행위를 규정하고 있다.

  ㉣ 친족법 : 친족의 유형, 범위, 가족, 혼인, 부모와 자식 간의 법률관계, 후견, 친족회, 부양에 대해 규정하고 있다.

  ㉤ 상속 : 상속인, 상속의 효력, 유언, 유류분에 대해 규정하고 있다.

(2) 근대 민법의 기본 원리

① 근대 민법의 배경과 3대 원칙 : 국민의 힘으로 자유를 쟁취한 시민혁명에 따라 확대된 자유주의 이념 속에서 "인간은 출생과 생존에 있어서 자유와 평등의 권리를 가진다."라는 말이 근대시민 사회를 지배하게 되었다. 이러한 배경을 바탕으로 개인의 법률관계는 원칙적으로 자발적 의사에 따라 원하는 상대방과 자유롭게 내용을 정할 수 있도록 원칙이 확립되었다. 근대 민법의 3대 원칙은 사유재산권 존중의 원칙, 사적 자치(계약 자유)의 원칙, 과실책임의 원칙이다.

124 ※ PART 03. 민법 · 상법 · 민사소송법

② 사유재산권 존중의 원칙

    ㉠ 개념 : 개인의 사유재산에 대한 절대적 지배를 인정하고, 국가나 다른 개인은 이에 간섭하거나 제한을 가하지 못하는 것을 의미하는 것이다.

    ㉡ 소유권 절대의 원칙 : 사유재산에 대한 권리라고 할 때, 가장 강력하고 절대적인 것은 소유권이다. 사유재산권 존중의 원칙을 다른 말로 소유권 절대의 원칙이라고도 한다.

③ 사적 자치의 원칙(계약 자유의 원칙)

    ㉠ 개념 : 개인의 자유로운 의사에 기초하여 법률관계를 형성할 수 있는 권리를 말한다.

    ㉡ 법률행위자유의 원칙, 계약 자유의 원칙 : 사적 자치의 원칙을 다른 말로 법률행위 자유의 원칙이라고도 한다. 법률행위가 발현되는 양상의 절대 비중은 계약으로 나타나기 때문에 계약 자유의 원칙이라고도 한다.

④ 과실책임의 원칙

    ㉠ 고의 : 자신의 행위로부터 피해 또는 손해라는 결과가 생길 것을 인식하면서도 행위를 하는 것을 의미한다.

    ㉡ 과실 : 결과를 인식하면서 행한 경우 고의가 성립한다면 결과의 발생을 인식했어야 하는데도 부주의로 인식하지 못해 피해 또는 손해가 발생한 경우이다. 주의의무란 타인의 권리나 이익의 침해라는 결과를 예견 또는 회피해야 할 의무를 의미하는데, 결론적으로 과실이란 주의의무를 위반한 것이다. 과실은 경과실과 중과실로 구분할 수 있다.

구분	경과실	중과실
개념	가벼운 주의의무 위반	현저한 주의의무 위반
책임	추상적 과실 책임	구체적 과실 책임
기타	민사상의 책임은 과실이 있기만 하면 성립되므로, 일반적으로 과실이라고 하면 경과실을 의미	

    ㉢ 과실책임의 원칙 : 타인에게 끼친 손해에 대해서 가해자에게 고의 혹은 과실이 있을 때에만 책임을 진다는 원칙이다. 바꿔 말하면 자신의 행한 고의나 과실이 없으면 책임을 지지 않는다는 의미에서 자기 책임의 원칙이라고도 한다.

(3) 현대 민법의 기본 원리와 법률행위의 제한

① 대두배경

    ㉠ 의의 : 자본주의 발전에 따라 양적측면에서 부는 증가한 반면 부의 불평등 분배로 인한 빈익빈 부익부 현상이 심화되고, 노사 간의 대립이 격화되었다. 자유를 근본으로 하는 근대민법의 원칙 또한 사회적 약자보호와 불평등 해소를 위해 수정을 가하게 되었다.

ⓛ 폐단

구분		소유권 절대 원칙	계약자유 원칙	과실책임 원칙
폐단		경제적 약자에 대한 유산계급의 지배와 횡포	경제적 강자에게 유리한 계약을 약자에게 일방적 강요	기술과 자본을 통해 고의 · 과실 없음을 증명하여 책임회피
수정 (현대민법 원리)		소유권 행사의 공공복리 적합의무(원칙)	계약공정의 원칙	무과실책임의 원칙

이러한 근대 민법의 폐단에 따라 3대 원칙을 약간씩 수정하게 되었는데 이것이 바로 현대 민법의 기본원리 혹은 기본원칙이다.

② 소유권 행사의 공공복리 적합의무

ⓒ 개념 : 소유권의 행사는 사회 전체의 이익(공공복리)을 위해서 그 권리의 행사가 제한될 수 있다는 내용이다. 이때의 제한은 일정한 원칙을 두고 반드시 법률로써 제한해야 한다.

ⓛ 관련 규정 : 최고법인 헌법 제23조 제2항에 명시되어 있다. "재산권의 행사는 공공복리에 적합하도록 하여야 한다."고 함으로써 재산권 행사의 공공복리 적합의무를 일반 원칙으로 선언하고 있다. 민법 제2조 제2항의 권리남용금지조항과 민법 제211조의 소유자는 법률의 범위 내에서만 소유물을 사용, 수익, 처분할 수 있다는 규정은 헌법에서 정한 일반원칙을 구체화하고 있다.

③ 계약 공정의 원칙

ⓒ 개념 : 민법 제104조를 보면 "당사자의 궁박, 경솔 또는 무경험으로 인하여 현저하게 공정을 잃은 법률행위는 무효로 한다."라고 규정하여 불공정한 법률행위를 무효로 하고 있다.

ⓛ 내용 : 궁박이란 경제적, 정신적으로 급박하게 생긴 곤란 상황을 의미한다. 경솔이란 보통사람이라면 당연히 생각할 사항을 고려하지 못한 경우이다. 무경험이란 계약, 거래 등 전반적으로 경험이 부족한 것을 의미한다.

ⓒ 쟁점 : 방문 판매, 전화권유 판매, 다단계 판매의 경우 판매자의 사기성 있는 설명에 넘어가 물건을 구입할 수 있기 때문에 방문 판매 등에 관한 법률에 따라 특별히 규율하고 있다. 이러한 업자들은 관할 관청에 신고 또는 등록하여야 하고, 계약을 체결하기 전에 소비자가 계약의 내용을 이해할 수 있도록 제반 사항을 설명해야 하며, 일정 기간 안에는 계약을 철회할 수 있도록 하고 있다. 또한 방문판매와 전화권유 판매의 경우 계약을 미성년자와 체결하고자 하는 경우에는 법정대리인의 동의를 얻어야 하며 법정대리인의 동의를 얻지 못하는 경우에는 미성년자 본인 또는 법정 대리인이 계약을 취소할 수 있다는 내용을 고지하여야 한다. 또한, 약관의 규제에 관한 법률을 제정하여 소비자에게 일방적으로 불리한 약관은 신의성실의 원칙에 따라 무효로 하고 있으며, 공정거래위원회가 해당 조항을 삭제, 수정 등 시정조치를 할 수 있도록 하고 있다.

④ 무과실책임의 원칙

ⓒ 개념 : 고의 혹은 과실이 없는데도 일정한 상황에서는 관련자에게 책임을 물을 수 있다는 것이다.

ⓒ **적용범위** : 책임무능력자의 감독자 책임, 타인을 사용하여 사무에 종사하게 한 자의 책임, 동물 점유자의 책임, 가전제품 등 물건 제조업자의 책임, 의료업자의 책임, 환경을 오염시킨 기업의 책임 등이 있다.

(4) 법률행위의 목적

① **의의** : 법률행위는 합당한 목적 하에, 기본 원리에 위배되지 않는 범위 내에서 적정한 효력이 발생한다. 다시 말하면 법률행위의 목적이 부당하다면 그에 따른 효과가 배제될 수 있다. 실현 불가능한 행위, 강행법규 위반이나 반사회질서 행위, 불공정 행위는 법률행위의 목적에 위배되는 경우이다.

② **확정성과 실현 가능성** : 법률행위 당시에 확정되어 있거나, 확정할 수 있어야 하며 실현 가능해야 한다.

③ **적법성** : 적법성이란 강행법규에 위반되지 않아야 함을 의미한다. 이때, 강행법규란 민법 제105조, 제106조에 따라 선량한 풍속 기타 사회질서와 관계있는 규정을 의미한다. 구체적으로 민법의 기본원칙, 거래질서, 가족 제도에 관한 내용들은 강행법규의 성질을 갖게 된다.

④ **사회적 타당성** : 청탁을 위한 수고비, 도박자금 대출, 인신매매계약, 성매매 등은 행위의 목적 자체가 사회질서를 문란하게 하는 유형이다. 이처럼 목적이 사회적으로 타당하지 않을 경우 법률효과가 배제된다.

⑤ **불공정한 거래행위** : 3대 민법의 기본원리 중 계약 공정의 원칙과 동일한 내용이다.

(5) 법률행위의 무효와 취소

① **의의** : 법률행위는 일정한 효과를 의도하고 있다. 매매는 목적물의 소유권을 귀속시키는 효과를 의도하는 것을 생각하면 쉽다. 특정한 경우 당사자의 의사대로 효과가 발생하지 않는 경우가 있다.

② **법률행위의 무효**

ⓒ **개념** : 무효란 법률행위의 효과가 처음부터 발생하지 않는 것을 의미한다. 법률행위는 성립했으나 그에 따른 효과가 생기지 않는 경우이다.

ⓒ **무효사유** : 강행규정에 위반한 법률행위, 불공정한 법률행위, 실현 불가능한 행위, 의사무능력자의 행위 등이 대표적이다.

③ **법률행위의 취소**

ⓒ **개념** : 일단은 법률행위가 유효하게 성립하지만 취소라는 의사표시를 통해 소급적으로 무효로 만드는 것을 의미한다.

ⓒ **취소사유** : 제한능력자의 법률행위, 착오에 의한 의사표시, 사기·강박에 의한 의사표시는 취소할 수 있다.

(6) 권리의 행사와 의무의 이행

① **신의성실(신의칙)의 원칙** : 민법 제2조 제1항에 따라 권리의 행사와 의무의 이행은 신의에 좇아 성실히 해야 한다는 원칙이다. 신의칙은 권리의 행사와 의무의 이행뿐만 아니라 계약의 해석 등 민법 전반에 걸쳐 적용된다.

② **신의칙의 파생원칙**

　㉠ **모순행위금지의 원칙(금반언의 원칙)** : 어떤 행위를 한 자가 자신의 선행행위와 모순되는 행위를 하여 상대방의 신뢰를 해하는 경우, 그 모순되는 행위는 허용되지 않다는 원칙이다.

　㉡ **실효의 원칙** : 권리자가 장기간 권리를 주장하지 않아서 의무자인 상대방이 더 이상 권리자가 권리를 행사하지 않을 것이라고 신뢰하고 있을 경우, 권리자가 새삼 권리를 주장하는 것이 신의칙에 반한다면 그 권리행사는 허용되지 않는다는 원칙이다.

　㉢ **사정변경의 원칙** : 법률행위 성립 후 법률행위 당시에 기초가 되었던 사정이 그 이후에 당사자 쌍방이 예견하지 못한 사정의 변화가 생기는 경우가 발생한다. 이때, 최초의 약정 내용을 당사자에게 강제하는 것이 형평에 어긋날 경우 당사자는 그러한 행위의 효과를 신의칙에 맞도록 적당히 변경할 것을 상대방에게 청구하거나 또는 계약을 해제 또는 해지할 수 있다는 원칙이다.

③ **권리남용 금지의 원칙**

　㉠ 외형상 자신의 권리를 행사하는 것이 적법한 것처럼 보여도 권리행사의 사회성·공공성에 반하여 정당한 권리행사로 볼 수 없을 때에는 이를 허용하지 않는다는 원칙이다.

　㉡ 권리의 행사가 신의성실에 반하는 경우에는 권리남용이 된다. 권리행사가 권리남용으로 인정되는 경우에는 그 권리행사로 생기는 정상적인 법률효과가 발생하지 않는다.

❷ 권리의 주체

(1) 권리능력의 발생과 소멸

① **권리능력의 개념과 발생**

　㉠ **개념** : 민법 제3조는 "사람은 생존한 동안 권리와 의무의 주체가 된다"고 규정한다. 이때 권리와 의무의 주체가 될 수 있는 자격 내지 지위를 권리능력이라고 한다.

　㉡ **권리능력자** : 자연인, 즉 사람은 출생과 더불어 완전한 권리능력을 갖게 된다. 그러나 임신 후 출생시까지의 모체 내 생명체인 태아는 모체로부터 완전히 노출되었을 때 출생한 것으로 본다(전부노출설).

　㉢ **태아의 권리능력** : 사람은 출생을 해야 권리능력이 인정되므로 원칙적으로 태아는 권리능력이 없다. 하지만 태아 보호를 위해 불법행위로 인한 손해배상청구권(제762조), 재산상속(제1000조 3항), 대습상속(제1001조), 유증을 받을 권리(제1064조), 유류분(제1118조)에 대하여 이미 출생한 것으로 본다.

② 권리능력의 소멸

- ㉠ **사망의 의의** : 출생으로써 권리능력이 발생하지만 사망함으로써 권리능력을 잃게 된다. 사망이란 쉽게 말해 사람이 죽는 것인데, 진짜 죽었는지(사망의 여부), 죽었다면 언제 죽었는지(사망의 시점)가 중요하게 된다. 즉, 사망의 여부와 사망시점은 상속, 유언의 효력발생, 남은 배우자의 재혼, 보험금 청구, 연금 청구 등 여러 가지 법률문제와 관련이 있다.

- ㉡ **사망의 시점** : 출생 역시 언제 태어났느냐가 중요했는데, 사망 역시 언제를 사망으로 보느냐에 대해 학설이 나뉘고 있다. 우리나라는 호흡과 심장의 박동이 영구적으로 정지한 때로 보고 있는데, 이러한 학설을 심폐기능정지설이라고 한다. 의학기술이 발달되고, 장기이식의 필요성이 강하게 부각됨으로써 뇌기능이 정지하면 사망으로 인정하여 아직 살아 있는 장기를 더욱더 필요로 하는 사람에게 활용하자는 뇌사설을 주장하는 학자도 다수 있다.

- ㉢ **불확실한 사망과 대책**

  - ⓐ **동시사망의 추정** : 2인 이상이 같은 사고로 사망하였을 때, 누가 먼저 사망했는가 하는 것은 상속 순위에 중대한 영향을 끼치게 된다. 예로서 배가 침몰해서 사망한 경우, 비행기사고로 사망한 경우, 화재로 사망한 경우 등 정확히 본 증인도 없는 경우 누가 먼저 사망했는지 증명하기 곤란한 경우에는 동시에 사망한 것으로 추정하는 것을 말하는 것이다. 민법 제30조에 규정되어 있는데 "2인 이상이 동일한 위난으로 사망했을 때에는 동시에 사망한 것으로 추정한다."라고 규정되어 있다.

  - ⓑ **인정사망** : 시체는 발견되지 않았으나 사망한 것이 확실시 될 정도로 강한 개연성이 있을 때(수난, 화재, 전쟁 등), 이를 조사한 관공서는 지체 없이 사망보고를 해야 한다. 이 보고에 의해 가족관계 등록부에 사망 사실이 기재되는데, 이것을 인정사망이라고 한다.

  - ⓒ **실종선고** : 부재자의 생사불명 상태가 일정 기간 계속될 때(실질적 요건), 이해관계인의 청구와 가정법원의 선고(형식적 요건)에 의하여 사망으로 간주하는 제도이다. 실종에는 두 가지가 있다. 보통실종과 특별실종이 있는데, 보통실종은 특별한 원인을 이유로 하지 않고 5년의 기간 동안 생사불명 상태가 지속된 경우 사망으로 간주하는 제도이며, 특별실종이란 법에 규정된 원인을 대상으로 한다. 전쟁을 원인으로 하는 전쟁실종, 선박의 침몰을 원인으로 하는 선박실종, 항공기의 추락을 원인으로 하는 항공기실종, 기타 사망의 원인이 될 위난을 원인으로 하는 위난실종의 네 가지의 경우가 있다. 이때, 전쟁이 종료한 후부터, 선박이 침몰한 후부터, 항공기가 추락한 후부터, 위난이 종료한 후부터 1년이 지나면 사망한 것으로 간주하는 제도이다.

ⓓ 제도의 비교

구분	동시사망의 추정	인정사망	실종선고
개념	2인 이상이 동일위난 사망시 동시에 사망한 것으로 추정	사망의 개연성(수난, 화재, 전쟁 등)에 따라 관공서의 사망보고와 등록부에 기재	부재자의 생사 불명상태 지속에 따라 사망 간주
성격	추정 / 민법에서 규율	추정 / 가족관계의 등록 등에 관한 법률에서 규율	간주 / 민법에서 규율
특징	반대 사실을 들어 번복 가능		법원의 취소절차 없이는 번복 불가능

(2) 의사능력과 행위능력

① **개념** : 의사능력이란 행위의 의미와 결과를 합리적으로 판단할 수 있는 정신능력을 말한다. 의사무능력자란 유아나, 만취자 등 정신이 미숙하거나 결함이 있어 정상적인 의사결정을 할 수 없는 자를 말한다.

② **쟁점** : 이러한 의사무능력자의 법률행위는 무효이다. 그런데 의사능력은 개개의 구체적인 경우에 그 유무를 판단하게 되는 것이어서 표의자가 보호받기 어려우며 상대방에게도 불측의 손해를 발생시킬 수 있다. 그리하여 민법은 객관적·획일적 기준에 의한 제도를 도입하게 되었는데 이것이 행위능력제도다. 이때 행위능력이란 단독으로 유효한 법률행위를 할 수 있는 지위 또는 자격을 말한다.

(3) 제한능력자

① **의의** : 정신적 능력이 없거나 불완전하여 단독으로 유효한 법률행위를 할 수 없도록 행위능력이 제한된 자를 말한다. 민법은 제한능력자의 법률행위는 원칙적으로 제한능력자 측에서 취소할 수 있게 하여 제한능력자를 보호하고 있다. 민법상 제한능력자에는 미성년자, 피성년후견인, 피특정후견이 있다.

② **미성년자**

　㉠ **의의** : 만 19세에 도달하지 않는 자를 미성년자라고 하며 미성년자가 혼인을 하면 성년에 달한 것으로 간주한다(성년의제). 성년의제는 민법상에서 성년으로 간주할 뿐 형법상으로는 성년으로 간주하지 않는다.

　㉡ **미성년자의 법률행위** : 미성년자 단독으로 법률행위를 할 수 없고, 법정대리인의 동의를 얻거나 법정대리인이 이를 대리해야 한다. 만약 미성년자가 법정대리인의 동의 없이 법률행위를 할 경우 취소할 수 있다.

　㉢ **예외** : 권리만을 얻거나 의무만을 면하는 행위, 처분이 허락된 재산의 처분행위, 영업이 허락된 미성년자의 그 영업에 관한 행위, 대리행위, 유언행위, 근로계약과 임금 청구는 단독으로 유효한 법률행위를 할 수 있다.

③ **피성년후견인**

　㉠ **개념** : 피성년후견인이란 질병·장애·노령, 그 밖의 사유로 인한 정신적 제약으로 사무를 처리할 능력이 지속적으로 결여된 사람으로, 가정법원으로부터 한정후견개시의 심판을 받은 자를 말한다.

ⓛ **피성년후견인의 법률행위** : 피성년후견인의 법률행위는 취소할 수 있다. 다만 가정법원은 취소할 수 없는 피성년후견인의 법률행위의 범위를 정할 수 있으며 일용품의 구입 등 일상생활에 필요하고 그 대가가 과도하지 아니한 법률행위는 성년후견인이 취소할 수 없다.

④ 피한정후견인

ⓗ **개념** : 피한정후견인이란 질병·장애·노령, 그 밖의 사유로 인한 정신적 제약으로 사무를 처리할 능력이 부족한 사람으로, 가정법원으로부터 한정후견개시의 심판을 받은 자를 말한다.

ⓛ **피한정후견인의 법률행위** : 가정법원은 피한정후견인이 한정후견인의 동의를 받아야 하는 행위의 범위를 정할 수 있다. 한정후견인의 동의를 필요로 하는 행위에 대하여 한정후견인이 피한정후견인의 이익이 침해될 염려가 있음에도 그 동의를 하지 아니하는 때에는 가정법원이 피한정후견인의 청구에 의하여 한정후견인의 동의를 갈음하는 허가를 할 수 있다. 한정후견인의 동의가 필요한 법률행위를 피한정후견인이 한정후견인의 동의 없이 하였을 때에는 그 법률행위를 취소할 수 있다. 다만, 일용품의 구입 등 일상생활에 필요하고 그 대가가 과도하지 아니한 법률행위에 대하여는 그러하지 않다.

⑤ 피특정후견인

ⓗ **개념** : 질병, 장애, 노령, 그 밖의 사유로 인한 정신적 제약으로 일시적 후원 또는 특정한 사무에 관한 후원이 필요한 사람으로서 가정법원으로부터 특정후견개시의 심판을 받은 자를 말한다.

ⓛ **피특정후견인의 법률행위** : 피특정후견인은 일시적 또는 특정한 사무에 후원을 받을 뿐 단독으로 유효하게 법률행위가 가능하다.

⑥ 제한능력자의 상대방 보호

ⓗ **상대방의 확답을 촉구할 권리(제15조)** : 상대방이 제한능력자 측에 대해 추인(법률행위의 결점을 보추하여 완전히 하는 것) 여부의 확답을 촉구하고, 확답이 없으면 일정한 효과를 부여하는 권리이다.

ⓛ **상대방의 철회권과 거절권(제16조)** : 제한능력자와 계약을 체결한 상대방은 제한능력자 측에서 추인하기 전까지 의사표시를 철회할 수 있으며, 제한능력자가 한 단독행위는 제한능력자 측에서 추인하기 전까지 상대방은 이를 거절할 수 있다.

ⓣ **제한능력자의 속임수에 의한 취소권의 부인** : 제한능력자가 속임수로써 자신을 능력자로 믿게 하거나, 법정대리인의 동의가 있는 것으로 믿게 한 때에는 제한능력자 측은 취소권을 행사하지 못한다.

(4) 법인

① 의의 : 자연인 외에 법률에 의해 권리·의무의 주체가 되는 법인격체다. 민법 제31조에 따라 법인은 법률의 규정에 의함이 아니면 성립하지 못한다.

② 법인의 종류 : 민법의 법인에 관한 규정은 주로 비영리법인을 대상으로 한다. 민법은 사단법인과 재단법인이라는 두 가지의 법인을 인정하고 있다. 이때 사단법인은 일정한 목적을 위하여 결합한 사람의 단체이며, 재단법인은 일정한 목적에 바쳐진 재산을 말한다.

③ **사단법인의 설립 요건** : 2인 이상의 설립자가 법인의 근본 규칙인 정관을 작성하고, 주무관청의 허가를 얻어 설립등기를 함으로써 성립한다.

④ **재단법인의 설립 요건** : 학술, 종교, 자선, 기예, 사교 기타 영리가 아닌 사업을 목적으로 해야 한다. 즉 목적의 비영리성을 추구한다. 설립자는 일정한 사항을 기재한 정관을 작성하고 재산을 출연하여야 한다. 주무관청의 허가를 얻어 설립등기를 함으로써 성립한다.

⑤ **법인의 기관**

　㉠ **의의** : 법인은 자연인의 행위를 통해 사회활동에 참여하므로, 민법은 일정한 자연인의 행위를 법인 자신의 행위로 본다. 이에 법인의 기관이 필요하며 법인의 의사를 결정하고 외부에 대해 행동하며 내부의 사무를 처리하는 일정한 조직을 의미한다.

　㉡ **이사** : 대외적으로 법인을 대표하고, 대내적으로 법인의 업무를 집행하는 상설적 필수기관이다. 이사가 수인일 경우 각각의 이사는 원칙적으로 단독대표할 수 있다. 이사는 법인의 모든 대내적 사무를 집행하며, 이사가 수인인 경우에는 이사의 과반수로써 사무집행을 결정한다. 이사의 대표권을 제한하려면 총회의 의결로 제한하거나 정관에 제한사항을 기재하여 제한할 수 있다. 이때 제한사항은 반드시 등기하여야 제3자에게 대항(주장)할 수 있다.

　㉢ **감사** : 사단법인과 재단법인의 감독기관으로서 정관 또는 총회의 결의로 감사를 둘 수 있다. 필수기관이 아닌 임의기관이라는 특징이 있다.

　㉣ **사원총회** : 사단법인을 구성하는 사원 전원으로 구성된 의결기관이면서 최고의사결정기관으로 필수적 기관이다. 통상총회는 1년에 1회 이상 정기적으로 소집하는 총회고, 임시총회는 이사 또는 감사가 필요하다고 인정하는 경우 소집하는 총회이다. 총회의 소집은 1주간 전에 그 회의의 목적사항을 기재한 통지를 발하고, 기타 정관에 정한 방법에 의하여야 한다.

⑥ **법인의 능력과 제한**

　㉠ **의의** : 자연인과 함께 법인은 권리의 주체가 되나 일정 부분 제한이 따르게 된다.

　㉡ **성질상 제한** : 자연인과 같은 생명권, 신체권, 가족권, 상속권을 가질 수 없다.

　㉢ **법률상 제한** : 법률상으로 권리능력이 제한되는 것은 자연인과 동일하다.

　㉣ **목적상 제한** : 법인은 법률의 규정에 좇아 정관으로 정한 목적 범위 내에서 권리와 의무의 주체가 된다.

　㉤ **법인의 불법행위능력** : 법인은 이사, 기타 대표자가 그 직무에 대하여 타인에게 가한 손해를 배상할 책임을 지며, 그 대표기관인 개인도 책임을 면하지 못한다.

❸ 권리의 객체

(1) 의의

① 권리의 내용 또는 목적이 성립하기 위해서는 일정한 대상을 필요로 하는데, 이를 권리의 객체라고 한다. 권리의 객체는 각종의 권리에 따라 여러 가지가 있으나 민법은 그 중 물건에 관하여만 통일적 규정을 두고 있다.

② 민법 제98조에 따라 물건이란 유체물 및 전기 기타 관리할 수 있는 자연력으로 정의한다.

(2) 물건의 요건

① 물건은 일정한 형체가 있어 그 존재를 알 수 있어야 한다.

② 관리가 가능해야 하므로 해와 달 등은 민법상의 물건이 아니다.

③ 외계의 일부여야 하며 사람의 신체나 그 일부분은 물건이 아니다.

④ 하나의 독립한 존재를 가지는 것이어야 하며 물건의 일부분이나 구성성분은 하나의 물건이 아니다.

(3) 동산과 부동산

민법 제99조에 따라 토지와 그 정착물은 부동산이며 그 외의 물건은 모두 동산이다. 토지는 일정한 범위에 걸친 지면에 정당한 이익이 있는 범위 내에서 그 수직의 상하를 포함한다. 토지의 정착물은 토지에 고정되어 사용되는 물건으로 건물이 대표적이다.

(4) 주물과 종물

물건의 소유자가 그 물건의 상용에 공하기 위하여 자기소유인 다른 물건을 이에 부속하게 한 때에는 그 부속물은 종물이다. 종물은 주물의 처분에 따른다. 예를 들면 자물쇠와 열쇠, 주유소와 주유기, 시계와 시계줄 등이 주물과 종물의 관계다.

(5) 원물과 과실

물건으로부터 생기는 경제적인 수익을 과실이라고 하고, 과실을 생기게 하는 그 물건을 원물이라고 한다.

① 천연과실 : 물건의 용법에 의하여 수취하는 산출물로 예를 들면, 과일, 우유, 동물의 새끼 등이다. 천연과실은 그 원물로부터 분리하는 때에 이를 수취할 권리자에게 속한다.

② 법정과실 : 물건의 사용대가로 받는 금전 기타 물건으로 예를 들면 월세, 이자 등이다. 법정과실은 수취할 권리의 존속기간 일수의 비율로 취득한다.

④ 의사표시

(1) 의의

의사표시란 일정한 법률효과의 발생을 목적으로 내부적인 의사를 외부에 표시하는 행위를 말한다. 의사표시는 일정한 법률효과의 발생을 원하는 효과의사를 결정하고 이 효과의사를 외부에 표시하려는 표시의사의 매개, 최종적으로 외부로 표현하는 표시행위의 단계를 거쳐 성립한다.

(2) 의사와 표시의 불일치

① 의의 : 의사표시가 온전히 효과를 발생하기 위해서는 내심의 효과의사와 표시상의 효과의사가 일치해야 한다. 그러나 경우에 따라 불일치하는 경우가 발생하는데, 이를 의사와 표시의 불일치라고 한다.

② 진의 아닌 의사표시(비진의표시, 제107조)

  ㉠ 개념 : 표의자 스스로 의사와 다른 표시를 한다는 것을 알면서 하는 의사표시를 의미한다. 예로써 부동산 임대차 계약을 해지할 의사가 없으면서, 임대료를 올려 받기 위해 해지하겠다고 고지하는 경우를 말한다.

  ㉡ 효과 : 원칙적으로 유효하나, 상대방이 표의자의 진의 아님을 알았거나 알 수 있었을 경우에는 무효로 하지만, 그 무효는 이러한 사실을 모르는 제3자에게는 주장할 수 없다.

③ 통정허위표시(제108조)

  ㉠ 개념 : 상대방과 통모해서 하는 진의 아닌 거짓의 의사표시를 의미한다. 예컨대, 부동산 매도자와 매수인이 통모하여 세금을 적게 내려고 매매대금을 실제 금액보다 적게 표시하기로 합의하는 경우다. 이는 의사와 표시의 불일치를 상대방도 알고 있다는 점에서 비진의표시와 구별된다.

  ㉡ 효과 : 통정허위표시는 당사자 간에 언제나 무효이지만, 선의의 제3자에게는 대항할 수 없다.

④ 착오로 인한 의사표시(제109조)

  ㉠ 개념 : 표시와 진의가 일치하지 않는 의사표시로서, 그 불일치를 표의자가 알지 못한 상태에서의 의사표시를 의미한다.

  ㉡ 유형

표시상의 착오	표시 행위 자체를 잘못한 경우 → 계약서에 1억 원을 1천만 원으로 잘못 기재한 경우
내용의 착오	표시상의 행위에는 착오가 없으나 표시행위가 가지는 의미에 착오를 한 경우 → 영국의 파운드화와 미국의 달러화를 같은 가치의 것으로 파악한 경우
동기의 착오	의사표시를 하게 된 동기에 착오가 있는 경우 → 건물을 지을 수 있는 토지라고 판단하여 매수했지만, 불가능한 토지임을 추후 알게된 경우

  ㉢ 효과 : 법률행위의 중요부분에 착오가 있는 경우 그 의사표시를 취소할 수 있다. 다만 착오로 인한 취소는 선의의 제3자에게 대항할 수 없다.

⑤ 사기·강박에 의한 의사표시(제110조)

　　㉠ 개념 : 타인의 부당한 개입으로 자유롭지 못한 의사결정을 하고, 그에 따른 의사표시를 한 경우를 의미한다. 사기란 고의로 사람을 기망하여 착오에 빠지게 하는 것을 말한다. 강박이란 고의로 해악을 주겠다고 위협하여 공포심을 일으키게 하는 위법행위이다.

　　㉡ 효과 : 사기와 강박에 의한 의사표시는 취소할 수 있지만 선의의 제3자에게는 대항할 수 없다.

(3) 의사표시의 효력 발생 시기

① 도달주의 : 민법 제111조 제1항에 따라 상대방이 있는 의사표시는 상대방에게 도달한 때부터 의사표시의 효력이 발생한다. 이때 도달이란 의사표시가 상대방의 지배권 내에 들어가 사회통념상 상대방이 이를 요지할 수 있는 상태가 생겼다고 인정되는 것을 말한다. 한편, 발신 후부터 도달 전까지의 의사표시는 임의로 철회할 수 있다.

② 예외 : 격지자 간에는 발신으로 의사표시의 효력이 발생하는 예외가 있다. 이때 격지자는 시간적 관념으로 멀리 떨어져 있더라도 전화상의 의사표시라면, 대화자 사이로 해석된다.

⑤ 법률행위의 대리

(1) 대리의 의의

대리란 대리인이 본인을 위하여 제 3자에게 의사표시를 하거나, 상대방으로부터 의사표시를 받음으로써, 그 법률효과가 직접 본인에게 귀속하는 제도를 의미한다. 민법 제11조 제1항에 따라 대리인이 그 권한 내에서 본인을 위한 것임을 표시한 의사표시는 직접 본인에게 대하여 효력이 생긴다.

(2) 대리의 종류

① 임의대리 : 본인의 수권(授權)행위에 의해 대리권이 발생하고 본인의 의사에 따라 대리인과 대리권의 범위가 결정된다.

② 법정대리 : 법률의 규정에 의하여 대리권이 부여되는 것을 말한다.

③ 유권대리 : 대리를 하는 자가 정당한 대리권을 가지고 하는 대리를 의미한다.

④ 무권대리 : 대리권 없이 행한 대리를 의미한다.

⑤ 능동대리 : 본인을 위하여 제 3자에 대하여 의사표시를 할 수 있는 대리를 의미한다.

⑥ 수동대리 : 본인을 위하여 제 3자의 의사표시를 수령하는 대리를 의미한다.

(3) 대리관계

① 대리권의 발생 : 임의대리권은 수권행위에 의하여 발생하고, 법정대리권은 법률의 규정에 의하여 일정한 자가 당연히 법정대리인이 되거나 또는 법원의 결정이나 선임 또는 지정에 의하여 발생한다.

② 대리권의 제한

  ㉠ 자기계약의 금지 : 대리인(갑)이 한편으로는 본인(을)을 대리하고 자기 자신의 자격으로 갑과 을이 계약을 체결하는 것은 금지된다.

  ㉡ 쌍방대리의 금지 : 대리인이 한편으로는 본인을, 다른 한편으로는 상대방을 대리하여 쌍방의 계약을 맺는 쌍방대리는 금지된다.

③ 대리권의 소멸

  ㉠ 임의대리 · 법정대리 공통 소멸원인 : 본인의 사망, 대리인의 사망, 성년후견의 개시 또는 파산

  ㉡ 임의대리 소멸원인 : 기초적 계약의 소멸, 수권행위의 철회

  ㉢ 법정대리 소멸원인 : 법원에 의한 대리인의 개임(改任), 대리권 상실선고 등

(4) 대리행위

① 현명주의(顯名主義)의 원칙 : 대리인이 대리행위를 함에 있어서 본인을 위한 것을 표시하고 의사표시를 하여야 한다.

② 현명하지 아니한 행위는 대리인 자신의 의사표시로 효력이 발생한다.

③ 상대방이 대리인으로 한 것임을 알았거나 알 수 있었을 때에는 대리행위로서 효력이 생긴다.

④ 대리인의 행위능력

  ㉠ 대리인이 행한 행위의 효과는 직접 본인에게 귀속된다.

  ㉡ 대리인은 의사능력만 있으면 족하고 행위능력자임을 요하지 않는다.

Chapter. 02 재산법 · 가족법

1 물권법

(1) 물권(物權)

① 개념 : 물권이란 동산이나 부동산 등 물건을 직접 지배할 수 있는 권리이다. 책상, TV, 자전거 등의 동산뿐만 아니라 토지, 건물과 같은 부동산을 직접 지배할 수 있는 권리를 의미한다.

② 물권의 객체

    ㉠ 개념 : 물권은 지배할 수 있는 권리이기 때문에 지배되는 대상이 있어야 하는데, 물권의 지배대상을 물권의 객체라 한다.

    ㉡ 물건 : 물권의 객체는 물건이며 물건이란 유체물 및 전기, 기타 관리할 수 있는 자연력을 물건이라 한다.

③ 일물일권주의 : 하나의 물건 위에 물권이 성립하면 그와 동일한 내용의 물권이 성립할 수 없다는 원칙을 의미한다.

④ 물권법정주의 : 물권의 종류와 내용은 민법 기타 법률이 정하는 것에 한하여 인정되며, 당사자가 그 밖의 물권을 자유로이 창설하는 것을 금지하는 원칙이다.

⑤ 물권의 효력

    ㉠ 물권 상호 간의 우선적 효력 : 시간적으로 먼저 성립한 물권이 뒤에 성립한 물권에 우선한다. 예컨대, 1순위 정당권자가 우선변제를 받고 나머지가 있어야 2순위 저당권자가 변제를 받을 수 있다.

    ㉡ 채권에 우선하는 효력 : 어떤 물건에 대하여 물권과 채권이 성립하는 경우 그 성립의 시간적 선후에 관계없이 물권이 채권에 우선한다.

    ㉢ 물권적 청구권 : 물권의 행사가 방해받고 있거나 방해받을 우려가 있는 경우, 물권자는 그 방해의 제거 또는 예방을 청구할 수 있는 권리다.

반환청구권	정당한 권원 없이 타인의 물건을 점유하는 자에 대하여 소유자는 그 반환을 청구할 수 있음
방해제거청구권	물권자의 물권의 실현이 발행받고 있는 경우 그 방해의 제거를 청구할 수 있음
방해예방청구권	현재 물권의 실현에 방해받지 않고 있으나 장래에 방해의 염려가 있는 경우에, 그 예방을 청구할 수 있음

⑤ 물권의 종류

㉠ 물권의 체계

구분		구성	
본권	소유권		
	제한 물권	용익물권 : 지상권, 지역권, 전세권	
		담보물권 : 유치권, 질권, 저당권	
점유권	점유하고 있는 자체를 권리로 인정		

㉡ 본권과 점유권 : 물건을 직접 지배할 수 있는 권리인 물권은 크게 본권과 점유권으로 나눌 수 있다. 본권이란 직접 지배를 하든, 하지 않든, 지배할 수 있는 정당한 근거가 있는 권리이다. 토지를 매입한 사람은 그 위에 집을 짓던, 방치하던 주인으로서 권리를 행사할 수 있다. 즉, 토지 소유자는 매매라는 정당한 근거를 통해 본권 중 소유권을 행사하는 것이다. 점유권이란 본권에서 본 바와 같이 법률상의 권원이 있느냐를 묻지 않고 물건을 사실상 지배하고 있는 현재의 상태 자체를 보호하는 것을 내용으로 한다.

㉢ 소유권과 제한물권 : 물건을 직접 지배할 수 있는 정당한 근거가 있는 본권은 소유권과 제한물권으로 나눌 수 있다. 소유권이란 물건을 전면적으로 지배하는 경우이고 제한물권은 물건을 지배는 하나 소유권보다는 제한된 범위에서 권리행사가 가능한 경우이다.

㉣ 용익물권과 담보물권 : 소유권은 물건을 전면적으로 지배하는 권리이기 때문에 물건을 사용할 수 있는 권리와 교환할 수 있는 권리가 부여되어 있다. 전자를 사용가치(사용, 수익), 후자를 교환가치(처분)라 한다. 제한물권은 사용가치(사용, 수익), 교환가치(처분) 중 한 가지만을 갖고 있는 경우로 지상권, 지역권, 전세권은 용익물권이라 하여 사용가치만을 갖고 있다. 유치권, 질권, 저당권은 담보물권이라 하여 교환가치만을 갖고 있다.

구분			구성
용익물권	소유권의 사용, 수익, 처분 권능에 비하여 사용, 수익 권능인 사용가치만 부여된 권리	지상권	건물 기타 공작물이나 수목을 소유하기 위하여 타인의 토지를 이용할 수 있는 권리
		지역권	타인의 토지를 자기토지의 편익에 이용하는 권리
		전세권	전세금을 지급하고 타인의 부동산(토지, 건물 등)을 점유하여 용도에 맞게 사용, 수익하며, 해당 부동산이 저당권 실행 등 문제가 생길 경우 전세금의 우선변제를 받을 권리가 있는 물권
담보물권	처분 권능인 교환가치만 부여된 권리	유치권	타인의 물건(동산, 부동산)을 점유한 자가 그 물건이나 유가증권에 관하여 생긴 채권이 변제기에 있는 경우 변제받을 때까지 그 물건 또는 유가증권의 반환을 거절할 수 있는 권리
		질권	채권담보를 위해 채무자 또는 제 3자가 인도한 동산 또는 재산권을 유치하고, 채무의 변제가 없는 때에는 그 목적물로부터 우선변제를 받는 물권
		저당권	채무자의 부동산을 담보로 잡고 채무의 변제가 없는 경우 그 목적물로부터 우선변제를 받는 물권

(2) 물권의 변동

① 의의 : 물권의 변동이란 물건에 대한 권리인 물권이 발생하고 변경되며 소멸하는 물권의 발생, 변경, 소멸을 총칭하는 용어다.

② 공시의 원칙

　　㉠ 공시 : 외부에 알리는 행위를 의미한다. 예를 들면, 부동산을 팔았다면, 소유권이 다른 사람에게 넘어간 것을 외부에서 알 수 있도록 해야 한다. 외부에서 알지 못할 경우 소유자가 변동되었는지 모르는 사람은 전 주인에게 사기를 당할 수도 있다. 즉, 제 3자가 예상치 못한 피해를 받을 수 있다. 이러한 공시의 원칙을 실현하는 방법으로 우리 민법은 부동산과 동산을 다르게 규율하고 있다.

　　㉡ 부동산의 공시 방법(등기) : 토지, 건물과 같은 부동산이 자신 소유라고 또는 타인에게 매매된 사실 등을 외부에 알리는 공시방법은 등기이다. 등기란 등기관이 등기부라는 공부에 부동산의 변동에 관한 사항을 기재하는 절차를 의미하며 관할 등기소에서 담당한다.

　　㉢ 동산의 공시 방법(인도) : 동산은 점유 또는 타인에게 인도(점유의 이전)한 자체만으로 공시가 된다.

③ 공신의 원칙

　　㉠ 공시의 원칙과 공신의 원칙 : 공신의 원칙이란 공시방법을 신뢰하고 거래한 제 3자를 보호해 줄 것인지의 문제로 공신력으로 나타난다.

　　㉡ 부동산 물권 변동 : 부동산 물권 변동에는 공신의 원칙이 인정되지 않는다. 즉 부동산 등기는 공신력이 없다는 것이다.

　　㉢ 동산 물권 변동 : 동산의 점유에 관해서는 공신력이 인정된다. 따라서 무권리자로부터 물건을 구입한 사람은 소유권을 취득할 수 있다(선의취득).

④ 동산의 물권변동

　　㉠ 의의 : 동산은 공시방법인 인도로서 동산물권변동의 효력이 일어난다.

　　㉡ 선의 취득 : 부동산과 달리 동산물권의 변동에서는 공신력이 인정된다. 따라서 동산의 양수인이 비록 무권리자로부터 양수받았다고 하더라도 평온, 공연하게 선의, 무과실로 그 동산을 취득하였면 양수인은 그 동산에 관한 권리를 취득할 수 있다. 다만 선의취득한 물건이 도품이나 유실물인 경우에는 피해자 등은 2년 내에 그 물건의 반환을 청구할 수 있다.

⑤ 부동산의 물권변동

　　㉠ 의의 : 부동산물권 변동에 관하여는 등기가 있어야 한다. 등기란 등기공무원이 부동산등기법에 따라 등기부에 부동산에 관한 권리관계 등을 기재하는 것을 말한다.

　　㉡ 등기를 요하지 않는 부동산 물권 취득 : 상속, 공용징수, 판결, 경매 기타 법률의 규정에 의한 부동산에 관한 물권의 취득은 등기를 요하지 아니한다. 다만 이 경우 취득한 부동산을 처분하기 위해서는 등기를 요한다.

ⓒ 부동산 등기의 효력

  ⓐ 물권변동을 발생케 하는 권리변동적 효력

  ⓑ 물권의 효력순위를 결정하는 순위확정적 효력

  ⓒ 부동산에 관한 제한물권, 부동산임차권 등에 관하여 등기하면 제 3자에게도 효력이 발생하는 대항적 효력

  ⓓ 등기가 있으면 그에 대응하는 실체적 권리관계가 존재하는 것으로 추정되는 추정적 효력

(3) 점유권과 소유권

① **점유권의 의의** : 민법은 어떤 사람이 물건을 사실상 지배하고 있는 경우에 그 지배를 정당화할 수 있는 권리인 본권이 있느냐를 묻지 않고 그 사실상의 지배상태인 점유에 일정한 법적 효과를 부여한다. 예컨대, A라는 사람이 물건을 훔친 경우라 하더라도 누군가 그 물건을 다시 훔쳐갔다면, A는 정당한 소유자는 아니더라도 점유 자체에 기하여 반환청구권을 행사할 수 있다.

② **점유권의 효력**

 ㉠ 점유자가 점유물에 대하여 행사하는 권리는 적법하게 보유한 것으로 추정한다.

 ㉡ 선의의 점유자는 점유물에서 생기는 과실을 취득한다.

 ㉢ 점유물이 점유자의 책임 있는 사유로 인하여 멸실 또는 훼손된 때에는 점유자는 회복자에게 그 손해를 배상하여야 한다.

 ㉣ 점유자는 점유물에 관하여 지출한 비용을 일정한 범위 내에서 상환청구할 수 있다.

 ㉤ 점유자는 그의 점유를 침탈당한 때에는 그 침해의 배제를 청구할 수 있다.

 ㉥ 점유자의 점유에 대한 부당한 침탈 또는 방해행위에 대해 자력으로써 방어 또는 회복을 할 수 있다.

③ **소유권의 의의** : 소유권이란 물건을 사용ㆍ수익ㆍ처분할 수 있는 권리를 말한다. 소유권은 물건에 대한 전면적인 지배권이지만 일정한 제한을 받는다. 헌법에서 재산권은 공공복리에 적합하게 행사하여야 함을 규정하고 있으며 공공복리에 필요하면 권리의 본질적 내용을 침해하지 않는 한도 내에서 법률로서 재산권을 제한할 수 있다.

④ **소유권의 취득**

 ㉠ **취득시효** : 취득시효란 물건을 일정한 기간 동안 점유한 사람에게 일정한 요건 하에 권리취득의 효과를 생기게 하는 제도를 말한다.

 ㉡ **부동산 소유권의 취득시효**

점유 취득시효	20년간 소유의 의사(자주점유)로 평온ㆍ공연하게 부동산을 점유한 자가 등기함으로써 그 소유권을 취득
등기부 취득시효	부동산의 소유자로 등기한 자가 10년간 소유의 의사로 평온ㆍ공연하게 선의이며 과실 없이 그 부동산을 점유한 때에 그 소유권을 취득

ⓒ 동산 소유권의 취득시효 : 10년간 소유의 의사로 평온·공연하게 동산을 점유한 자가 소유권을 취득하고, 점유가 선의·무과실로 개시된 경우에는 5년의 경과로 소유권을 취득한다.

(4) 용익물권

① 의의 : 용익물권이란 타인의 물건을 일정한 목적을 위하여 사용·수익하는 것으로 목적물의 사용가치를 지배하는 것을 내용으로 한 제한물권이다. 용익물권에는 지상권, 지역권, 전세권이 있으며 이들은 모두 부동산을 목적으로 한다.

② 지상권

　　㉠ 개념 : 타인의 토지에 건물 기타 공작물이나 수목을 소유하기 위하여 그 타인의 토지를 사용할 수 있는 권리다.

　　㉡ 지상권의 존속기간 : 당사자들의 약정에 따르지만 민법은 일정한 규정을 두고 있다. 석조, 석회조, 연와조 또는 이와 유사한 견고한 건물인 경우는 30년, 그 밖의 건물의 경우는 15년, 건물 외의 공작물의 경우는 5년, 수목의 경우는 30년이다.

　　㉢ 지료지급 의무 : 민법 제279조에 따라 지료의 지급은 지상권의 요소가 아니나 당사자가 지료를 지급하기로 약정한 때에는 지료지급의무가 생긴다. 지료와 그 지급시기에 관한 약정은 이를 등기할 수 있다.

　　㉣ 지료증감청구권 : 지료가 토지에 관한 조세 기타 부담의 증감이나 지가의 변동으로 인하여 상당하지 아니하게 된 때에는 당사자는 그 증감을 청구할 수 있다.

③ 지역권 : 지역권이란 일정한 목적을 위하여 타인의 토지를 자기 토지의 편익에 이용하는 것을 내용으로 하는 물권이다. 예컨대 A토지에 들어가기 위해서 B토지를 통해야 하는 경우, A토지의 편익을 위하여 B토지를 이용할 수 있는 물권이다. 이때 편익을 얻는 A토지를 요역지라고 하고, 편익을 제공하는 B토지를 승역지라고 한다.

④ 전세권

　　㉠ 개념 : 전세권이란 전세금을 지급하고 타인의 부동산을 점유하여 그 부동산의 용도에 좇아 사용·수익하는 용익물권이다.

　　㉡ 법적 성질 : 용익물권적 성격이 주된 것이며, 부수적으로 전세금반환청구권을 확보하기 위한 담보물권적 성격이 인정된다.

　　㉢ 전세권의 설정 대상 : 전세권의 대상은 토지와 건물이다. 다만 농경지에 대한 전세권의 설정은 허용되지 않는다.

　　㉣ 전세권의 존속기간 : 당사자의 임의로 정할 수 있으나, 최장기간은 10년을 넘지 못하며, 당사자의 약정기간이 10년을 초과하는 경우에는 10년으로 단축되며, 최단기간은 1년으로서 약정기간을 1년 미만으로 정한 때에는 1년이 된다.

(5) 담보물권

① 의의 : 담보물권이란 채권의 담보를 목적으로 하는 물권으로 사용·수익을 목적으로 하는 용익물권과는 본질적으로 차이가 있다. 담보물권은 목적물의 교환가치의 취득을 목적으로 하며 유치권, 질권, 저당권의 세 가지 종류가 있다.

② 유치권

　㉠ 개념 : 타인의 물건 또는 유가증권을 점유한 자가 그 물건이나 유 가증권에 관하여 생긴 채권의 변제를 받을 때까지 그 목적물을 유치할 수 있는 권리다. 이때 유치란 점유를 계속하고 인도를 거절하는 행위를 뜻한다. 예컨대, 가전제품을 수리한 자는 수리비를 지급받을 때까지 그 기계의 인도를 거절할 수 있다.

　㉡ 유치권자의 의무 : 유치권자는 선량한 관리자의 주의로 유치물을 점유하여야 한다. 선량한 관리자의 주의란 그 법률관계에서 거래상 통상적으로 요구되는 정도의 주의를 말한다.

　㉢ 효력 : 유치권자의 그 채권의 변제를 받기 위하여 목적물의 경매신청이 인정된다. 다만 경락대금으로부터 우선변제를 받을 수는 없으므로 간접적으로 강제할 수 있을 뿐이다. 유치권은 점유의 상실로 인하여 소멸한다.

③ 질권

　㉠ 개념 : 채권자가 채권의 담보를 위해 채무자 또는 제3자로부터 인도받은 물건 또는 재산권을 유치하고, 채무의 변제가 없는 때에는 그 목적물로부터 우선변제를 받는 물권이다.

　㉡ 유치권과의 차이점 : 목적물을 점유하는 유치적 효력이 있다는 점에서 유치권과 같다. 그러나 질권은 당사자 사이의 계약에 의하여 성립하는 약정담보물권이라는 점에서 법정담보물권인 유치권과 다르다.

　㉢ 질권의 설정 : 동산에는 질권의 성립이 가능하나 부동산에는 질권 설정이 인정되지 않는다.

④ 저당권

　㉠ 개념 : 채권자가 채무담보를 위하여 채무자 또는 제3자(물상보증인)가 제공한 부동산 기타 목적물을 이전받지 않은 채 그 목적물을 관념상으로만 지배하다가 채무의 변제가 없으면 그 목적물로부터 우선변제를 받을 수 있는 담보물권이다.

　㉡ 법적 성질 : 저당권설정자(채무자)가 목적물을 계속 점유하기 때문에 유치적 효력을 갖지 않고, 우선변제적 효력만 인정된다.

　㉢ 효력 : 저당권의 효력은 저당부동산에 부합된 물건과 종물에 미친다.

(6) 부동산임대차(不動産賃貸借)

① 임대차의 의의

　㉠ 임대인과 임차인 : 임대인이란 상대방에게 목적물을 사용, 수익하게 하는 주체이고, 임차인이란 목적물을 사용, 수익하는 주체를 의미한다.

ⓛ 임대차 : 임대차(賃貸借)란, 임대인(賃貸人)이 임차인(賃借人)에게 건물이나 토지 등을 빌려 주고 임차인이 그 대가를 지급하기로 하는 계약을 말한다.

ⓒ 부동산 임대차 : 임대인과 임차인의 계약관계가 부동산을 둘러싸고 일어나는 것이 부동산 임대차이며 부동산 임대차 중 일상생활과 밀접히 관련된 분야가 주택임대차이다.

▶ **임대차 계약**
부동산 임대차 계약은 채권, 채무 관계를 발생시키는 채권계약임에 주의. 즉 토지, 건물을 매매함으로써 생기는 물권과는 구별됨

② 임대차의 존속기간 : 대상에 따라 20년 또는 10년까지 가능하나 주택 임대차와 상가건물 임대차가 일반적이다. 주택임대차는 2년 이하로 약정하지 못하며, 상가건물임대차는 1년 이하로 약정하지 못한다. 그 이하로 약정한다 해도 최소 약정 기간까지 보호가 된다.

③ 주택임대차보호법(住宅賃貸借保護法)

ⓐ 의의 : 주택 임대차 보호법은, 세입자의 주거와 보증금의 회수를 보장하고, 과도한 집세인상 등에서 세입자의 주거생활의 안정을 보호하기 위하여 제정한 특별법이다.

ⓑ 대항력 인정 : 임차인이 주택을 인도받아 주민등록을 마치면 제 3자에게 대항할 수 있는 효력이 생긴다. 주민등록을 하지 않고 전입신고를 하더라도 무방하다. 이때 대항할 수 있다는 의미는 새로운 사람이 주택을 양수하여 임대인이(집주인) 바뀐 경우에도 새로운 주인에게 임차권을 주장하여 계속해서 사용, 수익할 수 있다는 뜻이다.

ⓒ 임대차의 최단존속 기간 보장 : 임대차 기간을 정하지 않았거나 2년 미만으로 정한 경우 2년 계약한 것으로 보아 최소 2년 이상 거주할 수 있도록 하고 있다. 물론 임차인의 의사에 따라 그보다 단기간 거주해도 무방하다. 어디까지나 집주인의 퇴거강요로부터 보호받을 수 있다는 것을 의미한다.

ⓓ 임대차의 갱신 : 계약 만료전 임대인은 6개월에서 1개월까지, 임차인은 1개월 전까지 별도의 의사를 표하지 않는다면 앞전에 계약한 기간까지 자동으로 연장되는데 이를 묵시적 갱신이라 한다.

ⓔ 보증금의 우선변제 : 대항요건을 갖추고 확정일자까지 갖추었다면 세들어 사는 주택이 경매로 넘어가는 경우에도 다른 채권자보다 우선하여 보증금을 받을 수 있다.

❷ 채권법 총론

(1) 채권(債權) 채무(債務) 관계

① 의의

ⓐ 개념 : 특정한 일방당사자가 상대방에 대하여 일정한 행위를 청구할 수 있는 권리가 채권이며 이러한 권리를 행사할 수 있는 주체를 채권자라 한다. 채권자의 권리에 대응하여 상대방이 일정한 행위를 해야 할 의무를 채무라 하며 이러한 지위에 있는 주체를 채무자라 한다. 채권자와 채무자의 법률관계를 채권, 채무 관계라 한다.

ⓛ 물권과 채권의 구별

구분	물권		채권	
개념	물건을 지배할 수 있는 권리		채무자에 대해 일정한 행위를 청구할 수 있는 권리	
특징	절대권	모든 사람에 대해 권리 주장 가능	상대권	채무자에 대해서만 권리 주장 가능
	강행 규정	물권법정주의에 따라 대부분 법으로 규제	임의 규정	당사자가 자유로이 법률행위를 창설하는 사적 자치 강조

② 채권의 목적

ⓖ 급부(이행) : 채권의 목적은 급부로 급부란 채무자의 이행을 의미한다.

ⓛ 급부의 유형 : 작위급부란 적극적인 행위를 해야 하는 경우이고 부작위급부란 일정 행위를 하지 말아야 하는 것을 의미한다.

ⓒ 급부의 요건 : 정당한 급부가 되기 위해서는 적법하여야 하고, 확정이 가능해야 하며 실현 가능해야 한다. 또한 선량한 풍속 기타 사회 질서에 위배되지 않아야 한다.

③ 채권의 발생원인

ⓖ 유형 : 채권을 발생시키는 경우로 민법은 계약, 사무관리, 부당이득, 불법행위를 규정하고 있으며 이 중 계약이 큰 비중을 차지하고 있다. 부동산 매매, 금전대여, 물품구입 모두 계약으로 이러한 계약에 따라 무엇인가를 청구할 권리가 생기게 된다.

ⓛ 계약의 개념 : 계약이란 서로 대립하는 두 개 이상의 의사표시의 합치에 의하여 성립하는 법률행위이다. 계약은 대립하는 의사표시의 합치라는 데 특징이 있다. 대립하는 의사표시가 아닌 서로 방향이 같은 두 명 이상의 의사표시가 합치되는 것은 합동행위로 대표적인 예는 사단법인 설립행위이다.

ⓒ 계약의 성립 : 계약이 성립하려면 당사자들의 의사표시가 합치되어야 하며 청약과 승낙이라는 과정을 거치게 된다. 청약이란 계약을 청하는 의사표시이다. 승낙이란 이러한 청약에 대해 동의를 하는 의사표시이다.

ⓔ 계약의 종류 : 민법에 정해진 14종의 계약을 전형계약(증여, 매매, 교환, 소비대차, 사용대차, 임대차, 고용, 도급, 현상광고, 위임, 임치)이라 15종의 계약을 전형계약 (증여, 매매, 교환, 소비대차, 사용대차, 임대차, 고용, 도급, 현상광고, 위임, 임치, 조합, 종신정기금, 화해, 여행)이라 민법전에 규정되어 있지 않은 그 밖의 계약을 비전형계약 또는 무명계약이라 한다.

ⓜ 동시이행의 항변권 : 쌍무계약으로부터 생기는 각 채무는 서로 대가적 의미를 가지고 연결되어 있기 때문에 쌍무계약의 당사자 일방은 상대방이 채무의 이행을 제공할 때까지 자기의 채무의 이행을 거절할 수 있는 권리가 있다. 이러한 권리를 동시이행의 항변권이라 한다.

④ 채권의 종류

ⓖ 특정물 채권 : 특정물의 인도(급부)를 목적으로 하는 채권이다.

ⓛ 불특정물 채권(종류채권) : 채권의 목적을 일정한 종류의 일정량으로만 지정한 경우에 목적물의 품질은 중등품질로 한다.

ⓒ 금전 채권 : 금전을 목적으로 하는 채권이다.

ⓔ 이자 채권 : 이자의 지급을 목적으로 하는 채권이다.

ⓜ 선택 채권 : 선택 시까지 목적이 불확정한 상태에서 성립하는 채권이다.

(2) 채무불이행

① 의의 : 채무자는 채무의 내용에 좇은 이행(변제)을 해야 하는데, 그러한 이행이 없는 경우를 채무불이행이라고 한다. 이는 채무자가 자기의 책임 있는 사유로 채무의 내용에 좇은 이행을 하지 않는 모든 경우를 가리킨다. 채무불이행에는 이행지체, 이행불능, 불완전이행의 세 가지가 있다.

⑤ 채무불이행의 유형

구분	개념	특징
이행 지체	이행이 가능한 경우인데도 이행하지 않는 경우	채무자에게 책임 유무를 불문하고 강제이행 청구 가능, 채무자에게 책임이 있으면 손해배상 청구도 가능
이행 불능	채무이행이 불가능한 경우 (파손 등)	채무자에게 책임이 없다면 채무 소멸, 채무자에게 책임이 있다면 손해배상
불완전 이행	채무를 이행하였으나 내용이 완전하지 못한 경우	완전이행청구 가능, 완전이행이 의미 없을 경우 손해배상 청구 가능

③ 채권자 지체(채권자의 수령지체) : 채무의 이행에 있어서 채권자의 협력, 특히 그의 수령을 요하는 경우에 채무자의 채무의 내용에 좇은 이행의 제공이 있음에도 불구하고 채권자가 그것을 수령하지 않거나 그 밖의 필요한 협력을 하지 않는 것을 말한다.

(3) 책임재산의 보전

① 의의 : 모든 채권은 궁극적으로는 금전채권으로 변함으로써 그 목적을 달성하게 된다. 이때 채권의 실질적 가치는 채무자의 일반재산에 의존하므로 민법은 채무자가 그의 재산이 감소되는 것을 방지하는 조치를 취하지 않는 경우 또는 채무자가 자기의 재산을 감소시키는 행위를 하는 경우 채권자가 채무자의 일반재산의 보전을 꾀할 수 있도록 하고 있다.

② 채권자대위권

ⓐ 개념 : 채권자가 자기 채권을 보전하기 위하여 채무자의 권리를 대신행사 할 수 있는 권리다.

ⓑ 성립요건

ⓐ 채권이 존재할 것

ⓑ 채권보전의 필요성이 있을 것

ⓒ 피보전채권의 이행기가 도래할 것

ⓓ 채무자의 권리불행사가 있을 것

ⓒ 행사 및 효과 : 채권자대위권은 채권자가 자기의 이름으로 행사한다. 채권자가 채무자를 대위하여 보존행위 이외의 권리를 행사한 때에는 채무자에게 통지해야 한다.

③ 채권자취소권

ⓐ 의의 : 채권으로 담보되고 있는 채무자의 일반재산이 채무자의 법률행위로 부당하게 감소하게 되면, 채권자 입장에서는 피해를 보게 된다. 따라서 일정한 요건하에 채권자가 채무자의 법률행위를 취소하고 채무자로 부터 일탈된 재산을 회복할 수 있는 권리가 채권자 취소권이다.

ⓑ 행사 요건(사해행위)

  ⓐ 재산권을 목적으로 하는 법률일 것

  ⓑ 채권자를 해하는 법률행위일 것

  ⓒ **채무자의 악의** : 채무자의 사해의사는 적극적 의욕이 아니라 책임재산에 감소가 발생한다는 단순한 인식 만으로도 충분하다.

ⓒ **행사방법** : 채권자 취소권은 채권자가 수익자 또는 전득자를 피고로 하여 자신의 이름으로 재판상 행사하여 야 한다. 이때, 재판상 행사한다는 것은 법률행위의 취소를 청구하는 소송을 제기해야 한다는 것으로 이익 을 받은 자나 전득한 자를 대상으로 해야지 채무자를 상대로 해서는 안 된다.

(4) 채권양도와 채무인수

① **채권양도** : 채권양도란 종래의 채권을 동일성을 유지하면서 새로운 채권자에게 이전하는 계약을 의미한다.

② **채무인수** : 채무인수란 채무의 동일성을 유지하면서 그대로 인수인에게 이전하는 것을 목적으로 하는 계약이 다. 채무인수에 의하여 채무자가 채권자에 대하여 가졌던 모든 항변권은 인수인에게 이전한다.

(5) 채권의 소멸

① **의의** : 채권의 소멸이란 채권의 목적이 달성되거나 또는 다른 원인에 의하여 채권이 객관적 · 절대적으로 그 존재를 잃는 것을 말한다.

② **변제** : 채무자가 채무내용에 따른 급부를 실현한 경우로 은행 대출금의 예에서 완전히 상환한 경우이다.

③ **공탁** : 채권자의 수령 등 협력이 필요한 경우에 채권자가 협력을 거절하거나 행방불명으로 알 수 없는 경우 공탁소에 맡김으로써 채무가 소멸되는 경우이다.

④ **상계** : 채권자와 채무자가 서로에 대하여 동종의 채권과 채무를 가지고 있는 경우 액수만큼 소멸시키는 경우이다.

⑤ **면제** : 채권자가 채무자에게 채무를 면해주는 경우이다.

⑥ **혼동** : 동일인에게 채권과 채무가 귀속되면 채권이 소멸하는 현상을 말한다.

❸ 채권법 각론

(1) 계약 총론

① 계약의 의의

　㉠ 계약의 개념 : 사법상의 일정한 법률효과의 발생을 목적으로 하는 서로 대립하는 2인 이상 당사자의 합의에 의하여 성립하는 법률행위를 의미한다.

　㉡ 계약 자유의 원칙 : 개인이 사회생활을 함에 있어서 각자 자기의 의사에 따라 자유로이 계약을 체결할 수 있는 원칙으로 계약체결의 자유, 상대방 선택의 자유, 내용결정의 자유, 방식결정의 자유를 내용으로 한다.

　㉢ 보통거래약관 : 다수의 계약을 위해 일방당사자에 의하여 사전 작성한 계약의 조항을 말한다.

② 전형계약과 비전형계약

　㉠ 전형계약 : 민법전에 규정되어 있는 15종의 계약을 전형계약 또는 유명계약이라고 한다.

　㉡ 비전형계약 : 전형계약 이외의 계약을 비전형계약 또는 무명계획이라고 한다.

③ 쌍무계약과 편무계약

　㉠ 개념 : 쌍무계약이란 계약당사자가 서로 대가적 의미를 가지는 채무를 부담하는 계약을 말한다. 편무계약은 당사자 일방만이 채무를 부담하거나 쌍방이 채무를 부담하더라도 그 채무가 서로 대가적 의미를 갖지 않는 경우다.

　㉡ 구별의 실익 : 쌍무계약에 있어서는 동시이행의 항변권, 위험부담의 문제가 생기나, 편무계약에 있어서는 이러한 문제가 생기지 않는다.

③ 낙성계약과 요물계약

　㉠ 낙성계약 : 당사자의 합의만으로 성립하는 계약으로 민법상의 전형계약 중 현상광고를 제외하고는 모두 낙성계약이다.

　㉡ 요물계약 : 당사자의 합의 이외에 당사자 일방이 물건의 인도 그 밖의 일정한 급부를 하여야만 성립하는 계약으로 민법의 현상광고만이 요물계약이다.

④ 유상계약과 무상계약

　㉠ 유상계약 : 계약당사자가 서로 대가적 의미를 가지는 재산상의 출연을 하는 계약을 말한다. 유상계약에 관하여는 매매에 관한 규정이 준용된다.

　㉡ 무상계약 : 일방만이 급부를 하거나 혹은 쌍방이 급부를 하더라도 그 급부 사이에 대가적 의미를 갖는 의존관계가 없는 경우의 계약이다.

⑤ 계속적 계약과 일시적 계약

　㉠ 계속적 계약 : 채무의 내용인 급부의 실현이 시간적 계속성을 가지는 계약으로 소비대차, 사용대차, 민법상 임대차, 고용, 위임, 임치, 조합, 종신정기금은 계속적 계약이다.

ⓛ 일시적 계약 : 일시적 급부로써 목적을 달성할 수 있는 계약으로 증여, 매매, 교환은 일시적 계약이다.

⑤ 계약의 성립

　㉠ 합의 : 계약이 성립하려면 당사자의 서로 대립하는 의사표시가 객관적, 주관적으로 합치해야 한다.

　㉡ 청약과 승낙 : 계약은 당사자 일방의 계약요청의 의사표시인 청약과 이에 대응하여 계약을 성립시키고자 하는 상대방의 의사표시인 승낙으로 성립한다.

　㉢ 계약체결상의 과실 : 민법 제535조에 따라 목적이 원시적으로 불능인 계약을 체결한 경우, 그 계약의 유효를 믿은 상대방이 입은 손해에 대하여 배상하도록 규정하고 있다.

⑥ 계약의 효력

　㉠ 동시이행의 항변권 : 쌍무계약의 당사자 일방은 상대방이 그 채무이행을 제공할 때까지 자신의 채무의 이행을 거절할 수 있는데 이를 동시이행의 항변권 또는 계약불이행의 항변권이라고 한다. 동시이행의 항변권은 연기적 항변권으로 채권자가 채무를 먼저 이행할 때까지 그 이행을 거절할 수 있다.

　㉡ 위험부담

　　ⓐ 의의 : 쌍무계약의 당사자 일방의 채무가 당사자 쌍방의 책임 없는 사유로 이행불능이 되어 소멸한 경우, 상대방의 채무도 소멸하는지가 문제가 되는데 이를 위험부담이라고 한다.

　　ⓑ 효과 : 쌍무계약의 당사자 일방의 채무가 당사자 쌍방의 책임 없는 사유로 이행할 수 없게 된 때에는 채무자는 상대방의 이행을 청구하지 못하는 채무자위험부담주의를 원칙으로 한다.

　㉢ 제3자를 위한 계약 : 당사자 간의 약정으로 계약당사자 아닌 제3자, 즉 계약당사자 이외의 자에게 그 계약으로부터 생기는 권리를 귀속케 하는 것을 내용으로 하는 계약을 말한다.

⑦ 계약의 해제

　㉠ 의의 : 계약이 체결되어 일단 효력이 발생한 후에 일방당사자(해제권자)의 의사표시로 계약의 효력을 소급적으로 소멸시키는 것을 말한다.

　㉡ 해제권의 발생원인 : 당사자가 약정한 사유에 의하여 발생하는 약정해제권과 법률의 규정에 의하여 발생하는 법정해제권이 있다. 모든 계약에 공통되는 일반적인 법정해제권의 발생원인은 채무불이행으로서 이것이 해제권발생의 중심을 이룬다.

　㉢ 해제권의 행사 : 해제권의 행사는 상대방에 대한 의사표시로 하며, 그 방식에는 아무런 제한이 없으나 이를 행사할 때에는 조건이나 기한을 붙이지 못한다. 해제의 의사표시가 상대방에 도달한 때에 효력이 발생하며, 효력이 발생한 후에는 철회하지 못한다.

　㉣ 해제의 효과 : 계약의 해제는 유효하게 성립한 계약을 당사자 사이에 처음부터 존재하지 않았던 것과 같은 법률효과를 발생시킨다.

⑧ 계약의 해지 : 당사자의 의사표시에 의하여 계약에 기인한 계속적 채권관계에 있어서 계약의 효력을 장래에 향하여 소멸시키는 것을 말한다. 이는, 소급적으로 계약의 효력을 소멸시키는 해제와는 다르다.

(2) 계약 각론

① **증여** : 당사자의 일방 무상으로 재산을 상대방에게 수여하는 의사표시를 하고, 상대방이 이를 승낙함으로써 성립하는 계약이다. 증여는 무상·편무·낙성·불요식의 계약이다.

② **매매**

　ㄱ **의의** : 당사자 일방이 재산권을 상대방에게 이전할 것을 약정하고, 상대방이 그 대감을 지급할 것을 약정함으로써 성립하는 계약이다. 매매는 유상·쌍무·낙성·불요식 계약이다.

　ㄴ **매도인의 의무**

　　ⓐ **권리이전 의무** : 매도인은 매수인에게 매매의 목적이 된 권리를 이전하여야 한다. 매도인의 권리이전 의무는 특별한 약정이나 관습이 없으면 매수인의 대금지급의무와 동시이행의 관계에 있다.

　　ⓑ **매도인의 담보책임** : 매매의 목적이 된 권리 또는 물건에 하자 내지 불완전한 점이 있는 때에, 매도인이 그의 과실 유무를 묻지 않고 매수인에게 그로 인한 일정한 책임을 지게 되는데, 이를 매도인의 담보책임이라고 한다.

　ㄷ **매수인의 의무** 매수인은 권리이전에 대한 반대급부로서 대금지급의무를 부담며 원칙적으로 매도인의 권리이전의무와 동시이행의 관계에 있다.

③ **교환** : 당사자 금전 이외의 재산권을 서로 이전할 것을 약정함으로써 성립하는 낙성·쌍무·유상·불요식의 계약이다.

④ **소비대차** : 당사자의 일방(대주)이 금전 그 밖의 대체물의 소유권을 상대방에게 이전할 것을 약정하고, 상대방(차주)은 동종·동질·동량의 것을 반환할 것을 약정함으로써 성립하는 낙성·무상·편무·불요식의 계약이다.

⑤ **사용대차** : 당사자의 일방(대주)이 상대방에게 무상으로 사용·수익하게 하기 위하여 목적물을 인도할 것을 약정하고, 상대방(차주)은 이를 사용·수익한 후 그 물건을 반환할 것을 약정함으로써 성립하는 무상·편무 계약이다.

⑥ **임대차** : 당사자 일방(임대인)이 상대방에게 목적물을 사용·수익케 할 것을 약정하고, 상대방(임차인)이 이에 대하여 차임을 지급할 것을 약정함으로써 성립하는 유상·쌍무·낙성·불요식의 계약이다.

⑦ **고용** : 당사자 일방이 상대방에 대하여 노무를 제공할 것을 약정하고, 상대방이 이에 대하여 보수를 지급할 것을 약정함으로써 성립하는 유상·쌍무·낙성·불요식의 계약이다.

⑧ **도급** : 당사자 일방이 어떤 일을 완성할 것을 약정하고, 상대방이 그 일의 결과에 대하여 보수를 지급할 것을 약정함으로써 성립하는 유상·쌍무·낙성·불요식의 계약이다.

⑨ **여행 계약** : 당사자 한쪽이 상대방에게 운송, 숙박, 관광 또는 그 밖의 여행 관련 용역을 결합하여 제공하기로 약정하고 상대방이 그 대금을 지급하기로 승낙함으로써 성립하고 효력이 발생하는 계약이다.

⑩ **현상광고** : 당사자의 일방이 어느 행위를 한 자에게 일정한 보수를 지급할 의사를 표시하고, 이에 응한 자가 그 광고에서 정한 행위를 완료함으로써 성립하는 유상·편무·요물·불요식 계약이다.

⑪ **위임** : 당사자 일방(위임인)이 상대방(수임인)에 대하여 사무의 처리를 위탁하고, 상대방이 이를 승낙함으로써 성립하는 무상·편무·낙성·불요식 계약이다. 수임인은 위임의 본지에 따라 선량한 관리자의 주의로써 위임사무를 처리해야 한다.

⑫ **임치** : 당사자 일방(임치인)이 상대방(수치인)에 대하여 금전이나 유가증권 그 밖의 물건의 보관을 위탁하고, 상대방이 이를 승낙함으로써 성립하는 무상·편무·낙성·불요식의 계약이다.

⑬ **조합** : 2인 이상의 특정인이 서로 출자하여 공동사업을 경영할 것을 약정함으로써 성립하는 쌍무·유상·낙성·불요식 계약이다.

⑭ **종신정기금** : 당사자의 일방(채무자)이 자기나 상대방 또는 제3자의 종신까지 정기로 금전 기타 물건을 상대방 또는 제3자에게 지급할 것을 약정함으로써 성립하는 낙성·불요식 계약이며 계속적 채권계약이다.

⑮ **화해** : 당사자가 서로 양보하여 그들 사이의 분쟁을 해결하고 중지할 것을 약정함으로써 성립하는 쌍무·유상·낙성·불요식의 계약이다.

(3) 사무관리

① **의의** : 법률상 의무 없이 타인을 위하여 그의 사무를 처리함으로써 관리자와 본인 사이에 생기는 법정채권관계를 말한다.

② **성립요건**

　　㉠ 타인의 사무를 관리할 것

　　㉡ 타인을 위한 관리의사가 있을 것

　　㉢ 법률상의 의무가 없을 것

　　㉣ 본인에게 불리하거나 본인의 의사에 반하지 않음이 명백할 것

　　㉤ 본인의 의사는 선량한 풍속 그 밖의 사회질서에 반하지 않을 것

③ **효과** : 사무관리가 성립하면 그 관리행위는 적절한 것이 되어 위법성이 조각된다. 그러나 관리방법의 잘못으로 손해가 발생하면 손해를 배상할 책임이 있다.

(4) 부당이득

① **의의** : 법률상 원인 없이 타인의 재산 또는 노무로 인하여 이익을 얻고 이로 인하여 타인에게 손해를 가한 경우에 그 이익을 손실자에게 반환시키는 제도를 말한다.

② **성립요건** : 법률상 원인 없이(부당성), 타인의 재산 또는 노무로 인하여 이득을 얻고(수익성), 그로 인하여(인과관계), 타인에게 손해를 가함으로써(손실) 성립한다.

③ 효과

　　㉠ 반환 의무 : 이득자(수익자)가 손실자에 대하여 그 이득을 반환할 의무를 부담한다. 따라서 손실자는 이득자에 대하여 부당이득반환청구권을 취득하게 된다.

　　㉡ 반환 범위 : 선의의 이득자(수익자)의 반환범위는 '그 받은 이익이 현존하는 한도'이다. 수익자가 이익을 받은 후 법률상 원인 없음을 안 때에는 그때부터 악의의 수익자로서 이익반환의 책임이 있다.

(5) 불법행위

① 의의 : 고의 또는 과실로 인한 위법행위로 타인에게 손해를 주는 행위를 불법행위라 한다. 불법행위가 있을 경우 손해배상 책임이 발생한다.

② 일반 불법행위 책임

　　㉠ 고의 또는 과실의 존재 : 고의란 자신의 행위로 타인에게 손해가 발생할 것을 인식하고도 감행한 경우이고, 과실이란 피해를 인식할 수 있었는데도 부주의하여 결과를 만든 것을 의미한다.

　　㉡ 위법성 : 위법성이란 사회 전체의 법질서에 비추어 봤을 때 허용되지 않는 경우이다. 고의나 과실로 타인에게 손해를 발생시켰더라도 정당성이 인정되어 사회적으로 허용된다면 책임이 발생하지 않는다.

　　㉢ 손해의 발생 : 손해의 발생은 현실적으로 나타나야 한다. 이러한 손해는 정신적 손해와 재산적 손해로 분류되는데, 정신적 손해에 대한 배상금을 위자료라고 한다.

　　㉣ 인과관계 : 가해행위와 손해발생 사이에 인과관계가 있어야 한다. 자연 현상에 따라 나타난 손해라면 인과관계가 없기 때문에 책임을 물을 수 없다.

　　㉤ 책임능력(불법행위 능력) : 가해자에게 책임능력이 있어야 한다. 책임무능력자는 손해배상의 책임을 지지 않지만, 감독자나 법정대리인 등이 책임을 지게 된다.

책임무능력	내용
민법 제753조 (미성년자)	미성년자가 타인에게 손해를 가한 경우에 그 행위의 책임을 변식할 지능이 없는 때에는 배상의 책임이 없으며 반대로 미성년자라도 책임을 변식할 지능이 있다면 독립해서 책임을 지게 됨
민법 제754조 (심신상실자)	심신상실 중에 타인에게 손해를 가한 자는 배상의 책임이 없으나, 고의 또는 과실로 심신상실을 초래한 때에는 그러하지 아니함

③ 특수 불법행위 책임

　　㉠ 의의

　　　　ⓐ 개념 : 일반적인 불법행위와는 달리, 어떠한 경우에는 책임의 성립요건이 경감되거나 자신의 행위가 아닌 타인의 가해행위에 대해서도 책임을 지는 경우가 있다. 이러한 형태의 불법행위를 특수한 불법행위라 한다.

　　　　ⓑ 유형 : 특수한 불법행위의 형태로는 책임무능력자의 감독자책임, 사용자의 배상책임, 공작물 또는 동물 등 점유자 · 소유자의 책임, 공동 불법 행위자 책임 등이 있다.

ⓛ **책임무능력자의 감독자 책임** : 책임 무능력자의 불법행위로 인해 제 3자에게 손해가 발생했을 때에는, 무능력자를 감독할 의무가 있는 자가 손해를 배상해야 한다.

ⓒ **사용자의 배상책임** : 타인을 사용하여 일정한 사무에 종사하게 한 자(고용주)는 피용자(종업원)가 그 사무집행에 관하여 제삼자에게 손해를 가했을 때에 그것을 배상해야 한다는 것으로 사용자 책임이 성립하려면 사용자와 피용자 사이에 고용관계 또는 사무 감독 관계와 같은 수직적 관계가 존재해야 한다.

ⓔ **공작물 또는 동물 등 점유자·소유자 책임** : 공작물의 설치 또는 보존의 하자로 인하여 타인에게 손해를 가했을 때에는 공작물 점유자가 손해를 배상해야 한다. 그러나 점유자가 손해의 방지에 필요한 주의를 다했을 때에는 그 소유자가 손해를 배상해야 한다. 이때 공작물이란 어떤 여타의 형태를 불문하고 이용하기 위해 만들어 놓은 시설물을 의미한다. 동물의 점유자 역시 동일하다.

ⓜ **공동 불법행위 책임** : 여러 사람이 공동으로 불법 행위로 인하여 타인에게 손해를 가했을 때에는 연대하여 배상해야 한다. 또한 여러 사람의 행위가 있었는데 어디에서 손해가 있었는지 알 수 없을 때에도 마찬가지로 연대하여 배상해야 한다.

④ **불법행위의 효과**

ⓐ **손해배상청구권의 발생** : 불법행위의 요건이 충족되면 그 효과로서 가해지는 피해자에 대하여 그 발생한 손해를 배상할 책임이 생긴다.

ⓛ **손해배상의 범위**

ⓐ 통상손해 : 불법행위와 상당인과관계에 있는 모든 손해로서, 통상손해를 원칙으로 한다.

ⓑ 특별손해 : 특별한 사정으로 인한 손해는 가해자가 그 사정을 알았거나 알 수 있었을 때에 한하여 배상의 책임이 있다.

ⓒ **손해배상의 방법** : 다른 의사표시가 없으면 손해는 금전으로 배상해야 한다.

ⓔ **손해배상액의 산정**

ⓐ 타인의 신체, 자유 또는 명예를 해하거나 기타 정신상 고통을 가한 자는 재산 이외의 손해에 대하여도 배상할 책임이 있다.

ⓑ 타인의 생명을 해안 자는 피해자의 직계존속, 직계비속 및 배우자에 대하여는 재산상의 손해가 없는 경우에도 손해배상의 책임이 있다.

ⓒ 불법행위에 관하여 피해자에게 과실이 있는 때에는 법원은 손해배상의 책임 및 그 금액을 정함에 있어서 이를 반드시 참작하여야 한다(과실상계)

ⓓ 불법행위로 인하여 피해자가 손해를 입음과 동시에 이익을 얻은 경우에는 배상액에 그 이익을 공제하여야 한다(손익상계).

ⓜ **손해배상청구권의 소멸시효**

ⓐ 불법행위로 인한 손해배상청구권은 피해자나 그 법정대리인이 그 손해 및 가해자를 안 날부터 3년 내에, 불법행위를 한 날부터 10년 내에 행사하지 않으면 소멸한다.

ⓑ 미성년자가 성폭력, 성추행, 성희롱, 그 밖의 성적 침해를 당한 경우에 이로 인한 손해배상청구권의 소멸시효는 그가 성년이 될 때까지는 진행되지 아니한다.

④ 가족법(친족, 상속법)

(1) 서설

가족법은 혈연적 집단 상호간의 생활관계인 친족관계를 규율하는 민법 제4편 친족편(친족법)과 가족 구성원의 사망에 따른 재산의 승계관계인 상속관계를 규율하는 제 5편 상속편(상속법)으로 구성되어 있다.

(2) 친족법

① 의의 : 친족법은 부부와 미성년자의 자(子)를 중심으로 한 혼인 및 친자관계 외에 제한능력자에 대한 후견, 친족 간의 부양 등을 규율하는 법의 총체다.

　　㉠ 친족의 개념 : 민법 제767조에 따라 배우자, 혈족, 인척을 친족으로 한다.

　　㉡ 친족의 종류

　　　　ⓐ 자기의 직계존속과 직계비속을 직계혈족이라고 한다.

　　　　ⓑ 자기의 형제자매와 형제자매의 직계비속, 직계존속의 형제자매 및 그 형제자매의 직계비속을 방계혈족이라고 한다.

　　　　ⓒ 혈족의 배우자, 배우자의 혈족, 배우자의 혈족의 배우자를 인척이라고 한다.

　　㉢ 친족의 범위 : 8촌 이내의 혈족, 4촌 이내의 인척 및 배우자다.

② 가족의 범위 : 배우자, 직계혈족 및 형제자매가 가족이다. 직계혈족의 배우자, 배우자의 직계혈족 및 배우자의 형제자매는 생계를 같이 하는 경우에 한해 가족이다.

③ 혼인

　　㉠ 약혼 : 약혼이란 장래 혼인을 체결하려는 당사자의 합의를 말한다. 민법 제801조에 따라 남녀 모두 18세가 된 사람은 부모나 미성년 후견인의 동의를 받아 약혼할 수 있다.

　　㉡ 혼인의 성립 : 혼인은 가족관계의 등록 등에 관한 법률에에 정한 바에 의하여 신고함으로써 그 효력이 생긴다.

　　㉢ 혼인의 무효 사유 : 혼인의 무효란 혼인을 했지만 일정한 사유가 있는 경우 처음부터 혼인에 대한 효력이 인정되지 않는 것을 의미한다.

　　　　ⓐ 당사자 간에 혼의의 합의가 없는 때

　　　　ⓑ 8촌 이내의 혈족 사이의 혼인인 때

　　　　ⓒ 당사자 간에 직계인척관계가 있거나 있었던 때

　　　　ⓓ 당사자 간에 양부모계의 직계혈족관계가 있었던 때

　　㉣ 혼인의 취소 사유 : 혼인의 취소란 일단 혼인이 유효하게 성립 한 후 법이 정한 사유에 따라 법원의 취소 판결로 혼인의 효과가 소멸하는 것을 말한다.

혼인적령 미달	혼인을 하기 위해서는 18세 이상이어야 함
동의의 흠결	미성년자나 피성년후견인의 혼인은 부모나 후견인의 동의가 필요
근친혼	민법 제809조에 해당하는 당사자 간의 혼인(8촌 이내의 혈족 사이, 일정 범위의 인척 사이 등)
중혼	법률상 배우자가 있는 자의 혼인
부부생활을 계속할 수 없는 중대한 사유	부부생활을 지속할 수 없는 악질, 기타 중대한 사유가 있음을 알지 못하고 혼인한 경우
사기 또는 강박에 의한 혼인	사기 또는 강박으로 혼인의 의사표시를 한 경우

ⓜ 혼인의 효과

ⓐ 당사자간에 친족관계가 발생한다.

ⓑ 부부 동거, 부양, 협조, 정조를 지킬 의무 발생한다.

ⓒ **부부재산 계약** : 혼인하기 전의 혼인 당사자들의 재산관계에 대한 의사를 존중하고, 이를 보호하기 위한 제도다.

ⓓ **법정재산제** : 부부의 일방이 혼인 전부터 가진 고유재산과 혼인 중 자기의 명의로 취득한 재산은 각자의 특유재산으로 하고, 부부는 그 특유재산을 각자 관리, 사용, 수익한다.

ⓔ 부부가 낳은 자녀는 혼인 중의 출생자가 된다.

ⓕ 부부의 일방이 사망하면 생존 배우자에게 상속권이 생긴다.

ⓖ **성년의제** : 미성년자가 법정대리인의 동의를 얻어 혼인하게 되면 사법상으로는 성년자로 본다.

④ 이혼

㉠ **협의상 이혼** : 당사자 사이의 이혼에 대한 의사합치와 이혼신고를 함으로써 효력이 생긴다.

㉡ **재판상 이혼** : 부부의 일방은 법에 정한 사유가 있는 경우 가정법원에 이혼을 청구할 수 있다.

ⓐ 배우자의 부정한 행위가 있었을 때

ⓑ 배우자가 악의로 다른 일방을 유기한 때

ⓒ 배우자 또는 그 직계존속으로부터 심히 부당한 대우를 받았을 때

ⓓ 자기의 직계존속이 배우자로부터 심히 부당한 대우를 받았을 때

ⓔ 배우자의 생사가 3년 이상 분명하지 아니한 때

ⓕ 기타 혼인을 계속하기 어려운 중대한 사유가 있을 때

㉢ 이혼의 효과

ⓐ 혼인에 의해 성립한 부부 사이의 모든 권리와 의무의 소멸

ⓑ 자녀를 양육하지 않는 부 또는 모의 면접 교섭권

ⓒ 부부 공동으로 마련한 재산에 대한 분할 청구권

ⓓ 과실 있는 상대방에 대한 정신상 손해배상 청구권(위자료 청구권)

⑤ 친권

   ㉠ **친권자** : 친권을 행사하는 자를 친권자라 한다.

      ⓐ 친권은 부모가 공동으로 행사하는 것이 원칙이며, 부모의 한쪽이 친권을 행사할 수 없을 때에는 다른 한쪽이 이를 행사한다.

      ⓑ 혼인을 하지 않은 미성년자가 친권자인 경우에는, 그의 법정대리인인 부모가 친권을 대리행사한다.

      ⓒ 혼인 외의 자가 인지된 경우와 부모가 이혼한 경우에는 부모의 협의로 친권을 행사할 자를 정한다. 협의가 안 될 경우에는 가정법원이 정한다.

      ⓓ 양자는 양부모의 친권에 복종한다.

      ⓔ 친권에 복종하는 자는 미성년인 자에 한한다.

   ㉡ **친권의 내용**

      ⓐ 자의 보호 · 교양, 거소지정 · 징계, 영업허락 등 자의 신분상에 관한 권리와 의무를 가진다.

      ⓑ 재산관리 및 재산상 법률행위의 동의 · 대리 등 자의 재산에 관한 권리와 의무가 있다. 다만 친권자와 자의 이해가 상반하는 경우 및 자에 대한 무상수여자(無償授與者)가 친권자의 관리에 반대의사를 표시한 때에는 그 재산에 대한 관리권이 없다. 또 재산행위라도 자의 행위를 목적으로 하는 채무를 부담할 경우에는 자의 동의를 얻어야 한다.

   ㉢ **친권의 소멸** : 친권은 친권자 또는 자의 사망, 자의 성년 도달로 소멸한다. 또 분가 · 혼인 · 이혼 · 입양 · 파양 · 인지 또는 인지취소 등의 원인으로 친권자와 자의 가(家), 즉 호적이 다르게 될 때에도 소멸한다. 그 밖에 친권소멸원인으로 친권상실선고와 친권의 일부사퇴가 있다

⑥ 양자

   ㉠ **의의** : 양자제도는 친생자 관계에 있지 않은 자 사이에서 당사자의 합의와 신고에 의해 법률상 친자관계를 의제하여 친자관계를 인위적으로 창설하는 제도다.

   ㉡ **입양** : 입양은 가족관계의 등록 등에 관한 법률에서 정한 바에 따라 신고함으로써 그 효력이 생긴다.

   ㉢ **파양** : 입양으로 인한 친족관계는 입양의 취소 또는 파양으로 인하여 종료한다.

⑦ 부양

   ㉠ **의의** : 일정한 범위의 친족은 생활공동체를 구성하여 상호부조할 의무와 권리를 갖게 된다. 부양이란 스스로 생활할 수 있는 사람이 생활능력이 없는 사람을 돌보는 일체의 행위를 의미한다.

   ㉡ **부양 관계**

구분	1차적 부양	2차적 부양
내용	부부 간, 부모와 미성숙 자녀 간의 부양	친족 간 부양 (부모와 성년자 사이, 직계혈족 등)
특징	부양능력이 부족해도 부족한 범위에서나마 부양해야 한다는 강한 의무 부여	부양능력의 여력이 있는 자가 부양 의무자가 됨

ⓒ **부양청구권** : 부양청구권을 행사하기 위해서는 '부양의 필요'와 '부양의 여력'이란 두 가지의 요건이 있어야 한다. 즉 부양받을 수 있는 일정한 범위 내에 있는 사람이 자기의 자력또는 근로에 의하여 생활을 유지할 수 없는 '요부양상태(要扶養狀態)'가 생겨야 하며, 부양의무자측에서도 자기의 사회적 지위·신분에 적합한 생활정도를 낮추지 않고 부양할 수 있을 정도의 여유가 있어야 부양의무가 생긴다.

ⓔ **부양자의 범위** : 민법의 친족 편에서 규율하고 있는데 부양의무는 직계혈족 및 그 배우자 사이, 생계를 같이 하는 그 밖의 친족 사이에만 부양 의무가 인정된다. 부양의무자 또는 부양권리자가 여러 사람이 있을 경우 당사자의 협의에 의하여 그 순위를 정하고, 이러한 협의가 불가능할 때에는 당사자의 청구에 의하여 가정 법원이 그 순위를 결정해 주게 된다.

(3) 상속법

① **상속의 의의** : 상속(相續)이란 사람이 사망함으로써 사망한 사람이 가지고 있던 재산에 관한 권리와 의무를 일정 범위의 친족과 배우자에게 포괄적으로 승계해 주는 재산의 이전을 의미한다. 사망자를 피상속인이라고 하며, 상속을 받는 자를 상속인이라고 한다.

② **상속의 순위**

ⓐ **의의** : 상속인이 여럿일 경우 법규정에 따라 순서를 정하며 선순위 상속인이 한 사람이라도 있다면 후순위 상속인은 상속권이 없다는 데 특징이 있다. 다만 동순위 상속인이 여럿일 때는 공동상속을 하게 된다.

ⓑ **상속의 순위(민법 제1000조)**

1순위	피상속인의 직계비속
2순위	피상속인의 직계존속
3순위	피상속인의 형제자매
4순위	피상속인의 4촌 이내의 방계혈족

③ **대습상속**

ⓐ **개념** : 상속인이 될 사람이 사망하거나 결격자가 된 경우 직계비속이 사망하거나 결격된 자의 순위로 상속인이 되는 제도이다.

ⓑ **범위** : 상속인이 될 직계비속 또는 형제자매가 사망하거나 결격자가 된 경우 그의 직계비속이 상속인이 된다.

④ **상속의 승인과 포기**

ⓐ **단순승인** : 채무를 포함하여 일체의 재산을 상속하는 경우이다.

ⓑ **한정승인(제도)** : 상속재산과 상속재무를 승계하지만 상속재산의 한도 내에서만 책임을 지는 제도이다.

ⓒ **상속포기 제도** : 재산은 물론 채무 등 일체의 상속재산을 승계하지 않는 경우이다.

⑤ 유언

    ㉠ 개념 : 유언자의 사망과 동시에 일정한 법률효과를 발생시킬 목적으로 일정한 방식에 따라서 하는 상대방 없는 단독행위다.

    ㉡ 유언의 종류

        ⓐ 자필증서에 의한 유언 : 유언자가 전문과 연월일, 주소, 성명을 자서하고 날인하는 형태이다.

        ⓑ 녹음에 의한 유언 : 유언의 취지, 성명과 연월일을 구술하고 이에 참여한 증인이 유언의 정확함과 성명을 구술해야 한다.

        ⓒ 공정증서에 의한 유언 : 유언자가 증인 2인이 참여한 공증인의 면전에서 유언의 취지를 구수하고, 공증인이 필기 · 낭독하여 유언자와 증인이 정확함을 승인한 후 각자 서명 또는 기명날인한다.

        ⓓ 비밀증서에 의한 유언 : 유언자가 필자의 성명을 기입한 증서를 엄봉날인하고 이를 2인 이상의 증인의 면전에 제출하고 봉서표면에 제출 연월일을 기재 후 유언자와 증인이 각자 서명 또는 기명날인하는 형태이다.

        ⓔ 구수증서에 의한 유언 : 질병 기타 급박한 사유로 앞의 방법이 불가능한 경우 유언자가 2인 이상의 증인의 참여로 그 1인에게 유언의 취지를 구수하고 구수를 받은 자가 필기 · 낭독하여 유언자와 증인이 정확함을 승인 후 각자 서명 또는 기명날인하는 형태이다. 완료 후, 7일 내 법원에 검인을 신청해야 한다.

⑥ 유증 : 유언자가 유언에 의하여 재산상의 이익을 무상으로 증여하는 행위를 의미한다. 태아도 유증을 받을 수 있다.

⑦ 유류분

    ㉠ 유류분권 : 일정한 범위의 상속인에게는 상속재산 중 보장받을 수 있는 비율이 있다. 이러한 권리를 유류분권이라 한다.

    ㉡ 유류분의 범위 : 피상속인의 직계비속과 배우자는 법정상속분의 2분의 1, 피상속인의 직계존속과 형제자매는 법정상속분의 3분의 1이 보장된다.

Chapter. 03

상법 · 민사소송법

❶ 상법

(1) 의의

① **상법의 의의** : 실질적 의미의 상법이란 기업적 생활관계를 규율하는 법규범이고 형식적 의미의 상법이란 상법 전이라는 성문법을 의미한다. 상법은 상사적인 법률관계의 융성, 즉 기업활동의 건전한 발전을 꾀하는 것을 기본적인 이념으로 하고 있다.

② **상법전의 구성** : 상법전은 1편 총칙, 2편 상행위, 3편 회사, 4편 보험, 5편 해상, 6편 항공운송으로 구성되어 있다.

③ **상법의 법원** : 상법 제1조에 따르면 상사에 관하여 본법에 규정이 없으면 상관습법에 의하고 상관습법이 없으면 민법의 규정에 의한다고 규정하고 있다. 따라서 상사에 관한 법규범의 적용순서는 상사자치법→상법→상관 습법→민법이다.

(2) 상법 총칙

① **상인**

　㉠ **당연상인** : 자기명의로 상행위를 하는 자를 당연상인이라고 하며 다른 말로 상인 또는 고유 상인이다.

　㉡ **의제상인** : 기본적 상행위를 하지 않더라도 일정한 요건이 있는 자를 상인으로 의제한다. 점포 기타 유사한 설비에 의하여 상인적 방법으로 영업을 하는 설비 상인과 회사가 의제상인이다.

　㉢ **소상인** : 자본금액이 1천만 원에 미치지 못하는 소규모의 상인으로 회사가 아닌 자를 말한다.

② **상업사용인** : 특정 상인에 종속하여 상인의 대외적인 영업활동을 보조하는 자로서 고용계약이 반드시 요구되지 는 않는다. 상업 사용인을 세분화하면, 대리권의 범위를 기준으로 지배인, 부분적 포괄대리권을 가진 사용인, 물건판매점포의 사용인이 있다.

③ **상호**

　㉠ **의의** : 상호란 상인이 영업상 자기를 표시하기 위하여 사용하는 명칭이다. 어떠한 명칭을 상호로 선정할 것인가에 대해서 우리 상법은 상호자유주의에 따라 원칙적으로 자유롭게 상호를 선정할 수 있도록 규정하 고 있다.

　㉡ **상호전용권**

　　ⓐ **개념** : 상인이 상호를 사용하게 되면 그 상호에 대해서 상호전용권을 가진다. 누구든지 부정한 목적으로 타인의 영업으로 오인할 수 있는 상호를 사용하지 못하고, 만약 부정목적으로 상호를 사용할 때에는

상호를 사용하는 자가 있는 경우에 이로 인하여 손해를 받을 염려가 있는 자 또는 상호를 등기한 자는 그 폐지를 청구할 수 있다.

ⓑ **상호전용권의 강화** : 상호가 등기된 경우에는 상호전용권이 강화되어 동일한 특별시·광역시·시·군에서 동종영업으로 타인이 등기한 상호를 사용하는 자는 부정한 목적으로 타인의 상호를 사용하는 것으로 추정한다.

④ **상업장부** : 상업장부는 상인이 영업상의 재산 및 손익의 상황을 명백히 하기 위하여 상법상의 의무로 작성하는 장부이며 회계장부 및 대차대조표로 구분된다.

ㄱ **회계장부** : 거래와 기타 영업상의 재산에 영향이 있는 사항을 기재하는 장부로서 대차대조표의 기초가 되는 회계기록이다.

ㄴ **대차대조표** : 일정한 시기에 있어서의 기업의 자산과 부채 및 자본을 계기하여 기업의 재무상태를 총괄적으로 표시하는 장부이다.

⑤ **상업등기** : 상법에 의하여 등기할 사항을 당사자의 신청에 의하여 영업소의 소재지를 관할하는 법원의 상업등기부에 등기하는 것을 말한다. 등기할 사항은 영업에 관련된 중요한 사항을 말한다.

⑥ **영업양도** : 상법은 자신의 영업을 다른 상인에게 양도하여 그 영업에 투여한 노력과 재산을 보상받을 수 있도록 길을 열어두고 있다. 대법원은 영업양도의 성질을 일정한 영업목적에 의하여 조직화된 유기적 일체로서의 기능적 재산, 즉 영업재산의 이전을 목적으로 하는 채권계약으로 보고 있다.

(3) 상행위

① **상행위 총칙**

ㄱ **기본적 상행위와 준상행위** : 상법 제46조에 열거된 22가지의 행위를 영업으로 하는 경우를 기본적 상행위라고 한다. 이러한 행위를 자기 명의로 하는 자는 당연상인으로 취급된다. 상법 제5조의 의제상인이 영업으로 하는 행위는 준상행위로 보아 상행위에 관한 모든 규정을 준용한다.

ㄴ **보조적 상행위** : 상인의 영업을 보조하는 행위로 영업자금의 차입, 사무실 구입, 상업사용인의 고용 등이 해당한다.

ㄷ **상사매매의 특징** : 상법은 원칙적으로 상인과 상인간의 거래뿐만 아니라 상인과 비상인간의 거래에도 적용된다. 한편, 상인과 상인간의 매매는 상인과 비상인간의 매매보다 더욱 강한 거래성을 가지게 된다. 이 때문에 상법에서는 상인 간에 이루어지는 매매는 상사매매라고 하여 여러 가지 특칙을 규정하고 있다.

ㄹ **상호계산**

ⓐ **의의** : 상인간의 거래는 보통 집단적, 반복적으로 이루어지므로 계속적 거래관계가 있게 된다. 이 경우 거래시마다 매번 계산을 하게 되면 법률관계가 복잡해지고 거래의 신속이라는 상법의 이념에 반하게 된다. 상법에서는 상호계산이라는 제도를 규정하고 있다.

ⓑ 개념 : 상호계산이란 상인간 또는 상인과 비상인간에 상시 거래관계아 있는 경우에 일정한 기간의 거래로 인한 채권채무의 총액에 관하여 상계하고 그 잔액을 지급할 것을 약정하는 계약이다.

ⓜ **익명조합** : 당사자의 일방(익명 조합원)이 상대방(영업자)의 영업을 위하여 출자를 하고, 상대방은 영업으로 인한 이익을 분배할 것을 약정하는 계약을 의미한다.

ⓗ **합자조합** : 조합의 업무집행자로서 조합의 채무에 대하여 무한책임을 지는 조합원(업무집행조합원)과 출자가액을 한도로 하여 유한책임을 지는 조합원(유한책임조합원)이 상호출자하여 공동사업을 경영할 것을 약정하여 조직된 조합이다.

③ **상행위 각칙**

㉠ **대리상** : 일정한 상인을 위하여 상업사용인이 아니면서 상시 그 영업부류에 속하는 거래의 대리 또는 중개를 영업으로 하는 자를 말한다. 대리상 계약은 상품판매, 보험, 운송, 여행사 등의 관련 사업에 많이 활용된다.

㉡ **중개업** : 타인 간의 상행위를 중개하는 것을 영업으로 하는 것을 말한다. 중개란 타인 간의 법률행위를 성립시키기 위하여 진력하는 것을 말한다.

㉢ **위탁매매업** : 자기명의로써 타인의 계산으로 물건 또는 유가증권의 매매를 영업으로 하는 것을 말한다. 위탁매매업에서 실제 매매되는 물건 또는 유가증권에 관한 매매계약의 법률적 효과는 위탁매매인에게 귀속되지만 그 매매계약으로 인한 매매대금 즉, 경제적 효과는 물건의 위탁자에게 귀속되게 된다.

㉣ **운송주선업** : 자기의 명의로 물건운송의 주선을 영업으로 하는 것을 말한다. 물건운송계약의 법률적 효과는 운송주선인에게 귀속되지만 그 운송계약으로 인한 운송료의 지급 즉, 경제적 효과는 물건의 위탁자에게 귀속된다.

㉤ **운송업** : 육상 또는 하천, 항만에서 물건 또는 여객의 운송을 영업으로 하는 것을 말한다. 운송을 장소에 따라 나누면 육상운송, 해상운송, 항공운송으로 나누며 상행위편에서 다루는 것은 육상운송이다. 해상운송은 5편 해상편에서, 항공운송은 6편 항공운송편에서 각각 규정하고 있다.

㉥ **공중접객업** : 극장, 여관, 음식점, 그 밖의 공중이 이용하는 시설에 의한 거래를 영업으로 하는 것을 말한다. 공중접객업은 다양한 영업형태를 가지므로 상법에서 이를 일률적으로 규정하기는 어렵다. 때문에 우리 상법에서는 공중접객업자가 고객의 물건을 임치한 경우에 관한 사항만 특칙으로 규정하고 있다.

㉦ **창고업** : 타인을 위하여 창고에 물건을 보관함을 영업으로 하는 것을 말한다. 창고업자의 보관의무, 손해배상책임과 보관료 및 비용상환청구권 등에 관하여 규정을 두고 있다.

㉧ **금융리스업** : 금융리스이용자가 선정한 기계, 시설, 그 밖의 재산을 제3자(공급자)로부터 취득하거나 대여받아 금융리스이용자에게 이용하게 하는 것을 영업으로 하는 행위를 말한다.

㉩ **가맹업** : 자신의 상호·상표 등을 제공하는 것을 영업으로 하는 가맹업자로부터 그의 상호 등을 사용할 것을 허락받아 가맹업자가 지정하는 품질기준이나 영업방식에 따라 영업을 하는 것을 말한다. 흔히 프랜차이즈라고 불리는 영업형태를 규정한 것으로 2010년 상법이 개정되면서 가맹업에 관한 자세한 법규정이 상법에 신설되었다.

ⓩ **채권매입업** : 타인이 물건·유가증권의 판매, 용역의 제공 등에 의하여 취득하였거나 취득할 영업상의 채권을 매입하여 회수하는 것을 영업으로 하는 것을 말한다.

(4) 회사

① **회사의 개념** : 회사란 상행위나 그 밖의 영리를 목적으로 하여 설립한 법인이다(상법 제169조). 상법상 존재하는 5가지 종류의 회사의 설립에는 모두 사원이 그 기본구성단위가 된다.

② **회사의 특성**

　㉠ **영리성** : 상법상 회사는 영리를 목적으로 하여야 한다. 이는 대외적 수익 활동을 통해 얻은 이익을 사원, 주주와 같은 구성원에게 분배한다는 의미이다.

　㉡ **사단성** : 회사는 사원을 구성요소로 하는 사단으로 공동목적을 가진 사람들의 결합체다.

　㉢ **법인성** : 회사는 법인으로 스스로 권리·의무의 주체가 되고 소송당사자가 될 뿐만 아니라 회사재산은 회사에 대한 집행권한에 의해서만 강제집행이 가능하다.

③ **회사의 종류** : 상법 제170조에 따라 합명회사, 합자회사, 유한책임회사, 주식회사, 유한회사의 5종으로 한다.

④ **합명회사** : 2인 이상의 무한책임사원으로 구성되는 회사이다. 합명회사의 사원은 회사에 대해 출자의무를 가지고 회사채권자에 대하여 연대·무한·직접 책임을 부담한다.

⑤ **합자회사** : 1인 이상의 무한책임사원과 1인 이상의 유한책임사원으로 조직된 회사이다. 대외적으로 직접·연대·무한의 책임을 지는 무한 책임사원과, 직접·연대·유한의 책임을 지는 유한책임사원으로 구성된 복잡적 조직의 인적 회사이다.

⑥ **유한책임회사** : 출자의무만 있고 회사채권자에 대해서는 책임이 없는 유한책임사원만으로 구성된 회사이다.

⑦ **주식회사**

　㉠ **개념** : 사원인 주주의 출자로 이루어지는 회사로, 주식은 자본금을 구성하는 단위가 된다. 주식회사의 사원인 주주는 자신이 가진 주식의 수에 비례하여 회사에 대한 의결권을 갖게 된다.

　㉡ **주식회사의 설립 방법** : 발기설립은 발기인이 설립 중인 회사의 발행주식을 모두 인수하여 회사를 설립하는 방법이고, 모집설립이란 발기인이 회사의 발행주식 중 일부만을 인수하고 나머지 주식을 새로이 주주를 모집하여 회사를 설립하는 방법이다.

　㉢ **주식과 주주** : 주식은 주식회사의 입장에서는 자본금을 구성하는 요소이면서 주주의 입장에서는 주주의 자격을 얻기 위해 회사에 납부해야 하는 출자금액을 의미한다. 주주는 주식의 인수가액을 한도로 출자의무를 부담할 뿐, 회사의 채무에 대하여 회사채권자에게 아무런 직접적인 책임을 부담하지 않고 자신이 가진 주식의 인수가액 한도내에서 간접·유한책임을 진다.

　㉣ **주식회사의 기관** : 최고 의사결정 기관인 주주총회, 업무집행에 관한 의결기관인 이사회, 업무집행 및 대표기관인 대표이사, 감독기관인 감사로 구성된다.

⑧ 유한회사 : 사원이 회사에 대하여 출자금액을 한도로 책임을 질 뿐, 회사채권자에 대하여 책임을 지지는 않는 형태이다. 사원 전원의 책임이 간접이며 유한인 점과, 분화된 기관을 가지는 점 등 많은 점에서 주식회사와 유사하나, 복잡하고 엄격한 규정이 완화되고 지분의 양도가 자유롭지 못한 점이 주식회사와 다르다.

(5) 보험

① 의의 : 보험제도는 동일한 위험을 부담하는 다수인이 단체를 구성하여 통계적 기초에서 산출된 금액(보험료)의 납부를 통해 기금을 마련하고 이후 실제로 사고가 발생한 경우 그기 금에서 일정한 재산적 급여(보험금)를 받음으로써 사고로 인한 경제적 위험을 보전하는 제도이다.

② 보험의 종류

　㉠ 손해보험 : 손해보험이란 당사자의 일방(보험자)이 우연한 사고로 인하여 발생되는 재산상의 손해를 보상할 것을 약정하고, 상대방(보험계약자)이 이에 대하여 보수(보험료)를 지급하는 보험이다. 손해보험에는 화재보험, 운송보험, 해상보험, 책임보험, 자동차보험이 있다.

　㉡ 인보험 : 피보험자의 생명이나 신체에 보험사고가 발생할 경우 보험회사가 보험계약으로 정하는 바에 따라 보험금이나 그 밖의 급여를 지급하는 보험이다. 생명보홈, 상해보험, 질병보험 등이 있다.

③ 보험계약

　㉠ 의의 : 당사자 일방이 약정한 보험료를 지급하고 상대방이 재산 또는 생명이나 신체에 관하여 사고가 생길 경우에 일정한 보험금액 기타의 급여를 지급할 것을 약정함으로써 효력이 생기는 계약을 말한다.

　㉡ 보험계약의 요소 : 보험계약은 보험계약당사자, 보험의 목적, 보험사고, 보험료와 보험금액, 보험기간, 보험료 기간을 명시해야 한다.

　㉢ 보험계약의 특징

　　ⓐ 보험자가 보험금지급의무를 지고, 보험계약자가 이에 대하여 보험료지급의무를 지는 유상·쌍무계약이다.

　　ⓑ 당사자 쌍방의 합의에 의하여 성립하고 보험증권의 작성이 성립요건이 아니기 때문에 불요식의 낙성계약이다.

　　ⓒ 우연한 사고의 발생을 전제로 하는 사행계약이다.

　　ⓓ 계약관계자에게 선의 또는 신의성실이 요구되는 선의계약 또는 최대선의계약이다.

　　ⓔ 보험사업자가 많은 보험계약자를 상대로 미리 계약의 내용을 보험약관에 의하여 정하고 이에 부합되어야 성립하는 부합계약이다.

　㉣ 보험계약의 관계자

　　ⓐ 보험자(보험사업자) : 보험계약을 체결하고 기술적으로 미리 산정된 보험료를 지급받으며 보험사고 발생 시 보험금을 지급한다.

　　ⓑ 보험계약자 : 보험자와 보험계약을 체결하는 보험가입자이다. 보험료 지급의무, 위험변경증가 통지의무, 중요사항에 관한 고지의무 등을 부담한다.

ⓒ 피보험자 : 손해보험과 인보험에서 그 의미가 상이하다.

손해보험	인보험
피보험이익의 주체로서 손해의 보상을 받을 권리를 갖는자 → 보험청구권을 갖음	생명 또는 신체에 관해 보험이 붙여진 자(자연인에 한함) → 보험의 목적에 불과하여 보험계약에서 아무런 권리를 취득하지 못함

ⓓ 보험수익자 : 인보험계약에 있어 보험회사로부터 보험금을 받을자로, 보험계약자의 지정을 받은 자이다.

ⓜ 보험계약의 소멸

ⓐ 당연소멸 : 보험기간의 만료, 보험사고의 발생, 보험목적의 멸실, 보험료의 부지급으로 인한 보험해제, 보험자의 파산선고로 보험계약자가 보험계약을 3개월 이내에 해지하지 않은 때에는 보험계약은 당연히 소멸한다.

ⓑ 당사자의 의사에 따른 소멸 : 보험사고가 발생하기 전에 보험계약자가 보험계약을 해지한 때, 보험자의 파산선고 3개월이 경과하기 전에 보험계약자가 보험계약을 해지한 때, 계속보험료의 지연으로 보험자가 보험계약을 해지한 때에는 보험계약은 소멸한다.

(6) 해상

① **해상법의 의의** : 해상법은 해상에서 선박과 관련하여 활동하는 해상기업에 특유한 사법적 규정으로서 상법 제5편에서 규율하고 있다. 해상운송계약 관련 법체계를 국제무역 실무에 맞게 재정비하고, 전자선하증권제도 및 해상화물운송장제도 등 새로운 무역환경에 부합하는 제도를 마련하는 한편, 해운강국으로서 세계적인 지위에 걸맞는 해상법제를 마련하기 위하여 선박소유자의 책임한도와 운송물의 포장·선적단위당 책임한도를 국제기준에 맞게 상향조정하는 등 「상법」 제5편 해상 부분을 2007년 8월 3일 법률 제8581호로 전면적으로 개선·보완하였다(2008.8.4 시행).

② **해상법의 특성** : 실질적 의의의 해상법은 영리를 추구하는 해상기업에 관한 법으로서 상행위 기타 영리를 목적으로 하는 선박을 그 대상으로 한다. 형식적 의의로는 상법이 정한 해상에 관한 규정으로서 한국 상법전 제5편이 이에 해당된다.

(7) 어음, 수표

유가증권은 재산적 가치가 있는 사권을 표시한 증표로 어음과 수표가 대표적이다. 어음과 수표는 일정금액의 금전지급청구권을 표창하는 금전채권적 유가증권이다. 어음은 일정한 금액의 지급을 목적으로 하는 유가증권으로 약속어음과 환어음이 있다.

① **약속어음(지급약속증권)** : 발행인이 수령(수취)인 기타 정당한 증권소지인에게 일정한 날(만기)에 일정금액의 지급을 약속하는 증권을 말한다.

② 환어음(지급위탁증권) : 발행인이 제 3자인 지급인으로 하여금 수령(수취)인 기타 정당한 증권 소지인에게 어음 금액의 지급을 위탁하는 증권을 말한다.

③ 수표(은행의 지급위탁증권) : 발행인이 은행(지급인)으로 하여금 수취인에게 지급위탁을 의뢰하는 증권을 말한다.

④ 어음과 수표의 특성

　㉠ 법률상 당연한 지시증권성 : 기명식으로 발행했어도 배서에 의해 타인을 권리자로 지정할 수 있는 특성으로 배서금지어음·수표는 예외이다.

　㉡ 엄격한 요식증권성 : 아무리 경미한 사항이라도 생략하면 증권이 무효가 되는 특성을 갖는다.

　㉢ 문언증권성 : 문언에 따라 채무관계가 확정되는 특성(모든 유가증권의 공통 특성)을 갖는다.

　㉣ 설권증권성(완전유가증권성) : 증권작성에 의해 권리가 창설되는 특성을 갖는다.

　㉤ 무인증권성 : 증권상 권리가 원인관계의 무효에 의해 영향을 받지 않는 특성을 갖는다.

　㉥ 제시증권성 : 권리행사를 위해 증권을 제시해야 하는 특성을 갖는다.

　㉦ 상환증권성 : 채무이행은 증권과 상환으로 해야 하는 성질을 갖는다.

(8) 항공(여객운송)

상법의 항공운송편의 주요 골자는 크게 두 가지로 압축할 수 있다. 첫 번째는 국제조약과 주요 항공선진국의 입법례를 반영하여 국내 항공운송 법제를 세계적 기준에 맞게 선진화하는 것이다. 두 번째는 육상·해상운송과는 달리 법 규정이 없는 현실을 개선하는 것이다. 그 동안 항공사가 일방적으로 만든 약관에만 의존하던 항공사의 책임 및 여객의 권리에 관한 사항을 법률로 규율함으로써, 여객과 화주의 권리를 보호하고 항공사의 책임을 합리적으로 조정하는 데 있다.

❷ 민사소송법

(1) 민사소송제도의 이상

① 의의 : 민사소송이란 개인 사이에 일어나는 사법상의 권리 또는 법률관계에 대한 다툼을 법원이 국가의 재판권에 의하여 법률적·강제적으로 해결하기 위한 절차를 의미한다.

② 민사소송제도의 이상

　㉠ 적정이상 : 사실관계를 확정하고 이 확정된 사실에 법을 공평하게 적용하여 재판을 통해 사회정의를 실현하는 것을 의미한다. 적정이상을 실현하기 위한 제도에는 구술주의, 석명권 행사, 교호신문제도, 법관자격 제한과 신분보장 제도, 직접주의, 직권증거조사, 불복신청제도(3심제도·재심제도) 등이 있다.

ⓛ **공평이상** : 소송 진행과정에서 법원 또는 재판장은 사건의 당사자들을 공평하게 대우해야 한다. 공평이상을 보장하기 위한 제도로 재판 심리의 공개, 법관에 대한 제척, 기피제도, 대등한 쌍방심문주의, 소송절차의 중단, 중지, 제 3자의 소송 참가 등의 제도가 허용된다.

ⓒ **신속이상** : 적정하고 공평하게 소송절차가 진행되더라도, 당사자의 권리 실현에 수년이 걸린다면, 법의 실효성에 문제가 생길 수 있다. 헌법 제27조 제3항에는 모든 국민은 신속한 재판을 받을 권리를 가진다고 규정되어 있으며 민사소송에서도 복잡한 소송 절차를 개선하기 위한 시도가 계속되고 있다.

ⓔ **경제이상** : 소송을 수행함에 있어서 소송관계인의 시간을 단축하여 비용과 노력의 최소화가 이루어져야 한다.

(2) 민사소송의 절차

① 개요

단계	세부내용
소의 제기	소장의 제출, 재판장의 소장심사, 소장 부본 송달, 변론기일 지정, 소송구조
변론(심리)	변론준비 절차, 당사자 소환, 원고의 주장과 피고의 반대주장, 증거조사
판결	주문과 이유
상소	항소, 상고, 항고, 재항고

② 소의 제기 절차

ⓖ **소장의 제출** : 소의 제기는 소장을 법원에 제출함으로써 시작된다.

ⓛ **재판장의 소장심사** : 재판장은 소장을 심사하고 부적법하다면 각하, 보정명령을 내리게 된다.

ⓒ **소장 부본 송달과 변론기일 지정** : 재판장은 소장이 적법하다면 소장 부분을 피고에게 송달하고 변론기일을 지정한다.

ⓔ **소송구조(소송상의 구조)** : 무자력자를 위하여 민사소송절차에의 접근과 활용에 기회균등을 보장하려는 제도로, 소송비용을 지출할 자력이 부족한 자가 패소할 것이 명백한 경우가 아니어야 한다. 구조양상은 재판비용의 납입유예, 변호사 보수의 지급유예 등이 있다.

③ 변론절차

ⓖ **변론의 개념** : 법원과 당사자가 기일에 출석하여 구술(말)로 자신에게 이익이 되는 사실을 진술하는 행위를 의미한다.

ⓛ **변론의 준비** : 변론에 들어가기에 앞서 쟁점을 정리하는 단계이다.

ⓒ **변론의 실행** : 재판장은 지정한 변론기일에 당사자를 소환하여 변론을 지휘한다.

ㄹ 증거조사

관련용어	개념
증명	다툼이 있는 사실에 대해 법관으로 하여금 확신을 갖게 하는 입증행위
소명	법관에게 그럴 것이라는 추측을 할 수 있을 정도의 심증을 주는 증명행위
입증책임	자신에게 유리한 사실을 주장하기 위하여 법원을 설득할 만한 증거를 제출할 책임으로 형사 소송에서는 검사가, 민사 소송에서는 원고에게 입증책임이 있음

④ 판결절차 : 판결내용이 확정되면 판결원본을 작성하여 주문과 이유를 표시한다.

⑤ 상소절차

ㄱ 항소 : 1심에서 패소판결을 받았으나 불복할 경우는 판결을 송달받은 날로부터 2주 이내에 항소장을 작성하여 1심법원에 제출한다.

ㄴ 상고 : 항소심 판결에 불복이 있으면 판결 송달일로부터 2주 이내에 상고장을 항소심 법원에 제출하여야 한다.

(3) 민사소송의 종류

① 이행의 소 : 원고의 피고에 대한 이행청구권의 확인과 그 청구권의 이행을 명하는 판결을 구하는 소이다. 원고의 청구권을 인정하고 피고에게 의무이행을 명하는 판결을 이행판결이라고 한다.

② 형성의 소 : 원고와 피고에 대한 형성권의 확인과 법률관계를 변동시키는 판결을 구하는 소이다. 형성의 소에 대한 판결을 형성판결이라고 하며 형성의 소는 창설적 효과를 목적으로 한다.

③ 확인의 소 : 특정한 권리 또는 법률관계의 존재나 부존재의 확인을 구하는 소이다. 권리 또는 법률관계의 존부만이 대상이 될 수 있으며, 확인의 이익이 있어야 한다.

(4) 민사소송 절차의 유형

① 보통 소송절차

ㄱ 판결절차 : 재판에 의해 사법상 권리관계를 확정하는 절차로 제1심, 제2심(항소심), 제3심(상고심)의 구조로 되어 있으며, 판결절차는 법원의 종국판결에 의해 종료된다.

ㄴ 강제집행절차 : 재판에서 확정적으로 승소하였는데 채무자가 임의로 채무내용을 이행하지 않는 경우에 채권자는 국가의 힘을 빌려 채무자로 하여금 강제로 이행하게 할 수 있다.

② 특별 소송절차

　㉠ 소액사건 심판절차 : 소가 3,000만원 이하의 금전 그 밖의 대체물·유가증권의 일정수량의 지급을 구하는 사건을 소액사건이라고 한다. 금전 그 밖의 대체물의 지급을 목적으로 하는 채권을 대상으로 하는 점에서 독촉절차와 공통적이지만, 독촉절차와는 달리 쌍방심문의주의에 의하는 판결절차의 일종이라는 점이 차이다.

　㉡ 독촉절차 : 금전 기타 대체물 또는 유가증권의 일정한 수량의 지급을 목적으로 하는 청구에 관한 특별소송절차다. 금전 등의 분쟁을 간이·신속하게 해결하기 위한 소송절차로서 채권자의 신청으로 법원에서 서면심리를 거쳐 채무자에 대하여 지급명령을 발하고, 채무자가 일정기간 내에 이의를 신청하지 않으면 그 명령에 확정력과 집행력을 부여한다.

③ 부수 절차

　㉠ 증거보전절차 : 증거의 이용이 불가능하거나 곤란할 염려가 있는 경우, 미리 그 증거를 조사하여 결과를 보전해 두기 위한 절차이다.

　㉡ 집행보전절차 : 현상을 방치하면 장래의 강제집행이 불가능하거나 곤란할 염려가 있는 경우, 현상의 변경을 금지하여 강제집행을 보전하는 절차로, 가압류와 가처분이 이에 해당한다.

　　ⓐ 가압류 : 금전채권(보증금, 대여금, 공사대금 등) 또는 금전으로 환산 가능한 채권에 관해 장래에 실시할 강제집행을 보전하려는 목적으로 미리 채무자의 재산을 압류하여 확보함으로써 처분권을 보전하는 제도이다.

　　ⓑ 가처분 : 금전채권 이외의 권리 또는 법률관계에 관한 확정판결의 강제집행을 보전하기 위한 집행보전제도이다.

(5) 재판 이외의 분쟁해결 방법

① 의의 : 국가의 공권력에 바탕한 사법작용에 의한 분쟁 해결은 분쟁해결 과정이 복잡하고 장기화될 수 있으며 과다한 비용이 소요될 수 있다. 이러한 문제점에 따라 소송에 갈음하여 당사자 쌍방의 자율적 의사에 의한 자주적·대체적 분쟁해결제도의 중요성이 강조되고 있다.

② 화해 : 화해는 분쟁에 대하여 권리관계에 관한 쌍방의 양보를 통해 합의에 이르는 절차를 의미한다. 화해는 재판상 화해와 재판 외의 화해 모두를 포함한다.

③ 조정 : 조정이란 법관이나 조정위원회가 분쟁의 당사자 사이에 개입하여 합의를 이끌어내는 절차로, 조정이 성립되어 조정조서가 작성되면 재판상 화해와 동일한 효력이 있게 된다.

④ 중재 : 당사자의 합의에 의하여 선출된 중재인의 중재판정에 따라 분쟁을 해결하는 절차로, 중재판정은 확정판결과 동일한 효력을 갖게 된다.

핵심예상문제

1 "금전문제, 토지분쟁, 물건거래와 관련된 법적문제 등 개인 상호 간의 사적 생활관계를 규율하는 사법"을 무엇이라 하는가?

① 헌법　　　　　　　　　　　　　　② 상법
③ 민법　　　　　　　　　　　　　　④ 형법

> **TIP** ① 헌법은 국가 통치조직의 역할과 통치작용의 원리, 국민의 기본권을 규정하는 최고의 법규범을 의미한다.
> ② 상법은 기업적 생활관계를 규율하는 법규범이다.
> ④ 형법은 어떤 행위가 범죄가 되는지를 정하고, 그러한 행위를 했을 때 어떤 처벌을 받는지 범죄와 형벌에 관한 법규범을 말한다.

2 다음 민법의 구성 요소 중 재산법에 속한 것은?

㉠ 물권법	㉡ 채권법
㉢ 친족법	㉣ 상속법

① ㉠, ㉡　　　　　　　　　　　　　② ㉠, ㉢
③ ㉠, ㉣　　　　　　　　　　　　　④ ㉡, ㉢

> **TIP** 친족법과 상속법은 가족법의 범위에 속한다.

3 다음 중 '근대 민법의 3대 원칙'이 아닌 것은?

① 사유재산권 존중의 원칙　　　　　② 사적 자치의 원칙
③ 과실 책임의 원칙　　　　　　　　④ 계약 공정의 원칙

> **TIP** 근대 민법의 3대 원칙은 사유재산권 존중의 원칙(소유권 절대의 원칙), 사적 자치의 원칙(계약 자유의 원칙), 과실 책임의 원칙이고 이를 수정하거나 혹은 제한을 가하는 현대 민법의 원칙으로는 소유권 행사의 공공복리 적합의무, 계약 공정의 원칙, 무과실책임의 원칙이다.

4 '자신의 행위로부터 피해 또는 손해라는 결과가 생길 것을 인식하면서도 행위를 하는 것'을 법에서는 무엇이라 하는가?

① 과실   ② 고의

③ 무과실   ④ 권리능력

> **TIP** ① 과실은 결과의 발생을 인식했어야 하는데도 부주의로 인식하지 못해 피해 또는 손해가 발생한 것을 말한다.
> ③ 무과실은 과실이 없음을 의미한다.
> ④ 권리능력은 권리와 의무의 주체가 될 수 있는 지위를 뜻한다.

5 다음 중 '지적재산권'이 아닌 것은?

① 저작권   ② 특허권

③ 실용신안권   ④ 채권

> **TIP** 지적재산권에는 저작권, 특허권, 상표권, 실용신안권 등이 있다.

6 다음 중 현대 민법의 기본 원리가 아닌 것은?

① 소유권 행사의 공공복리 적합의 의무   ② 계약 공정의 원칙

③ 사유재산권 존중의 원칙   ④ 무과실 책임의 원칙

> **TIP** 사유재산권 존중의 원칙은 근대 민법의 원칙이다.

7 다음은 '권리와 의무'에 관련한 내용이다. 잘못된 것은?

① 권리의 주체란 권리를 보유할 수 있는 당사자를 의미한다.
② 법률상 권리와 의무의 주체가 될 수 있는 당사자는 원칙적으로 자연인에 한해서만 가능하다.
③ 권리 행사의 대상을 바로 권리의 객체라고 한다.
④ 물권이란 물건을 지배할 수 있는 권리이다.

> **TIP** 법률상 권리와 의무의 주체는 자연인과 법인이다.

8 다음은 '자연인과 법인'에 대한 설명이다. 올바른 것을 고르시오.

> ㉠ 자연인은 출생하면서부터 누구나 권리의 주체가 될 수 있다.
> ㉡ 법인은 관청에 허가를 얻으면 법인격을 갖게 되며 동시에 권리의 주체가 될 수 있다.
> ㉢ 사단 법인이란 인적 결합체에 법인격이 부여된 것이다.
> ㉣ 재단 법인은 재화로서의 물적 결합체에 법인격이 부여된 것이다.

① ㉠, ㉡, ㉢　　　　　　　　　② ㉠, ㉢, ㉣
③ ㉡, ㉢, ㉣　　　　　　　　　④ ㉠, ㉡, ㉣

TIP ㉡ 법인은 설립 등기를 하여 권리의 주체가 될 수 있다.

9 다음은 현대 민법의 기본 원리와 관련된 내용이다. 잘못된 것은?

① 자본주의 발전에 따라 부의 불평등 문제가 심화되는 가운데 민법의 원칙에 수정을 가하게 되었다.
② 소유권 절대의 원칙은 경제적 약자에 대한 유산계급의 지배와 횡포라는 폐단을 낳았다.
③ 계약 자유의 원칙은 경제적 강자가 자신에게 유리한 계약을 일방적으로 강요하는 문제를 낳았다.
④ 과실 책임의 원칙은 무과실 책임의 원칙이 도입됨에 따라 현대사회에서는 폐지되었다.

TIP 현대 사회에서도 과실 책임의 원칙을 기본으로 하며 무과실 책임의 원칙은 제한적으로 적용된다.

10 법률행위의 목적이 부당할 경우 효과가 배제될 수 있다. 어떤 경우인지 구분하시오.

> ㉠ 실현 불가능한 행위　　　　　㉡ 반사회적 행위
> ㉢ 불공정 행위　　　　　　　　　㉣ 이윤 취득 행위

① ㉠, ㉡, ㉢　　　　　　　　　② ㉠, ㉢, ㉣
③ ㉡, ㉢, ㉣　　　　　　　　　④ ㉠, ㉡, ㉣

TIP 법률 행위는 확정성, 실현 가능성, 적법성, 사회적 타당성을 고려해서 효과를 판단할 수 있다.

11 다음 빈칸에 들어갈 알맞은 말은?

> (㉠)(이)란 법률행위의 효과가 처음부터 발생하지 않은 것을 의미한다.
> (㉡)(이)란 일단 법률행위가 성립되었지만 소급과정을 통해 없애는 것을 말한다.

① ㉠ – 무효, ㉡ – 취소　　　　② ㉠ – 취소, ㉡ – 무효
③ ㉠ – 적법, ㉡ – 위법　　　　④ ㉠ – 위법, ㉡ – 적법

> **TIP** 법률행위의 효과가 처음부터 발생하지 않은 것을 무효, 법률행위는 성립하지만 의사표시를 통해 소급적으로 무효로 만드는 것을 취소라고 한다.

12 '권리와 의무의 주체가 될 수 있는 지위'를 민법에서 무엇이라 하는가?

① 행위능력　　　　　　　　　② 책임능력
③ 권리능력　　　　　　　　　④ 의사능력

> **TIP** ① 행위능력은 단독으로 유효하게 법률행위를 할 수 있는 능력을 의미한다.
> ② 책임능력은 법률상의 책임을 부담할 수 있는 능력을 말한다.
> ④ 의사능력은 자신의 행위와 동기의 결과를 스스로 판별해낼 수 있는 정상적인 의사결정 능력을 의미한다.

13 다음은 권리능력의 발생에 관한 내용이다. 잘못된 것은?

① 자연인은 출생과 더불어 완전한 권리능력을 갖게 된다.
② 태아의 경우 원칙적으로 완전한 사람으로 본다.
③ 태아의 경우 불법행위로 인한 손해배상의 청구 상속의 경우 권리능력을 행사할 수 있다.
④ 자연인의 출생 시점에 대한 다양한 학설이 존재한다.

> **TIP** 우리 민법하에서는 원칙적으로 태아를 완전한 사람으로 보지 않지만 특별한 경우에 이미 출생한 것으로 보는 경우가 있다. 즉, 태아는 아직 태어나서 걸어 다니는 사람이 아니지만 불법 행위로 인한 손해 배상의 청구, 상속 등의 경우에는 이미 출생한 것으로 보고 있다.

14 다음은 권리능력의 소멸에 관한 내용이다. 올바른 것은?

① 출생으로 권리능력이 발생하지만 사망함으로 권리능력이 소멸되는 것은 아니다.
② 호흡과 심장의 박동이 영구적으로 정지한 때를 사망으로 보는 입장을 뇌사설이라고 한다.
③ 2인 이상 같은 사고로 사망했을 경우 동시사망으로 간주한다.
④ 시체가 발견되지 않았으나 사망한 것으로 확실할 경우 가족관계 등록부에 사망 사실을 기재할 수 있다.

> **TIP** ① 출생으로써 권리능력이 발생하며 사망함으로써 소멸된다.
> ② 호흡과 심장 박동이 영구적으로 정지한 때를 사망으로 보는 입장을 심폐기능정지설이라 한다.
> ③ 2인 이상이 같은 사고로 사망했을 경우 동시사망으로 추정한다.

15 다음 설명 중 틀린 것은?

①	동시사망	2인 이상 동일 위난 사망시 동시에 사망한 것으로 추정
②	인정사망	사망의 개연성에 따라 관공서의 사망보고와 등록부에 기재
③	실종선고	부재자의 생사 불명 상태의 지속에 따라 사망으로 추정
④	위난실종	전쟁, 선박 침몰, 항공기 추락 등의 위난 후 1년이 지나면 사망으로 간주

> **TIP** 실종 선고는 '추정'이 아니라 '간주'이다.

16 다음 빈칸에 들어갈 알맞은 말은?

> (㉠)이란 자신의 행위와 동기의 결과를 스스로 판별해 낼 수 있는 정상적인 능력을 의미한다.
> (㉡)이란 단독으로 유효하게 법률 행위를 할 수 있는 능력을 말한다.

① ㉠ – 행위능력, ㉡ – 의사능력　　　　② ㉠ – 의사능력, ㉡ – 행위능력
③ ㉠ – 책임능력, ㉡ – 권리능력　　　　④ ㉠ – 권리능력, ㉡ – 책임능력

> **TIP** **권리능력** : 권리를 갖고 의무를 부담할 수 있는 자격
> **의사능력** : 행위의 의미나 결과를 변별하고 판단할 수 있는 능력
> **행위능력** : 단독으로 완전하고 유효한 법률행위를 할 수 있는 지위나 자격
> **책임능력** : 불법행위책임을 변식할 수 있는 지능이나 인식능력

Answer　　14.④　15.③　16.②

17 다음의 성년후견제도에 대한 설명 중 가장 옳지 않은 것은?

① 법인은 후견인으로 선임이 불가하다는 측면에서 금치산·한정치산제도와 공통점이 있다.

② 복수의 후견인 선임이 가능하다.

③ 후견의 지원범위는 재산관리 뿐만 아니라 신상결정도 가능하다.

④ 행위능력에 대한 탄력적 적용이 가능하다.

> **TIP** 기존의 금치산·한정치산제도 하에서는 자연인만 후견인으로 선임 가능했으나 성년후견제도 하에서는 자연인뿐만 아니라 법인도 후견인으로 선임할 수 있다.

18 다음 괄호의 ㉠, ㉡에 들어갈 말로 옳은 것은?

> (㉠)이란 질병·장애·노령, 그 밖의 사유로 인한 정신적 제약으로 사무를 처리할 능력이 부족한 사람으로, 가정법원으로부터 한정후견개시의 심판을 받은 자를 말한다.
> (㉡)이란 질병·장애·노령, 그 밖의 사유로 인한 정신적 제약으로 사무를 처리할 능력이 지속적으로 결여된 사람으로, 가정법원으로부터 한정후견개시의 심판을 받은 자를 말한다.

	㉠	㉡
①	피성년 후견인	피한정 후견인
②	피한정 후견인	피성년 후견인
③	법저대리인	임의대리인
④	임의대리인	법정대리인

> **TIP** 피한정후견인이란 질병·장애·노령, 그 밖의 사유로 인한 정신적 제약으로 사무를 처리할 능력이 부족한 사람으로, 가정법원으로부터 한정후견개시의 심판을 받은 자를 말한다. 피성년후견인이란 질병·장애·노령, 그 밖의 사유로 인한 정신적 제약으로 사무를 처리할 능력이 지속적으로 결여된 사람으로, 가정법원으로부터 한정후견개시의 심판을 받은 자를 말한다.

19 다음은 다양한 능력에 대한 설명이다. 잘못된 것은?

①	의사능력	행위의 의미나 결과를 변별하고 판단할 수 있는 능력	의사 능력 여부는 구체적인 사안에 따라 개별적으로 판단
②	권리능력	권리를 갖고 의무를 부담할 수 있는 자격	권리 능력을 갖는 주체는 자연인과 법인
③	행위능력	단독으로 유효한 법률 행위를 할 수 있는 지위나 자격	행위무능력자의 법률행위는 무효
④	책임능력	불법행위를 변식할 수 있는 인식 능력	책임무능력자의 행위로 피해 발생시 감독 의무자의 책임

> **TIP** 행위무능력자의 법률행위는 '취소'가 가능하다.

20 다음은 '대리'에 관한 설명이다. 잘못된 것을 고르시오.

① 대리의 종류로 임의대리, 법정대리, 유권대리, 무권대리, 능동대리 등이 있다.
② 법정대리권은 수권행위에 의해 발생하고, 임의대리권은 법률의 규정에 의해 발생한다.
③ 대리권 제한과 관련해서 자기계약의 금지, 쌍방대리의 금지 등의 원칙이 있다.
④ 대리행위는 현명주의의 원칙이 적용된다.

> **TIP** 임의대리권은 수권행위에 의해 발생하고, 법정대리권이 법률의 규정에 의해 발생한다.

21 다음은 물권에 관한 설명이다. 올바른 것을 고르시오.

① 급부는 물권의 객체이다.
② 물권은 제한물권과 점유권으로 분류되며 제한물권은 용익물권과 담보물권으로 분류할 수 있다.
③ 하나의 물건 위에 물권이 성립하면 그와 동일한 내용의 물권이 성립할 수 없다는 원칙을 '일물일권주의'라고 한다.
④ 용익물권은 물권을 직접 지배할 수 있는 전면적 권리이다.

> **TIP** 물건은 물권의 객체이다. 물권은 본권과 점유권으로 나뉘며 본권은 다시 소유권과 제한물권으로 나뉜다. 용익물권은 물건에 대한 제한적인 권한만을 행사할 수 있다.

22 "동산이나 부동산 등 물건을 직접 지배할 수 있는 권리"는 무엇인가?

① 물권
② 채권
③ 지적재산권
④ 저당권

> **TIP** 물권은 책상, TV, 자전거 등의 동산뿐만 아니라 토지, 건물과 같은 부동산을 직접 지배할 수 있는 권리이다.

23 다음은 용익물권에 관한 설명이다. 잘못된 것은?

①	용익물권	제한물권의 유형으로 사용가치, 교환가치 중 한가지만을 갖고 있는 경우
②	지상권	건물 및 기타 공작물이나 수목을 소유하기 위해 타인의 토지를 이용할 수 있는 권리
③	지역권	타인의 토지를 자기 토지의 편익에 이용하는 권리
④	전세권	전세금을 지급하고 타인의 부동산을 점유하여 용도에 맞춰 사용. 보통 전월세라고 지칭함

> **TIP** 보통 전월세라고 지칭하는 것은 임대차의 유형으로 채권에 속한다.

24 다음은 담보물권에 관한 설명이다. 잘못된 것은?

①	담보물권	처분 권능인 교환가치만 부여된 권리
②	유치권	타인의 물건을 점유한 자가 채권의 변제기에 변제를 받을 때까지 그 물건이나 유가 증권의 반환을 거절할 권리
③	질권	채권담보를 위해 동산 또는 재산권을 유치하고 변제가 없을 경우 목적물로부터 우선변제 받을 권리
④	저당권	채무자의 동산을 담보로 채무의 변제가 없는 경우 그 목적물로부터 우선변제를 받을 권리

> **TIP** 저당권은 채무자의 '부동산'을 담보로 한다. 보통 은행에서 대출을 받을 때 '근저당권'을 설정하는데 대표적인 예라고 할 수 있다.

25 다음은 '물권의 변동'에 관한 설명이다. 잘못된 것은?

① 물권은 공시의 원칙에 기초한다. 공시의 원칙은 부동산과 동산을 동일하게 규율하고 있다.
② 부동산의 공시 방법은 등기이며 관할 법원에서 담당한다.
③ 동산은 점유 또는 타인에게 인도한 자체만으로 공시가 된다.
④ 부동산과 동산은 '공신의 원칙'이 각각 달리 적용된다.

> **TIP** 공시의 원칙은 부동산과 동산을 규율하고 있다. 부동산은 등기, 동산은 점유의 인도로서 공시가 된다.

26 다음은 '부동산'에 관한 설명이다. 잘못된 것은?

① 부동산이란 토지와 그 정착물을 의미한다.
② 건물은 토지의 정착물이기 때문에 토지 등기부를 통해 관리한다.
③ 등기부는 크게 표제부, 갑구, 을구로 구성되어 있다.
④ 표제부는 부동산의 지번, 갑구는 소유권, 을구는 소유권 이외의 사항이 기재되어 있다.

> **TIP** 건물은 토지의 정착물이긴 하지만 그 특별성으로 인해 건물 등기부가 별도로 존재한다.

27 다음은 '부동산임대차'에 대한 설명이다. 올바른 것을 고르시오.

> ㉠ 임대차란 임대인이 임차인에게 건물이나 토지 등을 빌려주고 그 대가를 받는 것을 의미한다.
> ㉡ 주택임대차보호법은 세입자의 주거와 보증금 회수를 보장하기 위해 제정된 일반법이다.
> ㉢ 임차인이 주택을 인도받아 주민등록을 마치면 제 3자에게 대항할 수 있는 효력을 가진다.
> ㉣ 임대차 기간을 정하지 않았거나 2년 미만으로 정한 경우 2년으로 계약한 것으로 본다.

① ㉠, ㉡, ㉢   ② ㉠, ㉢, ㉣
③ ㉡, ㉢, ㉣   ④ ㉠, ㉡, ㉣

> **TIP** 주택임대차보호법은, 세입자의 주거와 보증금의 회수를 보장하고, 과도한 집세인상 등에서 세입자의 주거생활의 안정을 보호하기 위하여 제정한 특별법이다.

Answer   25.① 26.② 27.②

28 다음은 채권과 관련된 설명들이다. 잘못된 것은?

① 채권법의 내용은 대부분 강행규정이다.

② 채권은 변제나 공탁, 상계 등에 의해 소멸된다.

③ 이행 지체, 이행 불능, 불완전 이행 등은 채무불이행의 대표 유형이다.

④ 채무불이행으로 인한 손해에 채권자의 과실이 있다면 이를 참작하여 변제 액수를 감하게 되는데 이를 '과실상계'라고 한다.

> **TIP** 법정주의 개념은 물권에 적용되며 채권은 사적자치가 강조되는 영역이다.

29 다음은 불법행위와 관련된 설명이다. 잘못된 것은?

① 불법행위의 성립 요건은 고의 또는 과실, 위법성, 손해의 발생, 인과관계, 책임 능력 등이 있다.

② 손해배상의 방법으로 금전배상을 원칙으로 하며 예외는 없다.

③ 특수불법행위로 책임무능력자 감독자 책임, 사용자 배상책임, 공작물 점유자 책임 등이 있다.

④ 동물의 점유자 책임은 공작물 점유자 책임과 동일하다.

> **TIP** 금전배상이 원칙이긴 하지만 원상회복청구 등 예외적인 경우도 있다.

30 미성년자가 법정대리인의 동의를 얻어 혼인하게 되면 사법상으로는 성년자로 보게 되는 제도를 무엇이라 하는가?

① 성년의제

② 성년 추정

③ 행위능력

④ 미성년 간주

> **TIP** 미성년자가 법정대리인의 동의를 얻어 혼인하게 되면 성년의제에 의해 사법상으로는 성년자가 되지만 공법관계인 투표나 병역의무 등에 관해서는 미성년자의 신분을 벗어나지 못한다.

---

31 다음은 이혼의 효과이다. 협의 이혼과 재판 이혼에 공통된 것을 모두 고르시오.

> ㉠ 혼인에 의해 성립한 부부 사이의 모든 권리와 의무의 소멸
> ㉡ 자녀를 양육하지 않는 부 또는 모의 면접 교섭권
> ㉢ 부부 공동으로 마련한 재산에 대한 분할 청구권
> ㉣ 과실 있는 상대방에 대한 물질적 손해배상 청구권(위자료 청구)

① ㉠   ② ㉠, ㉡

③ ㉠, ㉡, ㉢   ④ ㉠, ㉡, ㉢, ㉣

> **TIP** 위자료 청구는 정신적 손해에 대한 배상이며 재판상 이혼에서만 가능하다.

32 부모가 미성년의 자녀에게 가지는 법적인 권리와 의무를 무엇이라 하는가?

① 친권   ② 동의권

③ 대리권   ④ 관리권

> **TIP** 친권은 가부장적 분위기 속에서 파생되어 통제나 복종의 개념으로 시작하였으나 오늘날에는 자녀의 보호, 양육, 인격
> 도야를 위한 부모의 의무로 자리 잡았다.

33 다음은 '부양'에 관한 설명이다. 잘못된 것은?

① 부양관계는 1차적 부양과 2차적 부양으로 구분할 수 있다.

② 부양관계는 친자 부양, 부부 부양, 친족 부양 등으로 구체화할 수 있다.

③ 친족간 부양할 능력이나 여력이 없더라도 반드시 부양을 해야만 한다.

④ 부양 순위가 당사자 간 협의가 불가능할 경우 청구에 의해 가정 법원이 그 순위를 결정한다.

> **TIP** 친족간일 경우에는 부양 능력이 있는 경우에 부양을 한다.

34 다음은 '상속'과 관련된 내용이다. 잘못된 것은?

① 동산, 부동산은 물론 채권과 지적재산권 등 모든 재산을 포함한다.
② 상속에는 소극적 재산은 '채무'도 포함된다.
③ 호주제 폐지로 현행 상속제도는 신분상속과 재산상속만을 의미한다.
④ 상속은 사망에 의해서만 개시되며 생전상속은 인정되지 않는다.

TIP 현행 상속제도는 재산상속만을 의미한다.

35 "상속인이 될 사람이 사망하거나 결격자가 된 경우에는 직계비속이 사망하거나 결격된 자의 순위로 상속인이 되는 제도"를 무엇이라 하는가?

① 불균등상속
② 대습상속
③ 법정상속
④ 유언상속

TIP 대습상속에서 상속인이 될 직계비속 또는 형제자매가 사망하거나 결격자가 된 경우 그의 직계비속이 상속인이 된다.

36 "상속재산과 상속채무를 승계하지만 상속재산의 한도 내에서만 책임을 지는 제도"를 무엇이라고 하는가?

① 단순승인
② 상속포기
③ 상속결격
④ 한정승인

TIP 단순승인 : 채무를 포함하여 일체의 재산을 상속하는 경우
상속포기 : 재산은 물론 채무 등 일체의 상속재산을 승계하지 않는 경우
상속결격 : 상속인에게 법이 정한 사유가 있을 때 상속자격이 박탈되는 경우

37 다음은 유언에 대한 설명이다. 올바른 것을 고르시오.

> ㉠ 만 17세 이상이면 유언이 가능하지만 피성년후견인의 유언은 어떤 경우에도 효력이 없다.
> ㉡ 유언은 유언자가 사망하여야 효력이 발생한다.
> ㉢ 유언은 요식행위의 절차를 거쳐야 효력이 발생한다.
> ㉣ 유언은 자필증서, 녹음, 공정증서 등 다양한 방식이 있다.

① ㉠, ㉡, ㉢   ② ㉠, ㉡, ㉣
③ ㉠, ㉢, ㉣   ④ ㉡, ㉢, ㉣

TIP 유언을 할 수 있는 자격으로 만 17세 이상이면 유언이 가능하며 피성년후견인은 의사능력이 회복된 때에만 유언할 수 있으며 이때, 의사가 심신회복의 상태를 유언서에 부기하고 서명날인 하여야 한다.

38 "일정한 범위의 상속인에게 상속재산 중 보장받을 수 있는 비율"을 무엇이라 하는가?

① 유류분   ② 상속분
③ 직계존속   ④ 직계비속

TIP 유류분은 피상속인의 직계비속과 배우자는 법정상속분의 2분의 1, 피상속인의 직계존속과 형제자매는 법정상속분의 3분의 1이 보장된다.

39 "기업적 생활관계를 규율하는 법규범"을 무엇이라 하는가?

① 민법   ② 상법
③ 형법   ④ 소송법

TIP 상법은 상인, 상업사용인, 상호, 상업장부, 영업소, 상업 등기, 영업양도 등을 규율한다.

40 다음은 상법에 관한 내용이다. 잘못된 것은?

① 상인은 당연상인, 의제상인, 소상인으로 구분할 수 있다.

② 상업사용인은 지배인, 사용인 등으로 구분할 수 있다.

③ 타인이 부정한 목적으로 동일 또는 유사 상호를 사용할 경우 그 사용을 배제하는 권리로 상호전용권이 있다.

④ 상인은 모든 거래를 기록, 정리하는 상업장부를 의무로 작성할 필요는 없다.

TIP 상인의 장부기록 및 유지는 의무사항이다.

41 다음은 '회사'에 관한 설명이다. 올바른 것을 고르시오.

> ㉠ 회사는 영업 활동에 의해 이익을 추구하는데 이를 영리성이라고 한다.
> ㉡ 복수인의 공동 목적을 위한 결합체로서의 특징을 법인성이라고 한다.
> ㉢ 무한책임사원만으로 구성되는 회사는 합명회사이다.
> ㉣ 무한책임사원과 유한책임사원으로 구성된 회사를 합자회사라고 한다.

① ㉠, ㉡, ㉢   ② ㉠, ㉡, ㉣

③ ㉠, ㉢, ㉣   ④ ㉡, ㉢, ㉣

TIP 복수인의 공동 목적을 위한 결합체로의 특징은 사단성이라고 한다.

42 다음은 민사 소송의 절차와 유형에 관한 설명이다. 잘못된 것은?

① 판결절차 : 원고의 제소에 의하여 게시되고 변론을 거쳐 심리되어 종국 판결에 의하여 종료되는 법원의 절차를 의미한다.

② 강제집행절차 : 채무자의 권리를 확보하기 위해 국가 권력으로부터 채무자의 의무이행을 강제하는 방법을 의미한다.

③ 소액사건 : 소송물가액이 5,000만 원을 초과하지 않는 민사사건에 관해 경제적 해결을 도모하고자 인정되는 절차이다.

④ 가사소송절차 : 혼인, 친자 등 신분관계의 확정, 형성에 관하여 사건을 해결하기 위한 절차이다.

TIP 소액사건은 3,000만 원을 초과해서는 안 된다.

43 관습법과 사실인 관습에 관한 설명으로 옳지 않은 것은?

① 민사에 관하여 법률에 규정이 없으면 관습법에 의하여 관습법이 없으면 조리에 의한다.

② 상사에 관하여 상법에 규정이 없으면 상관습법이 있어도 민법을 우선 적용한다.

③ 물권은 법률 또는 관습법에 의하는 외에는 임의로 창설하지 못한다.

④ 법령 중의 선량한 풍속 기타 사회질서에 관계없는 규정과 다른 관습이 있는 경우에 당사자의 의사가 명확하지 아니한 때에는 그 관습에 의한다.

> **TIP** 상사에 관하여 상관습법이 있으면 민법이 아닌 상관습법을 우선 적용한다.

44 제한능력자의 법률행위에 관한 설명으로 옳지 않은 것은?

① 피성년후견인이 법정대리인의 동의를 얻어서 한 재산상 법률행위는 유효하다.

② 법정대리인이 대리한 피한정후견인의 재산상 법률행위는 유효하다.

③ 법정대리인이 범위를 정하여 처분을 허락한 재산은 미성년자가 임의로 처분할 수 있다.

④ 제한능력자가 속임수로써 자기를 능력자로 믿게 한 경우 그 법률행위를 취소할 수 없다.

> **TIP** 피성년후견인의 법정대리인(성년후견인)은 동의 유무와 상관없이 피성년후견인이 한 재산상 법률행위를 취소할 수 있다.

45 민법상 물건에 관한 설명으로 옳지 않은 것은?

① 건물 임대료는 천연과실이다.

② 관리할 수 있는 자연력은 동산이다.

③ 건물은 토지로부터 독립한 부동산으로 다루어질 수 있다.

④ 토지 및 그 정착물을 부동산이다.

> **TIP** 건물 임대료는 건물 사용의 대가이므로 천연과실이 아닌 법정과실이다.

46 민법상 대리에 관한 설명으로 옳지 않은 것은?

① 행위능력자가 아니라도 대리인이 될 수 있다.
② 권한을 정하지 아니한 대리인도 보존행위를 할 수 있다.
③ 복대리인은 제3자에 대해서 본인과 동일한 권리의무가 있다.
④ 대리인이 수인인 경우에는 원칙적으로 각자가 본인을 대리한다.

> **TIP** 복대리인은 본인이나 제3자에 대하여 본인이 아니라 대리인과 동일한 권리의무가 있다.

47 甲이 과수가 식재된 乙 소유의 토지 위에 권원 없이 건물을 신축하고 있는 경우에 乙이 甲을 상대로 행사할 수 있는 권리가 아닌 것은?

① 토지매수청구권
② 공사중지청구권
③ 손해배상청구권
④ 소유권에 기한 방해제거청구권

> **TIP** 甲과 乙사이에 계약을 한 사실이 없고 근거가 되는 약정이나 법률규정이 없으므로 토지매수청구권은 인정되지 않는다.

48 채권자가 그의 채권을 담보하기 위하여 채무의 변제기까지 채무자로부터 인도받은 동산을 점유·유치하기로 채무자와 약정하고, 채무의 변제가 없는 경우에 그 동산의 매각대금으로부터 우선 변제받을 수 있는 담보물권은?

① 질권
② 유치권
③ 저당권
④ 양도담보권

> **TIP** 채권자가 채권의 담보로서 채무자 또는 제3자로부터 받은 목적물을 채무의 변제가 있을 때가지 유치하고, 변제가 없을 때에는 그 목적물에 의하여 우선변제를 받을 수 있는 담보물권은 질권이다.

49 민법상 전형계약에 관한 설명으로 옳지 않은 것은?

① 현상광고는 쌍무계약이다.
② 위임은 무상계약이 원칙이다.
③ 임치는 무상·편무 계약이 원칙이다.
④ 이자부소비대차 계약은 쌍무계약이다.

> **TIP** 현상광고는 유상·편무·요물·불요식 계약이므로 쌍무계약이 아니다.

50 민법상 불법행위로 인한 손해배상을 설명한 것으로 옳은 것은?

① 태아는 불법행위에 대한 손해배상청구에 있어서는 이미 출생한 것으로 본다.
② 피해자가 수인의 공동불법행위로 인하여 손해를 입은 경우 가해자 각자의 기여도에 대해서만 그 손해의 배상을 청구할 수 있다.
③ 고의 또는 과실로 심신상실을 초래하였더라도 심신상실의 상태에서 행해진 것이라면, 배상책임이 인정되지 않는다.
④ 미성년자가 타인에게 손해를 가한 경우에 그 행위의 책임을 변식할 지능이 없는 경우에도 배상책임이 있다.

> **TIP** ② 피해자가 수인의 공동불법행위로 인하여 손해를 입은 경우 가해자는 연대하여 그 손해를 배상할 책임이 있다.
> ③ 고의 또는 과실로 심신상실을 초래한 경우에는 손해배상책임을 진다.
> ④ 미성년자가 타인에게 손해를 가한 경우에 그 행위의 책임을 변식할 지능이 없는 경우에는 배상의 책임이 없고, 부모 등 법정감독의무가 있는 자가 감독의무를 다하였다는 입증을 못한 경우 미성년자의 행위에 대한 손해배상책임을 진다.

51 민법상 재판상 이혼 원인에 해당하지 않는 것은?

① 배우자의 생사가 1년간 분명하지 아니한 때
② 배우자가 악의로 다른 일방을 유기한 때
③ 배우자로부터 심히 부당한 대우를 받았을 때
④ 자기의 직계존속이 배우자로부터 심히 부당한 대우를 받았을 때

> **TIP** 재판상 이혼 원인은 배우자의 생사가 3년 이상 분명하지 아니한 때다.

Answer 49.① 50.① 51.①

52 상법에 관한 법규범의 적용순서를 바르게 나열한 것은?

① 상법 – 상사자치법 – 상관습법 – 민법

② 상법 – 민법 – 상관습법 – 상사자치법

③ 상사자치법 – 상법 – 민법 – 상관습법

④ 상사자치법 – 상법 – 상관습법 – 민법

> **TIP** 상사에 관하여 본법에 규정이 없으면 상관습법에 의하여 상관습법이 없으면 민법의 규정에 의한다(상법 제1조).

53 상법상 일정한 상인을 위하여 상업사용인이 아니면서 상시 그 영업부류에 속하는 거래의 대리 또는 중개를 영업으로 하는 자는?

① 익명조합원

② 대리상

③ 중개인

④ 위탁매매인

> **TIP** ① 익명조합은 당사자의 일방인 익명조합원이 상대방인 영업자를 위하여 출자하고 상대방은 그 영업에서 생기는 이익을 분배할 것을 약정하는 계약을 말한다.
> ③ 중개인은 타인 간의 상행위의 중개를 영업으로 하는 자를 말한다.
> ④ 위탁매매인은 자기명의로써 타인의 계산으로 물건 또는 유가증권의 매매를 영업으로 하는 자를 말한다.

54 상법상 회사에 관한 설명으로 옳지 않은 것은?

① 합명회사는 2인 이상의 무한책임사원으로 이루어진 회사이다.

② 합자회사의 유한책임사원은 금전 기타 재산으로만 출자할 수 있다.

③ 유한책임회사는 주식회사에 비해 지분양도가 자유롭지 못하다.

④ 상법상 회사의 설립은 인가주의를 취하고 있다.

> **TIP** 상법은 회사 설립의 요건을 강화하고 회사 설립에 관한 발기인의 책임을 가중하고 있어 엄격준칙주의의 입장에 있다.

55 상법상 주식회사의 최고 의사결정기관은?

① 이사
② 감사
③ 주주총회
④ 대표이사

> **TIP** ① 이사는 주식회사의 업무집행에 관한 의결기관이다.
> ② 감사는 주식회사의 감독기관이다.
> ④ 대표이사는 주식회사의 업무집행 및 대표기관이다.

56 보험계약에 관한 설명으로 옳지 않은 것은?

① 사행계약이 아니다.
② 유상·쌍무 계약이다.
③ 불요식의 낙성계약이다.
④ 계약관계자에게 선의 또는 신의성실이 요구되는 선의계약이다.

> **TIP** 보험계약은 우연하고 불확실한 보험사고 발생으로 보험금 지급 및 그 액수가 결정되므로 사행계약의 성질을 갖는다.

57 (   )에 들어갈 용어를 순서대로 나열한 것은?

> 보험계약은 (   )가 약정한 보험료를 지급하고 재산 또는 생명이나 신체에 불확정한 사고가 발생할 경우에 (   )가 일정한 보험금이나 그 밖의 급여를 지급할 것을 약정함으로써 효력이 생긴다.

① 피보험자, 보험수익자
② 피보험자, 보험계약자
③ 보험계약자, 피보험자
④ 보험계약자, 보험자

> **TIP** 피보험자는 손해보섬에서 보험사고로 인한 재산상 손해에 대한 보상을 보험자에게 청구할 수 있는 사람이고, 인보험에서는 생명 또는 신체에 관하여 보험이 붙여진 사람을 말한다. 보험수익자는 인보험 특유의 개념으로, 보험사고 발생 시 보험자에 대하여 보험금지급청구권을 가지는 사람이다.

Answer   55.③ 56.① 57.④

58 상법상 손해보험에 해당하는 것은 모두 몇 개인가?

가. 책임보험	나. 화재보험
다. 해상보험	라. 생명보험
마. 상해보험	

① 2개
② 3개
③ 4개
④ 5개

TIP 가, 나, 다, 는 손해보험에 해당하고 라, 마, 는 인보험에 해당한다.

59 민사소송법상 원고가 소를 제기함에 있어서 청구의 성질·내용에 따라 분류하는 소(訴)의 종류가 아닌 것은?

① 이행의 소
② 확인의 소
③ 책임의 소
④ 형성의 소

TIP 민사소송법상 청구의 성질과 내용에 따라 소를 분류하면 이행의 소, 확인의 소, 형성의 소가 있다.

60 민사소송법상 항소에 관한 설명으로 옳지 않은 것은?

① 항소장의 부본은 피항소인에게 송달하여야 한다.
② 항소는 판결서 송달 전에는 할 수 없고, 판결서가 송달된 날로부터 2주 후에 할 수 있다.
③ 항소는 항소심의 종국판결이 있기 전에 취하할 수 있다.
④ 소송비용 및 가집행에 관한 재판에 대하여는 독립하여 항소를 하지 못한다.

TIP 항소는 판결서가 송달된 날로부터 2주 이내에 해야 하며, 상고의 경우는 판결서가 송달된 날로부터 2주 이내에 원심 법원에 제출해야 한다. 다만, 판결서 송달 전에도 항소할 수 있다.

Answer 58.② 59.③ 60.②

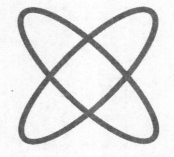

PART

04

형법 · 형사소송법

01 형법

02 형사소송법

01 형법

1 서론

(1) 서설

① **형법의 의의** : 형법은 어떤 행위가 범죄가 되는지를 정하고, 그러한 행위를 했을 때 어떤 처벌을 받는지 범죄와 형벌에 관한 법규범이라 할 수 있다.

② **형법의 개념 구별** : 형식적 의미의 형법이란 형법이라는 명칭의 형법전을 의미한다. 실질적 의미의 형법이란 형식과 명칭을 불문하고 범죄와 그에 대한 법적 효과로서 형벌과 보안처분을 규정한 모든 법규범의 총체이다.

(2) 형법의 성격

① **가설적 규범** : 일정한 범죄를 조건으로 하여, 이에 대한 법률 효과로서 일정한 형벌을 과할 것을 가설적으로 규정하는 규범이다.

② **평가규범·의사결정규범** : 범죄에 대해 형벌을 과할 것을 규정함으로써 그러한 범죄행위를 무가치하고 위법한 것으로 평가하고, 이러한 행위를 할 것을 결의해서는 아니 된다는 의사결정에 있어서의 기준을 준다.

③ **행위규범·재판규범** : 국민의 행위의 준칙이 되며, 법관의 재판준칙으로 작용한다.

④ **법체계상 성격**

    ㉠ **공법** : 형벌권은 범죄로부터 사회를 방위하고자 하는 공익적 목적을 위하여 행사되는 것으로 사적 만족을 위한 제재는 인정되지 않는다.

    ㉡ **사법법(司法法)** : 형법은 재판에 적용될 법으로서의 성격을 보유한다.

    ㉢ **실체법** : 형법은 어떠한 행위가 범죄가 되는지를 규정하고 그러한 범죄에 대하여 어떤 형벌을 과하는 지를 규정한 실체법에 속한다.

(3) 형법의 기능

① **법익보호 기능** : 범죄라는 법익 침해행위에 대하여 형벌을 과함으로써 국민의 법익을 보호한다.

② **보장적 기능** : 국가 형벌권의 한계를 명확히하여, 국가형벌권의 자의적 행사로부터 국민의 자유와 권리를 보장하는 기능을 말한다.

③ **사회윤리적 행위가치 보호기능** : 형법에서 금지하는 행위를 하는 경우에 이러한 행위는 이미 보호받을 가치가 없으므로 처벌을 가하게 된다.

(4) 형법 이론

① 고전학파(구파)와 근대학파(신파)

㉠ 구파의 이론 : 구파는 범죄인의 행위에 중점을 두고 발전시킨 이론으로 18세기 계몽철학의 산물인 개인주의, 자유주의 사상을 배경으로 하고 있다. Beccaria 내지 Kant의 학설을 바탕으로 한 개인본위의 형법이론으로 응보형주의와 객관주의를 기초로 한다. 대표적 학자로는 Hegel, Feuerbach, Binding이 있다.

㉡ 신파의 이론 : 구파가 범죄인의 행위에 중점을 두었다면, 신파는 범죄인의 성격을 대상으로 연구하였다. 19세기 중엽 이후 자본주의의 모순이 심화됨에 따라 범죄 중에서도 특히 누범과 소년범이 급증하자, 당시 급속히 발달한 자연과학적 방법을 사용하여 범죄인을 실증적으로 연구함으로써 범죄원인을 규명하고 형사정책에 새로운 국면을 개척한 학파로서, 목적형주의와 주관주의를 기초로 한다. 대표적 학자로는 Lombroso, Ferri, Garofalo 등이 있다.

② 응보형주의와 목적형주의

㉠ 응보형주의 : 응보형주의에 의하면 형벌의 목적은 범죄라고 하는 과거의 사실에 대하여 응보를 하는 데 있다고 본다.

㉡ 목적형주의 : 목적형주의에 의하면 형벌은 범죄라고 하는 법익침해 사실에 대하여 공동생활의 안전을 확보하는 데 있다고 주장한다. 형벌을 범죄에 대한 사회방위의 수단으로 보기 때문에 사회방위설이라고도 하며, 결국 형벌에 의한 사회방위는 범죄인을 교육하여 선량한 사회인으로 만드는 것을 가장 좋은 방법으로 본다.

③ 일반예방주의와 특별예방주의

구분	일반예방주의	특별예방주의
범죄원인	인간에게는 자유의사가 있기 때문	사회적, 심리적, 신체적 요인의 변화에 따라 자유의사와는 무관하게 환경에 의해 결정
목적	범죄행위에 대한 처벌	범죄인의 교정, 교화
처벌강도	범죄가 초래한 객관적 손해의 정도에 따라 나타난 결과 중시	행위자의 주관적 악성 정도 고려
처벌시각	응보형	교육형
처벌	정기형 부과 강조	집행유예, 선고유예, 가석방 활용

④ 객관주의와 주관주의

㉠ 객관주의 : 범죄는 자유의사에 의한 법익침해이며, 자유의사는 개개인이 평등하게 구비하고 있으므로 형벌은 범죄라고 하는 외부에 나타난 행위에 의하여 결정되어야 한다는 입장이다.

㉡ 주관주의 : 범죄란 범죄인의 소질과 환경에 의하여 이미 결정된 반사회적 성격의 징표라고 본다. 따라서 행위자의 반사회적 성격, 범죄적 위험성을 형벌적 평가의 대상으로 하고 형벌의 종류와 경중도 이에 상응해야 한다고 본다.

(5) 죄형법정주의

① **법언** : "법률 없으면 범죄 없고 형벌 없다."는 법언이 죄형법정주의를 나타내고 있다.

② **개념** : 아무리 사회적으로 비난받아 마땅한 행위를 저질렀다 하더라도 법률이 없으면 처벌할 수 없다. 즉, 죄형법정주의란 어떤 행위가 범죄가 되는지, 그러한 범죄를 저지르면 어떤 처벌을 받는지가 미리 성문의 법률에 규정되어 있어야 한다는 원칙을 말한다.

③ **죄형법정주의 기능** : 국가 형벌권의 확장을 막고 형벌권의 자의적인 행사로부터 국민의 자유와 인권을 보장하기 위한 형법의 최고원리이다.

④ **죄형법정주의의 내용** : 죄형법정주의의 내용은 다섯 가지로 구성되어 있다. 관습형법 금지의 원칙(성문헌법주의), 명확성의 원칙, 유추해석 금지의 원칙, 형벌 불소급의 원칙, 적정성의 원칙이 그것이다.

⑤ **관습형법 금지의 원칙**

　ⓐ **개념** : 성문헌법주의와도 같은 의미이다. 법관이 적용할 형벌에 관한 법은 국회에서 제정한 성문의 법률뿐이고 관습법과 같은 불문법에 적용해서는 안 된다는 원칙이다.

　ⓑ **쟁점(위임입법의 한계)** : 사회현상은 복잡하게 변하기 때문에 법률이 그때마다 계속 추가, 수정된다면 법적 안정성이 보장될 수 없다. 따라서 명령, 규칙 등 하위법규에 위임할 필요성이 있다. 위임입법이 허용되기 위해서는 긴급한 필요가 있거나 미리 법률로써 자세히 정할 수 없는 부득이한 사정이 있는 경우에 한하여 위임하는 법률이 어떤 행위가 처벌 대상인지 명확히 정하고, 형벌의 종류 및 그 사한과 폭을 명확히 규정하는 것을 전제로 허용되며 포괄위임입법은 금지된다.

⑥ **명확성의 원칙**

　ⓐ **개념** : 법관의 자의적 해석이 적용되지 않도록 형법에 의해 금지하는 행위와 어떤 형벌을 받는지를 구체적으로 명확하게 규정하여 누구나 다 그 내용을 알 수 있어야 한다는 원칙이다.

　ⓑ **명확성의 판단기준** : 통상의 판단능력을 가진 일반인이 합리적으로 판단할 때 무엇이 금지되어 있는가를 예견할 수 있어야 한다.

　ⓒ **쟁점(절대적 부정기형 금지)** : 형의 장기와 단기가 전혀 정해지지 않은 형벌로 법적 안정성과 인권을 침해할 요소가 있기 때문에 절대적 부정기형은 금지된다.

⑦ **유추해석 금지 원칙**

　ⓐ **개념** : 형벌과 관련하여 법률에 규정이 없는데도 불구하고 그것과 유사한 성질을 갖는 사항에 적용시켜서는 안 되며 엄격하게 해석하여 해석자인 수사기관, 재판기관이 자의적으로 해석을 하여서는 안 된다는 원칙이다.

　ⓑ **쟁점(유리한 유추해석)** : 유추해석을 금지하는 것은 피고인에게 불리한 경우에만 해당되고 유리한 유추적용은 허용된다.

⑧ 형법 불소급의 원칙

　　㉠ 개념 : 형벌 법규는 그 시행 이후에 이루어진 행위에 대해서만 적용되고, 시행 이전의 행위에까지 소급하여 적용할 수 없다는 원칙이다.

　　㉡ 쟁점(유리한 소급효)

> **형법 제1조 제1항** 범죄의 성립과 처벌은 행위 시의 법률에 의한다. **제2항** 범죄 후 법률의 변경에 의하여 그 행위가 범죄를 구성하지 아니하거나 형이 구법보다 경한 때에는 신법에 의한다. **제3항** 재판확정 후 법률의 변경에 의하여 그 행위가 범죄를 구성하지 아니하는 때에는 형의 집행을 면제한다.

　　형법 제1조 제2항과 제3항에서 보듯, 유리한 법률의 소급효는 가능하다는 것을 알 수 있다.

⑨ 적정성의 원칙 : 범죄와 형벌을 규정하는 법률의 내용은 기본적 인권을 실질적으로 보장할 수 있도록 적정해야 한다는 원칙이다. 형식적으로 적법한 절차를 거쳐서 제정된 법률이라고 할지라도 범죄로 마땅히 처벌할 만한 행위만을 처벌해야 하고, 그 처벌의 양도 그 행위의 불법과 책임의 양에 상응하도록 정해야 된다는 원칙이다. 형법의 과도한 행사를 제한한다는 의미에서 과잉금지의 원칙이라고도 표현한다.

(6) 형법의 적용범위

① 시간적 적용범위

　　㉠ 의의 : 시간적 적용범위란 형법이 어떠한 시기에 발생한 사실에 대해 효력이 미치는지를 규명하는 것으로, 행위 시와 재판 시의 형벌 법규가 상이할 경우 신·구법의 적용문제가 일어난다.

　　㉡ 행위시법주의(원칙) : 구법주의라고도 하며 형법은 그 실시 이후의 행위에만 적용되고 실시 이전의 행위에 소급하여 적용되지 않는다는 원칙이다(형버 제1조 제1항).

　　㉢ 재판시법주의(예외) : 신법주의라고도 하며 범죄 후 법률이 변경되어 그 행위가 범죄를 구성하지 아니하게 되거나, 형이 구법보다 가벼워진 경우에는 신법에 따른다(형법 제1조 제2항). 재판이 확정된 후 법률이 변경되어 그 행위가 범죄를 구성하지 아니하게 된 경우에는 형의 집행을 면제한다(형법 제1조 제3항).

② 장소적 적용범위

　　㉠ 의의 : 장소적 적용범위는 어떤 장소에서 발생한 범죄에 대하여 어떤 형법이 적용되는가의 문제이다. 우리 형법은 속지주의를 원칙으로 하고, 속인주의, 보호주의, 세계주의를 가미하고 있다.

　　㉡ 속지주의 : 자국의 영역 내에서 발생한 모든 범죄에 대하여 범죄인의 국적에 관계없이 자국의 형법을 적용한다는 원칙이다.

　　㉢ 속인주의 : 자국민이 범한 범죄에 대하여는 범죄지의 여하를 불문하고 자국의 형법을 적용한다는 원칙이다.

　　㉣ 기국주의 : 대한민국 영역 외에 있는 대한민국의 선박 또는 항공기 내에서 죄를 범한 외국인에게 자국의 형법을 적용한다는 원칙이다.

ⓜ 보호주의 : 자국 또는 자국민의 법익을 침해하는 범죄행위에 대하여는 범죄지와 범죄인의 국적에 관계없이
  자국의 형법을 적용한다는 원칙이다.

ⓑ 세계주의 : 범죄지와 범죄인의 국적 여하를 불문하고 인류공동의 법익을 해하는 범죄행위에 대하여는 세계
  가 연대하여 대처하고자 자국의 형법을 적용한다는 원칙이다.

③ 인적 적용범위

  ㉠ 의의 : 인적 적용범위는 형법이 어떤 사람에게 적용되는가의 문제이다. 형사재판권은 국가주권의 표현이므
    로 원칙적으로 형법은 시간적 · 장소적 적용범위 내의 모든 사람에게 적용된다. 관련하여 대통령의 불소추
    특권, 국회의원의 면책특권 등이 논의된다.

  ㉡ 대통령의 불소추특권 대통령은 내란 · 외환의 죄를 범한 경우를 제외하고는 재직 중 형사상의 소추를 받지
    아니한다(헌법 제84조). 내란 · 외환의 죄를 범한 경우에는 재직과 상관없이 소추 가능하다. 재직 후에는
    재직 중의 행위에 대하여 소추가능하다.

  ㉣ 국회의원의 면책특권 : 국회의원은 국회에서 직무상 행한 발언과 표결에 관하여 국회 외에서 책임을 지지
    아니한다(헌법 제45조).

② 범죄론

(1) 서설

① 범죄의 의의 : 법에 의하여 보호되는 이익을 침해하고(법익침해성), 사회의 안전과 질서를 문란하게 하는 반사
  회적 행위(반사회성)로 법에 규정되어 있는 것을 범죄라고 하고 이러한 범죄를 행한 사람을 범죄자라고 한다.

② 범죄의 개념 유형

  ㉠ 형식적 범죄 개념 : 법률에 규정된 구성요건에 해당하며, 위법성이 있고 책임이 있는(유책한) 인간의 행위를
    형식적 의미의 범죄라 한다.

  ㉡ 실질적 범죄 개념 : 사회에 해롭고 사회 공동체의 유지에 본질적인 법익을 침해하는 행위를 실질적 의미의
    범죄라 한다. 실질적 범죄 개념은 범죄의 구체적 기준을 정의내리기 힘들다는 단점이 있다.

  ㉢ 양자의 관계 : 형식적 범죄 개념은 범죄에 대해 형식적이고 구체적인 정의를 내려줌으로써 체계화를 가능하
    게 하며 실질적 범죄개념은 형식적 범죄 개념에서 빠진 부분을 보충해 줌으로써 상호 보완적 기능을 하게
    된다.

③ 처벌법규 : 형법에 규정된 각종의 행위가 대표적인 범죄가 되는 것은 사실이지만, 그 외의 경범죄처벌법, 도로
  교통법, 폭력행위 등 처벌에 관한 법률, 특정범죄 가중처벌법 등의 개별 법률에서도 형벌이 규정되어 있으면
  해당 법에 규정된 그러한 행위는 모두 범죄가 된다.

④ 범죄 유형

   ㉠ 의의 : 형법에는 수많은 범죄와 그에 대한 처벌절차에 대해 규정해 놓고 있는데, 이것을 몇 가지 유형으로 분류할 수 있다.

   ㉡ 개인적 법익에 관한 범죄 : 개인의 법익을 침해하는 범죄이다.

유형	주요 내용
생명과 신체에 대한 죄	살인죄, 상해죄, 폭행죄, 과실치사죄, 낙태죄, 유기죄, 학대죄
자유에 관한 죄	협박죄, 강요죄, 체포 · 감금죄, 강간죄, 추행죄
명예와 신용에 관한 죄	명예훼손죄, 모욕죄
사생활의 평온에 대한 죄	비밀침해죄, 주거침입죄
재산에 대한 죄	절도죄, 강도죄, 유기죄, 공갈죄, 횡령죄, 배임죄, 장물죄, 재물손괴죄

   ㉢ 사회적 법익에 관한 범죄 : 개인의 법익을 넘어서 사회 전체의 질서를 위협하는 범죄이다. 방화죄, 폭발물사용죄, 교통방해죄, 통화 위조 · 변조죄, 유가증권 위조 · 변조죄, 사문서 위조 · 변조죄, 공문서 위조 · 변조죄, 간통죄 등이 있다.

   ㉣ 국가적 법익을 침해하는 범죄 : 국가의 기강을 어지럽히거나 국가의 존립을 위태롭게 하는 범죄로서 내란죄, 외환유치죄, 공무집행방해죄, 간첩죄, 뇌물죄 등이 해당한다.

   ㉤ 친고죄와 반의사불벌죄 : 친고죄란 공소제기를 하기 위해서는 피해자 기타 고소권자의 고소가 있을 것을 요하는 범죄로 강간죄, 강제추행죄, 간통죄, 모욕죄, 사자명예훼손죄, 비밀침해죄, 업무상 비밀누설죄가 해당된다. 반의사불벌죄란 피해자의 의사와 관계없이 공소제기를 할 수 있으나, 피해자가 처벌을 원하지 않는다는 의사를 명시적으로 밝힌 경우에는 처벌을 할 수 없는 범죄를 의미한다. 반의사불벌죄에는 폭행죄, 존속폭행죄, 협박죄, 존속협박죄, 과실치상죄, 명예훼손죄가 해당된다.

(2) 범죄의 요건

① 성립요건

   ㉠ 의의 : 형식적 범죄개념에 따라 어떤 행위에 대하여 범죄가 성립하였다고 평가하기 위해서는 구성요건 해당성, 위법성, 책임이 있어야 한다. 이를 범죄 성립의 3요소라고 한다.

   ㉡ 구성요건 해당성 : 범죄의 구체적 사실이 추상적 개념으로 표현된 형법의 각 구성요건(조문)에 해당하는 행위를 말한다.

   ㉢ 위법성 : 구성요건에 해당하는 행위가 법률상 허용되지 않는, 즉 위법하다는 성질을 말한다. 위법의 형식적 의미는 법규위반이며, 실질적 의미는 사회상규에 위배되는 것을 말한다.

   ㉣ 책임 : 해당 행위를 한 행위자에 대한 비난가능성을 말한다. 책임은 행위자의 주관적 의사를 중시하는 것으로 위법행위가 일정한 사람에게 주관적으로 귀속될 수 있는지를 심사하는 것이다.

② **처벌 요건**

　㉠ 의의 : 범죄의 처벌 요건은 범죄가 성립한 후에 형벌권의 발생을 위하여 필요한 요건으로 객관적 처벌 요건과 인적 처벌조각사유가 있다.

　㉡ 객관적 처벌 요건 : 형벌권의 발생을 좌우하는 외부적 · 객관적 사유로, 예를 들면, 형법 제129조 제2항의 사전수뢰제에 있어서 공무원 · 중재인이 된 사실이 해당한다.

　㉢ 인적 처벌조각사유 : 범죄가 성립한 경우에도 행위자의 특수한 신분관계로 형벌권이 발생하지 않는 경우를 말한다. 친족상도례에서의 일정한 친족관계인 신분, 국회의원의 면책 특권 등이 있다.

③ **소추 요건** : 범죄의 성립요건을 구비한 행위에 대해 형사소송법상 공소를 제기하고 이를 유지하여 실체재판을 하는 데 필요한 요건으로 친고죄와 반의사불벌죄를 검토한다.

(3) 구성요건 해당성

① 의의 : 구체적인 행위사실이 추상적인 법조(法條)에 부합하는 성질을 말한다.

② 구성요건 요소

　㉠ 행위 : 행위라 함은 행위자의 의사에 기한 신체적 동작 내지 태도를 말하고 의사의 객관화 또는 외부적 실현이라 할 수 있다.

　㉡ 작위범과 부작위범

　　ⓐ 의의 : 작위범이란 구성요건 작위(일정한 행위를 한 경우)를 규정한 범죄를 말하고, 부작위범은 부작위에 구성요건을 실현하는 범죄를 말한다. 부작위범에는 진정부작위범과 부진정 부작위범이 있다.

　　ⓑ 진정부작위범 : 부작위 그 자체로 성립하는 범죄이다. 예를 들면 퇴거불응죄, 다중불해산죄가 진정부작위범에 해당한다.

　　ⓒ 부진정부작위범 : 구성요건 그 자체가 행위에 의하여 범할 것을 예상하고 규정되어 있음에도 불구하고 부작위에 의하여 그 구성요건을 실현하는 범죄를 말한다. 다시 말하면, 부작위를 통해 작위범의 구성요건을 실현하는 경우이다. 예를 들면 물에 부모가 빠진 아기를 구하지 않거나 젖을 주어야 할 유아를 굶겨 사망한 경우 부작위에 의한 살인이 된다.

　㉢ 결과

　　ⓐ 의의 : 범죄 유형에 따라 범죄가 성립하기 위해서는 구성요건적 결과가 필요한 결과범도 있지만, 구성요건적 결과 발생이 필요하지 않은 거동범도 있다.

　　ⓑ 결과범 : 구성요건이 성립하려면 행위 이외에도 결과의 발생을 필요로 하는 범죄를 말한다. 예를 들어 살인죄의 경우 사망의 결과 발생이 있어야 성립한다.

　　ⓒ 거동범 : 구성요건이 성립하는데 있어서 결과의 발생을 요하지 않고, 구성요건에 규정한 행위를 함으로써 범죄가 성립한다. 위증죄, 무고죄, 공연음란죄, 폭행죄, 명예훼손죄, 모욕죄, 업무방해죄 등이 있다.

　㉣ 인과관계 : 일정의 결과가 그에 선행하는 일정의 행위에 의해 발생한 것이라고 사유되는 행위와 결과 간의 관계를 인과관계라 한다. 인과관계는 구성요건의 내용으로서 결과의 발생을 필요로 하는 결과범에서만 문제된다. 결과범에 있어서 인과관계가 성립되면 기수범으로 처벌되며, 인과관계가 인정되지 않으면 미수범으로 처벌된다.

    ⑩ 고의

        ⓐ 의의 : 고의란 행위자의 정신적·심리적 세계에 속하는 것으로, 일반적으로 구성요건의 객관적 요소에 해당하는 사실을 인식하고 구성요건의 실현을 의욕 내지 인용하는 것이다.

        ⓑ 요소 : 고의가 성립하기 위해서는 행위자가 인식한 내용을 실현하려는 의사가 있어야 한다. 따라서 어떤 범죄행위를 내심으로 희망하거나 소원만 한 경우 등은 실현 의사가 있다고 볼 수 없으므로 고의가 성립하지 않는다.

    ⑪ 과실

        ⓐ 의의 : 과실이란 행위자가 구성요건의 실현 가능성을 예견하거나 예견할 수 있었는데도 구체적인 상황에서 구성요건적 결과의 발생을 회피하기 위하여 사회생활상 요구되는 주의의무를 위반하는 것을 말한다.

        ⓑ 과실범 : 과실 행위를 처벌하는 형법 각칙의 범죄구성요건을 과실범이라고 한다. 예를 들면, 과실치상죄, 과실교통방해죄 등이 있다.

(3) 위법성

① 개념 : 구성요건에 해당하는 행위가 사회전체의 법질서에 비추어 보았을 때 부정적 행위라고 평가되는 것이다.

② 위법성 평가 방법 : 위법성이 있는지를 평가할 때는 구성요건에 해당하는 행위에 정당성이 있었는지를 검토하게 된다. 즉, 위법성 조각사유가 있다면 위법성이 배제된다.

③ 위법성 조각사유 : 구성요건에 해당하는 행위의 위법성을 배제하는 특별한 사유를 의미하며 정당방위, 긴급피난, 자구행위, 피해자의 승낙 등이 있다.

④ 정당방위

구분(형법)	내용
개념 (제21조 제1항)	자기 또는 타인의 법익에 대한 현재의 부당한 침해를 방지하기 위한 상당한 이유가 있는 행위
과잉방위 (제21조 제2항)	방위행위가 그 정도를 초과한 경우는 정황에 의하여 그 형을 감경 또는 면제하며 이때 야간, 기타 불안스러운 상태에서 공포, 경악, 흥분 또는 당황으로 인한 때에는 벌하지 아니함
오상방위	정당방위의 사실이 존재하지 않음에도 오인하여 방위행위를 한 경우로 과실범으로 처벌될 수 있음
오상과잉방위	오상방위에 과잉방위가 결합한 형태로 방위자가 현재의 부당한 침해가 없었음에도 불구하고 있다고 오인하였고, 상당성도 초과한 경우로 과실범으로 처벌될 수 있음

⑤ 긴급피난

구분(형법)	내용
개념 (제22조 제1항)	자기 또는 타인의 법익에 대한 현재의 위난을 피하기 위한 행위
과잉피난	피난행위가 그 정도를 초과한 경우는 정황에 의하여 그 형을 감경 또는 면제하며 이때 야간, 기타 불안스러운 상태에서 공포, 경악, 흥분 또는 당황으로 인한 때에는 벌하지 아니함
의무의 충돌	여러 개의 의무를 동시에 이행할 수 없는 긴급상태에서 그 중 한 의무를 이행하고 다른 의무를 불이행한 결과 범죄행위가 되는 경우로 정당한 경우 위법성이 조각됨

▶ **긴급피난의 사례**

개가 달려들어 인근 상점의 창문을 부수고 피한 경우, 옆 차선의 차량이 충돌하려 하자 피하려다 다른 차를 추돌한 경우 등

▶ **의무의 충돌 사례**

아버지가 물에 빠진 두 아이 중 한 아이를 구하고 다른 아이를 구하지 못하여 익사한 경우

⑥ 자구행위

구분(형법)	내용
개념 (제23조 제1항)	법정절차에 의하여 청구권을 보전하기 불가능한 경우 상당한 이유가 있는 자력에 의한 권리구제 행위
과잉자구행위 (제23조 제2항)	자구행위가 그 정도를 초과한 경우는 정황에 의하여 그 형을 감경 또는 면제하며 경악, 흥분 등으로 벌하지 않는 경우는 적용 안됨

※ 정당방위, 긴급피난, 자구행위 비교

구분	정당방위	긴급피난	자구행위
특징	현재의 침해와 위난	이미 침해된 청구권 보전	
대응양상	위법한 침해에 대한 대응	위법·적법 침해 불문	위법한 침해에 대한 대응
상대방	직접적 침해자에게 행사	직접적 침해 당사자는 물론 제3자에게 가능	직접적 침해자에게 행사
보호대상	자신의 보호법익은 물론, 타인의 보호까지 포함		자신의 청구권 보전

⑦ 피해자의 승낙

구분(형법)	내용
개념(제24조)	처분할 수 있는 자의 승낙에 의하여 법익을 훼손한 행위
양해	승낙이 구성요건 해당성 자체를 조각하는 경우로 주거침입죄, 절도죄 등은 양해를 구하면 구성요건 해당성이 없음
승낙으로 형이 감경되는 경우	보통살인죄에 비해 촉탁·승낙 살인죄의 감경, 일반 방화죄에 비해 자기소유물 방화죄의 감경 등

(4) 책임성(유책성)

① 개념 : 책임성이란 사회규범이 요구하는 방향에 맞게 합법적으로 행동할 수 있었음에도 불구하고 불법을 결의하고 위법하게 행위한 것에 대한 비난가능성을 의미한다.

② 책임의 성질 : 행위자의 책임문제는 위법성이 확정된 후에 검토되며, 위법성이 사회전체의 법질서에 비추어 평가된다면 책임은 행위자에 대한 주관적 판단으로 개인적 특수성이 고려된다.

③ 책임주의 : 책임주의란 책임 없으면 범죄는 성립하지 않고, 형량도 책임의 크기에 따라 결정하여야 한다는 원칙을 의미하며 "책임 없으면 형벌 없다."로 표현할 수 있다.

④ 책임능력과 책임조각사유 : 책임능력이란 행위자가 법의 의미를 이해할 수 있는 판단능력과 이러한 판단에 따라 행동할 수 있는 의지적 능력을 의미한다. 책임을 질 수 없는 사유, 즉 책임조각사유가 있다면 범죄가 성립하지 않거나 형벌을 감경하게 된다.

⑤ 책임조각사유

구분(형법)	내용	효과
형사미성년자 (제9조)	만14세 미만자의 행위	벌하지 않음
심신상실자 (제10조 제1항)	심신장애로 사물을 변별할 능력이 없거나 의사를 결정할 능력이 없는 자의 행위	벌하지 않음
심신미약자 (제10조 제2항)	사물을 변별하거나 의사를 결정할 능력이 미약한 자	형을 감경
농아자(제11조)	청각과 발음기능에 장애가 있는 자	형을 감경
원인에 있어서 자유로운 행위 (제10조 제3항)	위험의 발생을 예견하고 자의로 심신장애를 야기한 자의 행위	처벌
법률의 착오 (제16조)	자기의 행위가 법령에 의하여 죄가 되지 않은 것으로 오인한 경우	정당한 이유 있으면 벌하지 않음
강요된 행위 (제12조)	저항할 수 없는 폭력이나 자기 또는 친족의 생명, 신체에 대한 위해를 방어할 방법이 없는 협박에 의하여 강요된 행위	벌하지 않음

▶ **심신상실자**
정신분열, 간질, 알콜중독, 치매 등

▶ **심신미약자**
경미한 정신병, 성격적 결함 등

▶ **원인에 있어서 자유로운 행위 사례**
살인을 결의하고 용기가 나지 않아 술을 마신 경우

----

⑥ 고의

㉠ 의의 : 범죄사실을 인식하고 또 위법성을 인식할 다른 가능성이 있음에도 불구하고 행위를 결의하는 책임조건을 말한다.

㉡ 고의의 요건

ⓐ 범죄사실의 인식

ⓑ 위법성을 인식할 수 있는 가능성이 있음을 요한다.

ⓒ 고의의 형태

ⓐ **확정적 고의** : 범죄사실에 대한 확정적 인식·예견이 있는 경우의 고의를 의미한다.

ⓑ **불확정적 고의** : 범죄사실에 대한 인식·예견이 불확실한 경우의 고의를 의미한다.

• 개괄적 고의 : 일정한 범위 내에서 객체 중에서 어느 하나 또는 그 이상에 대한 인식예견이 있는 경우의 고의를 의미한다.

• 택일적 고의 : 두 개의 객체 중에서 어느 하나에 대한 인식·예견이 있는 경우의 고의를 의미한다.

• 미필적 고의 : 결과의 발생 그 자체는 불확정하나 행위자가 결과발생의 가능성을 인식하는 경우의 고의를 의미한다.

ⓔ **효과** : 고의 없는 행위는 원칙적으로 범죄가 성립하지 않는다.

⑦ **과실**

㉠ **의의** : 부주의로 범죄사실을 인식하지 못한 경우의 책임조건을 말한다. 즉, 범죄사실의 인식이 없고 따라서 사실의 발생에 대한 의욕도 없지만 부주의로 인하여 결과를 발생케 하였을 때 성립한다.

㉡ **요건**(제14조)

ⓐ 범죄사실의 불인식(심리적 요소)

ⓑ 부주의(규범적 요소)

㉢ **과실의 형태**

ⓐ **사실적 과실과 법률적 과실** : 사실적 과실은 범죄사실을 부주의로 인하여 인식하지 못한 경우이며, 법률적 과실은 부주의로 위법임을 인식하지 못한 경우의 과실을 의미한다.

ⓑ **일반의 과실과 업무상 과실** : 일반의 과실은 사회 일반인들의 기준에서의 과실을 의미하고, 업무상 과실은 일정한 업무에 종사하는 자의 그 업무상 요구되는 주의를 태만히 하는 경우의 과실을 의미한다.

ⓒ **경과실과 중과실** : 주의의무의 정도가 보통인 경우의 과실을 경과실, 주의의무의 정도가 큰 경우의 과실은 중과실을 의미한다.

ⓓ **인식있는 과실과 인식없는 과실** : 인식있는 과실은 범죄사실의 일부를 인식한 경우의 과실이며, 인식없는 과실은 범죄사실을 전연 인식하지 못한 경우의 과실을 의미한다.

㉣ **효과** : 원칙적으로 처벌되지 않으며 법률의 특별한 규정이 있는 경우에만 예외적으로 처벌한다.

(5) 미수범

① **미수와 예비** : 범죄의 실행에 착수하여 행위를 종료하지 못하였거나 결과가 발생하지 아니한 때, 이를 미수범이라 한다(제25조). 미수는 예비와 구별된다. 예비는 범의를 가지고 있으나 아직 실행의 착수에 이르지 않은 경우를 말한다. 다시 말하면 범죄를 행할 의사로써 그 준비를 하는 것인데, 원칙적으로 처벌되지 않으나 예외적으로 중대한 법익을 침해하려고 예비하는 경우에만 처벌된다.

② 형태

ㄱ **착수미수** : 범죄의 실행에 착수하였으나 실행행위를 종료하지 못한 경우

ㄴ **실행미수** : 범죄의 실행행위를 종료했으나 결과가 발생하지 않은 경우

ㄷ **장애미수** : 자의 이외의 원인에 의하여 실행에 착수한 행위를 실행하지 못하였거나 결과가 발생하지 않은 경우

ㄹ **중지미수** : 자의로 실행에 착수한 행위를 실행하지 않았거나 결과의 발생을 방지한 경우

③ **처벌** : 미수범은 형법 각 본조에 처벌한다는 규정이 있는 경우에만 처벌되며(제29조), 그 형은 기수범보다 경감될 수 있다(제25조 제2항). 그러나 중지미수는 형이 감경 또는 면제된다(제26조).

(6) 불능범

① **의의** : 범죄의 실행에 착수하였으나 행위 그 자체의 성질상 또는 행위의 대상인 객체의 성질상 결과의 발생이 불가능한 경우를 말한다. 예를 들어 독약을 먹여 살해한다는 것을 실수로 음료수를 먹였다든가(수단의 착오), 남성을 여성이라고 착각하여 강간하려 하는 경우(대상의 착오)가 이에 속한다.

② **처벌** : 불능범은 처벌하지 않는 것이 원칙이지만 위험성이 있는 경우에는 그 형을 감경 또는 면제한다(제27조).

(7) 공범

① **공범의 의의** : 공범이란 구성요건상 단독범으로 규정되어 있는 범죄를 2인 이상이 협력 · 가공하여 범죄를 실현하는 경우를 말한다.

② **공범의 종류** : 공범의 종류에는 수인이 공동하지 않으면 범죄가 성립될 수 없는 경우를 필요적 공범(내란죄, 도박죄, 소요죄, 간통죄)이라 하고, 단독으로 구성될 수 있는 범죄에 대하여 두 사람 이상이 공동하는 것을 임의적 공범이라 한다. 이때, 임의적 공범은 다시 공동정범 · 교사범 · 종범 등으로 구분한다(제30조).

③ **공동정범**

ㄱ **공동정범의 의의** : 공동정범이란 2인 이상이 공동으로 범죄를 실행하는 것을 의미한다.

ㄴ **공동정범의 요건** : 주관적으로는 범죄의 실행을 공동으로 한다는 의사의 존재가 필요하고, 객관적으로는 실행행위의 공동이라는 사실의 존재가 필요하다.

ㄷ **공동정범의 처벌** : 각자를 그 죄의 정범으로 처벌한다.

④ **교사범**

ㄱ **교사범의 의의** : 교사범이란 타인을 교사하여 범죄를 실행하게 하는 경우이다.

ㄴ **교사범의 요건** : 타인을 교사함을 요하고, 피교사자가 교사에 의하여 범죄의 실행을 결의하고 또 이 결의에 의하여 범죄의 실행으로 나아갈 것을 요한다.

ⓒ 교사범의 처벌 : 범죄를 실행한 자와 동일한 형으로 처벌한다.

⑤ 종범(방조범)

　㉠ 종범의 의의 : 타인의 범죄실행을 방조하는 경우를 말하고, 방조범이라고도 한다.

　㉡ 종범의 요건 : 종범이 성립하기 위하여는 먼저 방조행위가 있어야 하고, 다음으로 정범, 즉 피방조자가 범죄의 실행행위를 할 것이 필요하다.

　㉢ 종범의 처벌 : 원인된 행위가 판명된 경우 각 행위자는 자기 책임의 한도 내에서 처벌하며 원인된 행위가 판명되지 않은 경우 각 행위자는 미수범으로 처벌한다.

　㉣ 동시범의 특례 : 독립행위가 경합하여 상해의 결과를 발생하게 한 경우에 있어서 원인된 행위가 판명되지 아니한 때에는 공동정범으로 처벌한다.

⑥ 동시범

　㉠ 동시범의 의의 : 동시범이라 2인 이상의 행위자가 그들 사이의 공동의 행위 결의없이 각자 같은 행위객체에 대하여 구성요건적 결과를 실현한 경우를 말한다.

　㉡ 동시범의 요건

　　ⓐ 2인 이상의 실행행위가 있어야 한다.

　　ⓑ 행위자들 사이에는 범행을 공동으로 실행하려는 의사의 연락이 없어야 한다.

　　ⓒ 행위객체가 동일할 것을 요한다.

　　ⓓ 행위의 장소와 시간이 반드시 동일할 필요는 없다.

　　ⓔ 결과발생의 원인된 행위가 판명되지 아니하여야 한다(미수범으로서 처벌한다).

　㉢ 동시범의 처벌 : 동시범의 각 행위자는 자기 자신의 구성요건적 행위의 척도에 따라 책임을 지되 발생된 결과에 대해서는 미수범으로 처벌한다.

　㉣ 동시범의 특례 : 독립행위가 경합하여 상해의 결과를 발생하게 한 경우에 있어서 원인된 행위가 판명되지 아니한 때에는 공동정범으로 처벌한다.

⑦ 간접정범

　㉠ 의의 : 일반적으로 범죄로 인하여 처벌되지 않는 책임무능력자 또는 고의 없는 자를 이용하여 범죄를 실행하는 경우를 말한다.

　㉡ 성립요건

　　ⓐ 처벌되지 않는 자 또는 과실범으로 처벌되는 자를 이용할 것을 요한다.

　　ⓑ 교사 또는 방조할 것

　　ⓒ 범죄행위의 결과가 발생할 것

　㉢ 처벌 : 간접정범은 교사 · 방조의 예에 의하여 처벌한다.

❸ 형벌론

(1) 형벌의 의의

① **형벌의 개념** : 형벌이란 범죄의 구성요건을 충족한 자에 대하여 국가가 일정한 절차(형사 소송법)에 따라 부과하는 제재를 의미한다.

② **형벌의 본질** : 형벌이란 국가가 범죄행위에 대한 법률적 효과로서 범죄자에게 과하는 법익의 박탈이다. 즉, 형벌은 첫째로 국가가 범죄행위자에 대하여 권력으로써 강행하는 제재이므로 사인 간에 발생하는 손해배상이나 친자·사제 간의 징계 등과 구별되며, 둘째로 범죄에 대하여 과하는 것이므로(법률 없으면 형벌없다) 행정법상의 의무위반에 대한 제재인 행정벌이나 특별권력관계에 있는 자에 대한 제재인 징계벌 등과도 구별된다.

③ **형벌의 목적**

ㄱ. 범죄자에 대한 응징 : 고전주의에서 강조했던 내용으로 일반예방주의와 맥락을 같이 한다.

ㄴ. 범죄자에 대한 교육 : 현대에 강조되는 목적으로 범죄자를 건전한 사회인을 만들어 사회에 복귀시키려는 것으로 특별예방주의와 맥락을 같이 한다.

ㄷ. 일반예방주의와 특별예방주의

구분	일반예방주의	특별예방주의
범죄원인	인간에게는 자유의사가 있기 때문	사회적, 심리적, 신체적 요인의 변화에 따라 자유의사와는 무관하게 환경에 의해 결정
목적	범죄 행위에 대한 처벌	범죄인의 교정, 교화
처벌강도	범죄가 초래한 객관적 손해의 정도에 따라 나타난 결과 중시	행위자의 주관적 악성 정도 고려
처벌시각	응보형	교육형
처벌	정기형 부과 강조	집행유예, 선고유예, 가석방 활용

> **응보형**
> 범죄에 대한 정당한 보복이나 대가로서 과하는 형벌

(2) 형벌의 종류

① **형법규정** : 형법 제41조에 따라 사형, 징역, 금고, 구류, 자격상실, 자격정지, 벌금, 과료, 몰수가 있다.

② **형의 분류** : 사형은 생명형이라 하며, 징역, 금고, 구류를 자유형이라고 한다. 벌금, 과료, 몰수를 재산형이라 하며, 자격상실과 자격정지를 명예형이라 한다.

③ **생명형**

ㄱ. 개념 : 사형(死刑)을 의미하며 범죄자의 생명을 박탈하는 형벌로 사형집행은 교수로서 행하게 된다. 최고로 중한 형이며 그 존폐 여부가 쟁점이 된다.

ⓒ 사형존폐논쟁

사형폐지론	사형찬성론
• 야만적, 잔혹한 형벌로 인간의 존엄과 가치를 박탈하여 헌법이념에 반함 • 일반인에 대한 경고적 효력 미약 • 오판에 대한 회복 불가능 • 형벌의 목적이 교육에 있다고 할 때, 목적에 부합하지 않음	• 생명 박탈에 대한 범죄 억제 효과 인정 • 극악한 범죄에 대한 사형은 적절 • 응보주의와 정의관념에 합치

④ 자유형

　ⓐ 개념 : 신체의 자유를 박탈하는 형벌로 징역, 금고, 구류가 있다.

　ⓑ 형법규정

> 제42조 징역 또는 금고는 무기 또는 유기로 하고 유기는 1월 이상 30년 이하로 한다. 단, 유기징역 또는 유기금고에 대하여 형을 가중하는 때에는 50년까지로 한다.
> 제46조 구류는 1일 이상 30일 미만으로 한다.
> 제67조 징역은 형무소 내에 구치하여 정역에 복무하게 한다.
> 제69조 금고와 구류는 형무소에 구치한다.

　ⓒ 징역, 금고, 구류의 구별

구분	징역	금고	구류
공통점	수형자를 교도소 내에 구치		
차이점	정역 부가	정역 부과 없음	
	유기(최대 50년), 무기		1일 이상 30일 미만

⑤ 재산형

　ⓐ 개념 : 재산의 박탈을 내용으로 하는 형벌로 벌금, 과료, 몰수가 있다.

　ⓑ 형법규정

> 제45조 벌금은 5만 원 이상으로 한다. 다만, 감경하는 경우에는 5만 원 미만으로 할 수 있다.
> 제47조 과료는 2천 원 이상 5만 원 미만으로 한다.
> 제48조 제1항 다음 각 호의 물건은 전부 또는 일부를 몰수할 수 있다.
> 　1호 범죄행위에 제공하였거나 제공하려고 한 물건
> 　2호 범죄행위로 인한 생긴 물건이거나 범죄행위로 취득한 물건
> 　3호 범죄행위의 대가로 취득한 물건
> 제48조 제2항 전항에 기재한 물건을 몰수하기 불능한 때에는 그 가액을 추징한다.

ⓒ 벌금, 과료, 몰수의 구별 : 벌금과 과료는 거의 흡사하지만 벌금은 과료보다 금액이 다액이다. 몰수란 유죄 판결을 선고할 때, 범죄 행위에 제공하였거나 제공하려고 한 물건, 또는 범죄로 말미암아 생겼거나 범죄로 인해 취득한 물건, 그 밖에 이러한 물건의 대가로 취득한 일체의 물건을 강제적으로 국가에 귀속시키는 것으로 불가능한 경우 가액을 추징한다.

⑥ 명예형

ⓐ 개념 : 명예 또는 자격을 박탈하는 형벌로 자격상실과 자격정지가 있다.

ⓑ 형법규정

> **제43조 제1항** 사형, 무기징역 또는 무기금고의 판결을 받은 자는 다음에 기재한 자격을 상실한다.
> 1. 공무원이 되는 자격
> 2. 공법상의 선거권과 피선거권
> 3. 법률로 요건을 정한 공법상의 업무에 관한 자격
> 4. 법인의 이사, 감사 또는 지배인 기타 법인의 업무에 관한 검사 역이나 재산관리인이 되는 자격

ⓒ 자격상실과 자격정지 : 자격상실이란, 법원으로부터 사형, 무기징역이나 무기금고의 형의 선고를 받으면 당연히 일정한 자격이 상실되는 형벌이다. 상실이 되는 자격으로는 형법에 규정되어 있다. 자격정지는 유기징역 또는 유기금고의 판결을 받을 경우 자격을 완전히 상실시키는 것이 아니라 일정기간 정지시킨다.

> **자격정지 기간**
> 형법 제44조 제1항에 따라 1년 이상 15년 이하로 함

⑦ 집행유예, 선고유예, 가석방

ⓐ 집행유예

구분	내용
개념	유죄를 인정하여 형을 선고하되 일정한 요건 아래 형의 집행을 유예하고 문제없이 유예기간을 경과한 때에는 형 선고의 효력을 상실시키는 제도
요건	3년 이하의 징역 또는 금고 또는 500만 원 이하의 벌금의 형을 선고할 경우이어야 하며 정상에 참작할 만한 사유가 있어야 함. 금고 이상의 형을 선고한 판결이 확정된 때부터 그 집행을 종료하거나 면제된 후 3년까지의 기간에 범한 죄가 아니어야 함.
보안처분	보호관찰, 사회봉사, 수강명령 가능
효과	집행유예의 기간은 1년 이상 5년 이하의 범위에서 법원의 재량으로 정하며 집행유예의 선고를 받은 후 그 선고의 실효 또는 취소됨이 없이 유예기간을 경과한 경우 형의 선고를 효력을 잃음

ⓛ 선고유예

구분	내용
개념	경미한 범죄에 대하여 일정기간 형의 선고를 유예하고 문제없이 기간이 경과하면 면소된 것으로 간주하는 제도
요건	1년 이하의 징역이나 금고, 자격정지 또는 벌금의 형을 선고하는 경우이어야 하고 뉘우치는 정상이 뚜렷할 때라야 함. 자격정지 이상의 형을 받은 전과가 없어야 함
보안처분	재범방지를 위해 지도 및 원호가 필요한 때에는 보호관찰을 명할 수 있음
효과	형의 선고유예를 받은 날로부터 2년을 경과한 때에는 면소된 것으로 간주

ⓒ 가석방

구분	내용
개념	자유형을 집행받고 있는 자에게 조건부로 석방하고 문제없이 일정 기간 경과시 형의 집행을 종료한 것으로 간주
요건	징역이나 금고의 집행 중에 있는 사람이 무기형은 20년, 유기형은 형기의 3분의 1을 지나야 함. 행상이 양호하여 뉘우침이 뚜렷하여야 하며 벌금이나 과료가 병과되어 있으면 그 금액을 완납하여야 함.
보안처분	가석방 기간 동안 보호관찰을 받음
효과	형의 집행만 면제하기 때문에 형의 선고나 유죄판결 자체는 영향이 없음

⑧ 보안처분

ⓞ 의의 : 보안처분이란 범죄인에 대해 형벌을 부과하기보다는 재범자가 되는 것을 방지하기 위해 범죄인을 교육하고 개선하며 치료하기 위한 처분으로 형벌과는 구별된다.

ⓛ 보안처분의 종류 : 현행법상의 보안처분으로 치료감호법상의 치료감호, 형법상의 보안처분 으로 집행 유예 선고 시 보호관찰과 사회봉사·수강명령을 명하는 경우, 선고유예·가석방 시의 보호관찰, 소년법상의 보안처분이 있다.

ⓒ 치료감호 : 치료감호란 정신장애자, 마약 및 알코올 중독자 등을 정신병원 등 일정 시설에 수용하여 이들에게 치료를 위한 조치를 행하는 보안처분을 말한다.

ⓔ 보호관찰 : 보호관찰이란 의무사항을 지킬 것을 조건으로 하여 자유로운 생활을 허용하는 대신 보호관찰기관의 지도나 감독을 받도록 함으로써 개선과 사회복귀를 도모하는 보안 처분을 의미한다.

ⓜ 사회봉사·수강명령 : 사회봉사 명령이란 범인을 일정시간 동안 무보수로 사회에 유익한 근로를 하도록 명령하는 것으로 고아원, 노인복지회관 등에서 무보수로 봉사하는 조건으로 형을 면제시켜 주는 예가 바로 그것이다. 수강명령이란 범죄인을 교화시키고 교육시키기 위해 일정한 기관에서 교육을 받도록 명하는 것이다. 마약사범이나 성폭력사범 등에게 주로 부과한다.

(3) 형의 양정

① 의의

> **형법 제271조 제1항**을 보면 노유, 질병 기타 사정으로 인하여 부조를 요하는 자를 보호할 법률상 또는 계약상 의무있는 자가 유기한 때에는 3년 이하의 징역 또는 500만 원 이하의 벌금에 처한다는 유기죄가 규정되어 있다. 마지막에 법관이 구체적으로 형을 선고하려면 3년 이하 중에서, 500만 원 이하 또는 결정을 내려야 한다.

　㉠ **개념** : 형의 양정을 양형이라고도 하며 형법에 규정된 형벌의 종류와 범위 내에서 법관이 선고할 형벌의 종류와 양을 정하는 것을 의미한다.

　㉡ **양형의 단계** : 양형은 법정형을 검토하고, 처단형을 통해 범위를 정하며 선고형으로 구체화된다.

② 법정형 : 형법상의 구성요건에 규정되어 있는 형벌을 의미한다. 즉, 법전에 규정된 조문이 법정형이다.

③ 처단형 : 법정형에 규정된 형벌의 종류가 선택되고 가중이나 감경이 행하여져서 예로써, 장기 5년 6개월 ~ 단기 1년 4개월의 징역 등으로 처단의 범위가 구체화된 형을 의미한다.

④ 선고형 : 처단형의 범위가 정해졌기 때문에 범인의 연령, 지능, 피해자에 대한 관계, 동기, 수단, 범행 후의 정황 등 여러 정상을 참작하여 법관이 선고하는 형을 의미한다.

(4) 정보화 시대의 사이버 범죄

① 사이버 범죄의 개념 : 인터넷과 같은 정보 통신망으로 연결된 컴퓨터 시스템이나 이들을 매개로 한 사이버 공간을 이용하여 공공복리를 저해하고, 건전한 사이버 문화에 해를 끼치는 행위를 의미한다.

② 사이버 범죄의 특징 : 빠른 시간 안에 불특정 다수에게 많은 악영향을 미치며 사이버 공간이라는 특성상 정보 발신자의 특정이 어렵고, 전자 정보의 증거 인멸 및 수정이 간단하기 때문에 범죄 수사에 어려움이 많다는 특징이 있다.

③ 사이버 범죄의 양상 : 인터넷을 통한 타인의 정보 누출, 각종 불법 음란 사이트, 명예 훼손, 전자 상거래를 이용한 사기, 저작권 침해 등 다양한 양상을 보이고 있다.

④ 사이버 범죄의 예방 기관 : 사이버 테러와 일반 사이버 범죄예방을 위해 사이버 범죄 수사대가 활동하고 있으며, 정보통신 매체로 인한 명예훼손에 대한 분쟁을 조정하기 위해 방송통신심의 위원회에 명예훼손분쟁조정부를 운영하고 있다. 또한, 인터넷을 통한 각종 권리침해, 불법스팸에 대한 대응을 주업무로 하는 한국인터넷진흥원이 활동하고 있다.

Chapter. 02 형사소송법

❶ 형사소송법의 기본 원리와 구조

(1) 형사소송법의 의의

① **형사사건과 형사소송법** : 형사사건이란 형법에 규정된 범죄를 적용하고 형벌을 부과하기 위한 사건을 의미하며 이러한 절차를 규율하는 법률이 형사소송법이다.

② **형사소송의 성격**

  ㉠ **공법** : 형사소송법은 국가와 개인 사이에 국가 통치권의 발동에 관련되는 법으로서 공법에 속한다.

  ㉡ **사법법(司法法)** : 형사소송법은 형사 재판에 관한 사항을 규정한 것으로 사법법에 속한다.

  ㉢ **절차법** : 형사소송법은 실체법인 형법과 달리, 법을 적용하고 실현시키는 절차법에 속한다.

(2) 형사소송법의 원칙과 구조

① **형사소송법의 제원칙**

  ㉠ **실체적 진실주의와 형식적 진실주의**

   ⓐ **실체적 진실주의** : 재판의 기초가 되는 사실의 인정에 대하여 객관적 진실을 추구하는 원칙으로 법원이 당사자의 사실에 대한 주장과 제출한 증거에 구속되지 않고 사실관계에 대한 진상을 규명하여 객관적으로 진실한 사실을 찾아내고자 하는 원칙을 의미한다.

   ⓑ **형식적 진실주의** : 당사자가 주장하는 사실과 증거에 법원이 구속되어 이러한 내용을 기초로 사실을 인정하는 원칙을 의미한다.

  ㉡ **규문주의 · 탄핵주의**

   ⓐ **규문주의** : 법원이 스스로 절차를 개시하여 심리 · 재판하는 원칙을 의미한다. 이때는 재판기관과 소추기관이 분리되지 않아 재판기관이 소추 없이 직권으로 절차를 개시하여 심리 및 재판을 진행한다.

   ⓑ **탄핵주의** : 소추기관의 공소제기에 의하여 법원이 절차를 개시하는 원칙을 의미한다. 이때는 재판기관과 소추기관이 분리되어 소추기관의 소추가 있어야만 재판이 진행된다.

  ㉢ **직권주의 · 당사자주의**

   ⓐ **직권주의** : 소송절차의 진행에 있어서 법관이 주도권을 가지고 적극적으로 소송행위를 하는 것을 말한다.

   ⓑ **당사자주의** : 소송당사자에게 소송의 주도적 지위를 인정하여 당사자 사이의 공격과 방어를 통해 심리가 진행되고, 법원은 공평한 제 3자적 입장에서 당사자의 주장과 입증을 판단하는 소송구조를 의미한다.

② 현행 형사소송법의 기본구조 : 우리 형사소송법은 실체적 진실발견주의를 원칙으로 하고 있으며 탄핵주의 소송 구조를 취하고 있다. 또한 직권주의를 채택하면서도 영미법계통의 당사자주의를 도입하여 절충적 소송구조를 취하고 있다.

❷ 형사소송의 주체

(1) 의의

① 소송의 주체 : 소송은 절차이므로 일정한 주체를 전제로 하여 그 주체의 활동에 의하여 비로서 성립하고 발전하게 된다. 소송을 성립시키고 발전하게 하는 데 필요한 최소한의 주체를 소송의 주체라고 한다. 소송의 주체에는 법원, 검사, 피고인이 있는데 이를 소송의 3주체라고 한다.

② 소송 관계인 : 소송관계인은 소송당사자인 검사와 피고인, 보조자인 변호인과 보조인 등을 함께 일컫는 개념이다. 한편, 증인 · 감정인 · 고소인 · 고발인은 소송관여자로 소송의 주체가 아니며 소송에 대한 적극적인 형성력이 없기 때문에 소송관계인과 구별된다.

(2) 법원

① 의의 : 법률상의 쟁송에 관하여 심리하고 재판하는 권한과 이에 부수하는 권한을 사법권이라고 한다. 법원이란 사법권을 행사하는 국가기관으로 공정한 재판을 보장하여 개인의 자유와 권리를 보호하기 위해서는 법원을 사법권의 독립이 보장되어야 한다.

② 법원의 종류 : 최고법원인 대법원과 고등법원, 지방법원으로 구성되어 있고, 특별법원으로는 군사법원이 있다.

③ 법원의 구성

　㉠ 1인의 법관으로 구성하는 단독제와 2인 이상의 법관으로 구성되는 합의제가 있다. 심급을 기준으로 1심법원과 상소법원으로 구분할 수 있다.

　㉡ 형사소송의 제1심 법원은 단독제와 합의제를 병용하고 있으나 단독제가 원칙임에 비해 상소법원은 합의제로 구성한다.

④ 제척 · 기피 · 회피제도

　㉠ 의의 : 재판은 공정해야 하며 이는 공평한 법원의 존재를 전제로 한다. 그러나 특정 사건의 재판에 있어서 개인적인 특수 관계로 불공정한 재판의 우려가 있는 법관이 관여한다면 공정한 재판을 기대할 수 없다. 이를 위해 마련된 제도가 제척 · 기피 · 회피 제도다.

ⓛ 제척

　　ⓐ 개념 : 구체적인 사건의 심판에 있어 법관이 불공평한 재판을 할 우려가 현저한 것으로 법률에 규정된 사유에 해당하는 경우 그 법관을 직무집행에서 배제하는 제도다.

　　ⓑ 제척 사유 : 법관이 피해자인 때, 법관이 피고인 또는 피해자의 친족 또는 친족관계가 있었던 자인 때, 법관이 피고인 또는 피해자의 법정대리인, 후견감독인인 때, 법관이 사건에 관하여 피해자의 대리인 또는 피고인의 대리인, 변호인, 보조인으로 된 때, 법관이 이미 해당 사건에 관여하였을 때이다.

ⓒ 기피 : 법관이 제척사유에 해당하거나 불공평한 재판을 할 염려가 있는 때에 당사자의 신청에 의하여 그 법관을 직무집행에서 탈퇴하게 하는 제도이다.

ⓓ 회피 : 법관이 스스로 기피의 원인이 있다고 판단한 때에 자발적으로 직무집행에서 탈퇴하는 제도이다.

(3) 검사

① 의의

㉠ 검사는 공소권을 행사하는 권한을 가진 관청이다. 검사는 행정부인 법무부에 소속된 행정공무원이라는 점에서 사법부에 소속된 법관과 다르다. 검사는 범죄수사로부터 재판의 집행에 이르기까지 형사 절차의 모든 단계에 관여하여 형사사법의 정의를 실현하는 능동적이고 적극적인 국가기관이라 할 수 있다.

㉡ 2020년 관련 법 개정으로 검사는 부패범죄 · 경제범죄 · 공직자범죄 · 선거범죄 · 방위사업범죄 · 대형참사범죄의 6대 범죄와 경찰공무원의 범죄 등만 수사하고, 그 외 범죄는 경찰이 수사한다.

② 검사의 직무 : 검사와 사법경찰관은 수사, 공소제기 및 공소유지에 관하여 서로 협력하여야 한다. 이때 검사는 범죄의 혐의가 있다고 사료한 때에는 범인, 범죄사실과 증거를 수사하며, 사법경찰관으로부터 송치받은 사건에 관하여는 해당 사건과 동일성을 해치지 아니하는 범위 내에서 수사할 수 있다.

③ 보완 수사 요구 : 검사는 송치사건의 공소제기 여부 결정 또는 공소의 유지에 관하여 필요한 경우, 사법경찰관이 신청한 영장의 청구 여부 결정에 관하여 필요한 경우 중 어느 하나에 해당하는 경우에 사법경찰관에게 보완 수사를 요구할 수 있다.

④ 시정조치 요구 등 : 검사는 사법경찰관리의 수사과정에서 법령위반, 인권침해 또는 현저한 수사권 남용이 의심되는 사실의 신고가 있거나 그러한 사실을 인식하게 된 경우에는 사법경찰관에게 사건기록 등본의 송부를 요구할 수 있다.

⑤ 수사의 경합 : 검사는 사법경찰관과 동일한 범죄사실을 수사하게 된 때에는 사법경찰관에게 사건을 송치할 것을 요구할 수 있다. 이때 요구를 받은 사법경찰관은 지체없이 검사에게 사건을 송치하여야 한다.

(4) 피고인

① 의의 : 피고인은 검사에 의하여 범죄를 범하였다는 혐의를 받고 공소가 제기된 자다. 피고인은 법원에 재판이 계속되어 있다는 점에서 수사대상인 피의자나 유죄판결이 확정된 수형자와 구별된다.

② 소송법상 지위

　　㉠ **당사자로서의 지위** : 피고인은 검사의 공격에 대한 방어자로서 현행법은 피고인의 방어권과 소송절차참여권을 부여하고 있다.

　　㉡ **증거방법으로서의 지위** : 피고인의 진술과 신체가 피고사건의 실체 심리를 위한 기초자료를 제공하는 경우 피고인은 증거방법으로서의 지위를 가진다.

　　㉢ **절차의 대상으로서의 지위** : 피고인은 소환·구속, 압수·수색 등의 강제처분의 객체가 된다. 따라서 피고인은 적법한 소환과 구속에 응하여야 하며, 신체 또는 물건에 대한 압수·수색을 거부할 수 없다.

③ **무죄 추정의 원칙**

　　㉠ **의의** : 형사절차에서 피고인 또는 피의자는 유죄판결이 확정될 때까지는 무죄로 추정한다는 원칙이다.

　　㉡ **내용**

인신구속의 제한	무죄가 추정되므로 인신구속은 원칙적으로 제한 → 불구속 수사, 재판이 원칙
피고인의 이익 판단	피고인에게 유죄판결을 하기 위하여 법관은 합리적 의심 없는 증명 또는 확신을 가져야 하며, 증거 평가의 결과 법관이 유죄의 확신을 가질 수 없는 때에는 피고인의 이익을 판단해야 함
거증 책임의 기준	범죄의 성립과 형벌권의 발생에 영향을 미치는 모든 사실에 대한 거증책임은 검사가 부담

④ **피고인의 진술거부권** : 피고인 또는 피의자가 공판절차 또는 수사절차에서 법원 또는 수사 기관의 신문에 대하여 진술을 거부할 수 있는 권리를 말한다. 피고인 또는 피의자의 인권을 보장하고 무기평등의 원칙을 실질적으로 실현하기 위하여 인정된 것이다.

(5) 변호인

① **의의** : 피고인 또는 피의자의 방어력을 보충하기 위하여 선임된 보조자를 의미한다. 다음의 경우에는 법원의 직권으로 국선변호인을 선정한다.

② **국선변호인 선정** : 다음의 경우에는 법원의 직권으로 국선변호인을 선정한다.

　　㉠ 피고인이 미성년자인 때

　　㉡ 피고인이 70세 이상인 때

　　㉢ 피고인이 농아자인 때

　　㉣ 피고인이 심신장애의 의심이 있는 때

　　㉤ 피고인이 사형, 무기 또는 단기 3년 이상의 징역이나 금고에 해당하는 사건으로 기소된 때

　　㉥ 피고인이 구속된 때

❸ 형사소송의 절차

(1) 형사소송절차 개요

단계	세부내용
범죄발생	사실관계 발생
수사	수사기관의 활동 : 현행범 체포, 불심 검문, 변사체 검시, 기사 타인의 제보 또는 자수 : 고소, 고발, 자수 체포 및 구속 적부 심사 청구 가능 구속된 경우 보증금 납입조건부 석방 가능
공소	공소에 의해 피의자는 피고인으로 지위 변경, 불고불리의 원칙
1심 공판	재판장의 신문과 증거 수집 · 증거조사, 판결
상소	1심 공판에 대한 불복 절차, 불이익 변경금지의 원칙

(2) 수사단계에서의 절차

① 수사의 개념 : 수사란 수사기관이 형사사건에 관하여 범죄혐의의 유무를 명백히하여 공소제기 여부를 결정하기 위해 범인을 발견, 확보하고 증거를 수집 및 보전하는 활동을 의미한다.

② 수사기관

구분	내용
개념	법률상 수사권한이 부여된 국가 기관
종류	검사 : 수사의 주재자 사법경찰관리 : 일반사법경찰관리, 특별사법경찰관리

③ 수사 개시 원인

원인	내용
수사 기관의 활동	• 현행범 체포 : 범죄 실행 및 실행 직후인 자 • 변사자 검시 : 사망이 범죄로 인한 것인지 여부가 불분명한 시체에 대한 조사 • 불심검문 : 거동이 수상한 자에 대해 질문을 통한 조사 • 기사 : 언론보도를 통한 수사 개시
타인의 제보, 자수	• 고소 : 피해자 또는 그와 일정한 관계에 있는 고소권자가 범죄사실을 신고하여 범인의 처벌을 구하는 의사표시를 하는 경우로 자기 또는 배우자의 직계존속은 고소하지 못함 • 고발 : 누구든지 범죄가 있다고 판단되면 수사기관에 신고할 수 있음 • 자수 : 범인이 자신의 범죄사실을 신고하여 처벌을 희망하는 경우

> **고소권자**
> 피해자, 피해자의 법정대리인, 피해자의 배우자와 친족(직계 친족과 형제자매)

④ **영장주의** : 체포, 구금, 압수 · 수색의 경우 검사의 신청에 의하여 법관이 발부한 영장을 제시해야 한다.

⑤ 체포 · 구속 적부 심사

⑥ 보증금 납입 조건부 피의자 석방 제도 : 법원은 구속된 피의자에 대하여 구속적부심사의 청구가 있는 경우 출석을 보증할만한 보증금의 납입을 조건으로 피의자의 석방을 명할 수 있다. 석방결정을 하는 경우 주거의 제한, 법원 또는 검사가 지정하는 장소에 출석할 의무 기타 적당한 조치를 부가할 수 있다.

⑦ 구속기간

ㄱ 수사기관의 구속기간 : 사법경찰관이 피의자를 구속한 때에는 10일 이내에 피의자를 검사에게 인치하여야 한다. 검사가 피의자를 구속한 때 또는 사법경찰관으로부터 피의자의 인치를 받은 때에는 10일 이내에 공소를 제기하지 아니하면 석방해야 한다. 그러나 지방법원 판사의 허가를 얻어 10일의 범위에서 구속기간을 연장할 수 있다.

ㄴ 법원의 구속 기간 : 법원의 피고인 구속 기간은 2개월이지만, 특히 구속을 계속할 필요가 있는 경우에는 심급마다 2개월 단위로 2차에 한하여 결정으로 갱신할 수 있다. 다만, 상소심(항소심, 상고심)만은 피고인 또는 변호인이 신청한 증거의 조사, 상소이유를 보충하는 서면의 제출 등으로 추가심리가 필요한 부득이한 경우에는 3차에 한하여 갱신할 수 있다. 결국 법원이 피고인에 대하여 최장으로 구속할 수 있는 기간은 각 심급별로 6개월이 되어 총 18개월이다.

(3) 공소제기

① 공소의 개념 : 공소란 형벌부과를 위해 심판을 요구하는 행위를 의미한다.

② 공소의 주체

구분	개념
국가소추주의	공소제기는 국가기관만 할 수 있음
기소독점주의	국가기관 중에서 검사만이 공소를 제기할 수 있음
기소편의주의	기소, 불기소 여부는 재량으로 결정할 수 있음

③ 공소시효

구분	내용
개념	범죄행위가 종료한 후 공소가 제기되지 않고 일정기간 경과하면 공소권을 소멸시키는 제도
인정이유	시간 경과로 사회적 관심 감소, 장기간 도피로 인한 범죄인의 고통 인정, 입증 곤란, 장기간 계속된 평온상태 존중

▶ **피의자와 피고인**

① 피의자 : 범한 혐의로 수사기관의 수사대상이 되어 있는 자로서 아직 공소가 제기되지 않은 자
② 피고인 : 형사사건에 대하여 공소가 제기된 자

구분	내용
공소시효 기간	• 사형에 해당하는 범죄 : 25년 • 무기징역 또는 무기금고에 해당하는 범죄 : 15년 • 장기 10년 이상의 징역 또는 금고에 해당하는 범죄 : 10년 • 장기 10년 미만의 징역 또는 금고에 해당하는 범죄 : 7년 • 장기 5년 미만의 징역 또는 금고, 장기 10년 이상의 자격정지 또는 다액 1만 원 이상의 벌금에 해당하는 범죄 : 5년 • 장기 5년 이상의 자격정지에 해당하는 범죄 : 3년 • 장기 5년 미만의 자격정지, 다액 1만 원 미만의 벌금 · 구류 · 과료 또는 몰수에 해당하는 범죄 : 1년

④ **공소제기 효과** : 검사의 지배 하에서 법원의 관할로 넘어가며 범인은 피의자에서 피고인으로 지위가 변경됨에 따라 방어권자로서 일정한 권리가 부여된다.

⑤ **불고불리의 원칙** : 검사의 공소제기가 없다면 법원이 심판할 수 없으며 공소가 제기되어 심판을 하는 경우에도 검사가 공소제기한 사실에 한정되어야 한다는 원칙을 의미한다.

(4) 1심 공판절차

구분	내용
인정신문	재판장은 피고인의 성명, 연령, 본적, 주거, 직업을 물어 피고인이 틀림 없음을 확인
검사의 모두 진술	검사는 공소장에 기재된 요지를 진술
피고인신문	피고인에게 이익이 되는 사실을 진술할 기회 부여
증거조사	각종 증거를 조사하여 범죄사실의 유무를 결정

(5) 유죄와 무죄판결

① **개념** : 유죄판결이란 피고사건에 대하여 범죄의 증명이 있다고 판단되는 경우이며 무죄란 피고사건이 범죄를 구성하지 않거나 범죄사실의 증명이 없는 경우이다.

② **유죄판결의 형식** : 유죄판결에는 반드시 재판의 이유를 명시해야 하며, 형을 선고한 때에는 범죄사실, 증거의 요지, 적용되는 법령을 명시해야 한다.

(6) 상소

① 상소의 의의 : 상소라 함은 미확정인 재판에 대하여 상급법원에 불복신청을 하여 구제를 구하는 소송절차를 말한다.

② 상소의 종류

  ㉠ 항소 : 제1심법원의 판결에 대하여 불복이 있는 경우에 지방법원 단독판사가 선고한 사건에 대하여는 지방법원 본원합의부에, 지방법원 본원합의부가 선고한 사건에 대하여는 고등법원에 각각 항소할 수 있다. 항소를 함에는 선고일로부터 7일 이내에 항소장을 원심법원에 제출하여야 한다.

  ㉡ 상고 : 상고는 제2심판결에 대하여 불복이 있는 경우의 상소이다. 제 2심판결에 대하여 불복이 있는 자는 판결을 선고한 날로부터 7일 이내에 대법원에 상고할 수 있으며, 이때 상고장을 원심법원인 항소심법원에 제출하여야 한다. 상고는 법령의 해석을 통일하고 오판을 시정하는 데 주목적이 있다.

  ㉢ 항고 : 항고는 법원의 판결이 아닌 결정에 대하여 불복이 있는 때 하는 상소이다. 항고를 함에는 항고장을 원심법원에 제출하여야 한다. 법원의 명령에 대하여 불복이 있을 때에는 일정한 경우에 준항고를 할 수 있다.

  ㉣ 비약상고 : 제1심판결에 대하여 항소를 거치지 않고 바로 상고할 수 있는 것을 비약상고라 한다. 원심판결이 일정한 사실에 대하여 법령을 적용하지 아니하였거나 법령의 적용에 착오가 있을 때, 원심판결이 있은 후 형의 폐지나 변경 또는 사면이 있는 경우 등에는 비약상고의 원인이 된다.

  ㉤ 불이익변경 금지의 원칙

    ⓐ 개념 : 피고인이 항소 또는 상고한 사건이나 피고인을 위하여 항소 또는 상고한 사건에 관하여 상소심은 원심판결의 형보다 중한 형을 선고하지 못한다는 원칙을 의미한다.

    ⓑ 원칙의 적용과 배제

구분	내용
적용되는 경우	피고인만 상소하는 경우
배제되는 경우	검사만 또는 검사와 피고인 모두 상소하는 경우

(7) 비상구제 절차

① 재심 : 확정된 판결에 대하여 주로 사실인정의 부당을 시정하고자 인정된 절차로서 법이 정하는 일정한 사유가 있는 경우에 확정된 원판결을 한 법원에 청구하여 다시 심리를 고쳐하는 제도이다. 재심사유는 제420조에서 제한적으로 규정하고 있으며 청구를 받은 법원은 재심사유의 유·무를 따져 청구가 타당하다고 인정되는 경우 확정된 사건에 대한 당해 심급에 따라 다시 심판한다. 재심절차는 확정판결에 대한 시정제도라는 점에서 상소와 구별되고 청구권자가 검찰총장에 제한되지 않는다는 점에서 비상상고와 구별된다.

② **비상상고** : 비상상고는 확정판결에 대하여 그 심판의 법령위반을 이유로 인정되는 비상구제절차이다. 비상상고는 법령해석의 통일을 목적으로 하는 제도로서 신청권자는 검찰총장에 한정되고 판결의 효력은 직접적으로 피고인에게 미치지 않는다. 비상상고는 확정판결의 시정제도인 점에서 미확정판결의 시정제도인 상소, 특히 상고와 다르다. 또한 비상상고는 신청의 이유가 심판의 법령위반이고 신청권자가 검찰총장에 국한되며, 관할법원이 원판결을 한 법원이 아닌 대법원이고 그 판결의 효력은 원칙적으로 피고인에게 미치지 아니한다는 점에서 재심과도 다르다. 비상상고가 허용되는 경우는 판결이 확정된 사건의 심판이 법령에 위반된 때이다.

(8) 특수한 소송절차

① **약식명령** : 약식명령은 지방법원의 관할에 속하는 사건에 관하여 공판절차에 의하지 아니하고 서면심리에 의하여 벌금 · 과료 또는 몰수를 과하는 절차이다. 지방법원은 그 관할에 속하는 사건에 관하여 검사의 청구가 있는 때에는 공판절차를 거치지 않고 피고인을 벌금 · 과료 또는 몰수의 형에 처할 수 있다. 검사의 약식명령청구가 있는 때에는 법원은 약식명령이 부적당하다든가 또는 할 수 없는 경우에 공판절차에 의하여 심판할 수 있다. 검사 또는 피고인은 약식명령의 고지를 받은 날로부터 7일 이내에 정식재판을 청구할 수 있다. 약식명령의 청구기간이 경과하거나 그 청구의 취하 또는 기각의 결정이 확정된 때에는 확정판결과 동일한 효력이 있다.

② **즉결심판** : 경미한 범죄사건에 대하여 법원과 검찰의 부담을 줄이고 당사자의 편의를 도모하고자 정식수사와 재판을 거치지 않고 간략하고 신속한 절차로 처벌하는 절차이다. 즉결심판은 경찰서장의 청구로 지방법원의 순회판사가 처리한다.

③ **배상명령** : 배상명령절차는 형사재판 과정에서 민사소송절차를 접목시킨 것으로 형사사건의 피해자에게 손해가 발생한 경우 법원의 직권 또는 피해자의 신청에 의해 신속하고 간편한 방법으로 피고인에게 민사적 손해배상을 명하는 절차로 소송촉진 등에 관한 특례법에 따라 규율된다. 배상명령을 신청할 수 있는 형사사건으로는 제 1심 또는 제 2심 형사공판절차에서 상해, 중상해, 상해치사, 폭행치사상, 과실치사상, 절도, 강도, 사기, 공갈, 횡령, 배임, 손괴죄 등이다.

핵심예상문제

1 다음은 형법의 기능이 아닌 것은?

① 법익보호 기능
② 자유와 권리 보장 기능
③ 사회윤리적 행위가치 보호 기능
④ 사법의 공법화 기능

> **TIP** 사법의 공법화 현상은 사회법의 발달 배경이다.

2 다음은 형법 이론에 관한 설명이다. 잘못된 것은?

① 형법이론은 고전학파(구파)와 근대학파(신파)로 분류될 수 있다.
② 구파는 범죄인의 행위에 중점을 두었다면 신파는 범죄인의 성격을 연구하였다.
③ 신파는 응보형주의와 객관주의를 기초로 한다.
④ 신파에는 Lombroso, Ferri, Garofalo 등이 있다.

> **TIP** 응보형주의와 객관주의는 구파의 특징이며 신파는 목적형주의와 주관주의를 기초로 한다.

3 다음은 형법에 관한 다양한 입장이다. 틀린 것은?

①	응보형주의	형벌의 목적을 범죄에 대한 응보라고 본다.
②	목적형주의	범죄라는 법익침해 사실에 대해 공동생활의 안전을 확보할 것을 강조한다.
③	객관주의	범죄는 자유의사에 의한 법익침해라고 본다.
④	주관주의	범죄는 범죄인의 사회적 환경에 영향을 받지만 형벌의 경중과는 상관이 없다.

> **TIP** ① **응보형주의**: 응보형주의에 의하면 형벌의 목적은 범죄라고 하는 과거의 사실에 대하여 응보를 하는 데 있다고 본다.
> ② **목적형주의**: 목적형주의에 의하면 형벌은 범죄라고 하는 법익침해 사실에 대하여 공동생활의 안전을 확보하는 데 있다고 주장한다.
> ③ **객관주의**: 범죄는 자유의사에 의한 법익침해이며, 자유의사는 개개인이 평등하게 구비하고 있으므로 형벌은 범죄라고 하는 외부에 나타난 행위에 의하여 결정되어야 한다는 입장이다.
> ④ **주관주의**: 범죄란 범죄인의 소질과 환경에 의하여 이미 결정된 반사회적 성격의 징표라고 본다. 따라서 행위자의 반사회적 성격, 범죄적 위험성을 형벌적 평가의 대상으로 하고 형의 종류와 경중도 이에 상응해야 한다고 본다.

Answer 1.④ 2.③ 3.④

4 다음은 일반예방주의와 특별예방주의에 대한 설명이다. 잘못된 것은?

	구분	일반예방주의	특별예방주의
①	범죄원인	인간에게 자유의사가 있기 때문	사회적, 심리적, 신체적 요인에 영향 받음
②	목적	범죄인의 교정, 교화	범죄 행위에 대한 처벌
③	처벌강조	객관적 손해의 정도를 고려	행위자의 주관적 악성 정도 고려
④	처벌시각	응보형	교육형

> **TIP** 일반예방주의는 범죄 행위에 대한 처벌에 목적을 두고 있으며 특별예방주의는 범죄인의 교정과 교화에 목적을 두고 있다.

5 법관의 자의적 해석이 적용되지 않도록 형법에 의해 금지되는 행위와 어떤 형벌을 받는지를 구체적으로 정해야 한다는 원칙은?

① 관습형법 금지의 원칙
② 명확성의 원칙
③ 유추해석 금지의 원칙
④ 형벌 불소급의 원칙

> **TIP** 명확성의 판단기준은 통상의 판단능력을 가진 일반인이 합리적으로 판단할 때 무엇이 금지되어 있는가를 예견할 수 있어야 한다는 것이다.

6 다음은 범죄에 관한 설명이다. 잘못된 것은?

① 법에 의해 보호되는 이익을 침해하며 사회의 안전과 질서를 문란하게 만드는 행위를 범죄라고 한다.
② 범죄는 형식적 범죄 개념과 실질적 범죄 개념으로 유형화할 수 있다.
③ 경범죄처벌법, 도로교통법 등은 형식적 의미의 형법이다.
④ 특정범죄 가중처벌법은 특별법 우선의 원칙을 적용할 수 있다.

> **TIP** 경범죄 처벌법, 도로교통법 등은 형식적 의미의 형법은 아니지만 실질적 의미의 형법으로서 이를 어기는 행위는 범죄로 구분할 수 있다.

Answer   4.② 5.② 6.③

7 다음은 개인의 법익을 침해하는 범죄의 유형이다. 잘못된 것은?

①	생명과 신체에 관한 죄	비밀침해죄, 주거침입죄
②	자유에 관한 죄	협박죄, 강요죄, 체포 · 감금죄, 강간죄, 추행죄
③	명예와 신용에 관한 죄	명예훼손죄, 모욕죄
④	재산에 대한 죄	절도죄, 강도죄, 유기죄, 공갈죄, 배임죄, 재물손괴죄 등

> **TIP** 비밀침해죄, 주거침입죄는 사생활의 평온에 대한 죄이다.

8 다음은 각종 법익과 관련한 범죄들이다. 잘못된 것은?

① 사회적 법익에 관한 범죄로 방화죄, 교통방해죄, 통화 위조 · 변조죄 등이 있다.
② 국가적 법익을 침해하는 범죄로는 내란죄, 외환유치죄, 공무집행방해죄 등이 있다.
③ 친고죄란 공소제기를 하기 위해 피해자 기타 고소권자의 고소가 필요로 하는 경우를 말한다.
④ 강간죄, 강제추행죄, 간통죄 등은 반의사불벌죄에 속한다.

> **TIP** 반의사불벌죄는 폭행죄, 협박죄, 존속협박죄, 명예훼손죄 등이 있다.

9 '구체적인 행위 사실이 추상적인 법조에 부합하는 성질'을 무엇이라 하는가?

① 구성요건
② 부작위
③ 인과관계
④ 행위

> **TIP** 구체적인 행위사실이 추상적인 법조(法條)에 부합하는 성질을 구성요건(해당성)이라 하며 행위, 부작위, 인과관계를 포함한다.

10 다음 중 위법성 조각사유가 아닌 것은?

① 정당방위
② 긴급피난
③ 자구 행위
④ 강요된 행위

> **TIP** 구성요건에 해당하는 행위의 위법성을 배제하는 특별한 사유를 의미하며 정당방위, 긴급피난, 자구행위, 피해자의 승낙 등이 있다. 강요된 행위는 책임조각사유에 해당한다.

Answer 7.① 8.④ 9.① 10.④

11 '법령에 의한 행위, 업무로 인한 행위, 기타 사회상규에 위배되지 않는 행위'를 무엇이라 하는가?

① 피해자의 승낙   ② 정당방위

③ 정당행위   ④ 긴급피난

> **TIP** 피해자의 승낙 : 처분할 수 있는 자의 승낙에 의하여 법익을 훼손한 행위
> 정당방위 : 자기 또는 타인의 법익에 대한 현재의 부당한 침해를 방지하기 위한 상당한 이유가 있는 행위
> 긴급피난 : 자기 또는 타인의 법익에 대한 현재의 위난을 피하기 위한 행위

12 다음은 위법성 조각사유에 관한 설명이다. 잘못된 것은?

① 정당방위는 과잉방위나 오상방위하고 구분된다.
② 긴급피난을 과잉피난과 구분된다.
③ 촉탁·승낙 살인죄, 자기 소유물 방화죄는 피해자의 승낙이기 때문에 위법성이 조각된다.
④ 사형집행, 구속, 학교장의 처벌, 친권자의 징계 등은 정당행위에 속한다.

> **TIP** 촉탁·승낙 살인죄, 자기 소유물 방화죄 등은 감경사유가 될 수 있다.

13 다음 중 책임조각사유에 해당하지 않는 것은?

① 형사 미성년자   ② 심신미약자

③ 강요된 행위   ④ 심신상실자

> **TIP** 심신미약자와 농아자는 감경 대상자이다.

14 '결과의 발생 그 자체는 불확정하나 행위자가 결과 발생의 가능성을 인식하는 경우의 고의'를 무엇이라 하는가?

① 확정적 고의   ② 개괄적 고의

③ 택일적 고의   ④ 미필적 고의

> **TIP** 개괄적 고의 : 일정한 범위 내에서 객체 중에서 어느 하나 또는 그 이상에 대한 인식·예견이 있는 경우의 고의를 의미한다.
> 택일적 고의 : 두 개의 객체 중에서 어느 하나에 대한 인식·예견이 있는 경우의 고의를 의미한다.
> 미필적 고의 : 결과의 발생 그 자체는 불확정하나 행위자가 결과발생의 가능성을 인식하는 경우의 고의를 의미한다.

Answer   11.③ 12.③ 13.② 14.④

15 다음은 과실에 대한 여러 설명이다. 잘못된 것은?

① 부주의로 범죄사실을 인식하지 못한 경우의 책임조건을 과실이라 한다.

② 과실은 사실적 과실과 법률적 과실, 일반 과실과 업무상 과실 등으로 구분할 수 있다.

③ 중과실과 인식있는 과실의 경우에는 처벌을 받지만 경과실과 인식없는 과실은 처벌을 받지 않는다.

④ 원칙적으로 처벌되지 않으며 법률의 특별한 규정이 있는 경우에만 예외적으로 처벌한다.

> **TIP** 과실의 경우는 고의가 없으므로 원칙적으로 처벌을 받지 않으나 법률의 규정이 있을 경우 처벌한다.

16 다음은 형사소송의 절차이다. 잘못된 것은?

①	범죄발생	사실관계의 발생
②	수사	체포 및 구속 청구는 가능하나 구속된 경우 석방 불가
③	공소	공소에 의해 피의자는 피고인으로 지위 변경
④	1심 공판	재판장의 신문과 증거 수집, 증거 조사, 판결

> **TIP** 구속된 경우 보증금 납입조건부 석방이 가능하다.

17 '타인의 범죄 실행을 방조하는 경우를 말하고 방조범이라고도 하는 범안을 무엇이라 하는가?

① 종범

② 불능범

③ 동시범

④ 교사범

> **TIP** 종범, 동시범, 교사범은 공범에 포함된다.

18 다음 설명 중 틀린 것을 고르면?

① 미수범은 가수범보다 형이 경감될 수 있다.

② 2인 이상이 공동으로 범죄를 실행하는 경우를 동시범이라 한다.

③ 종범의 형은 정범의 형보다 감경한다.

④ 책임무능력자나 고의 없는 자를 이용하여 범죄를 실행하는 자를 간접정범이라 한다.

> **TIP** 동시범이란 2인 이상의 행위자가 그들 사이의 공동의 행위 결의 없이 각자 같은 행위객체에 대하여 구성요건적 결과를 실현한 경우를 말한다.

19 다음은 죄수 결정의 표준에 관한 설명이다. 올바른 것을 고르면?

㉠	행위표준설	자연적 의미의 행위가 1개인가 수개인가에 따라 범죄의 단·복을 결정하려는 견해
㉡	법익표준설	구성요건 해당사실의 단·복에 의해 죄수를 결정하려는 견해
㉢	의사표준설	범죄의사의 수를 표준으로 하여 죄수를 결정하려는 견해
㉣	구성요건표준설	범죄의 본질이 법익침해라는 관점에서 법익의 수에 따라 결정하려는 견해

① ㉠, ㉡   ② ㉠, ㉢

③ ㉠, ㉣   ④ ㉡, ㉣

> **TIP** ㉠ **행위표준설**: 자연적 의미의 행위가 1개인가 수개인가에 따라 범죄의 단·복을 결정하려는 견해이다.
> ㉡ **법익표준설**: 범죄의 본질이 법익침해하는 관점에서 범죄의 수를 침해되는 법익의 수에 따라 결정하려는 견해이다.
> ㉢ **의사표준설**: 범죄의사의 수를 표준으로 하여 죄수를 결정하려는 견해이다.
> ㉣ **구성요건표준설**: 구성요건해당사실의 단, 복에 의하여 죄수를 결정하려는 견해이다.

20 '징역, 금고, 구류'를 무엇이라 하는가?

① 생명형   ② 재산형

③ 자유형   ④ 명예형

> **TIP** 자유형은 신체의 자유를 박탈하는 형벌로 징역, 금고, 구류가 있다.

21 다음은 '자유형에 관한 형법규정'이다. 잘못된 것은?

① 유기징역 또는 유기금고에 대하여 형을 가중하는 때에는 50년까지로 한다.

② 구류는 30일 이상 90일 미만으로 한다.

③ 징역은 형무소 내에 구치하여 정역에 복무하게 한다.

④ 금고와 구류는 형무소에 구치한다.

> **TIP** 구류는 1일 이상 30일 미만으로 한다.

22 다음은 '재산형에 관련된 형법규정'이다. 잘못된 것은?

① 벌금은 5만 원 이상으로 하며 감경하는 경우에는 5만 원 미만으로 할 수 있다.

② 과료는 1천 원 이상 5만 원 미만으로 한다.

③ 범죄 행위에 제공하였거나 제공하려고 한 물건은 몰수할 수 있다.

④ 물건 몰수가 불가능한 때에는 그 가액을 추징한다.

> **TIP** 과료는 2천 원 이상 5만 원 미만으로 한다.

23 '유죄를 인정하여 형을 선고하되 일정한 요건 아래 형의 집행을 유예'하는 제도는?

① 집행유예   ② 선고유예

③ 기소유예   ④ 가석방

> **TIP** 집행유예의 경우 문제없이 유예기간을 경과한 때에는 형 선고의 효력을 상실시킨다.

24 '범죄인에 대해 형벌을 과하기보다는 재범자가 되는 것을 방지하기 위해 범죄인을 교육하고 치료하기 위한 처분'을 무엇이라 하는가?

① 치료감호   ② 보호관찰

③ 사회봉사   ④ 보안처분

> **TIP** 보안처분의 종류로 치료감호, 보호관찰, 사회봉사 · 수강명령 등이 있다.

25 다음은 '보안처분'에 대한 설명이다. 잘못된 것은?

① 치료감호란 정신장애자, 알코올 중독자 등을 정신병원 등 일정 시설에 수용하여 치료하는 조치를 말한다.
② 보호관찰이란 의무사항을 지킬 것을 조건으로 하여 자유로운 생활을 허용하는 것을 말한다.
③ 사회봉사 명령이란 범인을 일정시간 동안 무보수로 사회에 유익한 근로를 하도록 명령하는 것이다.
④ 보안처분은 형벌의 일종으로 전과가 남는데 특징이 있다.

> **TIP** 보안처분은 범죄인이 재범자가 되는 것을 방지하기 위해 범죄인을 교육하고 개선하며 치료하기 위한 처분으로 형벌과는 구별된다.

26 다음은 '정보화 시대의 사이버 범죄'에 관한 설명이다. 잘못된 것은?

① 빠른 시간 안에 불특정 다수에게 악영향을 미치며 정보 발신자의 특정이 어렵다.
② 전자 정보의 증거 인멸 및 수정이 간단하기 때문에 범죄 수사에 어려움이 많다는 특징을 갖고 있다.
③ 사이버 테러와 일반 사이버 범죄 예방을 위해 사이버 범죄 수사대가 활동하고 있다.
④ 방송통신심의위원회는 인터넷을 통한 각종 권리 침해, 불법 스팸에 대한 대응을 하고 있다.

> **TIP** 방송통신심의위원회는 정보통신 매체로 인한 명예훼손에 대한 분쟁을 담당하기 위해 분쟁 조정부를 운영하고 있다. 인터넷을 통한 권리 침해, 불법 스팸에 대한 대응은 한국 인터넷 진흥원의 소관사항이다.

27 다음은 형사소송의 목적이다. 올바른 것은?

㉠ 실체적 진실 발견	㉡ 적정한 소송 절차의 확립
㉢ 신속한 재판의 원칙	㉣ 법원의 업무편의

① ㉠
② ㉠, ㉡
③ ㉠, ㉡, ㉢
④ ㉠, ㉡, ㉢, ㉣

> **TIP** 형사소송의 목적에는 실체적 진실 발견, 적정한 소송절차의 확립, 신속한 재판의 원칙 등이 있다.

Answer 25.④ 26.④ 27.③

28 다음은 형사소송법의 원칙이다. 올바른 것은?

① 형사소송의 제원칙은 실체적 진실주의와 형식적 진실주의로 구분할 수 있다.
② 법원이 스스로 절차를 개시하여 심리, 재판하는 원칙을 탄핵주의라 한다.
③ 소추기관의 공소제기에 의해 법원이 절차를 개시하는 원칙을 규문주의라고 한다.
④ 법관이 소송절차의 주도권을 가지고 적극적으로 소송행위를 하는 것을 당사자주의라고 한다.

> **TIP** 법원이 스스로 절차를 개시하여 심리, 재판하는 원칙을 규문주의라 하고 소추기관의 공소제기에 의해 법원이 절차를 개시하는 것을 탄핵주의라 한다.

29 다음은 형사소송의 주체에 관한 설명이다. 올바른 것을 고르시오.

㉠	법원	1인의 법관으로 구성되는 단독제와 2인 이상의 합의제가 있다.
㉡	검사	공소권을 행사하는 공익의 대표자이다.
㉢	피고	검사에 의해 법원에 공소가 제기된 자로 형사책임을 지게 되는 주체를 말한다.
㉣	변호인	법원의 직권으로 국선변호인이 선정되기도 한다.

① ㉠, ㉡, ㉢
② ㉠, ㉡, ㉣
③ ㉠, ㉢, ㉣
④ ㉡, ㉢, ㉣

> **TIP** 검사에 의해 법원에 공소가 제기된 자로 형사책임을 지게 되는 주체는 '피고인'이다.

30 '누구든지 범죄가 있다고 판단되면 수사기관에 신고'하는 것을 무엇이라 하는가?

① 고발
② 고소
③ 자수
④ 구속

> **TIP** ② **고소**: 피해자 또는 그와 일정한 관계에 있는 고소권자가 범죄사실을 신고하여 범인의 처벌을 구하는 의사표시를 하는 것
> ③ **자수**: 범인이 자신의 범죄사실을 신고하여 처벌을 희망하는 것
> ④ **구속**: 형사소송법상 구인 또는 구금하는 것

Answer 28.① 29.② 30.①

31 다음은 상소에 대한 설명이다. 잘못된 것은?

① 상소는 미확정인 재판에 대해 상급법원에 불복신청을 하여 구제를 구하는 소송절차이다.

② 항소를 함에는 선고일로부터 7일 이내에 항소장을 원심법원에 제출해야 한다.

③ 제 2심 판결에 대해 불복이 있을 경우의 상소는 항고이다.

④ 법원의 명령에 대하여 불복이 있을 경우에 일정한 경우 준항고를 할 수 있다.

> **TIP** 제 2심 판결에 대한 불복이 있을 경우의 상소는 상고이다.

32 다음 중 특수한 소송절차가 아닌 것은?

① 약식명령

② 과태료 처분

③ 즉결심판

④ 배상명령

> **TIP** 약식명령, 즉결심판, 배상명령은 특수한 소송절차에 속한다.

33 형법상 범죄의 성립요건이 아닌 것은?

① 구성요건해당성

② 위법성

③ 책임성

④ 객관적 처벌조건

> **TIP** 형법상 범죄의 성립요건은 구성요건해당성, 위법성, 책임성이다.

34 甲과 乙은 각각 독립된 범죄의사로 동시에 炳에게 발표하였고, 炳은 이 중의 한 발을 맞고 사망하였다. 그러나 누가 쏜 탄환에 맞았는지 밝혀지지 않은 경우, 甲과 乙의 죄책은?

① 살인죄

② 살인미수죄

③ 상해치사죄

④ 상해죄

> **TIP** 형법 제19조에 따라 동시 또는 이시의 독립행위가 경합한 경우에 그 결과발생의 원인된 행위가 판명되지 아니한 때에는 각 행위를 미수범으로 처벌한다.

35 형법상 위법성조각사유에 해당하지 않는 것은?

① 피해자의 승낙

② 강요된 행위

③ 정당방위

④ 자구행위

> **TIP** 강요된 행위는 책임조각사유에 해당한다.

Answer 33.④ 34.② 35.②

36 행위자가 범행을 위하여 미리 술을 마시고 취한 상태에서 계획한 범죄를 실행한 경우에 적용되는 것은?

① 추정적 승낙
② 구성요건적 착오
③ 원인에 있어서 자유로운 행위
④ 과잉방위

> **TIP** 행위자가 범행을 위하여 미리 술을 마시고 취한 상태에서 계획한 범죄를 실행한 경우는 위험의 발생을 예견하고 심신장애를 야기한 행위로 이를 원인에 있어서 자유로운 행위라고 한다.

37 범죄의 실행에 착수한 자가 그 범죄가 완성되기 전에 자의로 실행에 착수한 행위를 중지하거나 그 행위로 인한 결과의 발생을 방지하는 것은?

① 중지미수
② 불능범
③ 장애미수
④ 불능미수

> **TIP** 형법 제26조에 따라 범죄의 실행에 착수한 자가 그 범죄가 완성되기 전에 실행에 착수한 행위를 자의로 중지하거나 그 행위로 인한 결과의 발생을 방지하는 것을 중지미수라고 한다.

38 의사 甲이 그 사정을 전혀 알지 못하는 간호사를 이용하여 환자 乙에게 치료약 대신 독극물을 복용하게 하여 乙이 사망에 이른 경우에 甲의 범죄형태는?

① 교사범
② 단독정범
③ 공동정범
④ 간접정범

> **TIP** 의사 甲이 간호사를 이용하여 환자 乙을 사망에 이르게 한 행위는 타인을 도구로 이용하여 간접적으로 범죄를 실현한 것으로 간접정범이 된다.

Answer 36.③ 37.① 38.④

39 형법상 형벌의 종류 중 재산형이 아닌 것은?

① 구류
② 벌금
③ 과료
④ 몰수

> **TIP** 형법상 재산형은 벌금, 과료, 몰수다. 구류는 자유형에 해당한다.

40 형사소송법의 기본이념이 아닌 것은?

① 실체적 진실발견의 원리
② 적정절차의 원리
③ 재판 비공개의 원리
④ 신속한 재판의 원리

> **TIP** 형사소송법상의 기본이념으로 재판은 비공개가 아닌 공개하는 것이 원칙이다.

41 형사소송법에 관한 설명으로 옳지 않은 것은?

① 형사소송법은 절차법이며 사법법(司法法)이다.
② 적정절차의 원리는 형사소송의 지도이념에 해당된다.
③ 민사소송이 실체적 진실주의를 추구하는 반면, 형사소송은 형식적 진실주의를 추구한다.
④ 형사소송법은 공판절차뿐만 아니라 수사절차, 형집행절차에 대해서도 규정하고 있다.

> **TIP** 민사소송은 당사자의 사실상의 주장이나 제출한 증거에 법원이 구속되는 형식적 진실주의의 입장인 반면 형사소송은 재판의 기초가 되는 사실의 인정에 관하여 객관적 사실을 추구하는 실체적 진실주의를 이념으로 한다.

42 형사소송법의 소송주체가 아닌 것은?

① 검사

② 피고인

③ 변호인

④ 법원

> **TIP** 형사소송법상 소송주체는 법원, 검사, 피고인이다. 변호인은 피고인 등의 이익을 위해 활동하는 소송관계인이다.

43 형사소송법상 피고인에 관한 설명으로 옳지 않은 것은?

① 피고인은 공판정에서 진술을 거부할 수 있다.

② 피고인은 불공평한 재판을 할 염려가 있는 법관의 제척을 신청할 수 있다.

③ 피고인이 법인인 때에는 그 대표자가 소송행위를 대표한다.

④ 신체가 구속된 피고인은 변호인과 접견할 수 있다.

> **TIP** 피고인은 불공평한 재판을 할 염려가 있는 법관의 기피를 신청할 수 있다.

44 형사소송법상 변호인이 없을 때 법원이 직권으로 국선변호인을 선정해야 하는 경우가 아닌 것은?

① 피고인이 사형, 무기 또는 단기 3년 이상의 징역이나 금고에 해당하는 사건으로 기소된 때

② 피고인이 미성년자인 때

③ 피고인이 구속된 때

④ 피고인이 빈곤으로 변호인을 선임할 수 없을 때

> **TIP** 피고인이 빈곤의 경우는 법원이 직권으로 선정하는 게 아니라 당사자의 청구에 의해서 국선변호인의 선정이 이루어진다.

Answer   42.③   43.②   44.④

45 검사가 재량에 의해 불기소처분을 할 수 있다는 원칙은?

① 국가소추주의

② 기소독점주의

③ 기소편의주의

④ 기소변경주의

> **TIP** 기소편의주의란 공소를 제기함에 있어 객관적 혐의가 있고 소송조건이 구비된 경우에도 여러 정황을 참작하여 검사가 기소를 하지 않을 수 있다는 원칙이다.

46 형사소송법상 상소에 관한 설명으로 옳지 않은 것은?

① 상고심은 원칙적으로 법률심이다.

② 법원의 결정에 불복하는 상소는 항고이다.

③ 피고인을 위하여 항소한 사건에는 불이익변경금지의 원칙이 적용된다.

④ 항소의 제기기간은 14일로 한다.

> **TIP** 항소의 제기기간은 7일로 한다.

47 지방법원이 관할 사건에서 검사의 청구에 따라 통상의 공판절차 없이 피고인을 벌금, 과료 또는 몰수에 처하는 절차는?

① 즉결심판

② 비상상고

③ 약식명령

④ 간이공판절차

> **TIP** 약식명령이란 지방법원 관할 사건에서 검사의 청구에 따라 통상의 공판절차 없이 피고인을 벌금, 과료 또는 몰수에 처하는 절차를 말한다.

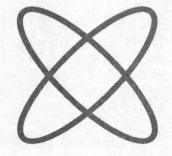

PART

05

행정법

01 행정법의 이해

02 행정구제법

행정법의 이해

① 행정과 행정법

(1) 행정의 의의

① **국가의 권력작용** : 입법부(국회)는 법률을 제정하는 입법기관의 역할을 하고, 행정부는 법을 구체화시키는 작용으로써 각종 정책을 집행하며 사법부는 법적분쟁 발생 시 재판을 통해 해결을 도모한다.

② **현대적 의미의 행정** : 절대군주 시대의 왕은 법도 만들고 집행도 하고 자의적으로 해석도 함으로써 3권의 영역이 명확하지 않았다. 행정이라는 개념은 근대 입헌국가(立憲國家)의 권력분립 원칙이 확립되면서 본격적으로 논의되었다.

③ **행정의 개념** : 행정이란 공익의 적극적 실현을 위해 국가가 법에 대한 내용을 구체화시키는 적극적인 작용을 의미한다. 그렇기 때문에 행정은 사법(법선언, 법판단), 입법(법제정)작용과 구별된다.

④ **행정의 유형**

　ㄱ **형식적 의미의 행정** : 행정부라는 기관이 행하는 모든 작용을 형식적 의미의 행정이라고 한다.

　ㄴ **실질적 의미의 행정** : 국가의 목표를 설정하고 적극적으로 실현하며, 법률의 토대 위에서 사회제도를 형성하는 작용을 실질적 의미의 행정이라고 한다.

⑤ **행정에 관한 헌법규정** : 헌법 제66조에서는 "행정권은 대통령을 수반으로 하는 정부에 속한다."라고 하여 입법부와 사법부에 대한 조항을 별도로 규정함으로써 권력분립의 원칙을 선언하는 동시에 행정권은 대통령을 정점으로 하는 행정부에 속함을 규정하고 있다.

⑥ **과거와 현대의 행정 비교** : 근대국가에서는 정부의 권력남용 등의 폐단이 잦았기 때문에 최소한의 정부가 최선의 정부라는 인식 하에 국가는 치안과 국방에만 전념하고 경제질서 등을 포함하여 나머지 작용에는 개입하지 말라는 논리가 지배적이었으나 현대로 오면서 국민 모두의 인간다운 생활을 보장하기 위한 복지정책을 필요로 하는 관계로 정부의 권한과 조직이 비대해지는 모습을 볼 수 있다. 즉, 복지국가에서는 정부의 도움을 사회 곳곳에서 필요로 하고 있다.

(2) 행정법의 의의

① **행정법의 개념** : 행정법이란 여러 행정 조직에 의하여 행해지는 일체의 행정작용과 절차, 그로 인한 피해 발생 시 구제에 관한 공법을 통틀어 말한다.

② **행정법의 특질**

    ㉠ **형식상의 특수성**

        ⓐ **성문성** : 행정법은 성문법주의를 원칙으로 하고 있다.

        ⓑ **형식의 다양성** : 행정법은 통일적 법전이 없기 때문에 규정의 형식이 다양하다.

    ㉡ **성질상의 특수성** : 행정법은 강행성을 갖고, 개인의 이익과 공익 간의 공정한 조절을 도모하는 합목적성과 합리성을 중심으로 하는 면에서 기술성이 강하다.

    ㉢ **내용상의 특수성**

        ⓐ **행정주체의 우월성** : 행정주체가 국민에 대한 지배권과 행정주체의 지배권의 발동인 행위에 대하여 공정력을 인정하고 행정권의 자력집행권을 승인하는 것을 그 내용으로 하고 있다.

        ⓑ **공익우선성** : 행정법은 행정목적을 효율적으로 달성하기 위하여 개인의 이익보다는 공공의 이익에 더 우월적인 가치를 두고 있다.

        ⓒ **집단성 · 평등성** : 국민 개개인보다는 집단 전체를 획일적으로 규율하는 성격이 강하다.

③ **행정법의 법률 규정 체계**

구분	관련 법률
행정조직	정부조직법, 지방자치법
행정작용	국세징수법, 경찰관직무집행법, 행정대집행법
행정절차	행정절차법(청문, 공청회, 의견제출, 입법예고)
행정구제	국가배상법, 행정심판법, 행정소송법

> **행정작용**
>
> 행정주체가 목적 달성을 위하여 행하는 일체의 법률적, 사실적 행위로 권력적 작용과 비권력적 작용이 있음
> ① 권력적 작용 : 정부가 명령 등 법규범을 만드는 행정입법, 국토계획, 경제계획과 같은 행정계획이 대표적임
> ② 비권력적 작용 : 정부가 각종 사업을 위해 민간인과 계약을 체결하는 공법상의 계약, 상대방의 협력을 통해 목적을 달성하는 행정지도가 대표적임

(3) 행정법의 기본 원리

① **법치행정의 원리** : 행정은 법률의 근거를 가지고 법률의 내용에 따라 행해져야 하며, 이에 위반하여 개인의 권리를 침해하는 경우 사법적 구제가 주어져야 한다는 법원리를 의미한다.

② **법률의 법규창조력** : 국민의 권리의무에 관해 새로운 규율을 정하는 것은 국민의 대표기관인 국회만이 할 수 있으며 국민의 대표기관인 국회가 만든 법률만이 국민을 구속할 수 있다는 의미이다.

③ **법률우위의 원칙** : 국가의 행정은 합헌적 절차에 따라 제정된 합헌적 내용의 법률에 위반되어서는 안된다는 것을 의미한다. 법률우위 원칙에 위반되면, 그러한 행위는 무효 또는 취소할 수 있는 행위가 되며 피해 발생 시 국가의 손해배상 책임이 발생한다.

④ **법률유보의 원칙** : 국가의 행정은 의회가 제정한 입법에 근거를 갖고서 또는 그러한 법률의 수권에 의해서 이루어져야 한다는 것을 의미한다.

(4) 행정법의 법원

① **의의** : 행정법의 법원이란 행정권의 조직과 작용에 관한 존재 형식 내지 인식근거를 의미한다. 행정법의 법원에는 성문법과 불문법, 행정법의 일반원칙이 있다.

② **성문법원**

  ㉠ **헌법** : 헌법은 국가의 통치권 전반에 걸친 근본조직과 작용을 규율하는 최상위의 법으로 행정법의 법원 중 가장 근간을 이룬다.

  ㉡ **법률** : 법치행정의 원리에 입각하여 모든 행정작용은 법률에 근거하여 발동되는 것이 원칙이다.

  ㉢ **조약 및 국제법규** : 우리 헌법은 "헌법에 의하여 체결·공포된 조약과 일반적으로 승인된 국제법규는 국내법과 동일한 효력을 갖는다."고 규정하고 있으므로 행정법의 법원으로 인정된다.

  ㉣ **법규명령** : 행정권에 의하여 정립되는 법규범으로 국민에게 의무를 부과하거나 국민의 자유와 권리를 제한하는 것을 내용으로 한다.

  ㉤ **자치법규** : 지방의회가 제정하는 조례와 지방자치단체의 집행기관이 제정하는 규칙은 당해 지방자치단체의 구역 안에서만 효력을 갖는다.

③ **불문법원** : 불문법원으로는 관습법, 판례법, 조리가 있다.

④ **행정법의 일반원칙**

  ㉠ **의의** : 행정법의 일반원칙은 헌법, 정의의 관념에서 당연히 도출되는 행정법 해석의 기준이 되는 원칙을 말한다. 이는 법원성을 가지므로 성문법과 마찬가지로 재판에서 직접 적용되며 행정법의 일반원칙을 위반하는 행위는 위법한 행위가 된다.

  ㉡ **평등의 원칙** : 행정기관이 행정 활동을 함에 있어 합리적인 이유가 없는한 사인을 차별하여서는 안된다는 원칙이다.

  ㉢ **비례의 원칙** : 행정작용은 행정목적을 달성하는 데 유효하고 적절해야 하며 필요한 최소한도에 그쳐야 한다는 것으로 만약 행정작용으로 국민의 이익이 침해될 경우 그 행정작용이 의도하는 공익이 침해되는 이익보다 커야 함을 의미한다.

  ㉣ **성실의무 및 권한남용금지의 원칙** : 행정기관은 법령 등에 따른 의무를 성실히 수행해야 하며 행정 권한을 남용하거나 그 권한의 범위를 넘어서면 안된다는 원칙이다.

  ㉤ **신뢰 보호의 원칙** : 행정기관의 어떠한 적극적 또는 소극적 행위의 존속이나 정당성을 사인이 신뢰한 경우, 보호할 만한 가치 있는 사인의 신뢰를 보호하여 주는 원칙이다.

  ㉥ **부당결부 금지의 원칙** : 행정기관이 행정작용을 할 때 상대방에게 해당 행정작용과 실질적인 관련이 없는 의무를 부과해서는 안된다는 원칙이다.

(5) 우리나라 행정법의 기본 원리

① 의의 : 행정법의 기본원리로 민주행정의 원리, 법치행정의 원리, 복지행정의 원리, 사법국가주의, 지방분권주의를 대표적으로 뽑을 수 있다.

② 민주행정의 원리

구분	내용
개념	행정이 민주주의에 따라 행해져야 하며 국민의 의사를 반영하여 국민의 이익증진에 이바지해야 한다는 원리
구현양상	행정활동의 투명성, 입법예고제도

③ 법치행정의 원리

구분	내용
개념	행정은 법의 테두리 내에서 행해져야 한다는 것으로 국가가 국민의 자유와 권리를 제한하거나, 새로운 의무를 부과할 때에는 국회가 제정한 법률에 근거가 있어야 하고 국가는 이러한 법률에 구속을 받으며 국민에게 피해 발생시 법적인 구제절차가 확립되어야 한다는 원리
구현양상	과거에는 법률규정을 통해 국민을 통제하는 규제적 기능에 중점을 두었으나 현대는 정당한 활동을 규정하고 해당 활동을 촉진하는 유도적 기능으로 전환

> **법치행정에 관한 학설**
>
> 법으로 규율하는 행정의 범위를 어디까지로 할 것인지에 관한 학설로 세 가지가 있음
> ① 전부유보설 : 행정의 모든 영역을 법으로 규율해야 한다는 입장으로 권력분립을 파괴할 수 있음
> ② 침해유보설 : 개인의 자유나 권리를 침해, 제한하거나 새로운 의무를 부과하는 경우에만 법률로 규율해야 한다는 입장
> ③ 중요사항 유보설 : 국민의 기본권을 침해하는 경우는 중요하기 때문에 법률에 근거가 있어야 한다는 학설로 문제점은 중요사항에 대한 객관적 기준설정이 곤란함

④ 복지행정의 원리

구분	내용
개념	행정작용은 적극적으로 국민의 인간다운 생활을 보장하고, 국민들의 삶의 질을 향상시키는 데 있어야 한다는 원리
구현양상	각종 보험제도, 환경보호, 생활배려, 문화시설 확충

⑤ 사법국가주의

구분	내용
개념	행정권이 우위에 있는 행정국가주의를 지양하고, 행정에 대한 사법심사를 인정해야 한다는 원리
구현양상	헌법재판소의 헌법소원 심판, 법원의 행정소송, 명령·규칙·처분 심사

⑥ 지방분권주의

구분	내용
개념	권력이 중앙정부에 집중된 중앙집권주의를 지양하고, 각 지역마다 관할지방자치단체에 권한을 부여하여 지역의 사무는 주민참여와 주민의 여론에 따라 처리해야 한다는 원리
구현양상	지방자치단체의 권한을 규정한 헌법 제117조 제1항, 주민소송, 주민소환, 주민투표 등의 주민참여제도

❷ 행정상의 법률관계

(1) 행정상의 법률관계의 의의 및 성질

행정상의 법률관계란 행정주체가 법률행위의 당사자가 되는 관계라 할 수 있다. 따라서 민사상의 관계와는 다른 특징을 갖게 되는데, 구체적으로 공법관계, 특별권력관계, 행정조직, 공무원관계 등을 중심으로 논의가 된다.

(2) 공법관계

① 권력관계 : 권력관계란 국가 또는 공공단체 등 행정주체가 공권력의 주체로서 국민에 대하여 일방적으로 명령·강제하거나 일방적으로 법률관계를 발생·변경·소멸시키는 법률관계를 의미한다.

② 관리관계 : 국가나 공공단체 등 행정주체가 공권력의 주체가 아니라 재산관리권의 주체로서 공공의 이익과 관련된 영역을 관리 및 경영하는 법률관계를 말한다.

(3) 행정상의 특별권력관계

공법관계의 연장선상에서 살펴보면, 일반권력관계와 특별권력관계를 구분할 수 있다. 국민은 국가 또는 지방공공단체의 일반적 통치권 또는 공권력에 복종해야 하는 관계가 성립하는데, 이를 일반권력 관계라 한다. 또한 공무원이 국가에 대하여 복종의무를 지고 수형자가 교도소에서 복종해야 하듯, 특별한 법률원인에 의하여 공법상의 특별목적에 필요한 한도내에서 일방이 타방을 포괄적으로 지배할 수 있고, 타방이 이에 복종하여야 할 것을 내용으로 하는 관계를 특별권력관계라고 한다.

(4) 행정의 주체, 객체

① 행정의 주체 : 행정법 관계에서 행정권을 행사하고 그 행위의 법적 효과가 궁극적으로 귀속되는 당사자를 말하며 행정기관과는 구별된다. 행정주체는 법인격이 인정되는 것으로 국가나 공공단체, 공무수탁사인이 인정되고 있다.

② 행정의 객체 : 행정권을 행사하고 그 행위의 법적 효과가 귀속되는 당사자가 행정주체라면, 이러한 행정주체가 행정권을 행사하는 상대방인 개별국민 또는 집단 등이 객체가 된다.

(5) 행정조직

① 의의 : 행정조직은 국가가 직접 행정을 담당하는 국가행정과 지방자치단체가 행하는 자치행정으로 구분된다. 따라서 행정조직법의 체계는 국가행정조직법과 지방행정조직법으로 구분할 수 있다.

② 행정기관

　　㉠ 개념 : 행정기관이란 행정을 실현하는 주체로서 국가 또는 지방자치단체의 행정사무를 담당하는 기관을 의미한다.

　　㉡ 행정기관의 종류 : 행정기관은 담당업무와 권한의 범위에 따라 여러 종류로 구분할 수 있다.

구분	개념	유형
행정관청	권한의 범위 내에서 의사를 결정하고, 외부에 표시하는 권한을 가진 행정기관	행정각부의 장(장관), 처(처장), 청(청장)
보조기관	행정관청의 의사결정을 보조하거나 명을 받아 사무 집행	차관, 국장, 과장
보조기관	행정 각부의 장, 보조기관을 정책기획, 연구 조사를 통해 보좌하는 기관	차관보
의결기관	외부로 표시할 수 있는 권한은 없지만 전문성을 발휘하여 내부적으로 의사결정만 할 수 있는 기관	위원회, 심의회
집행기관	행정관청의 명을 받아 실력행사를 통해 필요한 상태를 실현하는 기관	경찰, 소방, 세무공무원
감독(감사)기관	행정기관의 업무나 회계를 감독하고 조사하는 기관	감사원
현업기관	공익사업을 경영하고 관리하는 기관	공기업

(6) 공무원법

① 공무원의 개념과 종류

　　㉠ 공무원의 의의 : 일반적으로 공무원이라 함은 국가 또는 공공단체의 기관으로서 지위를 가지고 공무를 담당하며 공법상의 근무의무를 지는 사람을 의미한다.

　　㉡ 공무원의 종류 : 크게 국가공무원과 지방공무원, 경력직공무원과 특수경력직공무원으로 구분할 수 있다.

② 공무원의 권리와 의무

　　㉠ 공무원의 의무 : 공무원의 의무는 공무원의 종류 또는 직무의 성질에 따라 그 내용이 각각 다르며 일률적으로 정할 수 없고, 각종의 법령에서 개별적으로 규정하고 있다. 성실의 의무, 품위유지의 의무, 법령준수와 복종의 의무, 직무전념의무, 친절·공정의 의무, 비밀준수의 의무 등이 있다.

　　㉡ 공무원의 권리

　　　ⓐ 신분상의 권리 : 공무원은 신분보장을 받지 아니하는 자를 제외하고는 법령이 정하는 사유와 절차에 의하지 아니하고는 그 신분과 직위로부터 배제되거나 그 직위에 속하는 직무의 수행을 방해당하지 아니하는 권리로써 신분이 보장되고, 그의 직명을 사용하며, 제복이 있는 공무원은 제복을 착용할 권리가 있다.

　　　ⓑ 재산상의 권리 : 공무원은 국가 또는 지방자치단체에 대하여 각종의 재산상의 권리, 즉 봉급·수당·연금·실비변상 등의 보수를 받을 권리를 가진다.

❸ 행정작용법 총론

(1) 행정입법

① **의의** : 행정입법이란 행정주체가 일반적 · 추상적인 법규범을 정립하는 작용을 말한다.

② **행정입법의 필요성** : 현대 복지국가에서 국민에 대한 정부의 행정수요가 증가함에 따라 행정기능이 확대되고 있고 행정의 전문화 · 기술화, 지방의 변화에 따른 탄력성 있는 입법의 필요성에 의해 더욱 더 증가하고 있는 실정이다.

③ **행정입법의 종류** : 행정입법의 종류에는 법규성 여부에 따라 크게 법규명령과 행정명령으로 나뉘고, 법규명령에는 법률대위명령과 법률종속명령으로 나뉜다. 법률대위명령에는 긴급재정경제명령과 긴급명령이 포함되고, 법률종속명령에는 위임명령과 집행명령이 포함된다. 또한, 행정명령(행정규칙)에는 훈령, 지시, 예규, 일일명령 등이 포함된다.

(2) 행정행위

① **행정행위의 의의** : 행정행위의 개념은 학문상의 개념으로 실정법상으로는 '행정처분' 또는 '처분'이라는 단어로 표현된다. 행정행위란 통설과 판례에 따라 행정주체가 구체적 사실에 대한 법집행을 행하는 권력적 · 단독적인 공법행위를 말한다.

② **행정행위의 특수성** : 행정행위는 공권력 내지는 법률상 승인된 우월한 행정의사의 발동이므로 행정주체의 다른 행위나 민법상의 법률행위에 대하여 법률적합성 · 공정력 · 실효성 · 불가쟁성 및 불가변성 · 행정행위에 대한 구제제도의 특수성을 갖는다.

③ **행정행위의 성립요건**

 ㉠ **의의** : 행정행위가 적법하게 성립하기 위해서는 일정한 요건이 필요한데, 이에는 주체, 내용, 형식, 절차, 표시요건이 해당한다.

 ㉡ **주체요건** : 행정행위는 권한을 가진 기관이 권한의 범위 내에서 정상적인 의사작용에 기한 것이어야 한다.

 ㉢ **내용요건** : 행정행위는 그 내용이 적법하고 실현가능하고, 명확한 것이어야 한다.

 ㉣ **형식요건** : 행정행위와 관련하여 형식에 관한 명문의 규정이 있다면 그에 따라야 한다. 개별법령에 규정이 없어도 행정청이 처분을 하는 때에는 다른 법령 등에 특별한 규정이 있는 경우를 제외하고는 문서로 하여야 함이 원칙이다.

 ㉤ **절차요건** : 행정행위에 일정한 절차가 요구된다면 그 절차가 이행되어야 하는데 이유제시, 협력절차, 처분의 사전통지, 의견청취 등이다.

 ㉥ **표시요건** : 행정행위가 수령을 요하지 않는 경우에는 외부에 표시되어야 하고(도로 통행금지의 경우 통행금지표지판 설치 등), 수령을 요하는 행위인 경우에는 관계자에게 통지되어야 한다(세금부과처분의 통지).

④ 행정행위의 효력

    ㉠ 의의 : 적법하게 성립한 행정행위는 구속력, 공정력, 구성요건적 효력, 존속력, 강제력 등이 발생하는데 이를 행정행위의 효력이라고 한다.

    ㉡ 구속력 : 행정행위는 내용에 따른 법적 효과를 발생시키고 당사자를 구속하는 힘을 갖는다. 예로서 납세고지가 되면 납세자는 일정액의 세금을 일정 기간 내에 납부하여야 한다.

    ㉢ 공정력 : 행정행위가 위법하더라도 당연 무효가 아닌 한 권한 있는 기관에 의해 취소될 때까지 상대방이나 이해관계자를 구속한다.

    ㉣ 구성요건적 효력 : 행정행위가 유효한 이상 다른 행정기관과 법원 등 국가기관은 그 행정행위와 관련한 내용을 존중하여 스스로 판단의 기초 내지 구성요건으로 삼아야 하는 효력이다.

    ㉤ 존속력 : 존속력은 형식적 존속력(불가쟁력)과 실질적 존속력(불가변력)으로 나뉜다.

    ⓐ 불가쟁력 : 일정한 사유의 존재로 인하여 행정행위의 상대방 등이 그 행정행위의 효력을 쟁송절차에서 다투지 못하게 하는 힘이다.

    ⓑ 불가변력 : 일정한 행정행위는 행위는 흠이 있더라도 처분청 스스로가 그 행위를 취소 및 변경하는 것이 불가능한 데 이를 불가변력이라 한다.

    ㉥ 강제력 : 행정법상 의무위반자에게 처벌을 가할 수 있는 제재력과 행정법상 의무불이행자에 대하여 강제로 의무를 이행시킬 수 있는 자력집행력이 발생한다.

⑤ 행정행위 종류

    ㉠ 법률행위적 행정행위

      ⓐ 명령적 행위 : 명령적 행위란 국민에 대하여 어떤 일정한 의무를 부과하거나 그 의무를 해제하는 것을 내용으로 하는 행정행위를 말한다. 명령적 행위에는 하명, 허가, 면제 등이 있다.

      • 하명 : 하명이란, 국민에 대해 작위 · 부작위 · 급부 · 수인 등의 의무를 명하는 행정행위를 말한다.

      • 허가 : 허가란, 일반적으로 금지되어 있는 행위를 특정한 경우에 해제하여 적법하게 할 수 있도록 하는 행정행위를 말한다.

      • 면제 : 법령에 의하여 일반적으로 부과되어 있는 의무를 특정한 경우에 해제하는 행정행위를 말한다.

      ⓑ 형성적 행위 : 형성적 행위라 함은 행정행위의 상대방인 국민에게 새로운 권리 · 능력 · 포괄적 법률관계 기타 법률상의 힘이나 법률상의 지위를 발생 · 변경 · 소멸시키는 행위를 의미한다.

      • 특허 : 특허란 특정인의 이익을 위하여 일정한 권리 · 능력을 창설하는 행정행위를 말한다.

      • 인가 : 인가란 당사자의 법률적 행위를 국가가 동의하여 그 법률상의 효력을 완성시켜 주는 행정행위를 말한다. 인가를 보충행위라고도 한다.

      • 공법상 대리행위 : 제3자가 해야 할 행위를 행정주체가 대신 행함으로써 제3자가 행한 것과 동일한 법적효과를 발생시키는 행정행위를 말한다.

ⓛ 준법률행위적 행정행위

  ⓐ **확인** : 확인이란 당선인의 결정이나 행정심판청구에 대한 재결처럼 특정한 법률관계의 존부에 관하여 분쟁이 있을 때 행정청이 이를 공법적으로 판단해서 확인하는 행위를 말한다.

  ⓑ **공증** : 공증이란 면허증의 교부나 각종 증명서의 교부와 같이 어떤 사실이나 법률관계의 존부를 공적으로 증명하는 행정행위를 말한다.

  ⓒ **통지** : 통지라 함은 공고와 독촉과 같이 특정인 또는 불특정다수인에게 특정한 사실을 알리는 행정행위를 말한다.

  ⓓ **수리** : 수리라 함은 행정청이 다른 사람의 행위를 유효한 것으로서 받아들이는 행정행위를 말한다.

ⓒ 기속행위와 재량행위

  ⓐ **기속행위** : 법규에서 정한 요건이 충족되면 행정청이 반드시 어떠한 행위를 하거나 행하지 말아야 하는지를 규정해 놓은 행정행위다. 다시 말해, 행정청의 입장에서 법의 기계적인 집행으로서의 행정행위를 말한다.

  ⓑ **재량행위** : 행위의 효과 선택에 관하여 행정청에 일정 정도의 재량이 부여되는 행위다.

ⓔ 수익적·침익적·복효적 행정행위

  ⓐ **수익적 행정행위** : 행정행위의 효과가 권리와 이익을 부여하는 형태(주유소 운영자에 대한 도로 점용 허가)로 나타난다.

  ⓑ **침익적 행정행위** : 행정행위의 효과가 법적 불이익을 가하는 형태(예 : 음주운전에 대한 면허 취소)로 나타난다.

  ⓒ **복효적 행정행위** : 수익적 효과와 침익적 효과가 모두 발생하는 행위로, 이중적인 효과가 동일인에게 귀속되는 혼효적 행정행위와 서로 다른 자에게 귀속되는 제3자효 행정행위로 구분된다.

ⓜ **요식행위와 불요식행위** : 행정행위가 일정한 형식을 요구하는지 여부에 따라 요식행위와 불요식행위로 나뉜다. 요식행위는 일정한 형식을 갖추지 아니한 경우 하자 있는 행정행위가 된다.

ⓗ 대인적 행정행위, 대물적 행정행위, 혼합적 행정행위

  ⓐ **대인적 행정행위** : 사람의 학식, 기술, 경험과 같은 주관적 사정에 착안하여 행해지는 행정행위다(의사면허, 운전면허, 인간문화재지정 등).

  ⓑ **대물적 행정행위** : 오직 물건의 객관적 사정에 착안하여 행해지는 행정행위를 말한다)자동차검사증 교부, 건축물준공검사 등).

  ⓒ **혼합적 행정행위** : 인적·주관적 사정과 물적·객관적 사정을 모두 고려하여 행해지는 행정행위를 말한다(석유사업허가 등).

ⓢ 행정행위의 부관(附款)

  ⓐ **부관의 의의** : 행정행위의 효과를 제한 또는 보충하기 위하여 주된 행정행위에 부가된 종(從)된 의사표시를 행정행위의 부관이라고 한다. 행정행위의 부관은 부종성을 그 특질로 하기 때문에 원칙적으로 부관만이 독립하여 강제집행의 대상이 될 수 없다. 행정행위의 부관은 행정청의 의사표시에 의한 것이므로 법령이 직접 특정한 행정행위의 효력을 제한하기 위해 붙인 법정부관과 구별된다.

ⓑ **부관의 종류** : 행정행위 부관의 종류에는 조건, 기한, 부담, 철회권의 유보, 법률효과의 일부배제, 수정 부담 등이 있다.

(3) 행정상의 계약

① **의의** : 행정주체가 직접 또는 간접으로 행정목적을 수행하기 위하여 사인 또는 다른 행정주체와 체결하는 계약을 행정상의 계약이라고 한다. 그 중에서도 공법적 효과를 발생시키는 계약을 공법상 계약이라고 한다. 예를 들면, 서울시와 경기도간의 도로건설 및 유지비용에 관한 합의, 지방전문직공무원의 채용계약 등이다.

② **공법상 계약의 특징**

㉠ 공법적 효과를 발생시키는 점에서 사법상 계약과 구분되고, 대등 당사자간의 의사의 합치라는 점에서 행정행위와 구분된다.

㉡ 공법상 계약도 계약인 점에서 민법 중 계약에 관한 규정이 일반적으로 적용될 수 있으나, 행정목적의 달성을 위한 것이라는 점에서 여러 가지 공법적 특별규율을 받는 경우가 많다.

(4) 행정계획

① **의의** : 오늘날 복잡다양하면서도 급변하는 행정현상에 대하여 효율적으로 대처하기 위해서 미래지향적·장래 예측적 계획의 수립은 필수적이다. 계획이 잘못 수립·시행되면 그 피해는 돌이킬 수 없다는 점에서 올바른 계획의 중요성은 매우 크다.

② **개념** : 행정계획이란 행정주체가 일정한 행정활동을 위한 목표를 설정하고, 그 목표달성에 필요한 여러 관련 행정수단의 유기적 조정, 체계적 종합을 준비하는 과정 또는 그에 기해 마련된 활동기준을 마련한다.

(5) 행정지도

① **의의** : 행정지도란 행정주체가 일정한 행정목적을 실현하기 위하여 사인 등 행정의 상대방에 대하여 일정한 행위를 하게 하거나 하지 말도록 임의적 협력을 유도하는 비권력적 사실행위를 말한다(음식물 쓰레기 줄이기 계도, 휴경농지 경작 독려 등).

② **기능** : 행정지도는 임의적 수단에 의한 편의성·마찰해소 등의 이유로 다양한 행정수단의 하나로서 행정기능의 효율성 확보를 위해 활용된다. 그러나 행정지도는 사실상의 강제성, 책임행정의 이탈과 행정지연으로 인한 피해, 행정구제의 미흡 등의 문제가 있어 그 남용과 폐해가 우려된다.

③ **행사방법**

㉠ 행정절차법은 행정지도가 그 목적달성에 필요한 최소한도에 그쳐야 하고, 행정지도의 상대방의 의사에 반하여 부당하게 강요하여서는 아니 되며, 행정기관은 행정지도의 상대방이 행정지도에 따르지 아니하였다는 이유로 불이익한 조치를 하여서는 아니 된다고 규정하고 있다.

ⓛ 행정지도를 행하는 공무원은 그 상대방에게 당해 행정지도의 취지·내용 및 신분을 밝히고, 상대방이 이에 관한 서면의 교부를 요구하는 때에는 직무수행에 특별한 지장이 없는 한 이를 교부하도록 하고 있다.

(6) 행정강제

① 의의 : 행정상 의무를 상대방인 국민이 위반하거나 이행하지 않는 경우 행정주체는 의무위반에 대하여 처벌을 가하거나 실력을 발동하여 의무이행을 강제할 수 있다. 이를 위한 수단을 학문상 행정작용의 실효성확보수단이라고 한다.

② 행정상 강제집행

ⓐ 개념 : 행정상 강제집행이란 행정법상 의무의 불이행이 있는 경우에 행정청이 의무자의 신체 또는 재산에 직접 실력을 가하여 그 의무를 이행하게 하거나 또는 그 의무가 이행된 것과 같은 상태를 실현하는 행정작용을 말한다. 강제집은 국민의 기본권 침해를 가져올 수 있으므로 반드시 법률적 근거를 요한다. 행정상 강제집행에는 행정대집행, 강제징수, 이행강제금, 직접강제가 있다.

ⓛ 행정대집행

ⓐ 개념 : 대체적 작위의무, 즉 타인이 대신하여 행할 수 있는 의무의 불이행이 있는 경우 다른 수단으로써 그 이행을 확보하기 곤란하고 그 불이익을 방치함이 심히 공익을 해할 때, 당해 행정청이 불이행된 의무를 스스로 행하거나 제3자로 하여금 이행하게 하고, 그 비용을 의무자로부터 징수하는 것을 말한다 (무허가건물에 대한 철거명령에 따르지 않는 경우 강제철거).

ⓑ 절차 : 행정대집행법상 계고, 대집행영장에 의한 통지, 대집행의 실행, 비용징수의 순으로 행해진다. 대집행에 불복할 경우에는 법령이 정하는 바에 따라 행정심판이나 행정소송을 제기할 수 있고, 손해가 있는 경우에는 손해배상을 청구할 수도 있다.

ⓒ 행정상 강제징수

ⓐ 개념 : 사인이 국가 또는 지방자치단체에 대해 부담하고 있는 공법상 금전급부의무를 불이행한 경우에 행정청이 강제적으로 그 의무가 이행된 것과 같은 상태를 실현하는 작용을 말한다(미납세금의 강제징수). 국제징수법이 강제징수에 관한 일반법적 기능을 하고 있다.

ⓑ 절차 : 국세징수법상 강제징수는 독촉, 압류, 매각, 청산의 단계로 행해진다. 이때 압류와 매각, 청산을 합하여 체납처분이라 부른다. 행정상 강제징수에 불복할 경우에는 개별법령에 특별규정이 있으면 그에 따라 다툴 수 있고, 특별규정이 없으면 국세기본법, 행정심판법, 행정소송법이 정하는 바에 따라 행정쟁송을 제기할 수 있다.

ⓓ 이행강제금(집행벌) : 이행강제금 또는 집행벌이란 의무불이행시 일정 금액의 금전적 불이익을 부과함으로써 의무자의 의무이행을 확보하기 위한 강제수단이다. 예컨대, 건축법 위반 건축물에 대한 시정명령 불이행시 이행강제금을 부과하는 경우다. 위법한 집행벌에 대해서는 행정쟁송의 제기가 가능하다.

ⓜ **직접강제** : 직접강제란 의무불이행의 경우 행정기관이 직접 의무자의 신체 · 재산에 실력을 가하여 의무자가 직접 의무를 이행한 것과 같은 상태를 실현하는 작용을 말한다. 식품위생법상 무허가 · 무신고영업 또는 영업허가취소 후 영업에 대한 영업소폐쇄조치 등이 예다. 위법항 직접강제에 대해서는 행정쟁송 또는 손해배상청구가 가능하다.

③ **행정상 즉시강제**

ⓖ **의의** : 행정상 즉시강제란 행정상 장해가 존재하거나 장해의 발생이 목전에 급박한 경우에 성질상 개인에게 의무를 명해서는 공행정목적을 달성할 수 없거나, 또는 미리 의무를 명할 시간적 여유가 없는 경우에 행정기관이 직접 개인의 신체나 재산에 실력을 가해 행정상 필요한 상태를 실현하는 작용을 말한다.

ⓛ **사례** : 마약중독장의 강제수용, 감영병 환자의 강제격리, 화재진화시 장애물제거 등이 예로 즉시강제는 국민의 자유나 재산에 침해를 가져오는 것이므로 법적인 근거를 요한다. 경찰관 직무집행법 · 마약류관리법 · 소방법 · 감영병예방법 등이 이에 해당한다.

④ **행정벌**

ⓖ **의의** : 행정벌이란 행정법상의 의무위반에 대하여 일반통치권에 근거하여 과하는 제제로서의 처벌을 의미한다.

ⓛ **행정벌의 유형**

구분	행정형벌	행정질서벌
부과대상	직접적으로 행정목적을 침해한 행위	간접적으로 행정상 질서에 장애를 야기할 우려가 있는 의무위반의 경우
적용 법	형법 총칙	각 개별법상의 과태료를 질서위반행위규제법의 규정에 의하여 부과
부과 절차	형사소송법이 정하는 절차	질서위반행위규제법이 정하는 절차
부과 벌	형벌이 부과 됨	과태료가 부과 됨
고의 · 과실	원칙상 고의 · 과실을 요함	원칙상 고의 · 과실을 요함
부과기관	형사법원	행정청

02 행정구제법

1 행정구제법의 의의 및 절차

(1) 행정구제법의 의의

① 필요성 : 행정작용은 국민을 대상으로 발해지기 때문에 권리침해의 요소를 내포하고 있다. 행정구제에 관련된 각종 법률은 권리 침해의 경우 구제받는 절차를 규율하고 있다.

② 행정구제 양상

구분	종류	내용
사전적 구제 수단	청문	행정관청이 특정 처분을 하기 전에 이해관계자의 의견을 듣고 증거를 조사하는 절차
	민원처리	민원인이 행정기관에 특정 행위를 요구하는 경우 민원사무의 공정한 처리를 통해 국민의 권익을 보호
	청원	국민이 문서로 국가기관에 자신의 의사나 희망을 진술할 수 있는 권리
	입법예고	법령 등을 제정, 개정, 폐지하는 경우 미리 이를 예고하는 것
사후적 구제 수단	행정상의 손해전보 (국가배상)	행정상의 손해배상, 행정상의 손실보상
	행정쟁송	행정심판, 행정소송

> **옴부즈만(호민관) 제도**
> 스웨덴에서 유래한 제도로 의회로부터 광범위한 독립성을 부여받은 공무원으로 국민의 권리 보호를 임무로 함. 특징은 입법부 소속의 공무원, 직무상의 독립성, 시정권고는 인정되지만, 직접적으로 처분을 하거나 변경할 수 있는 권리는 없다는 점에 있으며 우리나라 감사원은 입법부 소속은 아니지만 성격이 옴부즈만과 유사하다고 볼 수 있음

㉠ 행정상의 손해전보 : 행정작용으로 발생한 국민의 재산상 손해 또는 손실을 국가, 지방자치단체가 금전으로 배상(보상)하는 제도를 의미한다.

㉡ 행정쟁송 : 행정작용으로 분쟁 발생 시 정부기관 또는 법원이 심판하여 해결을 도모하는 절차를 의미한다.

(2) 행정절차

① 행정절차의 의미 : 행정절차란, 일반적으로 행정활동이 시작되어서 끝날 때까지의 과정을 말한다. 이 과정을 규율하는 법을 행정절차법이라 한다.

② 행정절차의 내용

㉠ 사전통지 : 사전통지란 행정결정을 하기 전에 이해관계인에게 행정작용의 내용이나 청문 등의 일시 · 장소 등을 알리는 준법률행위적 행정행위를 의미한다.

ⓛ 청문 : 청문이란 행정에 관한 정책이나 구체적인 조치의 결정 등에 의하여 불이익을 입게 될 당사자 또는 이해관계인에게 자신의 의견을 진술하거나 자기에게 유리한 증거를 제출할 기회를 제공하는 것을 의미한다.

ⓒ 서면결정과 결정이유의 명시 : 확인적 행정행위 또는 부담적 행정행위를 하는 경우 행정청이 그 결정의 이유를 명시한 문서로써 행정행위를 하도록 의무화하는 것을 의미한다.

ⓔ 입법예고 : 행정절차법은 행정에 대한 예측가능성의 확보 및 국민의 행정에의 참여와 행정시책에 대한 이해를 도모하기 위하여 국민생활에 중요한 영향을 끼치는 일정한 행정시책에 대하여는 이를 미리 예고하도록 하고 있다.

❶ 행정구제의 유형(사후적 구제 수단)

(1) 행정상 손해배상

① 의의

ⓐ 개념 : 위법한 공무원의 직무집행행위와 공공시설물로 인한 손해 발생 시 국가가 피해자에게 금전으로 배상하는 제도를 의미한다.

ⓑ 헌법 및 법률규정

> 헌법 제29조 제1항 공무원의 직무상 불법행위로 손해를 받은 국민은 법률이 정하는 바에 의하여 국가 또는 공공단체에 정당한 배상을 청구할 수 있다. 이 경우 공무원 자신의 책임은 면제되지 아니한다.
> 국가배상법 제2조 제1항 국가 또는 지방자치단체는, 공무원이 그 직무를 집행함에 대하여 고의 또는 과실로 법령에 위반하여 타인에게 손해를 가하거나, 도로, 하천, 기타 공공의 영조물의 설치 또는 관리상의 하자로 인하여 손해를 발생시켰을 때에는, 국가 또는 지방자치단체는 그 손해를 배상해야 한다.

ⓒ 손해배상 원인 : 국가가 손해를 배상하는 원인은 공무원의 직무상 불법행위로 손해가 발생한 경우와 공공시설물의 설치 또는 관리상의 하자로 손해가 발생한 경우이다.

② 공무원의 직무상 불법행위로 인한 배상

ⓐ 배상요건 : 손해가 공무원의 위법한 행위로 인해 발생했다는 인과관계를 필요로 한다.

ⓑ 공무원의 책임

구분	국가배상책임의 성질	공무원의 배상책임
대위 책임설	피해자 구제를 위해 공무원을 대신해서 국가가 책임을 짐	• 고의 · 중과실 : 공무원에게 책임이 있기 때문에 공무원이 국민에게 직접 손해배상을 해줘야 하며, 국가가 배상을 했을 경우 가해공무원에게 구상권 행사 가능 • 경과실 : 국가가 직접 책임지므로 공무원 개인 책임은 없음
자기 책임설	공무원을 사용한 데 대해 국가가 직접 자기 행위로써 책임을 짐	
절충설 (판례의 입장)	공무원의 위법행위가 고의나 중과실로 인한 경우는 대위책임, 경과실로 인한 경우는 자기책임	

▶ **헌법과 국가배상법의 규정**

헌법에는 공무원의 직무상 불법행위로 인한 배상만 규정하고 있으며, 국가배상법은 공무원의 직무상 불법행위는 물론 공공시설물의 설치, 관리상의 하자로 인한 배상도 규정하고 있음

▶ **구상권**

타인을 위해서 변제한 경우 상환하라고 요구할 수 있는 권리

ⓒ **공무원의 범위** : 공무원의 배상책임에서 말하는 공무원에는 중앙공무원, 지방 공무원(도청, 시청, 구청, 동 사무소 공무원), 공무를 위임받아 그에 종사하는 모든 자를 의미한다.

ⓔ **직무행위** : 공무원의 직무행위라고 할 때의 직무행위란 공무원이 행하는 직무 그 자체는 물론, 객관적으로 볼 때 직무 범위 내에 속하는 행위라고 인정되거나 직무와 밀접하게 관련된 행위를 포함한다.

ⓜ **위법성** : 공무원의 직무상 행위에 위법성이 있다는 것은 법률이나 명령에 위반하는 직접인 경우뿐만 아니라, 객관적으로 볼 때 부당한 행위까지도 의미한다.

ⓗ **손해** : 손해란 직무상의 위법행위와 인과관계가 있는 물질적인 피해는 물론 정신적인 모든 손해를 의미한다.

③ **영조물의 관리 및 설치 하자로 인한 배상요건**

㉠ **의의** : 국가배상법에는 공무원의 직무상의 불법행위로 인한 피해뿐만 아니라 공공 시설물의 설치, 관리상의 하자로 피해를 입은 경우에도 손해를 배상하도록 규정하고 있다.

㉡ **공공의 영조물의 개념** : 공공의 영조물(營造物)이란 어떤 특정한 시설만을 의미하는 것이 아니라 도로나, 다리, 하천시설 등과 같이 국가나 지방자치단체가 공공목적에 이용하기 위해 만들어 놓은 일체의 물건 및 설비를 의미한다.

㉢ **하자의 개념** : 영조물의 설치 또는 관리의 하자란 영조물이 용도에 따라 통상 갖추어야 할 안정성을 갖추지 못한 것을 의미한다.

㉣ **인과관계** : 하자와 손해 사이에 인과관계가 있어야 한다.

④ **배상절차**

㉠ **배상신청** : 법무부 소속의 배상심의회가 심의하고 결정한다.

㉡ **행정소송과 민사소송** : 배상심의회를 거치지 않고 법원에 행정처분의 취소를 구하는 행정소송과 경우에 따라 손해배상을 청구하는 민사소송을 제기하여 구제받을 수 있다.

(2) 행정상의 손실보상

① **의의**

㉠ **개념** : 국가나 지방자치단체의 적법한 행위로 특정인의 재산권에 희생을 가한 경우 보상을 하는 제도이다.

㉡ **행정상의 손해배상과의 차이점**

구분	행정상의 손해배상	행정상의 손실보상
특징	위법한 행위를 대상으로 함	적법한 행위를 대상으로 함
책임 발생	공무원의 직무상 불법행위, 공공의 영조물의 설치 및 관리상 하자	공공의 필요에 의한 사유재산권의 특별한 희생
구제 양상	상당한 인과관계가 있는 모든 손해 배상함. 법무부 소속의 배상심의회가 배상금을 결정하며 불복할 경우 법원에 행정소송 제기, 이때 배상심의회를 거치지 않아도 무방함	법률에 의한 정당한 보상(재산권 침해의 이전 상태를 보상해주는 완전한 보상)을 해야 하며 개별법에 따라 절차는 다르게 규율하고 있으나, 보통은 협의, 행정심판, 행정소송 등 다양한 방법이 인정됨
	재산상 + 정신상의 손해	재산상 손실

② 손실보상의 요건

　㉠ 헌법규정

> **헌법 제23조 제3항** 공공필요에 의한 재산권의 수용 · 사용 또는 제한 및 그에 대한 보상은 법률로써 하되 정당한 보상을 지급하여야 한다.

　㉡ 재산권의 수용, 사용, 제한

구분	내용
공용수용	공공의 필요를 위하여 개인의 재산권을 강제로 취득하는 국가의 행위
공용사용	공공의 필요를 위하여 개인의 재산권을 일시적, 강제적 사용
공용제한	공공의 필요를 위하여 개인의 토지나 재산권 이용에 제한을 가하는 행위

　㉢ 재산권에 대한 침해 : 수용, 사용, 제한으로 개인의 사유재산권에 대한 침해가 있어야 한다.

　㉣ 특별한 희생 : 일반적인 사회적 제약을 넘어 사유 재산권의 특별한 희생이 발생해야 한다.

③ 보상의 원칙과 기준

　㉠ 보상의 원칙 : 현금으로 지급하는 것이 원칙이며 예외적으로 현물보상으로 지급한다.

　㉡ 보상의 기준 : 법률에 의한 정당한 보상에 따라 재산권 침해 이전 상태를 보상해주는 완전한 보상이 되어야 한다.

④ 보상절차 : 관계자의 협의가 우선하고, 협의가 성립하지 않을 경우 관할 행정기관에 행정심판을 제기한다. 행정심판에도 불복할 경우 법원에 행정소송을 제기할 수 있다.

(3) 행정상 쟁송

① 행정심판(行政審判)

　㉠ 의의

　　ⓐ 개념 : 행정작용으로 인한 분쟁 발생시 다른 기관이 아닌 행정기관이 해당 분쟁을 조사하고 조치를 취하기 위한 결정을 내리는 구제 방법이다.

　　ⓑ 제도의 취지 : 행정부의 자기반성의 기회를 주고 자율적으로 잘못을 시정하는 기회를 부여하며 행정기관 자체의 전문적인 지식을 활용함으로써 사법적인 절차보다는 간단한 방법으로 분쟁을 해결할 수 있는 제도가 행정심판이다.

　㉡ 용어의 정의

　　ⓐ 행정처분 : 특정한 사실관계에 관한 법집행 행위로서 공권력을 행사하거나 거부하는 행위를 처분이라한다.

ⓑ **부작위** : 특정 신청에 대해 처분을 해야 할 의무가 있음에도 인용 또는 거절의 의사표시를 하지 않는 경우를 의미한다. 이때 신청을 거부했다고 부작위가 아니라 거부든 인용이든 특정 행위를 해야 함에도 묵묵부답인 경우를 부작위라 한다.

ⓒ **재결** : 법원의 재판과정에서 대외적으로 결론을 내리는 절차를 판결이라고 하는데 비해 행정기관의 대외적 결정을 재결이라고 한다.

ⓓ **심리** : 분쟁의 대상이 되고 있는 사실관계와 법률관계를 명확히 하기 위해 당사자나 관계자의 주장을 듣고, 각종 증거와 자료를 수집하고 조사하는 절차를 의미한다.

ⓔ **행정심판위원회** : 행정심판 청구에 대해 심리하고 의결하는 합의제 기관을 의미한다. 행정심판위원회의 결정은 재결청을 구속한다. 곧, 재결청은 행정심판위원회가 결정한대로 재결을 해야 한다.

ⓒ **행정심판의 종류**

종류	개념
취소심판	행정청의 위법 또는 부당한 처분의 취소나 변경을 하는 심판
무효 등 확인심판	행정청의 처분의 효력유무 또는 존재 여부에 대한 확인을 하는 심판
의무이행심판	행정청의 위법 또는 부당한 거부처분이나 부작위에 대하여 일정한 처분을 하도록 하는 심판

> 2008년 이전까지는 심판청구에 대해 재결을 하는 기관으로 처분 행정청의 1차적 감독기관인 재결청이 되었다. 그러나 법이 개정되어 재결청이라는 용어는 쓰지 않고 행정심판위원회가 재결을 하게 된다.

ⓔ **행정심판의 청구 요건** : 행정심판은 아무나 청구할 수 없고 처분이나 부작위의 직접 상대방 또는 심판을 구할 법률상의 이익이 있는 자가 청구해야 한다. 이때, 대통령의 처분 또는 부작위에 대하여는 다른 법률에 특별한 규정이 있는 경우를 제외하고는 행정심판을 제기할 수 없다.

ⓜ **행정심판의 절차**

ⓐ **행정심판 청구** : 국민은 처분청에 행정심판을 청구한다.

> **행정심판의 청구 기간**
> 천재지변, 다른 법률의 규정, 행정청의 실수 등으로 기간이 지연된 경우 등 특별한 사유가 있지 않는 한 처분이 있음을 알았던, 몰랐던 180일이 지나면 청구할 수 없음

구분	내용
방식	서면으로 해야 하며 기명날인해야 함
기간	처분이 있음을 안 날로부터 90일 이내, 정당한 이유가 없는 한 처분이 있은 날로부터 180일 이내 제기해야 함

ⓑ **행정심판위원회의 재결** : 행정심판 청구에 대해 심리하고 재결하는 합의제 기관으로 개정법에서 재결청을 폐지함에 따라 접수부터 처리결과통보까지 신속한 효과를 도모하고 있다.

ⓒ 재결

종류	개념
각하재결	청구의 요건에 흠결이 있어 내용을 심사하지 않는 경우
기각재결	청구요건을 적합하게 갖추어 심리한 결과 이유가 없어 받아들이지 않는 경우
인용재결	청구의 내용이 이유가 있어 받아들여진 경우
사정재결	인용재결을 할 사항인데도 불구하고 인용할 경우 공공복리에 적합하지 않는 경우로 재결청은 해당 처분 또는 부작위가 위법 또는 부당함을 명시해야 하고 손해배상 등의 구제방법을 취해야 함

② 행정소송(行政訴訟)

㉠ 개념 : 행정작용 또는 행정법 적용과 관련하여 위법하게 권리가 침해된 경우 법원이 심리, 판단하여 구제하는 제도를 의미한다.

㉡ 행정심판과 행정소송

구분	행정심판	행정소송
판정기관	행정기관	법원
대상	위법행위, 부당행위	위법행위
심리방법(절차)	서면심리, 구두(말)변론 병행	원칙적으로 구두변론주의
적용법률	행정심판법	행정소송법

㉢ 행정소송의 절차 : 행정심판에서는 서류 심리를 원칙으로 하되 구두 심리를 병행하지만 행정소송은 법원이 행하는 재판작용인 관계로 구술심리가 원칙이다. 이때 구술심리란 법정에서 말로 질문, 답변을 하는 절차를 의미한다.

㉣ 행정소송의 종류 : 행정소송법에는 항고소송, 당사자소송, 민중소송, 기관소송에 대해 규정하고 있는데 이것들을 총칭하여 행정소송이라고 한다.

구분	세부내용	성질
항고소송	취소소송, 무효 등 확인소송, 부작위 위법 확인소송	• 주관적 소송 : 침해된 당사자의 권리 구제
당사자소송	행정청의 처분 등을 원인으로 하는 법률관계에 관한 소송 또는 공법상 법률관계에 관한 소송	
민중소송	국가 또는 지방자치단체의 기관이 법률에 위반한 행위를 했을 때, 직접 자신의 법률상의 이익여부와 관계없이 그 시정을 구하려고 제기하는 소송	• 객관적 소송 : 개인의 권리구제가 아닌 권력의 적법한 행사와 행정법규의 바른 정립이 목적
기관소송	공공단체 또는 국가 기관 상호 간에 권한의 존재 여부나 권한의 행사에 관한 다툼이 있을 때에 제기하는 소송	

ⓜ 행정소송의 제기 요건 : 일정한 자격 혹은 요건이 있어야만 제기할 수 있다. 첫째로, 소송을 제기할 만한 법률상의 이익이 있어야 하며 두 번째로 처분청을 피고로 해야 한다.

ⓑ 항고소송(抗告訴訟)

　ⓐ 개념 : 항고소송이란 행정청의 위법한 처분이나 부작위에 대하여 제기하는 소송이다. 즉, 행정기관에 어떠한 청구 혹은 신청을 했는데 법에 위반되는 형태로 처분하거나 처분의무가 있음에도 아무런 처분도 하지 않는 행위(부작위)에 대해 법원에 그 시정을 구하는 일체의 소송을 일컬어 항고소송이라고 한다.

　ⓑ 항고소송의 종류 : 항고소송에는 취소소송, 무효 등 확인소송, 부작위 위법 확인소송이 있다.

구분	취소소송	무효등 확인소송	부작위 위법 확인소송
개념	행정청의 위법한 처분을 취소 또는 변경하는 소송	행정청의 처분에 대한 효력유무 또는 존재 여부를 확인하는 소송	당사자의 신청에 대해 행정청이 상당한 기간 내에 일정한 처분을 해야 할 법률상 의무가 있음에도 이를 행하지 않는 경우(부작위), 그러한 부작위가 위법하다는 확인을 구하는 소송
청구권자 (요건)	처분 등의 취소 또는 변경을 구할 법률상 구체적 이익이 있는 자	처분 등의 효력유무 또는 존재 여부의 확인을 구할 법률상 이익이 있는 자	처분의 신청을 한 자로서 부작위의 위법을 구할 법률상의 이익이 있는 자
유의	행정심판의 경우 의무이행심판이 있으나, 행정소송의 경우 의무이행 소송은 인정하지 않고 있다.		

　ⓒ 항고소송의 특징 : 특히 당사자 소송과 비교하여 행정주체가 우월한 지위에서 갖는 공권력의 행사, 불행사와 관련된 분쟁을 대상으로 한다.

ⓢ 당사자소송

　ⓐ 개념 : 당사자소송이란 행정청의 처분 등을 원인으로 하는 법률관계에 관한 소송 또는 공법상 법률관계에 관한 소송으로서 그 법률관계의 한쪽 당사자를 피고로 하는 소송이다.

　ⓑ 개념의 해설과 사례 : 공법상의 법률관계에 관한 소송이란 사법상의 법률관계가 아니라는 의미이며, 한쪽 당사자를 피고로 하는 소송이란 민사소송의 경우처럼 대등한 원고, 피고 관계를 의미한다. 대표적 당사자 소송 사례로 조세과오납금 반환 청구 소송, 공무원의 봉급이 지급되지 않는 경우 청구하는 소송이 있다.

ⓞ 민중소송

　ⓐ 개념 : 민중소송이란 국가 또는 지방자치단체의 기관이 법률에 위반한 행위를 했을 때, 직접 자신의 법률상의 이익여부와 관계없이 그 시정을 구하려고 제기하는 소송이다.

　ⓑ 성질 : 항고소송, 당사자소송은 자신의 이익 또는 권리가 침해될 경우 제기하는데 비해 민중소송은 자신의 직접적 이익이나 권리 침해를 이유로 하지 않기 때문에 객관성을 갖는다. 또한 아무 때나 제기할 수 있는 경우가 아니며 법률에 특별히 규정이 있어야 한다.

　ⓒ 사례 : 국민투표법에 규정된 국민투표무효소송, 공직선거법에 규정된 선거 무효소송, 당선 무효소송, 지방자치법에 규정된 주민소송, 주민투표법에 규정된 주민투표소송이 있다.

ⓩ 기관소송
  ⓐ 개념 : 국가나 공공단체의 기관 상호 간에 권한의 존재 여부 또는 권한의 행사에 관한 다툼이 있을 때에 제기하는 소송이다.
  ⓑ 성질 : 국민과 행정기관 간의 소송이 아니라 국가 또는 공공단체의 다툼이므로 민중소송과 마찬가지로 객관적 소송에 속하며 법에 규정이 있어야 한다.
  ⓒ 헌법재판소의 권한쟁의심판과의 관계 : 헌법재판소법 제2조와 제62조에 따라 헌법재판소는 국가기관 상호 간, 국가기관과 지방자치단체 및 지방자치단체 상호 간의 다툼이 있는 경우 권한쟁의심판을 하게 되며, 이러한 다툼은 기관소송에서 제외된다.
  ⓓ 사례 : 헌법재판소의 권한쟁의심판 대상은 기관소송에서 제외되기 때문에 사실상 사례는 그렇게 많지 않다. 결과적으로 동일 지방자치단체의 기관 간에서만 문제가 될 수 있다. 예를 들면, 지방자치단체의 장이 지방의회를 상대로 소송을 제기하는 경우, 관할 교육감이 시의회, 도의회를 상대로 소송을 제기하는 경우가 대표적이다.

ⓒ 판결
  ⓐ 의의 : 판결의 종류는 행정심판에서의 재결과 동일하다.
  ⓑ 각하판결
  ⓒ 기각판결
  ⓓ 인용판결
  ⓔ 사정판결 : 원고의 청구가 이유 있다고 인정하는 경우에도(처분 등이 위법한 경우임에도) 취소하는 것이 공공복리에 적합하지 않은 경우는 원고의 청구를 기각하는 판결을 한다. 사정재결과 마찬가지로, 판결에서 처분이 위법함과 손해배상 등 구제방법을 명시해야 한다.

국회, 정부, 법원 등의 국가기관 상호 간의 분쟁

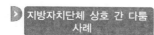
정부와 서울시청 간의 분쟁

지방자치단체 상호 간 다툼 사례
서울시청과 경기도청 간의 분쟁

핵심예상문제

1 다음은 '행정'에 관한 설명이다. 잘못된 것은?

① 행정이란 공익의 적극적 실현을 위해 국가가 법에 대한 내용을 구체화시키는 작용을 의미한다.
② 행정부라는 기관이 행하는 모든 작용을 형식적 의미의 행정이라고 한다.
③ 국가의 목표를 설정하고 적극적으로 실현하는 작용을 실질적 의미의 행정이라고 한다.
④ 현대 사회에서는 정부의 권력남용 등의 폐단이 잦았기 때문에 최소한의 정부를 추구했다.

> **TIP** 최소한의 정부를 강조한 것은 근대국가의 특징이다.

2 다음 중 행정기관의 업무나 회계를 감독하고 조사하는 기관은?

① 위원회, 심의회　　　　　　　　② 경찰, 세무공무원
③ 감사원　　　　　　　　　　　　④ 공기업

> **TIP** 행정기관의 업무나 회계를 감독하고 조사하는 기관을 '감독기관'이라 한다.

3 '행정법은 (　　)를 원칙으로 한다.'에서 빈칸에 들어갈 말은?

① 불문법주의　　　　　　　　　　② 성문법주의
③ 관습법주의　　　　　　　　　　④ 행정지도

> **TIP** 행정법은 형식적으로는 성문성과 다양성을 특징으로 내용상으로는 공익우선성, 집단성 및 평등성을 특징으로 한다.

4 다음은 행정법의 특징이다. 잘못된 것은?

① 행정법은 통일된 법전이 없기 때문에 규정의 형식이 다양하다.
② 행정법은 강행성을 갖고, 합목적성과 합리성을 중심으로 하는 면이 강하다.
③ 행정법은 공공의 이익보다 개인의 이익에 더 우월적인 가치를 두고 있다.
④ 국민 개개인보다는 집단 전체를 획일적으로 규율하는 성격이 강하다.

> **TIP** 행정법은 행정목적을 효율적으로 달성하기 위하여 개인의 이익보다는 공공의 이익에 더 우월적인 가치를 두고 있다.

5 다음 중 우리나라 행정법의 기본원리는?

㉠ 민주행정의 원리	㉡ 법치행정의 원리
㉢ 복지행정의 원리	㉣ 사법국가주의

① ㉠
② ㉠, ㉡
③ ㉠, ㉡, ㉢
④ ㉠, ㉡, ㉢, ㉣

> **TIP** 우리나라는 행정법의 기본원리로 민주행정의 원리, 법치행정의 원리, 복지행정의 원리, 사법국가주의, 지방분권주의를 대표적으로 뽑을 수 있다.

6 '행정작용은 적극적으로 국민의 인간다운 생활을 보장해야 한다.'는 원리는?

① 복지행정의 원리
② 사법국가주의
③ 지방분권주의
④ 법치행정의 원리

> **TIP** 복지행정의 원리는 행정작용은 적극적으로 국민의 인간다운 생활을 보장하고, 국민들의 삶의 질을 향상시키는 데 있어야 한다는 원리이다.

7 '행정권이 우위에 있는 (   )를 지양하고 행정에 대한 사법 심사를 인정해야 한다.'에서 빈칸에 들어갈 알맞은 말은?

① 사법국가주의   ② 행정국가주의
③ 민주행정의 원리   ④ 지방분권 원리

> **TIP** 사법국가주의는 행정권이 우위에 있는 행정국가주의를 지양하고, 행정에 대한 사법심사를 인정해야 한다는 원리이다.

8 다음은 행정상의 법률관계에 관한 설명이다. 올바른 것은?

① 행정상의 법률관계란 행정주체가 법률행위의 당사자가 되는 관계인데 민사상의 관계와 동일하다.
② 재산관리권의 주체로서 공공의 이익과 관련된 영역을 관리 및 경영하는 법률관계를 권력관계라 한다.
③ 공법관계는 일반권력관계와 특별권력관계로 구분할 수 있다.
④ 행정은 법적 효과와 관련하여 주체와 객체가 구분될 수 없다.

> **TIP** 재산관리권의 주체로서 공공의 이익과 관련된 영역을 관리 및 경영하는 법률관계를 '관리관계'라 한다. 행정의 주체란 행정법 관계에서 행정권을 행사하고 그 행위의 법적 효과가 궁극적으로 귀속되는 당사자를 말하며 행정의 객체란 행정주체가 행정권을 행사하는 상대방인 개별국민 또는 집단 등을 의미한다.

9 다음은 행정기관의 종류이다. 틀린 것은?

①	행정관청	권한의 범위 내에서 의사를 결정하고, 외부에 표시하는 권한을 가진 행정기관
②	보조기관	전문성을 발휘하여 내부적으로 의사 결정만 할 수 있는 기관
③	보좌기관	행정 각부의 장을 보좌하거나 연구조사를 하는 기관
④	집행기관	행정관청의 명을 받아 실력행사를 통해 필요한 상태를 실현하는 기관

> **TIP** 보조기관은 행정관청의 의사결정을 보조하거나 명을 받아 사무를 집행하는 기관을 의미한다. 외부로 표시할 권한은 없지만 전문성을 발휘하여 내부적으로 의사결정만 할 수 있는 기관은 의결기관에 해당한다.

10 다음은 행정법의 법률 규정 체계이다. 올바른 것을 고르시오.

㉠	행정조직	정부조직법, 지방자치법
㉡	행정작용	국세징수법, 경찰관직무집행법, 행정대집행법
㉢	행정절차	행정절차법
㉣	행정구제	국가배상법, 행정심판법, 행정소송법

① ㉠
② ㉠, ㉡
③ ㉠, ㉡, ㉢
④ ㉠, ㉡, ㉢, ㉣

TIP 행정구제에는 국가배상법, 행정심판법, 행정소송법이 있다.

11 다음은 공무원법과 관련된 설명이다. 잘못된 것은?

① 국가 또는 공공단체의 기관으로 공법상 근무의무를 지는 사람을 공무원이라 한다.
② 공무원은 국가공무원, 경력직공무원, 특수경력직공무원을 포함하지만 지방공무원은 제외한다.
③ 공무원은 법령준수와 복종, 비밀 준수의 의무 등을 지닌다.
④ 공무원은 봉급, 수당, 연금, 실비변상 등의 보수를 받을 권리를 가진다.

TIP 지방공무원 역시 공무원이다.

12 '행정주체가 일반적, 추상적인 법규범을 정립하는 작용'을 무엇이라 하는가?

① 행정입법
② 행정행위
③ 행정지도
④ 행정강제

TIP 행정입법의 필요성은 현대 복지국가에서 국민에 대한 정부의 행정수요가 증가함에 따라 행정기능이 확대되고 있고 행정의 전문화·기술화, 지방의 변화에 따른 탄력성 있는 입법의 필요성에 의해 더욱 더 증가하고 있다.

13 다음은 행정작용법에 관한 설명이다. 잘못된 것은?

① 현대 복지국가에서 국민에 대한 행정수요가 증가하고 행정기능이 확대되고 있다.

② 행정입법의 종류에는 법규명령과 행정명령으로 나뉜다.

③ 행정행위는 실정법상 행정처분 또는 처분이라는 용어로 표현된다.

④ 행정행위는 공권력의 발동이므로 민법상의 법률 행위와는 상관이 없다.

> **TIP** 행정작용과 관련하여 행정에 관한 공법상의 원칙이 지배하나 법률에 규정이 없거나 계약, 손해배상의 영역은 민법이 준용될 수 있다.

14 '국민에 대해 작위, 부작위, 급부, 수인' 등의 의무를 명하는 행위는?

① 하명   ② 허가

③ 면제   ④ 인가

> **TIP** 하명은 명령적 행위의 하나로 국민에 대해 작위·부작위·급부·수인 등의 의무를 명하는 행정행위를 말한다.

15 '당사자의 법률적 행위를 국가가 동의하여 그 법률상의 효력을 완성시켜 주는 행정행위'는?

① 인가   ② 공법상 대리행위

③ 특허   ④ 수리

> **TIP** 인가는 형성적 행위의 하나로 보충행위라고도 한다.

16 '면허증의 교부 등 법률관계의 존부를 공적으로 증명하는 행정행위'는?

① 통지   ② 공증

③ 확인   ④ 수리

> **TIP** 확인, 공증, 통지, 수리는 모두 준법률행위적 행정행위에 속한다.

Answer   13.④ 14.① 15.① 16.②

17 '행정행위의 효과를 제한 또는 보충하기 위하여 주된 행정행위에 부가된 종(從)된 의사표시'를 무엇이라 하는 가?

① 행정상의 계약
② 행정계획
③ 행정지도
④ 행정행위의 부관

> **TIP** 행정행위 부관에는 조건, 기한, 부담, 철회권의 유보, 법률효과의 일부배제, 수정부담 등이 있다.

18 '공익사업 등의 복리작용을 위한 경우 행정주체가 법규에 근거하여 강제적으로 사인에게 가하는 인적, 물적 부담'을 무엇이라 하는가?

① 경찰 행정
② 공용부담
③ 재무행정
④ 토지행정

> **TIP** 행정작용법은 보통 지방자치법, 경찰법, 공용부담법, 재무행정법, 환경행정법을 포함한다.

19 '행정작용으로 발생한 국민의 재산상 손해 또는 손실을 국가, 지방자치단체가 금전으로 배상하는 제도'를 무엇이라 하는가?

① 행정쟁송
② 행정심판
③ 행정상 손실보상
④ 행정상의 손해전보

> **TIP** 행정상의 손해전보는 행정상의 손해배상과 행정상의 손실보상으로 나뉠 수 있다.

Answer   17.④ 18.② 19.④

20 다음은 행정구제에 관한 설명이다. 올바른 것을 고르시오.

㉠	청문	행정관청이 특정 처분을 하기 전에 이해 관계자의 의견을 듣고 증거를 조사하는 절차
㉡	민원처리	국민이 문서로 국가기관에 자신의 의사나 희망을 진술할 수 있는 권리
㉢	청원	민원인이 행정기관에 특정 행위를 요구하는 경우 민원사무의 공정한 처리를 통해 국민의 권익을 보호
㉣	입법예고	법령 등을 제정, 개정, 폐지하는 경우 미리 이를 예고하는 것

① ㉠, ㉡   ② ㉠, ㉢

③ ㉠, ㉣   ④ ㉡, ㉢

> **TIP** 국민이 문서로 국가기관에 자신의 의사나 희망을 진술할 수 있는 권리이다.

21 다음은 행정절차에 관한 설명이다. 잘못된 것은?

① 행동결정을 하기 전에 이해관계인에게 행정작용의 내용 등을 알리는 준법률행위적 행정행위를 '사전통지'라고 한다.

② 행정에 관한 정책이나 구체적인 조치의 결정 등에 의해 불이익을 당하게 될 자 등이 자신의 의견을 진술할 기회를 제공하는 것을 '청문'이라 한다.

③ 확인적 행정행위를 하는 경우 행정청이 그 결정의 이유를 명시하는 것을 '서면 결정'이라 한다.

④ 행정에 대한 예측가능성 확보는 국민의 행정참여보다는 행정 운영의 효율성을 기하기 위해 만들어졌다.

> **TIP** 입법예고는 행정에 대한 예측성 확보와 국민의 행정참여, 행정시책에 대한 이해를 도모하기 위해 만들어졌다.

22 스웨덴에서 유래한 제도로 의회로부터 광범위한 독립성을 부여 받은 공무원으로 국민의 권리 보호를 임무로 하는 제도는?

① 청문   ② 청원

③ 입법예고   ④ 옴부즈만

> **TIP** 옴부즈만 제도는 호민관 제도라고도 하며 특징은 입법부 소속의 공무원, 직무상의 독립성, 시정권고는 인정되지만, 직접적으로 처분을 하거나 변경할 수 있는 권리는 없다는 점에 있다.

23 다음은 '배상책임'에 관한 설명이다. 올바른 것은?

① 공무원을 사용한 데 대해 국가가 직접 자기 행위로 책임을 지는 것을 '대위책임설'이라 한다.

② 피해자 구제를 위해 공무원을 대신해서 국가가 책임을 지는 것을 '자기책임설'이라 한다.

③ 공무원의 행위, 위법성 등 인과관계가 성립될 때 배상요건이 형성된다.

④ 공무원의 책임 유무와 상관없이 국가가 국민에게 배상했을 경우에는 구상권이 행사된다.

> **TIP** 공무원을 사용한 것에 대해 국가가 직접 자기 행위로 책임을 지는 것을 자기책임설이라 한다. 구상권은 공무원의 행위가 고의나 중과실인지, 경과실인지에 따라 인정여부가 달라진다.

24 다음은 공무원의 직무상 불법행위에 관한 내용이다. 올바른 것을 고르시오.

㉠	공무원의 범위	중앙공무원, 지방공무원, 공무를 위임받아 그에 종사하는 모든 자
㉡	직무행위	직무 그 자체에 속하는 행위
㉢	위법성	법률이나 명령에 위반하는 직접적인 경우
㉣	손해	직무상의 위법행위와 인과관계가 있는 물질적 피해

① ㉠

② ㉠, ㉡

③ ㉠, ㉡, ㉢

④ ㉠, ㉡, ㉢, ㉣

> **TIP** 직무행위는 직무 범위 뿐 아니라 직무와 밀접한 관련 행위까지 포함하며, 위법성은 객관적 부당 행위도 포괄한다. 또한 손해는 정신적 손해도 포함한다.

25 도로나 다리, 하천시설 등 국가나 지방자치단체가 공공목적에 이용하기 위해 만든 일체의 물건과 설비를 무엇이라 하는가?

① 공공시설물

② 공공영조물

③ 공공건축물

④ 공공구조물

> **TIP** 공공영조물은 특정한 시설만을 의미하는 것이 아니라 도로나, 다리, 하천시설 등 공공목적을 위해 만들어 놓은 일체의 물건 및 설비를 말한다.

26 다음은 행정상의 손해배상과 손실보상에 관한 설명이다. 올바른 것은?

	행정상의 손해배상	행정상의 손실보상
①	적법한 행위를 대상으로 함	위법한 행위를 대상으로 함
②	공공의 필요에 의한 사유재산의 특별한 희생	공무원의 직무상 불법행위, 공공영조물 하자
③	상당한 인과관계가 있는 모든 손해배상	법률에 의한 정당한 보상
④	재산상 손실	재산상 + 정신상의 손해

> **TIP** 행정상의 손해배상은 위법한 행위를 대상으로 하고, 공무원의 직무상 불법행위, 공공영조물의 설치 및 관리상 하자가 있는 경우 책임이 발생하게 된다. 이에 대한 구제로 재산상·정신상의 손해에 대한 배상을 한다.

27 '공공의 필요를 위해 개인의 재산권을 강제로 취득하는 국가행위'를 무엇이라 하는가?

① 공용수용   ② 공용사용
③ 공용제한   ④ 공공사용

> **TIP** ② 공용사용은 공공의 필요를 위하여 개인의 재산권을 일시적, 강제적으로 사용하는 것이다. ③ 공용제한은 공공의 필요를 위하여 개인의 토지나 재산권 이용에 제한을 가하는 행위이다. ④ 공공사용은 재산권에 대한 내용에 속하지 않는다.

28 다음은 '보상의 원칙과 기준'에 대한 설명이다. 잘못된 것은?

① 현금으로 지급하는 것이 원칙이며 예외적으로 현물보상을 한다.
② 법률에 의한 정당한 보상에 따라 재산권 침해 이전 상태를 보상해주는 완전한 보상이어야 한다.
③ 관계자의 협의가 되며 관할 행정기관에 행정심판을 제기한다.
④ 행정심판에 불복할 경우 법원에 행정소송을 제기한다.

> **TIP** 협의가 성립되지 않을 경우 행정심판이나 행정소송을 제기한다.

29 '행정기관이 해당 분쟁을 조사하고 조치를 취하기 위한 결정'을 내리는 구제 방법은?

① 행정쟁송   ② 행정심판

③ 행정소송   ④ 행정처분

> **TIP** 행정부의 자기반성의 기회를 주고 자율적으로 잘못을 시정하는 기회를 부여하며 행정기관 자체의 전문적인 지식을 활용함으로써 사법적인 절차보다는 간단한 방법으로 분쟁을 해결할 수 있는 제도가 행정심판이다.

30 '특정한 사실 관계에 관한 법집행 행위로 공권력을 행사하거나 거부하는 행위'는?

① 행정쟁송   ② 행정심판

③ 행정소송   ④ 행정처분

> **TIP** 행정쟁송은 넓은 의미로 행정심판과 행정소송을 포괄하는 심판절차의 총칭을 뜻한다.

31 '특정 신청에 대해 처분을 해야 할 의무가 있음에도 의사표시를 하지 않는 경우'를 무엇이라 하는가?

① 재결   ② 부작위

③ 심리   ④ 취소

> **TIP** 특정 신청을 거부한 경우는 부작위가 아니다.

32 다음은 '재결'에 관한 설명이다. 올바른 것을 고르시오.

㉠	각하재결	인용재결을 할 사항인데 공공복리에 적합하지 않은 경우
㉡	기각재결	청구요건을 적합하게 갖추었으나 이유가 없어 받아들이지 않은 경우
㉢	인용재결	청구의 내용이 이유가 있어 받아들여진 경우
㉣	사정재결	청구의 요건에 흠결이 있어 내용을 심사하지 않는 경우

① ㉠, ㉡   ② ㉠, ㉢

③ ㉠, ㉣   ④ ㉡, ㉢

> **TIP** 인용재결을 할 사항인데 공공복리에 적합하지 않은 경우는 사정재결이고, 청구의 요건에 흠결이 있어 내용을 심사하지 않는 경우는 각하재결이다.

33 행정심판 청구에 대해 심리하고 재결하는 합의제 기관은?

① 행정심판 위원회
② 처분청
③ 지방자치단체
④ 법원

> **TIP** 행정심판위원회는 행정심판 청구에 대해 심리하고 재결하는 합의제 기관으로 개정법에서 재결청을 폐지함에 따라 접수부터 처리결과통보까지 신속한 효과를 도모하고 있다.

34 다음은 행정심판에 관한 설명이다. 잘못된 것은?

① 행정심판은 아무나 청구할 수 없고 법률상의 이익이 있는 자가 청구해야 한다.
② 청구인은 처분청에 행정심판을 청구한다.
③ 행정심판 청구시 서면으로 기명 날인해야 한다.
④ 처분이 있음을 안 날로부터 100일 이내에 제기해야 한다.

> **TIP** 처분이 있음을 안 날로부터 90일 이내에 제기해야 한다.

35 다음은 행정소송에 관한 설명이다. 올바른 것을 고르시오.

㉠	항고소송	취소소송, 무효 등 확인소송, 부작위 위법 확인 소송
㉡	당사자소송	국가가 법률에 위반한 행위를 했을 때 자신의 법률상의 이익 여부와 상관없이 사정을 구하려고 제기하는 소송
㉢	민중소송	공법상 법률관계에 관한 소송
㉣	기관소송	공공단체 상호간에 권한 행사에 관한 다툼이 있을 때 제기하는 소송

① ㉠, ㉡
② ㉠, ㉢
③ ㉠, ㉣
④ ㉡, ㉢

> **TIP** 행정청의 처분 등을 원인으로 하는 법률관계에 관한 소송 또는 공법상 법률관계에 관한 소송을 '당사자소송'이라 한다.

36 다음 중 항고소송이 아닌 것은?

① 취소소송
② 당사자소송
③ 무효 등 확인소송
④ 부작위 위법 확인소송

> **TIP** 항고소송에는 취소소송, 무효 등 확인소송, 부작위 위법 확인소송이 있다.

Answer   33.①   34.④   35.③   36.②

37 다음 중 민중소송이 아닌 것은?

① 국민투표무효소송

② 선거무효소송

③ 조세과오납금 반환 소송

④ 주민소송

> **TIP** 조세과오납금 반환 소송은 대표적인 당사자소송의 사례이다.

38 '권한쟁의심판'을 담당하는 기관은?

① 헌법재판소

② 대법원

③ 재결청

④ 행정심판위원회

> **TIP** 헌법재판소는 국가기관 상호간, 국가기관과 지방자치단체 및 지방자치단체 상호간의 다툼이 있는 경우 권한쟁의심판을 하게 된다.

39 다음은 행정심판과 행정소송에 관한 설명이다. 잘못된 것은?

	구분	행정심판	행정소송
①	판정기관	행정기관	법원
②	대상	위법행위	위법행위, 부당행위
③	심리방법	서면심리, 구두변론 병행	원칙적으로 구두변론
④	적용법률	행정심판법	행정소송법

> **TIP** 행정심판은 위법행위와 부당행위를 대상으로 하나 행정소송은 위법행위를 대상으로 한다.

40 '행정청의 위법 또는 부당한 거부처분이나 부작위에 대하여 일정한 처분을 하도록 하는' 심판을 무엇이라 하는가?

① 취소심판

② 무효 등 확인심판

③ 의무이행심판

④ 행정심판

> **TIP** 취소심판은 행정청의 위법 또는 부당한 처분의 취소나 변경을 하는 심판이고, 무효 등 확인심판은 행정청의 처분의 효력유무 또는 존재 여부에 대한 확인을 하는 심판이다. 취소심판, 무효 확인심판, 의무이행심판은 모두 행정심판에 속하는 개념이다.

Answer   37.③ 38.① 39.② 40.③

41 행정법상 행정주체로 옳지 않은 것은?

① 대한민국
② 행정안전부장관
③ 서울특별시
④ 국민건강보험공단

> **TIP** 행정주체는 실제로 행정권을 행사하는 자로서, 국가·공공단체(지방자치단체·공공조합·영조물법인·공법상 재단)·
> 공무수탁사인 등이 있다. 행정 각부의 장인 행정안전부장관은 독임제 행정관청으로서 행정주체가 아니다.

42 행정기관에 관한 설명으로 옳은 것은?

① 다수 구성원으로 이루어진 합의제 행정청이 대표적인 행정청의 형태이며 지방자치단체의 경우 지방
의회가 행정청이다.
② 감사기관은 다른 행정기관의 사무나 회계처리를 검사하고 그 적부에 관해 감사하는 기관이다.
③ 자문기관은 행정청의 내부 실·국의 기관으로 행정청의 권한 행사를 보좌한다.
④ 의결기관은 행정청의 의사결정에 참여하는 권한을 가진 기관이지만 행정청의 의사를 법적으로 구속
하지는 못한다.

> **TIP** ① 지방자치단체에서 행정청은 지방자치단체다.
> ③ 자문기관은 행정청의 자문에 응하여 또는 스스로 행정청의 권한 행사에 대한 의견 제시를 주된 임무로 하는 기관
> 이다. 행정청의 내부 실·국의 기관으로 행정청의 권한 행사를 보좌하는 기관은 보좌기관이다.
> ④ 의결기관은 행정청의 의사결정에 참여하는 권한을 가진 기관이지만 행정청의 의사를 법적으로 구속한다.

43 지방자치단체의 조직에 관한 설명으로 옳지 않은 것은?

① 지방자치단체에 주민의 대의기관인 의회를 둔다.
② 지방자치단체의 장은 주민이 보통·평등·직접·비밀선거에 따라 선출한다.
③ 지방자치단체의 장은 법령의 범위 안에서 자치에 관한 조례를 제정할 수 있다.
④ 지방자치단체의 종류는 법률로 정한다.

> **TIP** 지방자치단체의 장은 법령의 범위 안에서 자치에 관한 조례가 아니라 규칙을 제정할 수 있다.

44 행정법상 준법률행위적 행정행위가 아닌 것은?

① 인가

② 확인

③ 공증

④ 통지

> **TIP** 준법률행위적 행정행위는 의사표시 이외의 정신작용을 요소로 하고, 그 효과도 법에 정한대로 발생하는 행정작용으로 확인, 공증, 통지, 수리 등이 속한다. 인가는 법률행위적 행정행위 중 형성적 행정행위에 속한다.

45 행정청이 타인의 법률행위를 보충하여 그 행위의 효력을 완성시켜 주는 행정행위의 강학상 용어는?

① 인가

② 면제

③ 허가

④ 특허

> **TIP** ② 면제는 작위의무·수인의무·급부의무를 특정한 경우에 해제해 주는 행위이다.
> ③ 허가는 법령에 의한 일반적·상대적 금지를 특정한 경우에 해제하여 적법하게 일정한 법률행위나 사실행위를 할 수 있도록 자유를 회복시키는 행정이다.
> ④ 특허는 특정인에 대하여 새로운 권리, 능력이나 포괄적인 법률관계를 설정하는 행정행위이다.

46 행정작용에 관한 설명으로 옳지 않은 것을 모두 고른 것은?

> 가. 하명은 명령적 행정행위이다.
> 나. 인가는 형성적 행정행위이다.
> 다. 공증은 법률행위적 행정행위이다.
> 라. 공법상 계약은 권력적 사실행위이다.

① 가, 나

② 가, 다

③ 나, 라

④ 다, 라

> **TIP** 다. 공증은 특정한 사실 또는 법률관계의 존부를 공적으로 증명하는 준법률행위적 행정행위다.
> 라. 공법상 계약은 공법상의 효과 발생을 목적으로 행정주체 상호 간 또는 행정주체와 국민 간의 의사 합치로 성립하는 공법행위이다. 따라서 공권력의 행사로 이루어지는 권력적 사실행위로 보기 어렵다.

47 행정행위의 부관에 해당하지 않는 것은?

① 조건
② 철회
③ 부담
④ 기한

> **TIP** 부관의 종류에는 조건, 기한, 철회권의 유보, 부담이 있다.
> ① 조건은 행정행위 효과의 발생(정지조건) 또는 소멸(해제조건)을 장래의 도래가 불확실한 사실의 발생에 의존시키는 부관을 말한다.
> ③ 부담은 행정행위의 주도된 내용에 부수하여, 상대방에게 작위 · 부작위 · 급부 · 수인 등의 의무를 과하는 부관이다.
> ④ 기한은 행정행위의 효력을 특정 시점부터 발생시키거나(시기), 특정 시점에 종료시키는(종기) 부관이다.

48 행정기관이 그 소관 사무의 범위에서 일정한 행정목적을 실현하기 위하여 특정인에게 일정한 행위를 하거나 하지 아니하도록 지도, 권고, 조언 등을 하는 행정작용은?

① 행정예고
② 행정계획
③ 행정지도
④ 의견제출

> **TIP** 행정기관이 그 소관 사무의 범위에서 일정한 행정목적을 실현하기 위하여 특정인에게 일정한 행위를 하거나 하지 아니하도록 지도, 권고, 조언 등을 하는 행정작용은 행정지도다.

49 법무부장관ㄷ이 외국인 A에게 귀화를 허가한 경우, 선거관리위원장은 귀화허가가 무효가 아닌 한 귀화허가에 하자가 있더라도 A가 한국인이 아니라는 이유로 선거권을 거부할 수 없고, 법무부장관의 귀화허가에 구속되는 행정행위의 효력은?

① 공정력
② 구속력
③ 형식적 존속력
④ 구성요건적 효력

> **TIP** 행정행위의 구성요건적 효력은 행정행위에 하자가 있는 경우라 하더라도 그것이 당연무효가 아닌 한 권한 있는 기관에 의하여 취소되기 전까지는 모든 국가기관은 당해 행위의 유효성 및 내용을 존중해야 함을 의미한다.

50 행정행위에 취소사유가 있다고 하더라도 당연무효가 아닌 한 권한 있는 기관에 의해 취소되기 전에는 유효한 것으로 통용되는 것은 행정행위의 어떠한 효력 때문인가?

① 강제력
② 공정력
③ 불가변력
④ 형식적 확정력

TIP ① 강제력은 행정행위의 실효성 확보를 위하여 행정행위에 복종하지 않는 자에 대하여 행정청 자신이 행정상 강제집행을 하거나, 행정법상 제재를 부과하는 힘이다.
③ 불가변력은 일정한 행정행위의 경우 그 성질상 행정청이 이를 취소·변경할 수 없는 효력을 말한다.
④ 형식적 확정력은 불가쟁력으로 일정한 사유가 발생함에 따라 행정행위의 상대방이나 이해관계인이 행정행위의 효력을 더 이상 다툴 수 없게 하는 효력을 말한다.

51 행정청이 건물의 철거 등 대체적 작위의무의 이행과 관련하여 의무자가 행할 작위를 스스로 행하거나 또는 제3자로 하여금 이를 행하게 하고 그 비용을 의무자로부터 징수하는 행정상의 강제집행 수단은?

① 행정대집행
② 행정벌
③ 직접강제
④ 행정상 즉시강제

TIP ② 행정벌은 행정법상 의무위반에 대하여 과하는 제재로서의 처벌이다.
③ 직접강제는 의무자의 신체 또는 재산에 직접 실력을 가하는 행정상 강제집행이다.
④ 행정상 즉시강제는 목전의 급박한 행정상 장해를 제거하기 위하여 이루어지는 행정의 실효성 확보수단이다.

52 관할 행정청 甲 이 乙의 영업 허가신청에 대해 거부처분을 한 경우, 이에 불복하는 乙이 제기할 수 있는 행정심판은?

① 당사자심판
② 부작위법확인심판
③ 거부처분부당확인심판
④ 의무이행심판

TIP 사례는 행정청의 위법 또는 부당한 거부처분에 대하여 불복하여 일정한 처분을 하도록 하는 것으로 의무이행심판이다.

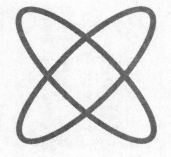

PART

06

사회법 · 경제법 ·
국제사법 · 국제법

01 사회법 · 경제법

02 국제사법 · 국제법

Chapter. 01 — 사회법 · 경제법

① 사회법과 노동법

(1) 사회법의 원리

① **사회법의 등장 배경** : 자본주의 사회의 폐단을 시정하기 위해 국가가 개인 또는 집단관계에 적극적으로 개입하여 국민의 생활과 기업의 노사관계를 규제하고 조정하는 일련의 작용을 법에 규정하게 되었는데 이러한 법을 사회법이라 한다. 사회법은 국가의 적극적 개입을 통한 사회적 약자를 보호하는 법의 총체라 할 수 있다. 사적 영역에 국가가 개입하는 공법과 사법의 융합현상이며, 공법도 사법도 아닌 제3의 영역이라고도 한다.

② **사회법의 목적** : 소비자, 노동자, 여성, 장애인, 저소득층 등과 같은 사회적 약자를 보호하기 위한 목적으로 제정된 법이다.

③ **사회법의 종류**

　⊙ **노동법** : 자본주의 사회에서 근로자가 인간다운 생활을 할 수 있도록 노동관계를 규율하는 법규범의 총체이다.

　ⓒ **사회보장법** : 사회보장에 관한 국민의 권리와 국가 및 지방자치단체의 책임을 정하고, 사회보장정책의 수립 및 추진에 관한 기본적인 사항을 규정하여 국민의 복지증진을 목적으로 하는 법이다.

　ⓒ **경제법** : 바람직한 경제활동을 보장하기 위하여 공정한 경쟁을 추구하고, 소비자의 권익을 보호하기 위한 법이다.

(2) 근로기본권(노동기본권)

① **근로기본권의 의의** : 근로기본권이란 근로자의 개별적 보호차원인 근로의 권리(근로권)와 집단적 활동의 보장을 위한 근로 3권(노동 3권)을 포괄하는 개념이다.

② **근로 3권(노동 3권)** : 경제적 약자인 근로자들이 근로조건의 향상과 인간다운 생활을 확보하기 위해 사용자와 대등한 지위를 갖추도록 하기 위하여 헌법에 보장된 단결권, 단체교섭권, 단체행동권의 총체이다.

(3) 개별적 근로관계법 – 근로기준법

① **목적 및 용어의 정의**

　⊙ **목적** : 근로기준법은 헌법에 따라 근로조건의 기준을 정함으로써 근로자의 기본적 생활을 보장, 향상시키며 균형 있는 국민경제의 발전을 꾀하는 것을 목적으로 한다.

ⓛ 용어의 정의

    ⓐ **근로자** : 직업의 종류와 관계없이 임금을 목적으로 사업이나 사업장에 근로를 제공하는 사람이다.

    ⓑ **사용자** : 사업주 또는 사업 경영 담당자, 그 밖에 근로자에 관한 사항에 대하여 사업주를 위하여 행위하는 자다.

    ⓒ **근로** : 정신노동과 육체노동을 포함한다.

    ⓓ **임금** : 사용자가 근로의 대가로 근로자에게 임금, 봉급, 그 밖에 어떠한 명칭으로든지 지급하는 모든 금품이다.

② 근로기준법의 적용 범위

    ㉠ 근로기준법은 상시 5명 이상의 근로자를 사용하는 모든 사업 또는 사업장에 적용한다. 다만, 동거하는 친족만을 사용하는 사업 또는 사업장과 가사사용인에 대하여는 적용하지 아니한다.

    ㉡ 상시 4명 이하의 근로자를 사용하는 사업 또는 사업장에 대하여는 대통령령으로 정하는 바에 따라 근로기준법의 일부 규정을 적용할 수 있다.

③ 근로기준법의 기본원칙

    ㉠ **최저근로조건 보장의 원칙** : 근로기준법에서 정하는 근로조건은 최저기준이므로 근로관계 당사자는 이 기준을 이유로 근로조건을 낮출 수 없다.

    ㉡ **근로조건 대등결정의 원칙** : 근로조건은 근로자와 사용자가 동등한 지위에서 자유의사에 따라 결정하여야 한다.

    ㉢ **평등 대우의 원칙**(균등 처우의 원칙)

        ⓐ **성차별 금지** : 사용자는 근로자에 대하여 남녀의 성을 이유로 차별적 대우를 해서는 안 된다.

        ⓑ **국적 등에 따른 차별 금지** : 사용자는 국적 · 신앙 또는 사회적 신분을 이유로 근로조건에 대한 차별적 대우를 해서는 안 된다.

    ㉣ **공민권 행사 보장의 원칙** : 사용자는 근로자가 근로시간 중에 선거권, 그 밖의 공민권 행사 또는 공(公)의 직무를 집행하기 위하여 필요한 시간을 청구하면 거부하지 못한다. 다만, 그 권리행사나 공의 직무를 수행하는 데 지장이 없으면 청구한 시간을 변경할 수 있다.

    ㉤ **인격 존중의 원칙** : 강제근로의 금지, 폭행의 금지, 기숙사 생활의 보장, 성희롱의 방지를 규정하고 있다.

    ㉥ **위약 예정의 금지** : 근로계약 불이행에 대한 위약금 또는 손해배상액을 예정하는 계약의 체결을 금지한다.

④ 근로계약

    ㉠ **의의** : 근로계약이란 근로자가 사용자에게 근로를 제공하고, 사용자는 이에 대하여 임금을 지급하는 것을 목적으로 체결된 계약을 말한다.

    ㉡ **주요 규정**

        ⓐ 근로계약의 체결이나 임금청구는 친권자나 후견인이 대리할 수 없다.

        ⓑ 미성년자가 독립적으로 근로계약을 체결할 수 있다. 단, 치권자의 동의를 얻어야 한다.

ⓒ 근로계약은 기간을 정하지 아니한 것과 일정한 사업의 완료에 필요한 기간을 정한 것 외에는 그 기간이 1년을 초과하지 못하며, 사용자는 근로계약을 체결할 때 근로자에게 소정근로시간을 명시해야 한다.

ⓓ 근로기준법에서 정하는 기준에 미치지 못하는 근로계약은 그 부분에 한하여 무효로 한다.

⑤ 해고

  ㉠ 의의 : 근로기준법에 규정하는 해고는 사용자가 하는 근로계약의 해지, 즉 사용자의 일방적 의사표시로 근로계약관계를 종료시키는 것을 말한다.

  ㉡ 방법 : 근로자를 해고하려면 해고의 사유와 시기를 서면으로 통지해야 한다.

  ㉢ 경영상 이유에 의한 해고(정리해고)의 제한

    ⓐ 사용자 측 사정에 따라 일정한 요건 아래 행하여지는 해고를 말한다. 사용자가 경영상 이유에 의하여 근로자를 해고하려면 긴박한 경영상의 필요가 있어야 한다. 이 경우 경영 악화를 방지하기 위한 사업의 양도 · 인수 · 합병은 긴박한 경영상의 필요가 있는 것으로 본다.

    ⓑ 사용자는 해고를 피하기 위한 노력을 다하여야 하며, 합리적이고 공정한 해고의 기준을 정하고 이에 따라 그 대상자를 선정하여야 한다. 이 경우 남녀의 성을 이유로 차별하여서는 아니 된다.

    ⓒ 사용자는 해고를 피하기 위한 방법과 해고의 기준 등에 관하여 그 사업 또는 사업장에 근로자의 과반수로 조직된 노동조합이 있는 경우에는 그 노동조합에 해고를 하려는 날의 50일 전까지 통보하고 성실하게 협의하여야 한다.

⑥ 해고예고제도

  ㉠ 해고의 예고 : 사용자는 근로자를 해고(경영상 이유에 의한 해고를 포함)하려면 적어도 30일 전에 예고를 하여야 하고, 30일 전에 예고를 하지 않았을 때에는 30일분 이상의 통상임금을 지급해야 한다.

  ㉡ 해고예고의 예외(즉시 해고)

    ⓐ 근로자가 계속 근로한 기간이 3개월 미만인 경우

    ⓑ 천재 · 사변, 그 밖의 부득이한 사유로 사업을 계속하는 것이 불가능한 경우

    ⓒ 근로자가 고의로 사업에 막대한 지장을 초래하거나 재산상 손해를 끼친 경우로서 고용노동부령으로 정하는 사유에 해당하는 경우

⑥ 임금

  ㉠ 의의 : 임금이란 사용자가 근로의 대가로 근로자에게 임금, 봉급, 그 밖에 어떠한 명칭으로든지 지급하는 모든 금품을 말한다.

  ㉡ 임금 지급의 원칙

    ⓐ 통화 지급의 원칙 : 임금은 통화로 지급해야 한다. 다만, 법령 또는 단체협약에 특별한 규정이 있는 경우에는 통화 이외의 것으로 지급할 수 있다.

    ⓑ 직접 지급의 원칙 : 임금은 근로자에게 직접 지급해야 한다.

    ⓒ 전액 지급의 원칙 : 임금은 전액을 지급해야 한다. 다만, 법령 또는 단체협약에 특별한 규정이 있는 경우에는 임금의 일부를 공제할 수 있다.

ⓓ 정기일 지급의 원칙 : 임금은 매월 1회 이상 일정한 날짜를 정하여 지급해야 한다. 다만, 임시로 지급하는 임금, 수당 등은 그러하지 아니하다.

(4) 집단적 노사관계법 – 노동조합 및 노동관계조정법

① 목적 : 헌법에 의한 근로자의 단결권·단체교섭권 및 단체행동권을 보장하여 근로조건의 유지·개선과 근로자의 경제적·사회적 지위 향상을 도모하고, 노동관계를 공정하게 조정하여 노동쟁의를 예방·해결함으로써 산업평화의 유지와 국민경제의 발전에 이바지함을 목적으로 한다.

② 주요 용어

　㉠ 노동조합 : 근로자가 주체가 되어 자주적으로 단결○하여 근로조건의 유지·개선 기타 근로자의 경제적·사회적 지위의 향상을 도모함을 목적으로 조직하는 단체 또는 그 연합단체이다.

　㉡ 노동쟁의 : 노동조합과 사용자 또는 사용자단체(노동관계 당사자) 간에 임금·근로시간·복지·해고 기타 대우 등 근로조건의 결정에 관한 주장의 불일치로 인하여 발생한 분쟁상태이다. 이 경우 주장의 불일치라 함은 당사자 간에 합의를 위한 노력을 계속하여도 더 이상 자주적 교섭에 의한 합의의 여지가 없는 경우를 말한다.

　㉢ 쟁의행위 : 파업·태업·직장폐쇄, 기타 노동관계 당사자가 그 주장을 관철할 목적으로 행하는 행위와 이에 대항하는 행위로서 업무의 정상적인 운영을 저해하는 행위이다.

③ 단체교섭과 단체협약

　㉠ 단체교섭 : 노동조합이나 그 밖의 노동단체가 교섭대표를 통하여 사용자 측과 근로조건 등에 관하여 합의에 도달할 것을 주된 목적으로 하여 임금, 근로시간 및 기타 근로조건 등을 교섭하는 것을 말한다.

　㉡ 단체협약 : 당사자 사이에 단체교섭에서 합의된 내용을 문서화한 것을 말한다.

④ 쟁의행위

　㉠ 기본원칙

　　ⓐ 쟁의행위는 그 목적·방법 및 절차에 있어 법령 기타 사회질서에 위반되어서는 안 된다.

　　ⓑ 조합원은 노동조합에 의하여 주도되지 아니한 쟁의행위를 하여서는 안 된다.

　　ⓒ 노동조합은 사용자의 점유를 배제하여 조업을 방해하는 형태로 쟁의행위를 해서는 안 된다.

　㉡ 유형

파업	다수의 근로자들이 집단적으로 노동력 제공을 거부하는 것
태업	다수의 근로자들이 의도적으로 작업능률을 떨어뜨리는 집단행동을 하는 것
피케팅 (파업감시)	파업을 효과적으로 수행하기 위하여 근로희망자들의 사업장 또는 공장 출입을 저지하고 파업에 협력할 것을 구하는 시위행위
보이콧 (불매운동)	사용자 또는 그와 거래관계에 있는 제3자의 상품구입, 시설이용 등을 거절할 것을 호소하는 행위
생산관리	근로자들이 사용자의 의사에 반하여 생산수단을 자기 지배하에 두고 경영까지 장악하는 실력행사
직장점거	파업을 할 때 사용자의 의사에 반하여 사업장에 체류하는 행위

ⓒ 정당한 쟁의행위의 효과(면책)

ⓐ 헌법상의 면책 조항 : 헌법 제33조 제1항의 노동 3권 보장에 따라 근로조건의 개선을 목적으로 업무의 정상적인 운영을 저해하는 방법으로 행하여지는 한, 정당한 행위로 된다.

ⓑ 민사상, 형사상 면책 조항 : 노동조합 및 노동관계 조정법에 따라 쟁의행위로 인한 손해에 대하여 사용자는 노동조합, 근로자에게 대하여 배상을 청구할 수 없다는 규정을 통해 민사상의 면책을 규정하고 있으며, 형법 제20조의 사회상규에 위반되지 않는 행위로 보아 이를 처벌하지 않는다는 형사상의 면책을 규정하고 있다.

ⓒ 사용자의 면책 : 쟁의행위에 참가하여 근로를 제공하지 않은 근로자에게 임금을 지급할 의무가 없으며 노동조합은 쟁의행위기간에 대한 임금의 지급을 요구하여 이를 관철할 목적으로 쟁의행위를 하여서는 안 된다.

⑤ 사용자의 부당노동행위

㉠ 개념 : 사용자가 정상적인 근로자의 노동조합 운동이나 운영을 방해하는 행위를 의미한다.

㉡ 도입 배경 : 노동조합의 어용화를 방지하기 위해 1935년 미국의 와그너법 (Wagner Act)에 처음으로 창설된 제도이며 사용자의 노동조합활동에 대한 간섭, 조합지배, 차별대우, 산업발전의 위협 등을 부당노동행위로 규정한 조항을 두었다.

> **어용화**
>
> 노동조합의 권리보다는 사용자의 이해관계에 따라 좌우되는 등 사용자에게 이용당하는 현상

㉢ 부당노동 행위

구분	개념
불이익대우	근로자가 노동조합에 가입 또는 가입하려고 하였거나 기타 노동조합의 업무를 위한 정당한 행위를 한 것을 이유로 당해 근로자를 해고하거나 불이익을 주는 행위
황견계약 (비열계약)	근로자가 노동조합에 가입하지 아니할 것 또는 탈퇴할 것을 고용조건으로 하거나 특정 노동조합의 조합원이 될 것을 고용조건으로 하는 행위
단체교섭 거부	단체협약 체결, 기타 단체교섭을 정당한 이유없이 거부하거나 해태하는 행위
지배 · 개입 및 경비원조	근로자가 노동조합을 오직 또는 운영하는 것을 지배하거나 이에 개입하는 행위와 노동조합의 운영비를 원조하는 행위

㉣ 부당노동행위 구제절차

ⓐ 부당노동행위로 권리를 침해당한 근로자 또는 노동조합은 그 부당노동행위가 있은 날(계속하는 행위는 그 종료일)로부터 3개월 이내에 관할 노동위원회에 구제를 신청할 수 있다.

ⓑ 부당노동행위가 성립한다고 판정한 때에는 노동위원회는 사용자에게 복직 기타 원상회복명령 · 단체교섭에 응하여야 한다는 명령 등의 구제명령을 발하며, 관계당사자는 이에 따라야 한다.

ⓒ 관할노동위원회의 구제명령이나 기각결정에 불복이 있는 관계당사자는 10일 이내에 중앙노동위원회에 재심을 신청할 수 있으며, 그 재심판정에도 불복이 있는 경우에는 15일 이내에 행정소송을 제기할 수 있다.

⑥ **노동쟁의 조정 절차** : 관계 당사자의 신청을 전제로 하며 노동위원회 내에 구성된 조정위원회가 담당한다. 조정위원은 3명으로 구성하되, 사용자를 대표하는 자, 근로자를 대표하는 자 및 공익을 대표하는 자 각 1인으로 한다.

② 사회보장법 및 경제법

(1) 사회보장법

① **의의** : 국민의 인간다운 생활을 보장하기 위한 생존권 확보와 생활상의 보호를 목적으로 제정된 법률로 사회보장에 관한 국민의 권리와 국가 및 지방자치단체의 책임을 정하고 사회보장제도에 관한 기본적인 사항을 규정함으로써 국민의 복지증진에 기여하기 위하여 우리나라는 사회보장기본법을 제정하였다.

② **사회보장기본법의 내용**

　㉠ **의의** : 사회보장제도란 사회 구성원의 부상, 질병, 출산, 실업, 노령화 등에 의해 곤궁한 상황에 처하게 될 경우 국가의 개입을 통해 최저생활을 보장해 주는 것으로 사회보장기본법은 사회보험, 공공부조, 사회복지서비스 및 각종 복지제도를 규정하고 있다.

　㉡ **사회보험** : 사회보험이란 국민에게 발생하는 사회적 위험을 보험방식에 의하여 대처함으로써 국민 건강과 소득을 보장하는 제도로, 예상치 못한 위험으로부터 국민의 생활안정을 도모하는 제도를 의미한다. 사회보험 관련 법률로는 국민건강보험법, 산업재해보상보험 법, 고용보험법, 국민연금법 등이 있다.

　㉢ **공공부조** : 공공부조란 노령 · 질병 또는 기타 사유로 생활유지 능력이 없거나 생활이 어려운 국민을 위해 국가 및 지방자치단체의 책임하에 최저생활을 보장하고 자립을 지원하는 제도를 말한다. 대표적인 관련 법률로 국민기초생활보장법이 있다.

　㉣ **사회서비스** : 사회복지서비스란 국가 · 지방자치단체 및 민간부문의 도움을 필요로 하는 모든 국민에게 재활 · 직업소개 · 상담 등 사회복지시설 이용 등을 제공하여 정상적인 사회생활이 가능하도록 지원하는 제도를 말한다.

　㉤ **평생사회안전망** : 생애주기에 걸쳐 보편적으로 충족되어야 하는 기본욕구와 특정한 사회위험에 의하여 발생하는 특수욕구를 동시에 고려하여 소득 · 서비스를 보장하는 맞춤형 사회보장제도이다.

　㉥ **사회보장 행정데이터** : 국가, 지방자치단체, 공공기관 및 법인이 법령에 따라 생성 또는 취득하여 관리하고 있는 자료 또는 정보로서 사회보장 정책 수행에 필요한 자료 또는 정보를 말한다.

　㉦ **사회보장수급권**

　　ⓐ **주체** : 대한민국 국민에 한해 적용되지만 상호주의 원칙에 의하여 국내에 거주하는 외국인에 대해서도 관계법령이 정하는 바에 따라 적용된다.

ⓑ 보호 : 사회보장수급권은 관계법령에서 정하는 바에 따라 타인에게 양도하거나 담보로 제공할 수 없으며, 이를 압류할 수 없다.

ⓒ 포기 : 사회보장수급권은 정당한 권한이 있는 기관에 서면으로 통지하여 포기할 수 있다. 그러나 사회보장수급권을 포기하는 것이 다른 사람에게 피해를 주거나 관계법령에 위반되는 경우에는 포기할 수 없다. 사회보장수급권의 포기는 취소할 수 있다.

③ 국민연금법

㉠ 목적 : 국민의 노령, 장애 또는 사망에 대하여 연금급여를 실시함으로써 국민의 생활안정과 복지증진에 이바지하는 것을 목적으로 한다.

㉡ 급여와 가입자의 종류

ⓐ 급여의 종류 : 노령연금, 장애연금, 유족연금, 반환일시금 등

ⓑ 가입자의 종류 : 사업장가입자, 지역가입자, 임의가입자, 임의계속가입자로 구분한다.

㉢ 가입대상 : 국내에 거주하는 국민으로서 18세 이상 60세 미만인 자는 국민연금가입대상이 된다.

㉣ 특성 : 사회보험이자 공적보험이고 단일연금체계를 취하며 매월적립방식이다.

④ 고용보험법

㉠ 목적 : 고용보험의 시행을 통하여 실업의 예방, 고용의 촉진 및 근로자의 직업능력의 개발과 향상을 꾀하고, 국가의 직업지도와 직업소개기능을 강화하며, 근로자 등이 실업한 경우에 생활에 필요한 급여를 실시하여 근로자 등의 생활안정과 구직활동을 촉진함으로써 경제·사회 발전에 이바지하는 것을 목적으로 한다.

㉡ 고용보험사업 : 고용보험사업으로 고용안정·직업능력개발사업, 실업급여, 육아휴직급여, 출산전후휴가급여 등을 실시한다.

⑤ 산업재해보상보험법

㉠ 의의 : 근로자의 업무상의 재해를 신속하고 공정하게 보상하며, 재해근로자의 재활 및 사회복귀를 촉진하기 위하여 이에 필요한 보험시설을 설치·운영하고, 재해 예방과 그 밖에 근로자의 복지증진을 위한 사업을 시행함으로써 근로자 보호에 이바지함을 목적으로 하는 법률이다.

㉡ 용어의 정의

ⓐ 업무상의 재해 : 업무상의 사유에 따른 근로자의 부상·질병·장해 또는 사망

ⓑ 유족 : 사망한 자의 배우자(사실상 혼인 관계에 있는 자를 포함), 자녀·부모·손자녀·조부모 또는 형제자매

ⓒ 치유 : 부상 또는 질병이 완치되거나 치료의 효과를 더 이상 기대할 수 없고 그 증상이 고정된 상태에 이르게 된 것

ⓓ 장해 : 부상 또는 질병이 치유되었으나 정신적 또는 육체적 훼손으로 인하여 노동능력이 상실되거나 감소된 상태

ⓔ **진폐** : 분진을 흡입하여 폐에 생기는 섬유증식성 변화를 주된 증상으로 하는 질병

ⓕ **중증요양상태** : 업무상의 부상 또는 질병에 따른 정신적 또는 육체적 훼손으로 노동능력이 상실되거나 감소된 상태로, 그 부상 또는 질병이 치유되지 아니한 상태

ⓒ **업무상 재해**

    ⓐ **업무 기인성** : 재해가 업무에 기인하여 발생하는 것을 말하며, 근로자가 담당하는 업무와 재해 발생 사이에 상당한 인과관계가 있어야 한다.

    ⓑ **업무 수행성** : 사용자의 지배관리 아래에서 업무를 수행하는 것을 말하며, 근로자의 작업 준비 중, 작업 중, 작업 종료 후 업무와 관련하여 재해가 발생하는 경우에 인정된다.

ⓔ **보험급여의 종류**

    ⓐ 보험급여의 종류로는 요양급여, 휴업급여, 장해급여, 간병급여, 유족급여, 상병 보상연금, 장례비, 직업재활급여가 있다.

    ⓑ 다만, 진폐에 따른 보험급여의 종류로는 요양급여, 간병급여, 장례비, 직업재활급여, 진폐보상연금 및 진폐유족연금이 있다.

(2) 경제법

① **의의** : 경제법이라는 단일화된 법전은 존재하지 않으며, 경제와 관련된 헌법조항 및 건전한 기업경영을 도모하는 독과점 규제 법률, 소비자 보호를 위한 법률 등 경제생활과 관련된 모든 법을 통틀어 경제법이라 한다.

② **소비자보호법**

    ㉠ **소비자** : 소비자를 간단하게 정의하면 공급자(기업)의 공급물품을 구매하는 위치에 있는 사람을 말한다.

    ㉡ **소비자의 지위와 쟁점** : 소비행위에 있어서 과장광고, 허위광고 등 정보력 부족에 따라 기업에 비하여 열악한 위치에 있을 수 있기 때문에 소비자보호가 중요하게 부각된다.

③ **소비자의 권리**

    ㉠ **소비자 권리의 연혁** : 소비자 권리를 최초로 선언한 것은 1962년 미국 케네디 대통령이 의회에 보낸 "소비자의 권리보호에 관한 특별교서"로 안전의 권리, 알 권리, 선택할 권리, 의견을 반영시킬 권리를 규정하였다.

    ㉡ **헌법 규정** : 헌법 제124조의 국가는 건전한 소비행위를 계도하고 생산품의 품질 향상을 촉구하기 위한 소비자보호운동을 법률이 정하는 바에 의하여 보장한다고 함으로써 소비자의 권리와 관련된 규정을 두고 있다.

    ㉢ **소비자의 8대 권리** : 소비자기본법에서는 8대 권리를 규정하고 있는데 그 내용은 다음과 같다.

    ㉣ **소비자의 의무** : 소비자는 상품에 대한 설명서를 충분히 읽어 올바른 사용법을 익혀야 하 며, 안전하게 사용해야 하고, 문제점이 있다면 적시에 지적해야 한다. 또한 모든 거래에 정직하게 임해야 하고, 자원을 아껴 써야 할 책임이 있는 것이다. 즉, 소비자 자신의 행동에 대한 책임을 질 수 있는 합리적인 의사결정을 할 때 결론적으로는 생산자와 국가경제에 좋은 영향을 주게 되는 것이다.

④ 소비자보호기관

　　㉠ **정부 및 지방자치단체** : 제도적인 차원에서 소비자의 기본적 권리가 실현되도록 하기 위해서는 중앙정부 및 지방자치단체가 관계 법령 및 조례, 행정조직(공무원)의 정비 및 운영, 적절한 소비자보호정책 등으로 알맞게 조절을 해 주어야 한다.

　　㉡ **기업** : 사업자는 국가 및 지방자치단체의 소비자보호정책에 적극 협력하고, 각종의 피해 방지에 노력하며, 물품 또는 용역에 관하여 소비자의 불편사항을 반영하고, 그 피해를 보상해 주어야 한다.

　　㉢ **한국소비자원**

　　　　ⓐ **기관의 성격** : 한국소비자원(구 소비자보호원)은 소비자 보호에 대한 정부정책을 효과적으로 추진하기 위하여 정부가 설립한 기관이다.

　　　　ⓑ **주요역할** : 소비자의 불만처리 및 피해구제, 소비자를 보호하고자 하는 물품 및 용역의 규격·품질, 안전성의 시험과 검사 또는 조사 실시, 소비자 보호와 관련된 정책의 연구와 건의, 소비생활의 합리화를 도모하기 위한 각종의 정보수집과 제공, 소비자 보호와 관련된 홍보, 국민생활을 향상하고자 종합적인 조사·연구를 주요 역할로 한다.

⑤ 소비자보호 법률

　　㉠ **소비자기본법**

　　㉡ **독점규제 및 공정거래에 관한 법률(약칭 공정거래법)**

　　　　ⓐ **의의** : 소비자를 위한 법규정으로는 소비자기본법 외에도 독점규제 및 공정 거래에 관한 법률은 국민경제의 균형발전과 소비자를 보호하는 기능과 역할을 담당한다.

　　　　ⓑ **목적** : 대량생산에 따른 기업 간의 경쟁우위 확보를 위해 허위·과장 광고, 부정·불량 상품의 증가로 소비자의 보호가 필요하게 되었다.

　　　　ⓒ **규정내용**

　　　　　• 사업자의 시장 지배적인 지위의 남용과 과도한 경제력 집중 방지
　　　　　• 담합행위 및 불공정거래행위 규제, 부당한 공동행위(담합행위) 및 불공정거래행위를 규제하여 자유롭고 공정한 경쟁을 촉진하여 창의적 기업 활동을 조장하고 소비자를 보호할 수 있는 내용을 규정하고 있다.

⑥ 소비자피해보상규정

　　㉠ **목적** : 소비자와 사업자 사이에서 소비자의 피해 등 불만사항을 원활히 해결할 목적으로, 품목별로 유사한 피해 유형별 해결 기준을 정한 경제주무 부서의 고시가 바로 소비자피해보상규정이다.

　　㉡ **규정 내용** : 정부 부처 중 경제와 관련된 업무를 주관하는 기획재정부가 정해놓은 소비자 피해보상규정에 따라 사업자는 규정을 준수해야 한다. 소비자는 소비자 피해보상규정에 의한 피해 보상이 만족스럽지 못할 경우 시·군·구청의 소비자 상담실, 한국소비자원, 민간분야의 소비자단체(시민단체), 법원의 재판(민사소송)을 통한 피해구제절차를 통해서도 구제받을 수 있는 길이 열려 있다.

(3) 할부거래법

① **제정 목적** : 할부계약 및 선불식 할부계약에 의한 거래를 공정하게 함으로써 소비자의 권익을 보호하고 시장의 신뢰도를 높여 국민경제의 건전한 발전에 이바지함을 목적으로 1991년 제정되었다.

② **적용 범위** : 계약의 명칭 · 형식 여하를 불구하고 동산 또는 용역에 관한 매수인이 목적물의 대금을 2월 이상의 기간에 걸쳐 3회 이상 분할하여 지급하고, 목적물의 대금의 완납 전에 목적물의 인도 등을 받기로 하는 계약에 적용한다.

③ **할부 계약체결 전 제공해야 하는 정보** : 재화 등의 종류 및 내용, 현금가격, 할부가격, 각 할부금의 금액 · 지급횟수 및 지급시기, 할부수수료의 실제연간요율, 계약금, 지연손해금 산정 시 적용하는 비율

④ **할부 계약 체결 시 서면으로 고지되어야 할 사항** : 할부거래업자 · 소비자 및 신용제공자의 성명 및 주소, 재화 등의 종류 · 내용 및 재화 등의 공급 시기, 현금가격, 할부가격, 각 할부금의 금액 · 지급횟수 · 지급기간 및 지급시기, 할부수수료의 실제연간요율, 계약금, 재화의 소유권 유보에 관한 사항, 청약철회의 기한 · 행사방법 · 효과에 관한 사항, 할부거래업자의 할부계약의 해제에 관한 사항, 지연손해금 산정 시 적용하는 비율, 소비자의 기한의 이익 상실에 관한 사항, 소비자의 항변권과 행사방법에 관한 사항

⑤ **청약의 철회**

　㉠ 매수인은 7일 이내에 서면으로 청약을 철회할 수 있으며 청약의 철회는 서면을 발송한 날에 효력이 발생한 것으로 본다.

　㉡ 매수인이 청약을 철회한 경우에는 매수인은 인도받은 목적물을 반환하고 매도인은 지급받은 할부금을 반환하여야 한다.

국제사법 · 국제법

① 국제사법

(1) 기본개념

① 의의 : 국제사회는 유럽국가의 근대화를 계기로 대두되었으며 이념과 체제에 따른 갈등 및 전쟁을 거치며 현대에 이르게 되었다.

② 전개과정의 양상

구분	내용
베스트팔렌조약	• 독일 30년 전쟁을 끝마치기 위해 1648년에 체결된 평화조약 • 가톨릭 제국으로서의 신성로마제국을 붕괴시키는 계기 • 주권 국가들의 공동체인 근대 유럽의 정치구조가 나타남
제국주의와 1차 세계대전	• 19세기 서양 열강들의 식민지 확보를 위한 침략전쟁 전개로 1차 세계대전(1914년~1918년)발발 • 승전국들은 전쟁문제를 처리하기 위해 베르사유 조약을 체결, 세계평화를 위해 국제연맹 창설 • 미국대통령 윌슨은 민족자결주의 제창
전체주의와 2차 세계대전	• 세계 대공황에 따라 경제적 어려움을 극복한다는 명분으로 국민의 자유와 권리를 억압하고 타국을 침략하는 전체주의의 등장에 따라 2차 세계대전(1939년~1945년)발발 • 2차 세계대전 결과 국제연합 창설
양극체제	미국 중심의 자유주의와 소련 중심의 공산주의의 양극 체제 성립
다극체제	소련(1991년) 및 공산권의 몰락으로 다극체제 성립

② 국제사법

(1) 기본개념

국제사법이란 섭외적 또는 국제적 사법생활의 안정과 조화를 보장하기 위한 준법을 정하는 총체적인 법규범을 의미한다.

(2) 국제사법

① 국제사법의 대상 : 국제사법의 대상이 되는 법률관계는 사법적 국제교섭으로부터 발생하는 섭외적 법률관계이다.

② 국제사법의 특징 : 국제사법은 법의 충돌 내지 저촉을 해결하는 규범이므로 충돌규정 또는 저촉규정이라고도 하며, 법률관계를 직접 규율하는 것이 아니라, 관련된 법률관계의 준거법을 지정하는 데 있기 때문에 간접법이라고도 한다.

(3) 외국법 적용의 특수문제

① 준거법 지정 방법 : 국제사법을 통해 준거법을 확정하는 데는 국적, 주소, 거소, 행위지 등의 연결점이 있어야 하는데, 이러한 연결점에 따라 본국법, 거소지법, 행위지법, 소재지법, 사실발생지법과 같이 준거법을 구별한다.

② 구분

적용	내용
본국법	당사자가 국적을 가지고 있는 국가의 법률
주소지법	당사자가 주소를 가지고 있는 국가의 법률
거소지법	당사자의, 거소가 있는 국가의 법률
소재지법	물건이 존재하는 국가의 법률
행위지법	법률행위가 행하여진 국가의 법률
사실발생지법	불법행위, 사무관리, 부당이득 등 관련 사실이 발생한 국가의 법률

③ 준거법 지정의 원칙과 예외 : 국제사법은 당사자와 밀접한 관련이 있는 국가의 법인 본국법을 적용하되, 이러한 원칙이 관철되기 어려운 경우는 예외조항을 두고 있다. 이때 예외조항을 적용하기 위해서는 국제사법에 의하여 지정된 준거법이 해당 법률관계와 근소한 관련이 있을 뿐이고, 그 법률관계와 가장 밀접한 관련이 있는 다른 국가의 법이 존재해야 하며, 그러한 내용이 명백해야 한다.

❸ 국제법

(1) 국제법(國際法)의 의미

① **국제법의 개념** : 사회법, 행정법, 경제법처럼 국제법 역시 단일화된 법전을 의미하지 않는다. 국제사회의 기능과 조직, 구성 국가들의 상호관계를 규율하기 위한 법을 통틀어 국제법이라 한다.

② **국제사회의 특징**

　㉠ 개별 주권 국가들의 영향력 행사 : 국제사회는 여러 주권을 가진 국가들이 상호 교류와 협력, 대립하기 때문에 명령과 통제를 하는 왕과 같은 존재가 없다.

　㉡ 통일된 권력기관의 부재 : 통일된 입법기관, 집행기관, 사법기관이 없어서 국제사회의 문제는 국내사건처럼 엄격한 법률에 근거하여 일도양단식의 해결이 불가능한 경우가 많다. 따라서 법의 논리도 중요하지만 정치적 영향력과 힘의 논리가 지배한다.

③ **국내법과 국제법의 관계**

　㉠ 헌법 규정

> **헌법 제6조 제1항** 헌법에 의하여 체결·공포된 조약과 일반적으로 승인된 국제법규는 국내법과 같은 효력을 가진다.

　㉡ 국제법의 효력 : 헌법에 정해진 절차에 따라 체결되고 공포된 조약과 일반적으로 승인된 국제법규는 국내의 법률과 같은 효력을 가지게 되며 헌법보다는 하위의 효력을 갖게 된다.

　㉢ 헌법 제6조 제1항의 해석

구분		내용
헌법에 의하여 체결·공포된 조약 (자국이 체결한 조약)		조약, 협약, 협정, 규약 등 명칭을 불문하고 국가 간 문서에 의한 합의를 의미하며 한미주둔군지위협정, 한일어업협정 등이 있음
일반적으로 승인된 국제법규	국제 관습법	포로의 살해금지와 그 인도적 처우에 관한 전시국제법상의 기본원칙, 외교관의 대우에 관한 국제법상의 원칙, 국내문제불간섭의 원칙, 민족자결의 원칙, 조약준수의 원칙
	일반적으로 승인된 조약	유엔헌장의 일부, 집단학살(Genocide)의 금지협정, 포로에 관한 제네바협정, 국제인권 규약

> ▶ **한미주둔군지위협정 (한미행정협정)**
>
> 정확한 명칭은 "대한민국과 아메리카 합중국 간의 방위 조약 제4조에 의한 시설과 구역 및 대한민국에서의 합중국군대의 지위에 관한 협정"으로 미국에서는 비준을 거치지 않은 약식조약인 행정협정이지만 우리나라는 국회 비준을 거쳤으므로 정식조약임

(2) 국제법의 법원(法源)

① 국제법의 법원

㉠ **법원의 개념** : 법원이란 법의 인식근거 또는 법의 근원을 의미한다. 국제법의 법원은 국제법이 효력을 갖게 되는 근원 또는 근거가 무엇인지를 밝히는 작업이다.

㉡ **법원의 종류** : 국제법의 법원으로는 조약, 국제관습법, 일반적으로 승인된 조약 등 바로 위에서 본 내용들이 법원이 된다.

② 조약

㉠ **개념** : 조약이란 국가 상호 간의 문서로 명시한 합의 또는 약정이다.

㉡ **조약체결권자** : 우리나라의 조약 체결권은 대통령에게 있다. 그러나 대통령의 조약체결권 행사에 예외가 있는데, 그 내용은 헌법 제60조 제1항에 규정되어 있다.

㉢ **대통령의 조약체결권에 대한 제한**

> **헌법 제60조 제1항** 국회는 상호원조 또는 안전보장에 관한 조약, 중요한 국제조직에 관한 조약, 우호통상항해조약, 주권에 제약에 관한 조약, 강화조약, 국가나 국민에게 중대한 재정적 부담을 지우는 조약 또는 입법사항에 관한 조약의 체결 · 비준에 대한 동의권을 가진다.
>
> 그런 일이 있을 수는 없겠지만, 대통령이 다른 나라의 식민지가 되는 조약을 체결하는 경우, 국내 경제상황을 고려하지 않는 막대한 자금원조 조약 같은 경우는 국가의 질서가 혼란해질 수 있기 때문에 이러한 경우를 고려한 통제장치이다.

헌법 제60조 제1항에서 열거한 조약의 경우는 국회의 동의를 받아야 한다. 이 말은 곧 헌법 제60조 제1항에서 열거한 사항 이외의 조약의 체결과 비준은 대통령의 권한이다.

㉣ **조약의 비준** : 조약의 비준이란 조약체결권자인 대통령이 체결내용을 최종적으로 확인하여 동의하는 행위를 의미한다. 보통의 조약은 서명만으로 체결되지 않으며 최종적으로 확인했다는 비준의 절차를 거치게 된다.

③ 국제관습법
국내관습법의 의미를 국제사회에 대입시키시면 된다. 즉, 국제사회에서의 오래도록 관행이 지속되고 이러한 관행이 국제사회에서의 규범으로 자리잡혀 비록 성문의 법으로는 제정되지 않았더라도 국제사회의 법규범으로 승인되고 준수될 때, 국제관습법이 된다.

④ 일반적으로 승인된 조약
우리가 직접 체결한 조약뿐만 아니라 국제사회에 일반적으로 승인된 조약도 국제법의 법원이 된다.

⑤ 법의 일반원칙
신의성실, 권리남용금지 같은 국내법의 일반원칙은 해석이 분분하지만 국제법의 법원으로 거론되고 있는 실정이다.

핵심예상문제

1 다음은 사회법에 관한 설명이다. 잘못된 것은?

① 자본주의 사회의 폐단을 해결하기 위해 만들어졌다.

② 국가가 개인 또는 집단 관계에 적극적으로 개입하려고 한다.

③ 근로계약은 자발적 의사에 따름으로 해고 역시 제한이 없다.

④ 사회법은 공법의 영역에 속한다.

> **TIP** 사회법은 공법도 사법도 아닌 제 3의 영역이다.

2 다음은 근로자의 개념이다. 올바른 것은?

① 임금을 목적으로 근로를 제공하는 자인데 법규정에 따라 정의된 직업만을 의미한다.

② 정신노동이 아닌 육체노동 제공자만을 일컫는다.

③ 임금은 사용자가 근로의 대가로 근로자에게 지급하는 일체의 금품을 의미한다.

④ 근로자와 노동자는 다르다.

> **TIP** 근로자는 직업을 불문하며, 정신노동도 포함한다.

3 다음은 근로기본권에 관한 설명이다. 잘못된 것은?

① 근로기본권은 근로의 권리와 노동 3권을 포괄하는 개념이다.

② 근로기본권은 1919년 독일의 바이마르 헌법을 효시로 한다.

③ 근로권은 해고를 제한할 수 없다.

④ 근로권은 적정임금 및 최저임금을 보장하고자 한다.

> **TIP** 근로기준법에 따라 사용자는 근로자에게 정당한 이유 없이 해고, 정직 등 부당해고를 할 수 없다.

4 다음 중 근로기본권을 모두 고르시오.

⊙ 근로기준 법정주의
ⓒ 여성근로자의 보호와 차별대우 금지
ⓒ 연소자의 근로에 대한 특별보호
ⓒ 근로 3권

---

① ⊙
② ⊙, ⓒ
③ ⊙, ⓒ, ⓒ
④ ⊙, ⓒ, ⓒ, ⓒ

> **TIP** 근로기본권이란 근로자의 개별적 보호차원인 근로의 권리와 집단적 활동의 보장을 위한 근로 3권을 포괄하는 개념이다.

5 다음은 노동 3권에 대한 설명이다. 잘못된 것은?

① 노동 3권은 단결권, 단체교섭권, 단체행동권이다.
② 단결권은 근로자가 단체를 조직할 수 있는 권리지만 노동조합 설립은 제외된다.
③ 단체교섭권은 근로자가 단결권을 기초로 사용자와 자주적으로 교섭하는 권리이다.
④ 단체행동권이란 노동쟁의가 발생한 경우 쟁의행위를 할 수 있는 권리이다.

> **TIP** 단결권은 노동조합을 설립할 수 있는 권리까지 포함한다.

6 다음은 쟁의행위의 효과에 대한 설명이다. 올바른 것은?

① 노동 3권은 근로조건의 개선을 목적으로 한 정당행위로 헌법상 면책이 보장된다.
② 근로자측은 파업, 태업, 보이콧, 피켓팅, 생산관리, 직장폐쇄 등을 할 수 있다.
③ 쟁의행위는 민사상, 형사상 면책조항으로 무조건 보장받는다.
④ 사용자의 면책 행위는 존재하지 않는다.

> **TIP** 직장폐쇄는 사용자측의 대항 행위이다.

7 '사용자가 정상적인 근로자의 노동조합 운동이나 운영을 방해하는 행위'를 무엇이라 하는가?

① 부당노동행위   ② 황견계약

③ 직장폐쇄   ④ 파업

> **TIP** 사용자가 정상적인 노동조합 운동이나 운영을 방해하는 행위를 부당노동행위라 한다. 구체적으로 불이익대우, 황견계약, 단체교섭 거부, 지배, 개입 및 경비원조가 있다.

8 다음 중 부당노동행위에 속하는 사례는?

㉠ 불이익대우	㉡ 황견계약
㉢ 단체교섭 거부	㉣ 파업

① ㉠   ② ㉠, ㉡

③ ㉠, ㉡, ㉢   ④ ㉠, ㉡, ㉢, ㉣

> **TIP** 부당노동행위에는 불이익대우, 황견계약, 단체교섭 거부, 지배 · 개입 및 경비원조가 있다.

9 다음 중 노동관련 법규에 속하는 것은?

㉠ 헌법상 노동 관련 규정
㉡ 근로기준법
㉢ 노동조합 및 노동쟁의 조정법
㉣ 근로자참여 및 협력증진에 관한 법률

① ㉠   ② ㉠, ㉡

③ ㉠, ㉡, ㉢   ④ ㉠, ㉢, ㉣

> **TIP** 노동관련 법규에는 헌법상의 노동관련 규정, 근로기준법, 노동조합 및 노동쟁의 조정법, 근로자참여 및 협력증진에 관한 법률이 있다.

Answer   7.①   8.③   9.④

10 다음은 노동법에 관한 설명이다. 잘못된 것은?

① 노동자와 사용자의 근로관계와 국가의 노동정책을 규율하는 법을 노동법이라 한다.

② 헌법에서는 노동자를 관련하여 직접적인 규정을 두고 있지 않다.

③ 근로자 개인을 보호하기 위해 만들어진 법이 근로기준법이다.

④ 노동조합 및 노동관계조정법은 주로 노동쟁의를 해결하기 위해 만들어진 법률이다.

TIP 헌법은 근로의 권리와 근로 3권 등을 규정하고 있다.

11 다음은 노동쟁의의 조정철자에 관한 설명이다. 올바른 것을 고르시오.

㉠	조정	관계 당사자의 쌍방 합의에 따라 신청을 해야 한다.
㉡	중재	필수공익사업의 경우 신청이 없더라도 노동위원장의 결정에 따라 중재가 가능하다.
㉢	긴급조정	국민의 일상생활이 위태로워질 때 노동부장관의 결정으로 회부된다.
㉣	사적조정	자주적인 해결방식이기 때문에 일반 조정 절차보다 우선적 효력을 갖고 있다.

① ㉠, ㉡, ㉢

② ㉡, ㉢, ㉣

③ ㉠, ㉢, ㉣

④ ㉠, ㉡, ㉣

TIP 조정은 임의 개시를 원칙으로 하고 있다. 즉, 일방의 신청을 전제로 한다.

12 '국민의 인간다운 생활을 보장하기 위한 생존권 확보와 생활상의 보호를 목적으로 제정'된 법률은?

① 노동조합법

② 근로기준법

③ 사회보장법

④ 고용보험법

TIP 우리나라는 사회보장에 관한 국민의 권리와 국가 및 지방자치단체의 책임을 정하고 사회보장제도에 관한 기본적인 사항을 규정함으로써 국민의 복지증진에 기여하기 위하여 사회보장기본법을 제정하였다.

13 다음은 사회보장기본법의 내용이다. 올바른 것을 고르시오.

㉠	사회보험	국민건강보험법, 산업재해보상보험법, 고용보험법, 국민연금법 등
㉡	공공부조	생활유지 능력이 없는 사람들의 최저생활을 보장하는 제도
㉢	사회복지서비스	국가가 기업에 위탁해서 복지시설 서비스를 운영하는 제도
㉣	복지제도	보건, 주거, 교육, 고용 분야의 각종 복지제도

① ㉠, ㉡, ㉢　　　　　　　　　　　② ㉡, ㉢, ㉣

③ ㉠, ㉢, ㉣　　　　　　　　　　　④ ㉠, ㉡, ㉣

> **TIP** 사회복지서비스란 국가 또는 지방자치단체 및 민간의 도움을 필요로 하는 모든 국민에게 재활, 직업소개 사회복지시설이용을 제공하여 정상적인 사회생활이 가능하도록 지원하는 제도를 말한다.

14 다음은 경제법에 관한 설명이다. 잘못된 것은?

① 독과점 규제 법률, 소비자보호법이 포함된 단일 형태의 법이다.
② 현대 사회에서는 소비자보호가 중요하게 부각되고 있다.
③ 소비자기본법에서는 8대 권리를 규정하고 있다.
④ 소비자 역시 다양한 의무를 지니고 있다.

> **TIP** 경제법은 단일화된 법전이 없다.

15 다음 중 소비자보호기관은?

㉠ 정부	㉡ 지방자치단체
㉢ 기업	㉣ 한국소비자원

① ㉠　　　　　　　　　　　　　　　② ㉠, ㉡

③ ㉠, ㉡, ㉢　　　　　　　　　　　④ ㉠, ㉡, ㉢, ㉣

> **TIP** 기업도 소비자 보호에 다양한 의무를 갖고 있다.

16 다음은 '독점규제 및 공정거래에 관한 법률'에 관한 설명이다. 잘못된 것은?

① 국민경제의 균형발전과 소비자를 보호하는 기능과 역할을 담당한다.
② 사업자의 시장 지배적인 지위의 남용과 과도한 경제력 집중을 방지하기 위해 만들어졌다.
③ 담합행위 및 불공정거래행위 등을 규제한다.
④ 소비자피해보상규정 등을 함께 담고 있다.

> **TIP** 소비자피해보상규정은 경제 주무부서의 고시이다.

17 다음은 국제법에 관한 설명이다. 틀린 것은?

① 국제사회의 기능과 조직, 구성 국가들의 상호관계를 규율하는 법이다.
② 통일된 입법기관이나 집행기관은 없지만 사법기관이 있다.
③ 법의 논리도 중요하지만 정치적 영향력과 힘의 논리가 지배한다.
④ 국내 사건처럼 일도양단식의 해결이 불가능한 경우가 많다.

> **TIP** 국제사회에는 통일된 입법, 행정, 사법기관이 존재하지 않는다. 다만 국제사법재판소와 같은 국제기구에 의존하고 있을 뿐이다.

18 조약은 국내에서 어느 법규범과 동등한 효력을 부여받는가?

① 헌법   ② 법률
③ 명령   ④ 조례

> **TIP** 헌법에 정해진 절차에 따라 체결되고 공포된 조약과 일반적으로 승인된 국제법규는 국내의 법률과 같은 효력을 가지게 되며 헌법보다는 하위의 효력을 갖게 된다.

19 다음 중 국제법의 법원을 고르시오.

> ㉠ 조약   ㉡ 국제 관습법
> ㉢ 일반적으로 승인된 조약   ㉣ 법의 일반 원칙

① ㉠   ② ㉠, ㉡
③ ㉠, ㉡, ㉢   ④ ㉠, ㉡, ㉢, ㉣

> **TIP** 국제법의 법원은 국제법이 효력을 갖게 되는 근원 또는 근거가 무엇인지를 밝히는 작업이다.

20 다음은 국제법의 법원에 관한 설명이다. 잘못된 것은?

① 조약이란 국가 상호 간의 문서로 명시된 합의 또는 약정이다.
② 국제관습법은 성문법으로 제정되지는 않았지만 국제사회의 법규범으로 승인되고 준수되는 것을 말한다.
③ 우리나라가 직접 체결한 조약만을 국제법의 법원으로 본다.
④ 신의 성실의 원칙, 권리남용 금지의 원칙 등이 국제법의 법원으로 거론되고 있는 실정이다.

> **TIP** 우리나라가 직접 체결하지 않았더라도 국제사회에서 일반적으로 승인된 조약도 법원이 된다.

21 다음 중 사회법에 속하는 것은?

① 상법
② 가등기담보 등에 관한 법률
③ 특정범죄 가중처벌 등에 관한 법률
④ 산업재해보상보험법

> **TIP** 사회법은 노동법, 사회보장법, 경제법으로 구분하는데, 산업재해보상보험법은 사회보장법에 해당하는 법률이다.

22 근로기준법에 관한 설명으로 옳지 않은 것은?

① 근로계약이란 근로자가 사용자에게 근로를 제공하고 사용자는 이에 대하여 임금을 지급하는 것을 목적으로 체결된 계약을 말한다.
② 근로기준법에서 정하는 기준에 미치지 못하는 근로조건을 정한 근로계약은 그 근로계약 전체를 무효로 한다.
③ 사용자는 근로계약을 체결할 때에 근로자에게 소정근로시간을 명시하여야 한다.
④ 사용자가 경영상 이유에 의하여 근로자를 해고라혀면 긴박한 경영상의 필요가 있어야 한다.

> **TIP** 근로기준법에서 정하는 기준에 미치지 못하는 근로조건을 정한 근로계약은 그 부분에 한하여 무효로 한다.

23 근로기준법상 근로계약에 관한 설명으로 옳은 것은?

① 미성년자의 임금청구는 친권자가 대리하여야 한다.
② 사용자는 긴박한 경영상의 필요가 있으면 근로자를 해고할 수 있다.
③ 사용자는 근로계약 불이행에 대한 위약금 예정 계약을 체결할 수 있다.
④ 근로자에 대한 해고는 반드시 서면으로 할 필요는 없다.

> **TIP** ① 미성년자는 독자적으로 임금을 청구할 수 있다.
> ③ 사용자는 근로계약 불이행에 대한 위약금 예정 계약을 체결할 수 없다.
> ④ 근로자를 해고하려면 해고사유와 해고시기를 서면으로 통지하여야 한다.

24 부당노동행위의 구제절차에 관한 설명으로 옳지 않은 것은?

① 부당노동행위로 인하여 그 권리를 침해당한 근로자는 노동위원회에 그 구제를 신청할 수 있다.

② 노동위원회에 대한 구제의 신청은 부당노동행위를 안 날로부터 6월 이내에 하여야 한다.

③ 노동위원회는 부당노동행위가 성립한다고 판정한 때에는 사용자에게 구제명령을 발하여야 한다.

④ 노동위원회의 구제명령은 행정소송의 제기에 의하여 그 효력이 정지되지 아니한다.

> **TIP** 노동위원회에 대한 구제의 신청은 부당노동행위가 있은 날(계속하는 행위는 그 종료일)부터 3월 이내에 이를 행하여야 한다.

25 쟁의행위 참가자들이 당해 쟁의행위로 중단된 업무를 수행하려고 하는 자들에게 업무수행을 하지 말 것을 평화적으로 설득하거나 권고하는 것은?

① 피케팅(Picketing)

② 직장폐쇄

③ 직장점거

④ 보이콧(Boycott)

> **TIP** 쟁의행위 참가자들이 당해 쟁의행위로 중단된 업무를 수행하려고 하는 자들에게 업무수행을 하지 말 것을 평화적으로 설득하거나 권고하는 것을 피케팅이라고 한다.

26 사회보험 분야에 해당하는 법률이 아닌 것은?

① 고용보험법

② 국민연금법

③ 국민건강보험법

④ 국민기초생활 보장법

> **TIP** 사회보험 분야에 해당하는 법률은 고용보험법, 국민연금법, 국민건강보험법, 산업재해보상보험법이다. 국민기초생활 보장법은 생활이 어려운 사람에게 필요한 급여를 실시하여 이들의 최저생활을 보장하고 자활을 돕는 것을 목적으로 하는 공공부조 분야에 속하는 법률이다.

Answer 24.② 25.① 26.④

27 사회보장기본법에 관한 내용으로 옳지 않은 것은?

① 국가와 지방자치단체는 사회보장에 관한 책임과 역할을 합리적으로 분담해야 한다.

② 국내에 거주하는 외국인은 국적을 불문하고 우리나라의 사회보장제도의 혜택을 받을 수 없다.

③ 사회보장수급권은 관계법령에서 정하는 바에 따라 다른 사람에게 양도할 수 없다.

④ 사회보장수급권은 정당한 권한이 있는 기관에 서면으로 통지하여 포기할 수 있다.

> **TIP** 국내에 거주하는 외국인은 상호주의 원칙을 적용하며 관계법령에서 정하는 바에 따른다.

28 국민연금법상 국민연금의 특성으로 옳지 않은 것은?

① 사회보험　　　　　　　　　　② 공적연금

③ 단일연금체계　　　　　　　　④ 전부적립방식

> **TIP** 국민연금 운영은 부과방식과 적립방식으로 나눌 수 있다. 부과방식이란 급여 지급에 필요한 재정을 매달 가입자들의 보험료로 충당하는 방식이다. 적립방식은 급여 지급액을 미리 보험료로 적립하고, 적립된 기금과 기금 운용수익을 연금 재정으로 운영한다. 우리나라는 부과방식과 적립방식의 혼합형인 부분적립방식으로 운영된다. 이는, 급여를 지급하는 돈의 일부만 적립하고 나머지는 보험료로 충당하는 방식이라고 볼 수 있다.

29 고용보험법에서 규정하는 급여가 아닌 것은?

① 육아휴직급여　　　　　　　　② 요양급여

③ 구직급여　　　　　　　　　　④ 출산전후휴가급여

> **TIP** 요양급여는 국민건강보험법과 산업재해보상보험법에 규정하고 있다.

30 상업재해보상보험법상 진폐에 따른 보험급여의 종류에 해당하지 않는 것은?

① 장해급여　　　　　　　　　　② 요양급여

③ 간병급여　　　　　　　　　　④ 장례비

> **TIP** 진폐에 따른 보험급여의 종류로는 요양급여, 간병급여, 장례비, 직업재활급여, 진폐보상연금 및 진폐유족연금이 있다.

Answer　27.② 28.④ 29.② 30.①

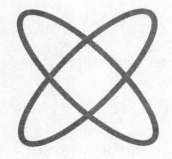

PART

07

기출복원문제

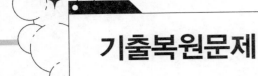
※ 실제 수험생의 필기시험 후기를 바탕으로 복원한 문제입니다.

국민연금공단

1 국민연금법에 따른 조기노령연금 수급이 가능한 연령은?

① 55세 이상

② 56세 이상

③ 57세 이상

④ 58세 이상

> **TIP** 「국민연금법 제61조(노령연금 수급권자) 제2항」… 가입기간이 10년 이상인 가입자 또는 가입자였던 자로서 55세 이상 인 자가 대통령령으로 정하는 소득이 있는 업무에 종사하지 아니하는 경우 본인이 희망하면 제1항에도 불구하고 60세가 되기 전이라도 본인이 청구한 때부터 그가 생존하는 동안 일정한 금액의 연금(조기노령연금)을 받을 수 있다.

국민연금공단

2 다음의 빈칸에 들어갈 알맞은 말을 순서대로 나열한 것을 고르시오.

> (개) 국회의 정기회는 법률이 정하는 바에 의하여 매년 ( )회 집회된다.
> (내) 국회의 임시회는 대통령 또는 국회재적의원 ( ) 이상의 요구에 의하여 집회된다.
> (대) 정기회의 회기는 ( )을, 임시회의 회기는 ( )을 초과할 수 없다.

① 2, 1/4, 100일, 45일

② 2, 1/3, 180일, 30일

③ 1, 1/4, 100일, 30일

④ 1, 1/3, 180일, 45일

> **TIP** 「대한민국헌법 제47조」
> ㉠ 국회의 정기회는 법률이 정하는 바에 의하여 매년 1회 집회되며, 국회의 임시회는 대통령 또는 국회재적의원 4분 의 1 이상의 요구에 의하여 집회된다.
> ㉡ 정기회의 회기는 100일을, 임시회의 회기는 30일을 초과할 수 없다.
> ㉢ 대통령이 임시회의 집회를 요구할 때에는 기간과 집회요구의 이유를 명시하여야 한다.

Answer 1.① 2.③

3 헌법에 명시된 국민의 근로권과 근로기준법에 대한 다음의 설명 중 옳지 않은 것은?

① 모든 국민은 근로의 권리를 가짐과 동시에 의무를 지고, 국가는 법률이 정하는 바에 의하여 최저임금제를 실시한다.

② 15세 미만은 근로자로 사용하지 못하지만, 예외적으로 고용노동부장관이 발급한 취직인허증을 지닌 사람은 근로자로 사용할 수 있다.

③ 임산부는 오후 10시부터 오전 6시까지의 근무가 불가하며, 산후 1년이 지나지 아니한 여성의 경우에도 그와 같다.

④ 친권자나 후견인은 미성년자의 근로계약을 대신할 수 없고, 또한 미성년자는 독자적으로 임금을 청구할 수 있다.

> **TIP** 「근로기준법 제70조(야간근로와 휴일근로의 제한) 제2항」…사용자는 임산부와 18세 미만자를 오후 10시부터 오전 6시까지의 시간 및 휴일에 근로시키지 못한다. 다만, 다음 중 하나에 해당하는 경우로서 고용노동부장관의 인가를 받으면 그러하지 아니하다.
> ㉠ 18세 미만의 동의가 있는 경우
> ㉡ 산후 1년이 지나지 아니한 여성의 동의가 있는 경우
> ㉢ 임신 중의 여성이 명시적으로 청구하는 경우

4 우리나라 민법에는 법률행위의 대리에 관한 규정을 명시하고 있다. 이에 관한 다음의 설명 중 옳지 않은 것은?

① 대리인에 의한 법률행위의 효과는 행위자와 법적 책임자가 분리된다.

② 본인은 대리인이 제한능력자임을 이유로 하여 대리행위를 취소할 수 없다.

③ 법률행위 · 준법률행위 · 사실행위에는 대리가 허용되지만, 불법행위에는 대리가 성립할 수 없다.

④ 대리인은 행위능력은 없어도 되지만 의사능력은 필요하며, 의사무능력자가 행한 대리행위는 무효인 법률행위가 된다.

> **TIP** 대리제도는 법률행위에 인정, 준법률행위에 준용되며, 사실행위에는 허용되지 않고, 불법행위에는 성립할 여지가 없다.

Answer   3.③   4.③

5 **다음의 빈칸에 들어갈 말을 알맞게 나열한 것을 고르시오.**

> 현재 우리나라 대통령의 임기는 (⑦)년이고, 국회의원의 임기는 (④)년이다. 대통령의 경우 (④)를 채택하고 있어서 임기 후 자리에서 물러나야 하지만, 국회의원은 (④)이 가능하기 때문에 연속해서 국회의원직을 맡을 수 있다.

	⑦	④	④	④
①	5	4	단임제	중임
②	4	5	중임제	연임
③	5	3	단임제	연임
④	5	4	중임제	중임

> **TIP** 대통령의 경우 5년 단임제를 채택하고 있고, 국회의원은 4년을 임기로 연임·중임이 가능하다.

6 **체포나 구속을 당하는 자에게 체포나 구속의 이유와 변호인의 조력을 받을 권리가 있음을 고지해야 한다는 절차상의 원칙을 이르는 말은?**

① 금반언 원칙

② 현명주의 원칙

③ 미란다 원칙

④ 신의성실 원칙

> **TIP** ① 자신의 선행행위와 모순되는 후행행위는 허용되지 않는다는 원칙
> ② 대리인이 대리행위를 함에 있어서 본인을 위한 것을 표시하고 의사표시를 하여야 한다는 원칙
> ④ 사회의 모든 구성원들은 상대방의 신뢰를 헛되이 하지 않도록 권리의 행사와 의무이행에 신의를 좇아 성실하게 하여야 한다는 원칙

Answer 5.① 6.③

7 민법에 명시된 다음의 각 용어에 대한 설명 중 옳지 않은 것은?

① 물권 – 물건에 대하여 성립되는 권리로, 그 종류로는 점유권·소유권·지상권·지역권·전세권·유치권·질권·저당권이 있다.

② 채권 – 자금 조달을 위해 발행하는 차용증서로, 변제·공탁·상계·경개·면제·혼동의 경우에 채권은 소멸된다.

③ 친족 – 배우자, 혈족 및 인척을 친족으로 하며, 혈족의 배우자·배우자의 혈족·혈족의 배우자의 혈족을 인척으로 한다.

④ 상속 – 사망으로 인하여 개시되며, 상속인이 상속을 포기하고자 하는 경우에는 3개월 이내에 가정법원에 포기의 신고를 하여야 한다.

> **TIP** 인척: 혈족의 배우자, 배우자의 혈족, 배우자의 혈족의 배우자

8 다음 〈보기〉 중 반의사불벌죄에 해당하는 것을 모두 고르면?

〈보기〉	
㉠ 외국사절 폭행죄	㉡ 외국국기 모독죄
㉢ 단순·존속 모욕죄	㉣ 사자명예훼손죄
㉤ 출판물 등에 관한 명예훼손죄	㉥ 친족 간 권리행사방해죄

① ㉠㉣㉥

② ㉠㉡㉤

③ ㉡㉢㉥

④ ㉢㉣㉤

> **TIP** ㉣㉢㉥ 친고죄
>
> ※ 반의사불벌죄와 친고죄
>
> | 반의사불벌죄 | • 피해자가 가해자의 처벌을 원하지 않는다는 의사를 표할 경우 처벌할 수 없는 범죄
• 피해자의 의사표시 없이 공소 가능 |
> | --- | --- |
> | 친고죄 | • 범죄 피해자 기타 법률이 정한 자의 고소가 있어야 공소를 제기할 수 있는 범죄
• 고소·고발이 있어야 공소 제기 가능 |

Answer   7.③ 8.②

9 다음은 국회에서 의결되어 정부에 이송된 법률안에 대한 대통령의 거부권 행사와 관련된 내용이다. 이 중 옳지 않은 것을 모두 고르면?

㉠ 대통령은 법률안의 일부에 대하여 또는 법률안을 수정하여 재의를 요구할 수 있다.
㉡ 국회에서 의결된 법률안은 정부에 이송되어 30일 이내에 대통령이 공포한다.
㉢ 법률안에 이의가 있을 경우 대통령은 공포하여야 하는 기간 내에 이의서를 붙여 국회로 환부할 수 있으나, 국회의 폐회중에는 불가하다.
㉣ 재의의 요구로 국회가 재의에 붙이고, 재적의원 과반수의 출석과 출석의원 2분의 1 이상이 전과 같은 의결을 하면 그 법률안은 법률로서 확정된다.

---

① ㉡㉢㉣   ② ㉠㉡㉣
③ ㉠㉢㉣   ④ ㉠㉡㉢㉣

> **TIP** 대통령의 법률안거부권…3권 분립에 따라 행정부의 입법부 견제차원에서 헌법에 규정된 대통령의 고유 권한으로, 법률 성립을 결정적·잠정적으로 저지하는 권한을 말한다.
> ㉠ 대통령은 법률안의 일부에 대하여 또는 법률안을 수정하여 재의를 요구할 수 없다.
> ㉡ 국회에서 의결된 법률안은 정부에 이송되어 15일 이내에 대통령이 공포한다.
> ㉢ 법률안에 이의가 있을 경우 대통령은 제1항의 기간(15일) 내에 이의서를 붙여 국회로 환부할 수 있다. 국회의 폐회 중에도 또한 같다.
> ㉣ 재의의 요구가 있을 때에는 국회는 재의에 붙이고, 재적의원 과반수의 출석과 출석의원 3분의 2 이상의 찬성으로 전과 같은 의결을 하면 그 법률안은 법률로서 확정된다.

10 다음은 법원조직법 제45조(임기·연임·정년)에 따른 법원 구성인의 임기와 관련된 내용이다. 이 중 옳은 것은?

① 판사의 임기는 5년으로 하며, 연임할 수 있다.
② 대법원장의 임기는 6년으로 하며, 중임(重任)할 수 있다.
③ 대법관과 대법원장의 정년은 각각 70세, 판사의 정년은 65세로 한다.
④ 판사는 그 정년이 이른 해의 12월 31일에 당연히 퇴직한다.

> **TIP** 「법원조직법 제45조(임기·연임·정년)」
> ㉠ 대법원장의 임기는 6년으로 하며, 중임(重任)할 수 없다.
> ㉡ 대법관의 임기는 6년으로 하며, 연임할 수 있다.
> ㉢ 판사의 임기는 10년으로 하며, 연임할 수 있다.
> ㉣ 대법원장과 대법관의 정년은 각각 70세, 판사의 정년은 65세로 한다.
> ㉤ 판사는 그 정년에 이른 날이 2월에서 7월 사이에 있는 경우에는 7월 31일에, 8월에서 다음 해 1월 사이에 있는 경우에는 1월 31일에 각각 당연히 퇴직한다.

`Answer`   9.④   10.③

11 법률행위에는 그 행위가 무효가 되는 사유와 취소가 되는 사유가 존재한다. 아래 〈보기〉의 내용을 각각 무효사유와 취소사유에 맞게 구분한 것은?

〈보기〉

㉠ 불공정한 법률행위　　　　　　　　　㉡ 행위무능력자의 법률행위
㉢ 통정 허위표시　　　　　　　　　　　㉣ 의사무능력자의 행위
㉤ 착오에 의한 의사표시　　　　　　　　㉥ 사회 질서 위반 행위
㉦ 강박에 의한 의사표시

	무효	취소
①	㉠㉡㉥	㉢㉣㉤㉦
②	㉡㉢㉣㉥	㉠㉤㉦
③	㉢㉤㉦	㉠㉡㉣㉥
④	㉠㉢㉣㉥	㉡㉤㉦

TIP

구분	개념	해당사유
무효	법률행위의 효과가 처음부터 발생하지 않는 것, 법률행위는 성립했으나 그에 따른 효과가 생기지 않는 경우	• 선량한 풍속, 사회질서일반 • 불공정한 법률행위, 강행법규위반 • 통정 허위표시 • 의사 무능력자의 행위
취소	일단은 법률행위가 유효하게 성립하지만, 취소라는 의사표시를 통해 소급적으로 무효로 만드는 것	• 행위무능력자의 법률행위 • 착오에 의한 의사표시 • 사기 · 강박에 의한 의사표시

12 다음 중 사인(私人)의 공법행위에 해당하지 않는 것은?

① 혼인신고

② 정부와의 물자계약

③ 선거에서의 국민투표

④ 행정심판청구

TIP　정부와의 물자계약은 사인과 국가 간의 사법상 계약에 해당한다.

Answer　11.④　12.②

한국중부발전

13 상법에 따라 분류된 회사의 형태들 중 구성원이 회사 채권에 대해 무한책임만을 지는 형태의 회사는 다음 중 어느 것인가?

① 주식회사   ② 합명회사

③ 유한회사   ④ 합자회사

> **TIP** 주식회사, 유한회사, 유한책임회사 : 유한책임
> 합자회사 : 무한/유한책임

한국수자원공사

14 성견후견제도란 보호가 필요한 성년자를 대상으로 후견계약을 체결할 수 있는 제도이다. 다음 중 민법에 따른 성년후견개시의 심판을 청구 할 수 없는 사람은?

① 6촌 이내의 친족   ② 미성년후견인

③ 한정후견감독인   ④ 지방자치단체의 장

> **TIP** 「민법 제9조(성년후견개시의 심판)」 … 가정법원은 질병, 장애, 노령, 그 밖의 사유로 인한 정신적 제약으로 사무를 처리할 능력이 지속적으로 결여된 사람에 대하여 본인, 배우자, 4촌 이내의 친족, 미성년후견인, 미성년후견감독인, 한정후견인, 한정후견감독인, 특정후견인, 특정후견감독인, 검사 또는 지방자치단체의 장의 청구에 의하여 성년후견개시의 심판을 한다.

한국동서발전

15 권리자가 권리를 행사하지 아니하는 권리 불행사의 상태가 일정기간 계속된 경우에 그의 권리를 소멸시키는 제도인 소멸시효는 '권리 위에 잠자는 자는 보호하지 않는다.'는 법언에서 그 근거를 찾을 수 있다. 우리나라의 소멸시효 기간에 대한 다음의 설명 중 옳지 않은 것은?

① 소멸시효의 중단 방법에는 청구, 압류·가압류·가처분, 승인이 있다.

② 연예인의 임금 및 그에 공급한 물건의 대금채권의 소멸시효는 5년이다.

③ 시효의 중단은 당사자 및 그 승계인간에만 효력이 있다.

④ 의사, 간호사의 치료·근로에 관한 채권의 소멸시효는 3년이다.

> **TIP** 「민법 제164조(1년의 단기소멸시효)」 … 노역인, 연예인의 임금 및 그에 공급한 물건의 대금채권의 경우 1년간 행사하지 아니하면 소멸시효가 완성한다.

Answer   13.②   14.①   15.②

소상공인시장진흥공단

16 우리나라 형법에는 범죄성립요건 중 하나인 위법성을 조각하는 사유를 규정하고 있다. 다음 중 형법에 명시되어 있는 위법성 조각사유가 아닌 것은?

① 정당방위

② 긴급피난

③ 자구행위

④ 과실상해

> **TIP** 형법에 명시된 위법성 조각사유 : 정당행위, 정당방위, 긴급피난, 자구행위, 피해자의 승낙

서민금융진흥원

17 다음은 우리나라 민법에 명시되어 있는 점유취득시효에 관한 내용이다. 각각의 빈칸에 들어갈 알맞은 기간을 고르면?

• (㉠)년간 소유의 의사로 평온, 공연하게 부동산을 점유하는 자는 등기함으로써 그 소유권을 취득한다.
• 부동산의 소유자로 등기한 자가 (㉡)년간 소유의 의사로 평온, 공연하게 선의이며 과실없이 그 부동산을 점유한 때에는 소유권을 취득한다.

	㉠	㉡
①	7	3
②	10	5
③	15	8
④	20	10

> **TIP** 「민법 제245조(점유로 인한 부동산소유권의 취득기간)」
> ㉠ 20년간 소유의 의사로 평온, 공연하게 부동산을 점유하는 자는 등기함으로써 그 소유권을 취득한다.
> ㉡ 부동산의 소유자로 등기한 자가 10년간 소유의 의사로 평온, 공연하게 선의이며 과실없이 그 부동산을 점유한 때에는 소유권을 취득한다.

Answer　16.④　17.④

근로복지공단

18 다음 제시문이 공통으로 설명하고 있는 개념은?

> • "법률 없으면 범죄 없고 형벌없다."
> • 마그나카르타(대헌장)
> • 개인의 자유와 권리를 보호하기 위한 국가권력의 자기제한

① 적법절차의 원리   ② 죄형법정주의

③ 국가소추주의   ④ 일사부재리의 원칙

> **TIP** **죄형법정주의** : 사회적으로 비난받아 마땅한 행위를 저질렀다 하더라도 법률이 없으면 처벌할 수 없다. 즉, 어떤 행위가 범죄가 되는지, 그러한 범죄를 저지르면 어떤 처벌을 받는지가 미리 성문의 법률에 규정되어 있어야 한다는 원칙을 말한다.
> ① 국가의 작용은 절차상의 적법상을 갖추어야 할 뿐 아니라, 공권력 행사의 근거가 되는 법률의 실체적 내용도 정당성과 합리성을 갖추어야 함
> ③ 공소제기는 국가기관만 할 수 있음
> ④ 동일한 범죄로 인하여 거듭 처벌할 수 없음

한국장학재단

19 다음의 각 설명에 해당하는 개념에 대한 설명으로 옳지 않은 것은?

> (가) 이미 유효한 계약의 효력을 일방의 의사표시에 의하여 소급적으로 소멸시키는 것
> (나) 당사자 일방의 의사표시로 계약의 효력을 장래에 소멸시키는 것

① (가) – 상대방에 대한 원상회복의 의무가 있다.

② (나) – 손해배상의 청구에 영향을 미치지 않는다.

③ (가)(나) – 의사표시는 철회하지 못한다.

④ (가) – 계속적 계약관계, (나) – 일시적 계약관계에서 인정된다.

> **TIP** (가)는 해제, (나)는 해지에 대한 설명이다.
> 해제는 일시적 계약관계에서, 해지는 계속적 계약관계에서 인정된다.

Answer   18.②   19.④

20 우리나라는 행정작용으로 인해 권리 침해를 받는 경우에 이를 구제하기 위한 여러 수단을 제공하고 있다. 다음 중 나머지 성격이 다른 하나는?

① 입법예고
② 행정쟁송
③ 행정심판
④ 손실보상

> **TIP** 행정구제의 유형
> ㉠ 사전적 구제 수단 : 청문, 민원처리, 청원, 입법예고
> ㉡ 사후적 구제 수단 : 행정상의 손해전보(손해배상, 손실보상), 행정쟁송(행정심판, 행정소송)

가볍게! 빠르게! 확인하는 용어사전 시리즈

시사용어사전 | 경제용어사전 | 부동산용어사전

시사용어사전 1228

매일 접하는 각종 기사와 정보! 공기업/언론사/기업체/공무원 채용을 준비하는 수험생과
현대인이 꼭 알아야 할 최신 시사상식을 쏙쏙 뽑아 이해하기 쉽도록 영역별로 정리

경제용어사전 1050

주요 경제용어는 거의 다 실었다! 금융권/공기업/언론사/기업체/공무원 채용을 준비하기 전에,
경제 공부를 시작하기 전에 읽어보면 경제가 쉬워지도록 사전식으로 구성

부동산용어사전 1310

부동산에 대한 이해를 높이고 부동산의 개발과 활용, 투자 및 부동산 용어 학습에도
적극적으로 이용할 수 있는 교재, 공인중개사 출제용어도 수록

자격증

한번에 따기 위한 서원각 교재

한 권에 준비하기 시리즈 / 기출문제 정복하기 시리즈를 통해 자격증 준비하자!